KB195751

SOCIETY AND ECONOMY
사회와 경제

사회와 경제
분석툴과 원칙

초판 1쇄 인쇄일 2025년 1월 22일   초판 1쇄 발행일 2025년 1월 31일

지은이 마크 그래노베터 | 옮긴이 이대희
펴낸이 박재환 | 편집 유은재 신기원 | 마케팅 박용민 | 관리 조영란
펴낸곳 에코리브르 | 주소 서울시 마포구 동교로15길 34 3층(04003) | 전화 702-2530 | 팩스 702-2532
이메일 ecolivres@hanmail.net | 블로그 http://blog.naver.com/ecolivres | 인스타그램 @ecolivres_official
출판등록 2001년 5월 7일 제201-10-2147호
종이 세종페이퍼 | 인쇄·제본 상지사 P&B

ISBN 978-89-6263-299-6 93300

책값은 뒤표지에 있습니다.   잘못된 책은 구입한 곳에서 바꿔드립니다.

사회와 경제

마크 그래노베터 지음 | 이대회 옮김

분석틀과 원칙

에코리브르

차례

감사의 글

이번처럼 책이 당혹스러울 정도로 늦어졌을 때는 내게 도움을 준 이들을 모두 기억하기도 어렵다. 그래서 좋은 조언을 해주었지만 내가 아마도 소홀해서 무심하게 언급하지 못한 모든 이에게 미리 용서를 구한다. 먼저 오랫동안 고통받았을 명예 편집자 마이클 아론슨(Michael Aronson)에게 진심 어린 감사를 표한다. 그는 수년에 걸쳐 여러 번 책의 방향과 형식, 내용이 수정되는 것을 감내했고, 결국 내가 곧 끝내지 않으면 은퇴하겠다는 오랫동안 해온 협박을 실제로 이행하고 말았다. 그럼에도 수년간에 걸친 그의 훌륭한 조언 덕분에 이렇게 결실을 맺었다는 점을 그가 알아주기 바란다. 하버드 대학교 출판부의 새로운 담당 편집자인 이언 맬컴(Ian Malcolm)은 용감하게 나머지 부분을 챙기는 일에 발을 들여놓았고 책이 출판될 수 있도록 나를 도왔다.

마이클 번스타인(Michael Bernstein), 밥 에클스(Bob Eccles), 피터 에번스(Peter Evans), 벤 골럽(Ben Golub), 마크 미즈루치(Mark Mizruchi), 니틴 노리어(Nitin Nohria), 스티브 누네즈(Steve Nuñez), 파올로 파리기(Paolo Parigi), 우디 파월(Woody Powell), 제임스 룰(James Rule), 마이클 슈워츠(Michael Schwartz), 리처드 스웨드버그(Richard Swedberg), 에즈라 주커먼

(Ezra Zuckerman), 그리고 익명의 독자 한 사람을 비롯해 이 책의 구상과 초고에 대해 논평해준 현재와 과거의 많은 동료와 학생들에게 엄청난 빚을 졌다. 나는 수년간 이 책 내용의 일부를 여러 번 발표했는데, 그때 의견을 제시해준 이들에게 감사한다. 러셀 세이지(Russell Sage) 경제사회학 세미나에서 특히 해리슨 화이트(Harrison White), 로널드 버트(Ronald Burt), 찰스 서벨(Charles Sabel)로부터 현명한 조언을 들었다. 이 책의 형식이 해리슨 화이트의 뛰어난 저서인 《정체성과 통제(Identity and Control)》와는 많이 다르지만, 그가 내 박사학위 논문 자문 교수일 때부터 현재까지 내 연구에 남긴 흔적은 헤아릴 수 없을 정도이고, 그는 우리 중 누구도 범접하기를 바랄 수 없는 우주적 차원에서 운행하는 진정한 학자 중의 학자다.

프린스턴 고등연구소(Institute for Advanced Study)에 체류하는 동안 했던 발표와 토론에서 앨버트 허시먼(Albert Hirschman)과 클리퍼드 기어츠(Clifford Geertz)는 많은 분야에 대한 깊은 지식에서 나온 조언을 해주었다. 베를린 학술센터(Wissenschaft Zentrum Berlin)에 머무는 동안에는 게르노트 그라브허(Gernot Grabher)와 에곤 마츠너(Egon Matzner)의 논평에서 특별한 도움을 받았다. 밥 기번스(Bob Gibbons)와 나눈 많은 대화로 나는 경제학 분야의 유사 연구들에 눈뜰 수 있었다. 그렇지 않았다면, 비교적 간략한 설명에서는 내가 감당할 수도 있겠지만, 여러 분야와 모델을 통합하는 일에는 훨씬 더 진지한 연구가 필요할 것이라는 핑계로 나는 아마도 그런 유사 연구들에 주의를 기울이지 않았을 것이다. 그렇지만 나의 사고는 적절한 모델에 대한 생각으로 여러 가지 정보를 얻었는데, 나의 주장을 형식적인 방향으로 구축하고자 하는 사람들이 더 많아지기를 바란다. 컬럼비아 대학교에서 여러 해에 걸쳐 했던 발표에서 피터 베어먼(Peter Bearman), 허브 갠스(Herb Gans), 딕 넬슨(Dick Nelson), 데이비드 스타크(David Stark), 다이앤 본(Diane Vaughan)은 엄청나게 도움이 되는 의견을 주었고, 특히 조슈아 휘트포드(Joshua Whitford)와 나눈 많은 대화가 아주 유용했다. 그는 책의 초안에 대해 친절하고도 통찰력 있는 논평을 해주었고, 이 연구를 두 권의 책으로 나누자고 제안해 나는 이에 대해 처음으로 진지하게 논의하게 되었다. 그래서 연구의 첫 권이자 이론을 다루는 이 책은 이론과 사례 적용을 묶어 한 권의 책으로 내려던 계획보다는 아주 적절한 때 세상에 나올 수 있었다. 또한 인간의 경제 행동과 제도에 관한 연구에서 실용주의적 인식론의 가치를 파악하는 데 인도자 역할을 해준 조슈아에게 감사를 표한다.

이 연구 초기에 지원을 해준 러셀 세이지 재단과 특히 에릭 워너(Eric Wanner)가 이 재단 대표로 재임 중에 보내준 격려에 감사한다.

내 딸 사라(Sara)는 어릴 때 나를 "경제적인 사회학자"라고 했는데, 이 책에서 내가 이룰 수 없는 목표를 달성하려고 쓸데없는 말들을 늘어놓지 않았기를 바란다. 그리고 누구보다 가장 오랫동안 고생한 이는 물론 엘런(Ellen)으로, 그녀가 이 첫 권의 출간을 그 유명한 반이 빈 잔이 아니라 반이 채워진 잔으로 생각하기를 진심으로 바란다.

서론
경제사회학에서 설명의 문제

1.1 기획의 범위

나는 이 책에서 경제 행동과 제도에 대해 순수한 경제적 고려 사항들과 함께 사회적·문화적·역사적 고려 사항들을 강조하는 주장들을 제시한다. 그래서 이 책은 지난 30년간 활발하게 성장해온 하위 분야의 하나인 '경제사회학(economic sociology)'에 기여한다고 볼 수 있다.[1] 그러나 더 근본적으로는 학문의 경계를 초월해 유용한 사고의 지적 기원을 따지지 않는 방식으로 경제를 이해하는 데 기여하고자 한다.

이 서론에서는 사회과학의 본질, 즉 경제 행동과 결과 및 제도에 대한 설명의 의미, 사회 구조와 경제의 관계 등에 대한 일반적 주장들을 설명할 것이다. 이어지는 장들은 내 주장에서 중요한 이론적 요소들인 경제에서의 규범과 그 외의 정신적 구성물들의 역할, 신뢰와 협력, 권력과 순응, 그리고 목적론적 인간 행동과 제도의 상호작용 등을 다룰 것이다. 후속 저서에서는 이 책에서 제시한 분석틀로 여러 가지 경험적 사례를 분석할 것이다.

나는 설명할 경제 현상을 세 가지 수준으로 구분한다. 첫 번째는 개인의 경제 행동이다. 막스 베버(Max Weber)는 그러한 행동은 "행위자의 판단에 의하면 필요의 충족이 상대적으로 **희소한** 자원과 **제한된** 수의 가능한 행동에 달려 있을 때 그리고 이런 상태가 특정한 반응을 유발한다면" 발생한다고 정의한다. "그러한 합리적 행동에 결정적인 것은 물론 이런 희소성이 주관적으로 전제되어 있고 행동은 그것을 지향한다는 사실이다." 이런 필요는 "수요와 관련해 상품과 서비스에 희소성이 있다면 식량부터 종교적 교화까지 생각해볼 수 있는 어떤 것도 될 수 있다"고 베버는 덧붙인다(Weber 〔1921〕 1968: 339). 이것은 현재 대부분의 교과서에 실린 경제학자 라이어널 로빈스(Lionel Robbins)의 경제학에 대한 고전적 정의와 밀접하게 상응한다. 그에 따르면, 경제학은 "인간 행동을 연구하는 과학인데, 이 과학에선 인간 행동이 목적들과, 여러 다른 용도로 쓰일 수 있는 희소한 수단들 사이의 관계로 파악된다"(Robbins 1932: 15). 이는 수단-목적 상황을 지향하는 행위자의 주관적 정향의 중요성을 베버가 강조한 것에서만 차이가 날 뿐이다.[2]

이처럼 경제 행동의 폭넓은 정의를 채택한다면, 그때는 내가 게리 베커(Gary Becker) 같은 '경제학 제국주의자들'의 연구 목록에 있는 것처럼 결혼, 이혼, 범죄, 시간의 배분을 비롯한 광범위한 주제들에 대해 논리적으로 논의할 수 있을지 모른다(Hirshleifer 1985와 비교). 그 대신 나는 경제 활동의 '핵심'이라 부를 수 있는 상품과 서비스의 생산과 분배 및 소비와 관련 있는 일반적 의미에서의 '경제적' 사례들에 관심을 한정할 것이다. 그러나 나의 목표는 '사회학 제국주의' 같은 것이 아니라 어떠한 출처에서 나왔든 어떠한 수단과 사고가 요구되든 경제를 이해하는 것이다.

경제 분석의 두 번째 수준은 한 개인의 영역을 **넘어선** 행동의 유형에 관한 것인데, 나는 이것을 '경제적 결과'라고 부른다. 어떤 상품의 안정적인 가격 형성이나 노동자 계급들 간의 임금 격차 형성 등이 '결과'의 사례일 것이다. 따라서 이런 '결과'는 개별 행동의 규칙적인 유형이다.

세 번째 수준은 경제 '제도'와 관련된다. 이것은 '결과'와 두 가지 점에서 다르다. (1) 경제 제도는 전형적으로 더 넓은 행동 복합체를 포괄하고 (2) 개인은 경제 제도를 해**야만** 하는 방식으로 간주한다. 제도는 지식사회학에서 잘 포착하듯 견고하다는 기만적 인상을 전달하므로, 물화되어 세계를 사회적 구성의 산물이 아니라 외부적이고 객관적인 모습으로 경험한다(예를 들면 Berger and Luckmann 1966 참조). 이러한 사회구성주의 관점은 경제 제도에 높은 적실성을 지닌다. 자본주의처럼 경제 조직의 전체 체계 또는 더 낮은 수준에서는 특정 조직이나 산업 또는 직업이 구성되는 방식을 그 예로 들 수 있다. 5장과 6장에서는 제도의 본질을 더 자세히 논의할 것이다.

이 세 수준은 일반적으로 미시·중간·거시 분석 수준이라 불리는 것과 밀접하게 상응한다. 각 수준에는 그 수준에만 배타적으로 적용되는 원칙이 요구되지만, 모든 수준을 공통의 분석틀로 묶어 한 수준을 다른 수준에 우선해 인과성을 부여하지 않으면서 한 수준이 다른 수준의 결과에 영향을 미치는 방식을 조명하는 종합의 시도가 중요하다. 개략적으로 말해, 2장부터 시작하는 독립적인 장들은 미시적인 개인 수준에서 시작해 중간 수준의 쟁점들을 거쳐 좀더 거시적인 수준이나 제도적인 관심사들로 마무리할 것이다.

1.2 '인간 본성', 귀무가설, 분석 수준: 환원론을 넘어서

경제에 대한 대부분의 사회과학 설명에는 대체로 직접 언급하지는 않
지만 귀무가설(null hypothesis, 歸無假說)이 숨어 있다. 내가 말하는 귀무가
설은, 인간이 어떻게 행동하고 사회가 어떻게 조직되는가에 대한 근본
적 기준선이 되는 가정, 즉 어떤 현상을 이해하려고 하는 학자들의 개
념적 출발점이다. 이런 기준선은 사회과학의 수사에 많이 내재돼 있고,
(MacCloskey 1983에서 거침없이 주창하듯) 어떤 주장에 설득당하는 사람에게
는 강력한 심리적 효과가 있다.

 귀무가설은 전형적으로 '인간 본성'에 대한 가정들을 내포하고 있고,
20세기 대부분의 기간 동안 사회과학에서는 '양육'이 '본성'을 압도했
기 때문에, 이러한 가정을 들추어내는 일은 철 지난 것처럼 보인다. 하
지만 이러한 가정은 거의 소리가 들리지 않을 때라도 만연해 있다. 경
제학자와 사회학자의 귀무가설은 분명히 다르다. 대부분의 경제학자는
개인은 정량화할 수 있는 유인에 이끌려 그들의 이익을 추구한다는 가
정으로 설명한다. 정형화된 합리적 계산기인 호모 에코노미쿠스(*homo
economicus*)를 승인하는 사람은 거의 없지만, 개인의 이익과 명시적 또
는 묵시적 계산에 근거한 모델은, 단순하고 우아한 모델로는 다룰 수
없는 보다 '복잡한' 사회적 요인들을 환기시키는 모델보다 여전히 우선
시된다. 욘 엘스테르(Jon Elster)가 지적하듯, "응용 합리적 선택 이론"에
서 전형적인 관행은 "주체의 관찰된 행위가 적절하게 규정된 이익을 최

대화한다"는 모델을 구축하는 것이고, "이 모델은 행위와 이익의 정합성이 행위를 설명한다고 가정한다." 그러나 그는 인과관계의 명시적 증거가 없다면 "행위와 이익의 일치는 단지 우연한 일치일 뿐일 수도 있다"고 언급한다(Elster 2000: 693). 여기에 작용하는 귀무가설은 아주 강력해서 일치는 자동적으로 인과성을 반영한다고 가정한다.

사회학자들은 인간 본성에 대한 생각을 좀처럼 명확하게 밝히려 하지 않는 것 같지만, 많은 사회학자가 한 세기 넘는 사회 이론으로 가정해온 바에 따르면, 개인은 사회적 환경에 의해 구성되고, 특정 환경에 대한 사회화가 제공하는, 즉 자신이 사회에 적응하는 곳에 대한 보다 더 일반적인 의미는 물론, 중요한 타인들이 자신에 대해 갖는 인상을 흡수하지 않고서는, 자신이 어떤지 또는 자신이 누구인지 상상조차 할 수 없다. 따라서 개인은 사회적 영향, 즉 자신의 사회적 범주는 물론 그 너머의 종교나 경제, 정치와 같은 사회적 복합체에 기초한 사회적 규범이나 이념, 사회계급 또는 사회제도에 의해 인도된다고 사회학자들은 설명한다.

모든 학자는 설명의 간결성(parsimony)을 승인하지만 무엇이 간결한지의 기준은 객관적이지 않다. 학자들은 선호하는 귀무가설을 따름으로써 중요하다고 생각하는 분석 수준을 결정하고 사회과학에서 환원론 기획이 실현 가능한지 또는 터무니없는지를 고려한다. 과학사에서 학문들을 연계하려는 시도는 종종 그러한 기획을 수반하는데, 그 목적은 어떤 개념적 분석틀이 다른 분석틀보다 근본적이어서 그것을 포괄할 수 있는 방법을 보여주는 것이다. 전통 생물학에서 분자로의 환원이 성공적으로 이루어지자 많은 분야에서 그러한 시도가 장려되었다.

사회학자들 대부분은 사회가 그 자체로 고유한 실재라는 20세기 벽

두 에밀 뒤르켐(Emile Durkheim)의 주장에 여전히 찬성하지만, 다른 분야에서 눈독을 들일 만큼 사회학적 주장과 이론은 충분히 퍼져 있다. B. F. 스키너(B. F. Skinner)는 아마도 심리학자로는 처음으로 강화 조건으로 유발된 행위의 규칙성으로 사회생활을 충분히 설명할 수 있다고 주장했지만, 이 관점은 사회학에서 소수의 지지자들만 매료시켰을 뿐이다(예를 들면 Homans 1971). 사회적 행위를 생물학으로 환원하는 것은 사회생물학자 E. O. 윌슨(E. O. Wilson 1975)과 그 추종자들의 주요 기획 중 하나인데, 사회관계를 발생시킨다고 추정되는 기제는, 개별 유전자 수준에서는 자연선택이지만 집단 수준에서는 그렇지 않(고 또한 논쟁적이)다. 이미 지적했듯 일부 경제학자는 그들의 환원론 기획을 '경제학 제국주의'가 되도록 고안했는데, 이는 사랑·결혼·범죄 그리고 시간의 분배와 같은 사회학적 주제를 침범한 게리 베커에서 시작해(예를 들면 Becker 1976) "경제학은 진정으로 사회과학의 보편적 문법을 구성한다"는 잭 허슐라이퍼(Jack Hirshleifer)의 주장(1985: 53) 등에 반영돼 있다.

환원론 기획은 간결하다는 추정 때문에 반대 입장의 인식론보다 더 많은 지지자를 끌어모은다. 반대편 인식론인 전체론(wholism) 기획은, 각 학문의 개별 단위는 그 단위가 근거하는 보다 넓은 맥락을 이해하지 않고는 전혀 해석할 수 없다고 다양한 맥락에서 주장해왔고, 여기에는 다양한 색깔의 체계 이론과 기능주의를 지지하는 사람들도 포함한다.[3]

키리아코스 콘토풀로스(Kyriakos Kontopoulos 1993)에 따르면, 많은 학문 분야에서 환원론과 전체론은 훨씬 더 복잡하고 미묘한 기획에 자리를 내주었는데, 이 기획은 연구 중인 현상에서 다양한 분석 수준이 어떻게 서로 조화를 이루는지 이해하려 하고, 둘 중 어떤 것도 설명에서 특권화해서는 안 된다고 주장한다. 독자 여러분은 내 책을 그러한 기획의 하나로 이해해야 할 것이다. 내 주장의 모든 지점에서 나는 분석의 미시 수준과 거시 수준이 어떻게 연결되고, 분석의 '중간' 수준이라 불리는 것이 그러한 관계의 역동성을 이해하는 데 어떻게 결정적인지를 이해하려고 노력할 것이다. 바로 이 중간 수준 분석의 중요성 때문에 '사회 연결망'이 내 주장에서 종종 중추적인 역할을 차지한다. 나는 사회 연결망이 특권화된 인과적 개념이 아니라 단지 대부분의 상황에서 그 자체로 적당한 설명 가치가 있을 뿐임을 강조하고자 한다.[4]

1.3 기능주의·문화주의·역사

개인 수준으로의 환원론은 가끔 설명력에서 만족스럽지 않기 때문에 환원론 지지자들은 보통 다른 주장으로 이를 보완한다. 사회과학에서 가장 두드러진 두 가지 보완책은 기능적 설명과 문화적 설명이다. 이것은 역설적인데, 이 설명들이 전체론자들에게 가장 잘 어울리는 설명 도구로 여겨질 수 있기 때문이다.

 '기능적' 설명은 해결할 '문제'를 기준으로 행위나 관행 또는 제도를 설명한다. 따라서 기업가가 자신의 사적 자원이 회사의 실패로 완전히 청산될 수 있다면 실질적인 기업가 정신을 감당할 사람은 별로 없다는 사실로 기업 세계의 유한책임 제도를 설명할 수 있다고 제안할 수 있다. 개인을 기업 자원에서 분리함으로써 문제를 '해결'하고 기업가 정신을 더 발휘하게끔 만들 수 있다는 것이다. 그러나 이것이 유한책임의 기원을 설명한다는 추론은, 이러한 법적 유형이 발전한 나라와 그렇지 못한 나라의 기업가 정신을 비교하고 아울러 유한책임의 실제 역사와 그 결과를 면밀하게 조사하지 않고는 지탱될 수 없다. 이 경우에 덧붙일 이야기가 훨씬 더 많고, 이 관행은 일반적인 기업가 정신을 제고하기 위해서가 아니라 특수한 이익에 부합하도록 개발되었다고 주장할 수도 있다.[5] 6장에서 나는 더 복잡한 사례로 중세 피렌체의 제휴 관계 제도를 제시할 것이다. 더 일반적으로 보자면 모든 경제 제도를 어떤 문제에 대한 해법으로 설명할 수 있다는 추론은 위험하다. 그래서 앤드루 서터(Andrew Schotter)는 경제학자의 임무가 "사회제도의 경제 이론"을 개발하는 것이라고 제안한다. 이 이론에서는 어떠한 제도라도 이해하려면 "제도가 발전해온 것처럼, 제도에 분명히 존재해온 진화적 문제를 추론할 필요가 있다. 모든 진화적 경제 문제는 그 문제를 해결하기 위한 사회제도가 필요하다"(Schotter 1981: 2).

이런 제안은 어느 한 종의 어떠한 특징이라도 그 종이 처한 환경에서 문제를 해결하려고 진화해왔다고 설명하는 사회생물학자들의 관행과 닮았다. 이 점에서 창조적인 과학적 기획은 그러한 문제가 무엇이었을지를 상상하는 것이다. 스티븐 제이 굴드(Steven Jay Gould)와 리처드 르원틴(Richard Lewontin)은 이에 대한 광범위한 비판에서 이러한 설명을 "적응적 이야기"라고 부르고 다음과 같이 논평한다. "하나의 적응적 이야기를 거부하면 다른 종류의 설명이 필요할지도 모른다는 의심보다는 보통은 이어서 다른 적응적 이야기로 대체한다. 적응적 이야기의 범위는 우리 정신이 풍성한 만큼 넓기 때문에 항상 새로운 이야기를 상정할 수 있다. 그리고 어떤 이야기가 즉시 가용하지 않다면 잠시 소홀했다고 항상 변명하고 곧 나올 것이라고 확신할 수 있다. ……진화론자들은 종종 그럴듯한 이야기를 꾸며냈을 때 연구가 완료되었다고 간주한다. 그러나 그럴듯한 이야기는 항상 들을 수 있다. 역사적 연구에서 핵심은 어떤 현대적 결과에 이르는 그럴듯한 많은 경로 중에서 적절한 설명을 확인하는 기준을 고안하는 데 있다"(Gould and Lewontin 1979: 153-154).

굴드와 르원틴이 생물학에 대해 제안한 것처럼 "적응적 이야기"의 문제적 요소들 중 하나는 원칙적으로 역사적 설명에 호소하지만 실제로는 역사적 연구를 건너뛰고 발생해'야만' 했던 것에 대한 사변적 사고에 호소한다는 점이다. 비슷하게 경제 제도가 문제에 대처하기 위해 진화를 거듭해왔'어야만' 하는 관점에서 경제 문제를 설명할 때, 제도가 실제로 어떻게 시간을 두고 만들어졌는지의 동태성을 연구하는 대신 평형 상태인 비교 정태성에 머물기를 은연중에 선택한다. 게다가 아직도 진화 중인 제도는 진화를 거듭해왔지만 해결하려는 문제가 무엇인지를 조사로는 밝힐 수 없기 때문에 체계는 이제 평형 상태라고 추정한다.

이러한 설명 전략은 보통 환경적 문제를 해결할 수 없는 단위는 버리고 제도적 해법을 관찰할 수 있는 단위만 남겨두는 식으로 선택 기제에 명시적으로나 묵시적으로 기대어 버틴다. 이런 주장의 고전적 예시는 밀턴 프리드먼(Milton Friedman)의 영향력 있는 글인 〈실증 경제학 방법론〉(1953: 16-22)이다. 경제학에서 이런 주장은, 미해결 문제는 이윤의 가능성을 제시하고 합리적 개인은 항상 이런 기회를 잡을 것이라는 사고로 진화했다. 비효율성은 차익거래로 해소되고, 현대 경제학의 수사로 말하자면 "당신은 길거리에 널린 지폐를 찾아내지 못할 것이다."[6] 제도가 어떤 방식으로 효율성을 창출하는지 제시함으로써 제도를 설명해야 한다는 가정은 경제학 사전, 특히 신(新)제도경제학 사전에 등재되었다. 신제도경제학에서 '효율성 분석'은 어떤 제도에 대한 적응적 이야기를 의미한다. 부분적으로 이것은 제도의 발생을 법적·사회학적·역사적으로 설명한 '구(舊)제도경제학'에 대한 반발이다.[7]

다윈식 선택이 작동하는 유전적 기제가 명확한 생물학에서조차도 굴드와 르원틴은 그 어떠한 적응적 이야기라도 단지 사변일 뿐이고 실제로 일어난 것과는 사실상 전혀 일치하지 않을 수 있다고 지적한다(Gould and Lewontin 1979). 그들은 영향을 주는 오류들의 목록을 멋지게 만들기도 했다. 경제학에서 선택 기제는 경쟁 시장 분야가 가장 그럴듯할 것이다. 하지만 모든 비효율성을 근절하고 모든 문제를 해결할 만큼 엄격한 경쟁을 수반하는 시장은 별로 없다.[8] 그 대신에 경제 행동과 제도는 행위자들의 복합적인 연결망이 수행하는 다양한 목적의 결과이고, 해당 행위자들의 역사적 배열과 연결망을 이해하지 않고는 이러한 결과를 쉽사리 잘못 해석할 수 있다는 것이 나의 주장이다.

다윈식 수사를 과감하게 소환하는 것은 행위의 유형이나 제도를 너무 낙관적으로 보는 관점으로 기울어져 있다. 기능주의 설명의 함정에 대해서는 여러 차례 목록이 만들어지기도 했다(예를 들면 Merton 1947; Nagel 1961; Hempel 1965; Stinchcombe 1968; Elster 1983). 그리고 **피설명항**(explanandum)[9]은 해결해야 할 문제를 참조해서 적절하게 설명되어야 한다는 요구를 충족하는 엄격한 설명들이 제시돼왔다. 나는 이러한 설명들을 반복하기보다는 기능주의 설명을 수용하기 전에 그 설명에 대해 대답할 수 있어야 하는 네 가지 질문을 순차적으로 간단하게 제안한다. (1) 어떤 의미에서 '문제'는 진정으로 문제인가? 만약 어떤 유형이 해결했다고 추정되는 문제가 사실 전혀 문제가 아니라면, 설명은 즉시 실패한다. (2) '해법'은 하나의 해결책이었나? 문제가 제대로 된 문제라고 인정된다 해도 탐구 중인 제도가 문제를 해결하는 것이 진정으로 더 낫다. 그렇지 않다면 기능주의 설명은 설득력이 없다. (3) 이런 해법이 등장한 과정을 우리는 이해하는가? 이 질문을 회피한다면 등장하는 모든 문제가 저절로 해결된다고 가정하는 것이고, 이것은 일단 언급된다면 누구도 승인하기 어려울 명제다.

따라서 기능적 설명은 제시된 문제가 왜 그리고 어떻게 제대로 해결되었는지를 설명해야 한다. 그러나 이 해법이 어떻게 등장할 수 있는지 알기만 하면, 어떤 조건에서 해법이 등장할 수 없는지도 이해할 수 있다. 사실상 이는 문제가 등장하는 모든 심급이 아니라 단지 어떤 심급에서만 해법이 등장할 것이라는 의미다. 그렇다면 유형 설명은 유형이 해결하는 문제만이 아니라 그 이상을, 해법의 등장에 필요한 조건을 알아야 한다고 요구할 것이다. 이는 (4) 왜 이런 **특정**한 해법인가라는 질문으로 이어진다. 이 문제의 가능한 해법의 범위는 무엇이고 어떤 조건에서 다른 해법이 등장할 수 있을 것인가? (3)의 대답처럼, 이 질문에 대한 반응으로 우리는 조야한 기능주의 설명에서는 멀어지고, 정태적인 기능주의 설명과 역사적 배열에 근거한 설명의 간격을 좁힐 것이다.

기능주의 설명은 가끔 그럴듯해 보이는데, 경제 제도가 경제 환경과 잘 어우러져 보이기 때문이다. 그러나 그럴 수 있는 이유는, 제도가 자신의 환경을 변경해서 더 큰 호환성을 **창출**했기 때문이다. 비교 정태학은 그러한 과정을 밝히지 못할 것이고 대신에 환경의 필요성으로 제도가 창출되었다는 암시로 설득할지도 모른다. 경제 환경은 분명 이 제도의 배치를 제한하지만, 이러한 제한은 상상 이상으로 포괄적이어서 복수의 안정적인 제도적 평형을 포괄할 수도 있다. 체계의 역사적 궤적은 어떤 평형이 발생하는지를 결정할 수도 있으므로 역학적 연구는 반드시 필요하다.

이와 관련된 주장을 경제사 학도들이 '경로 의존성'이라는 이름으로 기술 영역에서 제기했다. 예를 들어 폴 데이비드(Paul David)는 초기의 특수한 조건 때문에 타자기의 매우 비효율적인 쿼티(QWERTY) 자판이 더 효율적인 디자인이 존재하는데도 1890년대에 산업의 표준이 되었다고 주장했다. 쿼티 자판은 기술 표준으로 확립되었고 이미 존재하는 기계와 사용자의 토대가 넓어서 "잠겨(locked in)"버렸다는 것이다(David 1986). 더 일반적인 차원에서 브라이언 아서(Brian Arthur)는 과정의 초기 단계에서 무작위적 사건이 전체 효율성과는 독립적으로 어떻게 결과를 결정할 수 있는지에 관한 추계학적 모델을 제시했다. 이러한 '경로 의존성' 과정에서 규모의 수확체증(increasing returns)을 관찰할 수 있다. 여러 가지 경쟁적 기술들 가운데 하나가 일단 사용자 수에서 일시적 우위를 차지하면, 이 우위는 다양한 행위자들이 추가 사용을 촉진하는 방식으로 그 기술을 개선하고 환경을 변경하는 데 이롭게 작용한다. 그런 다음 이 추가 사용은 다시 개선에 박차를 가하고, 경쟁 상대였지만 채택이 덜 된 기술의 개선에 따른 수익성을 떨어트린다. 결국 처음에는 덜 효율적이었던 기술이 이런 일련의 과정을 거쳐 잠길 수 있다(Arthur 1989).

사정이 이럴 때에는 역사적 분석으로만 결과를 설명할 수 있다. 만약 반대로 기술의 채택에서 수확체감(diminishing returns)을 가정할 수 있다면 그때는 정태적 분석으로 충분할 것이다. 결과가 유일하고, 시장 형성이나 선택을 하는 순서에서 그 결과가 작은 사건들에 달려 있지 않기 때문이다. "수확체증에서는 반대로 많은 결과가 가능하다. 무의미한 상황은 체계를 '선택된' 실질적 결과에 '끼워 맞추는' 양적 환류로 증폭된다. 역사의 작은 사건들이 중요해진다. 어떤 기술이나 경제적 결과가 경쟁 대상보다 우세함을 관찰한다면, 승자의 '타고난' 우월함이 채택으로 해석되는 수단을 모색하는 어떠한 방식에 대해서도 주의를 기울여

야 한다."(1989: 127)

이러한 주장은 주로 기술에 관한 것이지만, 나는 다음 장들에서 다른 많은 경제적 결과와 제도 또한 일련의 과정으로 '잠긴다'고 주장할 텐데, 그 과정이란 무작위적인 '작은 사건들'에 한정할 필요가 없고, 문제의 해법으로 분석되는 것이 아니라 이해당사자들이 구축한 목적 지향의 행동 연결망에서 진화한다고 분석할 수 있다. 그리고 경제적 기준들에서는 '무작위적' 사건으로 보이는 것이 사회학적 설명에서는 종종 체계적으로 다루어질 수 있다. '잠금'의 기술적 개념은 사실상 사회학의 '제도화' 관념과 유사하다. 정착되지 못한 기술 발전이 망각되거나 기술적으로 열등하다며 기각되듯 발생하지 않은 제도적 대안은 망각되고, 현존하는 형태가 주어진 환경에서 어떻게 불가피했는지를 적응적 이야기는 들려준다. 경제 제도를 다루는 사회학의 핵심 질문은 어떤 상황에서 그러한 이야기가 올바를 수 있느냐는 것이다. 후속 저서에서 미국의 전기 산업에 대한 나의 설명은 이런 서술에 잘 들어맞는다.

일반적으로는 방법론적 개인주의를 지지하는 학자들이 그럼에도 불구하고 개인의 행동에는 느슨하게 연결돼 있을 뿐인 항상성 체계의 속성에 의존하는 기능주의 설명을 종종 지지한다는 것은 주목할 만한 일이다. 그렇게 함으로써 행동과 제도가 어떻게 진화하는지를 세밀하게 역사적으로 설명할 필요를 피할 수 있다는 것이 그 매력일 것이다. 밀접하게 관련된 설명 전략은 비슷한 이유로 호소력을 가질 수 있는데, 결과와 제도를 설명하기 위해 문화적 차이에 의존하는 것이다.

'문화주의적' 입장은 경제 논리에서 파생한 것이 아니고, 오히려 결과나 제도를 만들어낸 집단이 문화적 신념이나 가치 또는 특색이 있어서 관찰된 행위가 미리 정해져 있다고 주장함으로써 결과나 제도를 설명한다. 최근 이론에 근거해 이러한 신념은 종종 '사회적 자본'을 특징으로 한다. '프로테스탄트 윤리'를 특징으로 하는 집단은 더 열심히 일할 것이고 그래서 회사와 다른 결과물들을 더 성공적으로 만들 것이다. 개인이 사회에 종속된 위계적 환경에서 협력을 지향하는 문화를 가진 집단은 원활하게 작동하는 산업 기업을 발전시킬 것이고(일본을 두고 종종 그렇게 주장한다. 예를 들면 Ouchi 1981), 신뢰를 친구나 친척처럼 작은 범위에 한정시키는 문화를 가진 사회는 상당한 규모의 경제 기업을 경영하는 데 어려움을 겪을 것이다(Fukuyama 1995).[10] 사회 하부의 분석 수준에서 서로 다른 조직들은 병합에 저항하거나 최소한 병합 비용을 상승시키는 별개의 문화가 있다고 지적된다.

만약 집단이 정말 문화에 의해 아주 철저하게 결정되는 방식으로 행동한다면 제도의 세부적인 역사적 진화는 무시해도 무방할 것이다. 문화가 안정적인 한 그러한 진화는 거의 있을 수 없기 때문이다. 하지만 많은 기능주의 주장들과 마찬가지로 이런 주장은 순환성 주위를 불편하게 맴돈다. 왜냐하면 문화적 신념과 관찰된 유형의 인과적 관계는 보통 행위에서 추론되지 명시적으로 드러나진 않기 때문이다.

더욱이 문화를 이렇게 개인 행위에 대한 영향으로 취급하는 것은 정태적이고 기계적이다. 사회화가 잘 이루어진 개인의 사회적 위치를 일단 알고 나면, 행위에서 다른 모든 것은 자동적이기 때문이다. 이런 경우에 개인 행위자들에게서 주체성(agency)이 제거되는데, 이것은 주체성이 가장 중요해야만 하는 방법론적 개인주의자들에게는 생소한 것이다. 문화는 외재적인 힘이어서 이신론(理神論)의 신처럼 처음에 작동시킬 뿐 그 이상의 영향은 없다. 어떤 방식으로 영향을 받았는지 알기만 한다면 목적 지향의 행동과 진행 중인 사회적 관계와 구조는 상관이 없다. 사회적 영향은 모두 개인의 머릿속에 담겨 있어 현재의 결정 상황에서 그 또는 그녀는 호모 에코노미쿠스만큼, 그러나 다른 결정 규칙을 가진 인간으로 원자화될 수 있다. 하지만 한층 정교한 문화적 영향의 분석에 의하면(예를 들면 Fine and Kleinman 1979; Cole 1979, 1장; Swidler 1986; DiMaggio 1997) 문화는 단 한 번으로 끝나는 영향이 아니라 상호작용하면서 계속해서 구성되고 재구성되는 진행 중인 과정임이 분명하다. 문화는 구성원들을 주조하지만 또한 구성원들은 자신들의 전략적 이유로 문화를 일부 주조한다. 따라서 나는 여기서 인간사에 미치는 힘으로서 문화의 중요성을 폄훼하려는 것이 아니라 단지 문화를 거의 동어반복적이고 잔여적인 설명으로만 오용하는 데 반대할 뿐이다. 나는 2장에서 경제 행동에 대한 문화와 규범 및 여타 정신적 구성물의 영향에 대한 이러한 질문들을 더 깊게 파헤칠 것이고 5장과 6장에서는 문화와 제도의 관계를 고찰할 것이다.

1.4 인간 행동의 과소/과잉사회화 개념

인간 본성에 관한 귀무가설과 그와 연관된 개념은 인간 행동의 본성에 대해 말로 언급하지는 않지만 당연하게 귀결되는 사고로 이어진다. 이러한 개념은 너무 멀리 밀어내면 왜곡된다. 예를 들면 행위자가 사회적 환경에 고도로 반응한다고 사회학적으로 개념화하는 것은 사회학자 데니스 롱(Dennis Wrong)이 "현대사회학에서 인간의 과잉사회화된 개념"이라 비판한 것으로 유명하다(Wrong 1961). 과잉사회화 개념에 의하면 사람은 타인들의 의견에 매우 압도적으로 민감하고 그래서 합의로 발전되고 사회화를 통해 내면화한 규범과 가치가 명하는 바에 순종하지만, 순종은 부담스럽지 않고 무사유적이고 자동적이다.

롱이 언급하기를, "다양한 상황에서, 특히 수용된 이론이나 이념이 다른 동기들을 지나치게 강조했던 상황에서 사람들이 아주 가까운 주위 사람들에게서 좋은 의견을 바라고 또 그것을 구하려고 노력하는 강도에 주의를 기울이는 것은 사회학자의 흔한 임무다. ⋯⋯따라서 사회학자들은 공장 노동자들이 순전히 경제적 유인보다는 동료 노동자들의 태도에 더 민감하다는 것을 증명해주었다. ⋯⋯이러한 연구들의 발견을 비판하는 것이 명백히 나의 의도는 아니다. 내가 반대하는 것은 사회학자들이 인간 행위에서 하나의 근본적 동기를 추출해내려는 과거의 노력들을 비판해왔음에도 불구하고, 타인들의 승인을 획득해 우호적 자아상을 성취하려는 욕구가 사회학자들의 사고에서 그러한 위치를 빈번하게 차지한다는 점이다"(1961: 188-189).

이러한 개념이 1961년에 두드러졌던 것은 탤컷 파슨스(Talcott Parsons)의 시도에서 일부 비롯되었다. 파슨스는 획기적인 저서 《사회적 행동의 구조》에서 토머스 홉스(Thomas Hobbs)가 제기한 질서의 문제를 사회가 공동으로 보유한 가치를 강조함으로써 극복했다(Parsons 1937: 89-94). 파슨스는 그가 "공리주의" 전통이라 부르는 것으로 홉스를 분류하고, 공리주의 전통이 개인의 행동을 원자화되고 다른 사람들의 영향이나 광범위한 문화적 또는 사회적 전통에서 고립된 것으로 취급한다고 공격했다. 하지만 데이비드 흄(David Hume), 제러미 벤담(Jeremy Bentham), 존 스튜어트 밀(John Stuart Mill) 같은 공리주의자들을 자세히 읽어보면 이러한 지적을 지지할 수는 없다. 오히려 그들은 사회제도와 규범 및 상호작용이 어떻게 개인의 행동을 변화시키고 만들어내는지에 상당한 관심을 보인다(Camic 1979 참조).

　파슨스가 "공리주의"와 "실증주의" 전통에 해당한다고 주장했던 것 대부분은 고전학파와 20세기의 신고전학파 경제학에 대한 서술이다.[11] 정통 이론의 주장은 환원론적이고, 생산과 분배 또는 소비에 대한 사회적 구조나 관계의 어떠한 영향도 가설로 기각하기에 '과소사회화'라고 말할 수도 있다. 경쟁적 시장에서는 어떠한 생산자나 소비자도 총공급이나 총수요에 두드러지게 영향을 끼치지 못하므로 가격이나 다른 거래 조건에 영향을 끼치지 못한다. 앨버트 허시먼이 지적했듯 이런 이상화된 시장은 "완벽한 정보를 제공받고 가격을 책정하는 익명의 수많은 구매자와 판매자를 포함하고 있어서 …… 당사자들 간의 어떠한 장기적인 인간적 또는 사회적 접촉 없이 작동한다. 완벽한 경쟁 아래서는 흥정이나 협상, 항의 또는 상호 조정의 여지가 없고, 함께 계약을 체결한 다양한 운영자들은 서로 잘 알게 되는 결과를 초래하는 되풀이되거나 지속적인 관계를 맺을 필요가 없다"(Hirschman 1982: 1473).

　고전파 경제학자들은 사회관계를 주로 경쟁적 시장의 장애물로 언급했다. 그래서 애덤 스미스(Adam Smith)는 "동종업자들은 오락이나 기분 전환을 위해서조차 모이는 일이 드물지만, 그때의 대화도 사회에 대한 음모, 즉 값을 인상하기 위한 계략으로 시종일관한다"고 불평했다. 자유방임 정치를 지지하는 그는 반독점 조치를 권고하지는 않았지만, 동종업자들 모두의 공공 등기부 등록을 요구하는 규제의 철폐를 촉구했다. 왜냐하면 "그런 규제는 그것이 없었으면 서로 알지 못했을지도 모르는 개인들을 이어주고, 모든 동종업자에게 다른 동종업자의 소재를 알 수 있는 단서를 제공"하기 때문이다(Smith 〔1776〕 1976: 145). 이런 절름발이 정책 제안보다는 진정한 경쟁적 시장은 사회적 원자화를 **요구한다**

는 스미스의 암묵적 가정이 더 흥미롭다. 이런 입장은 20세기에도 살아남아, 조지 스티글러(George Stigler)의 《가격론》 같은 표준 교과서는 "경제적 관계에 경제 단위들의 어떠한 사적 관계라도 포함된다면 경제적 관계는 절대로 완벽하게 경쟁적이지 않다"고 기술한다(Stigler 1946: 24).

존 스튜어트 밀 같은 일부 고전파 경제학자들, 그리고 마르크스와 독일 역사학파처럼 주류에서 벗어난 다른 경제학자들은 경제 행동의 일반적 사회 조건에 관심을 기울였지만, 데이비드 리카도(David Ricardo)에서 시작하는 한층 더 엄격하고 계량적인 전통은 비경제적 문제를 배제하는 방식으로 초점을 더욱 축소했다.[12] 이러한 배제는 19세기 말과 20세기 초의 방법론 논쟁(Methodenstreit: 19세기 말에서 20세기 초에 경제학에서 일반 법칙을 강조하는 오스트리아학파와 역사적 경험을 중시하는 독일 역사학파 사이의 논쟁—옮긴이)에서 신고전학파의 '한계주의자들'이 독일 역사학파에 승리함으로써 확장되었다. 특히 앨프리드 마셜(Alfred Marshall)이 체계적으로 정리한 한계주의 접근은 가치를 공급과 수요에 의한 시장 가격의 결정으로 환원함으로써 고전적 가치의 문제를 "해결했다." 이는 수학적 최대화로 이해될 수 있는 것이다(예를 들면 Dean 1978, 7장 참조).

그러나 과잉사회화된 관점과 고전학파 및 신고전학파 경제학의 이른바 과소사회화된 설명의 표면적 대조는 심각한 이론적 모순을 감추고 있다. 즉 두 설명 모두 원자화된 행위자에 의한 행동이라는 개념을 공유한다. 과소사회화된 설명에서 원자화는 협소한 이기심을 추구한 결과지만, 과잉사회화된 설명에서는 이미 내면화되었고 따라서 현재 진행 중인 사회적 관계에 거의 영향받지 않는 행동 유형의 결과다. 내면화된 행동 유형의 사회적 기원을 살펴보면 이런 주장은 경제학의 주장과 결정적으로 구별되지 않는다. 경제학의 주장에 의하면 효용이 기능하는 원천은 개방된 채로 남겨두어, 과잉사회화된 개념에서처럼 합의로 결정된 규범과 가치에 의해 전적으로 안내되는 행위에 여지를 남긴다.[13] 따라서 과소/과잉사회화 개념은 행위자를 즉각적인 사회적 맥락에서 분리해 원자화하는 데 합류한다. 이런 모순적 합류는 홉스의 《리바이어던(Leviathan)》에 이미 등장한다. 즉 난관에 처한 자연상태의 주민은 무질서에 압도되어 그들의 모든 권리를 권위적인 권력에 넘겨주고 유순하고 명예로워진다. 그래서 그들은 사회계약이라는 책략으로 과소사회화된 상태에서 과잉사회화된 상태로 바로 비틀거리며 나아간다.

　과소/과잉사회화 관점의 수렴으로 현대 경제학자들이 문화의 인과적 설명력에 대한 과잉사회화된 주장을 왜 그렇게 선뜻 수용할 수 있는지 설명할 수 있다. 문화적 설명을 일단 받아들이고 난 다음에는 개인의 사회적 위치나 상호작용의 연결망에 더 이상 주의를 기울이지 않고도 개인을 분석할 수 있다는 점에서 과잉사회화된 주장은 인간 행동에 대한 환원주의적 관점과 놀라울 정도로 일치한다. 심지어 사회적 관계를 진지하게 고려하는 경제학 모델에서도(예를 들면 Becker 1976) 관계의 역사와 그 위치를 다른 관계와 관련지어 전형적인 방식으로 추상화한다. 경제학 모델에서 묘사하는 개인 간 관계는 정형화되고 평균적이며 '전형적'이어서 구체적인 내용이나 역사 또는 구조적 위치를 결여한다. 행위자는 대표성을 띤 주체로, 그의 행위는 지정된 역할 위치와 역할군에서 기인한다. 따라서 노동자와 관리자, 남편과 아내, 범죄자와 법 집행관이 어떻게 상호작용할지를 두고 논쟁을 벌인다. 그러나 지정된 역할에 내재하는 의무와 이해관계에 의해 주어진 내용 이상으로 이러한 관계에 개별화된 내용이 있다고 가정하지는 않는다. 이러한 방식은 바로 구조주의 사회학자들이 탤컷 파슨스의 사회학에서 비판해왔던 것으로,

파슨스의 사회학에서는 개별 관계의 세부 사항들을 전체의 개념 구도에서 사소한 역할로 축소하는데, 그 역할은 궁극적인 가치 지향에서 유래하는 규범적 가치를 규정하는 지속적 구조와 비교할 때 부수적 현상이라는 것이다.

경제적 행동을 포함해 인간의 어떠한 행동이라도 성공적으로 분석하려면 과소/과잉사회화된 관점의 극단적인 이론에 잠재하는 원자화를 피해야 한다. 행위자는 사회적 맥락 밖의 원자로 행동하거나 결정하지도 않고, 어쩌다 차지하게 된 사회문화적 범주들이 특별하게 교차하면서 짜놓은 대본에 무기력하게 매달리지도 않는다. 대신에 목적 지향 행동의 시도는 구체적이고 진행 중인 사회관계의 체계 내에 배태돼 있다. 이러한 관계의 연결망은 개인의 행동 그리고 사회제도와 문화 사이에 개념적으로 자리하는 매우 중요한 중간 수준을 구성한다. 그리고 미시와 거시 수준이 이러한 중간 수준을 통해 연결되는 방식이 이 책에서 관심을 기울이는 초점의 핵심이다.

1.5 사회 연결망과 '배태성'

사회 연결망의 '중간(meso)' 수준은 과소/과잉사회화의 이론적 극단을 피할 수 있게 해주기 때문에 중요하다. 더 구체적으로 설명하자면, 사람들이 사회적이고 경제적인 목표를 추구할 때 아는 타인들이 연루되기 때문에 사회 연결망은 중요하다. 아는 타인들의 연결망이 중요하므로 분석해야 한다는 이런 주장은 이 주제에 대한 1985년의 내 논문 이후 계속된 연구 때문에 '배태성(embeddedness)' 관점이라 불렸고,

이 연구의 많은 부분은 '신경제사회학'으로 알려졌다(Granovetter 1985;
Swedberg and Granovetter 2011). 그러나 많은 사람이 '배태성' 개념을 경
제의 사회 연결망 분석과 동일시해왔고 '배태성'에 관한 내 1985년 논
문이 그러한 동일시를 조장했을 테지만, 이 책에서 나는 더 포괄적으
로 사회의 비경제적 측면이 경제적 측면과 교차한다는 의미로 이 용어
를 사용한다. 사회의 비경제적 측면에는 사회 연결망과 그 결과뿐만 아
니라 문화적·정치적·종교적 영향과 광범위한 제도적 영향을 포함한다.
사회 연결망은 미시와 거시 수준을 중재하는 중심 역할을 하므로, 연
결망이 사회 분석에서 신뢰·권력·규범·가치와 같은 더 포괄적인 주제
그리고 제도적 분석 수준과 연결되는 방식을 더 발전시키는 것이 이 책
에서 내 연구의 일환이다. 사회 연결망은 그러한 개념들을 설명하는 데
중요하다는 이유 때문에 개념적으로 중요한 역할을 한다.

　이 책은 사회 연결망 분석에 대한 기술적 주장이나 세부 내용을 밝
히는 자리는 아니다. 많은 훌륭한 안내서가 그러한 일을 한다.[14] 일반적
배경으로 독자들이 사회 연결망 사고에 기본적 지식이 있다고 나는 가
정한다. 하지만 사회 연결망과 여타 사회적 결과의 상호관계에 대해 몇
가지 이론적 주장과 원칙을 밝히는 것이 도움이 될 것이다. 여기서 나
는 세 가지를 제안하는데, 이는 총망라한다는 의미가 아니라 뒤에서 내
가 논의를 전개하며 의거하는 유용한 개념들을 말한다.

　1. 연결망과 규범. 2장에서 더 자세히 언급하겠지만, (특정 상황에서 정상
적이거나 적절한 행위에 대한 공유된 사고인) 규범은 더 명확하고 더 확고하게
유지되고 더 쉬울수록 사회 연결망을 더 밀도 높게 강행한다.[15] 사회심
리학에서 이런 명제를 옹호하는 고전적 주장(예를 들면 Festinger, Schachter
and Back 1948 참조)은 밀도 높은 연결망에서 생각과 정보, 영향이 노드

(node) 사이를 이동할 수 있는 수많은 고유한 경로에 의존한다. 이런 경우에 규범은 반복적으로 접하고 논의될 가능성이 더 높고 또한 일탈을 숨기기가 더 어려워져 일탈을 단념할 가능성이 더 높다. 다른 조건이 같다면 더 큰 집단이 연결망의 밀도가 낮기 때문에 규범을 구체화하고 실행하기가 더 어렵다는 것이 당연한 결론이다. 사람들이 관리할 수 있는 사회적 연결의 수에는 인지적·감정적·공간적·시간적 제약이 있기 때문이고 그래서 큰 연결망은 소집단으로 분열하기 마련이다(예를 들면 Nelson 1966).

2. **약한 연결의 힘.** 새로운 정보는 강한 연결보다는 약한 연결을 통해 개인에게 다다르기 쉽다. 우리의 가까운 친구는 우리와 같은 범위 안에서 움직이고 따라서 우리가 이미 대부분 알고 있는 것을 배운다. 약한 연결 또는 흔히 '지인(acquaintance)'이라 불리는 사람들은 우리가 모르는 사람들을 알고 있을 가능성이 높고 따라서 더 새로운 정보를 얻을 가능성이 높다. 이것은 부분적으로 가까운 친구들이 지인보다 우리와 더 비슷하기 때문이고 또 부분적으로는 가까운 친구들이 우리와 더 많은 시간을 보내기 때문이다. 우리 자신의 범위를 벗어나 다른 범위로 옮기면 지인은 가장 가까운 친구들이 보여줄 수 있는 것보다 더 넓은 세상을 비추는 창문이 된다. 따라서 새로운 직업이나 희소성 있는 서비스 또는 투자나 프로젝트에 필수적인 약간의 정보가 필요할 때 도와주려는 동기는 가까운 친구가 더 강할지라도 지인이 더 나은 선택이 될 수 있다. 사회적 구조가 동기보다 우위에 있을 수 있다. 이것이 내가 "약한 연결의 힘"이라 불렀던 것이다(Granovetter 1973, 1983).

더 거시적인 수준의 분석에서는, 서로 아는 가까운 친구들이 소집단을 이루고 소집단은 강한 연결이 아니라 약한 연결을 통해 조금이라도 서로 연결된다는 점에 유의할 필요가 있다. 그러므로 약한 연결의 배열과 사회적 위치는 광범위한 사회적 구조에서 정보가 어떻게 확산되는지를 결정하는 핵심 요소일 수 있다. 이는 예를 들면 상당한 직업 이동성이 있는 첨단기술 지역이 자급자족하고 수직적으로 통합된 기업들이 있는 지역보다 왜 최첨단 기술 정보를 더 효과적으로 확산하는지에 대한 하나의 이유가 될 수 있다(Saxenian 1994; Castilla et al. 2000; Ferrary and Granovetter 2009 참조).

3. **구조적 공백**. 대체로 서로 분리된 복수의 연결망에 연결돼 있는 개인은 전략적 이점을 누릴 수 있다. 그러한 개인이 하나의 연결망에서 다른 연결망으로 자원이나 정보가 흐를 수 있는 유일한 통로일 때, 그는 양다리를 걸친 연결망에서 "구조적 공백"을 활용할 잠재력을 가진다(Burt 1992). 이런 상황에 놓인 개인은 효과적인 중개자가 될 수 있고 그럼으로써 상당한 "사회적 자본"을 누릴 수 있다(Burt 2005 참조). 4장에서는 사회 연결망과 권력의 관계를 폭넓게 다루면서 그 일환으로 중개자의 이점을 좀더 자세히 논의할 것이다.

연결망의 이러한 원칙들과 그 외의 원칙들은 '연결망 배태성'에 대해 말할 때 유용한 도구들이다. 경제적 행동과 결과는 모든 사회적 행동과 결과처럼 행위자가 타인들과 맺는 사회적 관계에 영향받고 또한 이러한 관계의 전반적인 연결망 구조에 영향받는다. 요컨대, 나는 이것을 각각 연결망 배태성의 **관계적** 측면과 **구조적** 측면이라 말할 것이다.

관계적 배태성은 개인들이 다른 특정한 개인들과 맺는 관계의 속성을 의미한다. 이 개념은 쌍 또는 사회학자들이 즐겨 말하는 '양자(dyad)'에 관한 것이다. 관계적 배태성은 대체로 개인의 경제적 행동에 아주 직접적으로 영향을 미친다. 노동자와 관리자가 어떻게 상호작용하는가는 기술적 노동 분업으로 나뉘는 이러한 범주들의 의미에 의해서뿐만 아니라, 대체로 상호작용의 역사로 결정되는 특수한 사적 관계에 의해서도 결정된다. 이것은 부분적으로 경제학자들이 사용하는 상호의존적 효용함수로 포착되는데, 이때 타인의 효용은 당신 자신의 효용함수의 논거가 된다. 더 평범하게 말하자면, 타인들의 후생은 당신 자신의 후생의 일부가 된다는 것이다. 그러나 이것은 타인들을 향한 우리의 행위가 관계의 구성적 일부이자 강한 연결에서는 행위자 자신의 정체성의 구성적 일부가 된 상호 기대치의 구조에 달려 있다는 사실을 제대로 포착하지 못한다.

특수한 양자 관계뿐만 아니라 그러한 모든 관계의 집합적 효과는 당신의 행위에 영향을 줄 수도 있다. 타인에게 애착심이 있다는 사실만으로도 경제 행동이 바뀔 수 있다. 따라서 당신은 많은 동료 노동자에게 애착심을 가지고 있기에 다른 회사에서 누릴 수 있는 경제적 이점에도 불구하고 그 회사에 머물고 싶어 할 수도 있다. 그리고 이러한 애착심의 비경제적 가치 때문에 고용주는 경제적으로만 보면 이점이 없는데도 피고용인이 아는 사람들 가운데 인력을 충원하기도 한다.

일부 경제학자는 관계적 배태성의 특정 요소를 강조하기도 했는데, 예를 들면 하비 레이번스타인(Harvey Leibenstein 1976)과 베커(Becker 1976)는 남편과 아내 또는 피고용인과 관리자처럼 한 쌍의 개인들이 수행할 수 있는 역할에 수반되는 규범과 이해관계를 강조한다. 이런 강조로 경제학이 초점을 맞추는 방법론적 개인주의가 완화되는 것처럼 보인다. 그러나 이러한 쌍의 행위는 그들의 특수한 개인사와 그 역사가 더 넓은 연결망에 배태되는 방식으로부터 추상되기 때문에, 내 의견으로는 원자화를 피하지 못했고 다만 조금 더 높은 분석 수준인 양자(dyad)로 전이되었을 뿐이며, 양자는 내면화되고 규정된 역할 이상의 영향을 받지 않는 것으로 여전히 간주된다. 사람들이 역할 규정에 완전히 부합된 행동을 한다는 과잉사회화된 개념을 사용하는 것은 실상 행동에 대한 원자화되고 과소사회화된 관점을 이행하기 위해서라는 것을 여기서 다시 알 수 있다.

구조적 배태성은 개인이 배태되는 연결망의 전반적 구조의 영향을 의미한다. 관계적 배태성과 비교하면 구조적 배태성은 경제적 행동에 대체로 더 미묘하고 덜 직접적인 영향을 미친다. 그래서 노동자는 대부분의 다른 노동자들과 잘 지내는 관리자와 더 쉽게 좋은 관계를 유지할 수 있다. 만약 관리자가 노동자들과 사이가 나쁘고 특히 이런 노동자들이 서로 친하다면, 이 노동자들은 관리자와 친한 노동자를 많이 힘들게 할 것이고 그 가까운 사이가 벌어지게끔 압박을 가할 것이다. 노동자들이 결속력 있는 집단을 형성하지 않는다면 이런 압박을 가중하기는 어려울 수 있다.

이렇게 말하면서 내가 의존하는 원칙은, 한 쌍의 상호 접촉이 서로 연결되어 있다면, 그 쌍의 구성원들이 무엇을 하고 있는지를 퍼뜨리는 더 효율적인 정보가 있고 따라서 행위를 가다듬을 수 있는 더 나은 능력이 있다는 것이다. 따라서 연결망의 밀도가 높은 이런 상황에서 노동자는 관리자와의 가까운 관계를 말 그대로 생각도 할 수 없게 만드는 집단으로부터 규범을 받아들이게 된다.

개인의 행위는 결정이 내려졌을 때 어떤 정보를 이용할 수 있는지에 영향을 주는 구조적 배태성에도 영향을 받는다. 따라서 직장을 그만둘지 말지는 사회적 애착뿐만 아니라 대안의 기회에 대한 정보가 있느냐에도 달려 있다. 어떤 상표의 비누를 살지 말지는 부분적으로 사회 연

결망과 그 연결망을 통해 획득하는 정보와 영향으로 결정될 수 있다
(Katz and Lazarsfeld 1955). 노동자가 자신의 임금이 공정하다고 믿을지 말
지는 비교 집단을 어떻게 구축하느냐에 달려 있고, 이는 기술적 분업
에서의 노동자 위치뿐만 아니라 직장을 넘어서 친족이나 주거 근접성
처럼 비경제적으로 결정되는 사회 연결망에서의 노동자 위치에도 달려
있는 문제다(Gartrell 1982 참조). 이것은 경제적 제도와 비경제적 제도가
어떻게 교차하는지에 대한 좋은 예이고, 이와 함께 그 결과는 6장의 주
제다.

또한 관계적 배태성과 구조적 배태성과는 다른 분석 수준에서 특별
히 중요한 것은 **시간적 배태성**이다. 이것은 마치 현재 상황의 모습을 만
드는 역사가 없는 것처럼 관계와 그 관계의 구조를 다루는 시간적 환
원주의의 반대다. 진행 중인 관계에서 인간은 매일 새로 시작하지 않
고 앞선 상호작용을 담지한 채로 매번 새로운 상호작용에 들어간다. 과
거 관계의 세부 내용과 감정적 분위기를 정리해 오랫동안 보관하는 놀
라운 능력은 유감스럽게도 별로 연구되지는 않았지만 인간의 인지 장
치에 내장돼 있어서, 어떤 사람과 수년 동안 교류가 없었더라도 관계의
재활성화는 처음부터 시작하는 것이 아니라 이전에 달성한 공통의 이
해와 느낌에서 시작한다. 이것은 앞서 논의한 경로 의존성에 대한 것인
데, 그 범위를 사회 연결망의 역사로 확장한다.

관계의 구조는 대체로 오랜 시간에 걸친 과정의 결과이고 다른 방식
으로는 거의 이해할 수 없다. 따라서 찰스 서벨은 독일의 자동차 산업
처럼 농촌 노동자와 "이주 노동자"가 많은 공장의 파업에 대해 언급하
면서 다음과 같이 지적했다. "농민 노동자들의 파업은 …… 보통 일회
성이어서 그 외의 공장 생활과는 유리돼 있고 더 나아가 농민 노동자들

자신을 다른 노동자들과 유리시킨다. 게다가 …… 파업으로 소수의 농민 노동자들은 노동조합 활동가나 공감하는 토착 노동자 또는 경영 대표자 등의 외부 사회와 접촉하게 된다. ……이러한 접촉이 일부라도 지속되는 한 차후 갈등의 향방을 정할 수 있다"(Sabel 1982: 136). 이러한 관계의 윤곽을 그리면서 서벨은 1970년대 이탈리아의 격동하는 산업 관계를 새롭게 해석할 수 있었다(1982, 4장). 훌륭한 단면적 설명은 두 집단 사이의 교섭으로서 이러한 접촉의 중요성을 설파하겠지만, 구조가 발생하는 여건에 대한 일반적 주장에는 어떠한 기여도 할 수 없었을 것이다. 이러한 설명이 없다면 분석가들은 문화적 설명이나 기능주의적 설명으로 빠져들고, 보통 이 두 가지 설명은 모두 역사적 역동성을 무시할 때 등장할 수 있다. 이 특수한 경우에는 신뢰가 최근 일부 경제학의 주장에서처럼 가족이나 문화가 심어준 고정된 특징으로서가 아니라 사건의 연속에서 발생한 것으로 제시되기 때문에, 내가 3장에서 분석하는 신뢰에 대한 논쟁도 일부 부각된다.

1.6 개인적 동기 관련 어휘

전적으로 개인의 이해관계에 근거한 설명과 이러한 이해관계가 더 넓은 사회적 실체에 항상 종속돼 있다고 추론하는 설명 사이에서 실행 가능한 길을 찾아내기 위해서는 개인의 동기에 대한 논의를 더 진행할 필요가 있다. 그러한 동기와 관련해서 나는 세 가지 중요한 구별을 제안한다. 즉 행위는 도구적으로 합리적일 수도 아닐 수도 있고, 자아 지향적일 수도 아닐 수도 있으며, 경제적으로나 사회적으로 방향이 정해질 수도 아닐 수도 있다.

이 가운데 첫 번째는, 행위가 특정한 목표를 달성하기 위한 수단의 사용으로 잘 설명되는지와 관련된다. 이 쟁점은 가끔 도구적 행위 대 완료 행위(consummatory behavior)의 틀로 규정되는데, 후자는 다른 어떤 것을 성취하기 위해서가 아니라 그 자체를 추구하는 행동이다. 이러한 추구는 단순한 쾌락주의부터 가장 순수한 가치 헌신까지 해당될 수 있지만 행동의 **결과**를 명시적으로나 묵시적으로 계산하지 않는다는 점이 특징이다. 사회 이론은 이런 종류의 행동에 별로 주의를 기울이지 않고 종종 무모하다거나 생각이 없다고 치부한다. 하나의 사례는 막스 베버가 "가치합리적(value-rational)" 행동이라고 일컫는 것이다. "예를 들자면 …… 의무, 명예, 미의 추구, 종교적 소명, 개인적 충성 또는 내용이 무엇이건 어떤 '대의'의 중요성이 요청하는 것같이 보이는 일을 신념을 가지고 자신에게 부과되는 예상할 수 있는 비용과는 무관하게 실천에 옮기는 사람들의 행동일 것이다. ……가치합리적 행동은 행위자의 생각으로는 자신을 구속하는 '명령'이나 '요구'를 항상 포함한다." 이러한 행동은 일반적인 도구적 의미로는 합리적이지 않다. 왜냐하면 "이런 가치 그 자체에, 순수한 감정이나 미에, 절대선이나 의무에 무조건 헌신할수록 자신의 행동에 따르는 결과의 고려에 점점 덜 영향을 받는다" (Weber 〔1921〕 1968: 25-26). 또한 베버는 이것을 수단과 목표를 지향하지 않는 또 다른 종류의 행동, 즉 감정에 의해 추동되는 '감정적(affectual)' 행동과 구별한다. 그가 제시하는 감정적 행동의 몇 가지 예는 "시의적인 복수, 시의적인 향락, 시의적인 헌신, 시의적인 명상적 법열, 또는 시의적인 감성의 진정에 대한 자신의 욕구"를 충족하는 행위다(〔1921〕 1968: 25).

경제사상사에서 도구적 행동과 비도구적 행동의 구별은 행위가 행동의 경제적 측면을 지향하는지 아니면 다른 측면을 지향하는지와 혼동되기도 했다. 이는 한번 검토해보기만 하면 이상한 진술인데, 비경제적 목표를 위한 합리적 행동과 경제에 대한 비합리적 접근은 공통점이 충분히 있어 보이기 때문이다. 예를 들면 허시먼(Hirschman 1977)은 수 세기에 걸친 '정염'과 '이해관계'의 구별을 추적했는데, 경제적 동기와 관련해 후자를 냉정하고 합리적이며 자비로운 행위의 영역으로 상정했다. 비경제적 동기는 점차 '정염'의 범주에 포함되었고 비경제적 동기의 추구는 합리적 행동의 문제가 아니므로 경제학 분석에는 적절하지 않다는 가정을 동반했다. 애덤 스미스의 시대에 이르러 이러한 구별은 확고히 고착되었고, 빌프레도 파레토(Vilfredo Pareto)의 저술에서는 경제학과 사회학의 분리가 너무나 뚜렷해져 그중 하나에 주의를 기울이지 않고서도 다른 하나를 읽어낼 수 있었다.[16] 파레토의 영향을 받은 폴 새뮤얼슨(Paul Samuelson)은 자신의 저서 《경제 분석의 기초》에서 "많은 경제학자가 합리적 행위 또는 비합리적 행위라는 근거로 경제학을 사회학에서 분리할 것이다"라고 언급했다(Samuelson 1947: 90).[17] 경제적 행동을 합리적이고 신사다운 행위와 동일시하는 경제적 주장이 야기하는 문제의 한 종류는 경제에 내재한 기만과 사기에 대한 분석으로부터 관심을 돌리게 만든다는 것이다.

두 번째 경계선은 행동이 '이기적'('자아중심적')이냐 아니냐다. 합리적 선택 이론의 일부 견해는 이타적 행위의 가능성을 평가절하하면서, 어떤 행동이라도 동의하든 아니든 행위자의 개인적 목표를 달성하는 것으로 이론화할 수 있다고 주장한다. 아마르티아 센(Amartya Sen)은 이러한 순환적 주장을 "정의적 이기심(definitional egoism)"이라 부른다(Sen

1977). 사회 이론, 특히 경제 이론에서의 쟁점은 센의 유명한 논문이 제기하듯 이타심을 용납하지 않는 순환성이 유용한가이다. 사람들이 원칙이나 가치 또는 자신을 초월하는 사회적 존재의 안녕에 대한 '책무(commitment)'를 다하기 위해 자신의 이익과 상반되는 행동을 하는 중요한 사례가 많기 때문에, 센은 그것이 유용하지 않다는 의견을 제시한다. 행위를 정의상 이기적이라고 규정하면 이러한 중요한 경우들을 이해할 가능성이 봉쇄된다. 하지만 센의 '책무' 사례들은 여전히 도구적 틀인 수단-목적 틀 안에 머물러 있다. 고문이 자신을 고통스럽게 만들기 때문에 고문을 멈추게 하려고 행동하는 사람의 이기적 동기와, 고문을 멈출 경우 위험해지거나 자신의 효용이 줄어들 수 있는데도 고문은 잘못된 것이기에 멈추려 하는 다른 동기를 구별할 때 센은 그러하다. 하지만 두 가지 경우 모두 목적을 염두에 두고 있고(고문 중단), 행위자는 순수한 완료형 과제를 추구한다고 묘사되지는 않는다.

　세 번째 구별은 인간 동기의 관점에서는 덜 근본적이겠지만 이 책의 논의에서는 매우 중요하다, 이것은 행동이 경제적 목적만을 추구하는지, 사회적(예컨대 비경제적) 목적만을 추구하는지 아니면 둘의 혼합을 추구하는지에 관한 것이다. 이 장의 나머지 부분에서 나는 이 세 번째 구별과 그 결과에 집중할 것이다. 2장에서는 올바르고 정당하고 공정한 것에 대한 공유된 개념이자 순전히 개인 이익의 추구를 초월하는 책무가 경제에서의 행동에 어떻게 영향을 주는지에 대한 두 번째 문제를 검토할 것이다. 행위가 수단-목적 틀로 가장 잘 이해되는지 아닌지에 대한 첫 번째 문제는 어느 면에서 가장 다루기 어려운 문제이고, 특정 맥락에서 특히 내가 실용주의적 인식론의 일부 함의를 자세히 설명할 때 가끔 등장할 것이다.

원하는 상품과 서비스의 추구를 의미하는 경제적 동기 외에 모든 문화권의 사람들은 사회성과 승인, 지위 그리고 권력 등 비경제적 목표를 다양한 수준에서 추구하는데, 이런 목표들은 타인들의 연결망을 통한 사회적 맥락에서만 획득할 수 있다. 이러한 사회적 동기의 중요성을 고려한다면 사람들이 사회적 목표를 달성할 기회가 철저히 차단된 무대에서는 경제적 목표를 추구하리라고 기대할 수 없을 것이다. 경제생활이 비인간적이고 원자화된 경우에나 그럴 것이다. 따라서 사람들은 자신의 삶에서 경제적 측면과 비경제적 측면이 분리되지 않도록 적극적으로 노력하므로, 뒤의 장들에서 살펴보겠지만 중립적이고 비인간적인 방식으로 시작하는 경제적 관계가 비경제적 내용을 발전시키는 것은 흔한 일이다. 이러한 전개는 이미 뒤르켐에서 분명히 나타났고 그의 저서 《사회분업론》의 핵심 주제다. "분업이 아무리 완벽하게 이루어진 사회에서조차도, 사회는 일시적 접촉으로 만들어진 집단이나 단순히 병합된 원자들의 집합체처럼 간단히 해체되지 않는다. 분업이 발달한 사회의 구성원들은 특정한 연결관계로 통합되는데, 그러한 유대관계는 교환이 이루어지는 아주 짧은 순간을 넘어서까지 확장된 형태로 존재한다" (Durkheim〔1893〕1984: 173).

나는 뒤의 장들에서 많은 목표가 순수하게 경제적이라 하더라도 아는 타인들과의 접촉을 통해 가장 효율적으로 이를 이룰 수 있다고 주장할 것이다. 많은 사람이 경제적 목표와 함께 사회성과 승인, 지위 그리고 권력을 동시에 추구하기 때문에, 그들은 **모든 목표를 동시에 추구할 수 있는** 친구와 지인의 연결망을 통로로 삼은 경제 활동을 선호할 가능성이 높다. 이러한 목표들을 분리하는 것은 비효율적일 뿐만 아니라 소외시키는 일일 수 있다. 특히 경제적 추구에 삶의 많은 부분을 바치는 사람들이 인간의 정체성을 매우 강력하게 조성하는 비경제적 필요를 경제적 추구와 떼어놓는다고 기대할 수는 없다. 반대로 그렇게 많은 경제적 활동이 아는 타인들의 사회 연결망 안에서 발생하기 때문에 개인들은 경제적 목표를 비경제적 목표와 분리하기가 더 어렵다.

사람들이 경제적 목표와 비경제적 목표를 동시에 추구한다는 사실은 전자에만 초점을 맞추는 경제학의 분석과 후자에만 초점을 맞추는 사회학의 분석이 감당하기 힘든 도전이다. 행동에 관한 현재의 사회과학 이론은 개인이 이러한 목표들을 어떻게 혼합하는지에 대해 별로 통찰을 제공하지 않는다. 개인이 비경제적 결과와 경제적 결과를 어떻게 교환하는지 계산하는 것으로 이런 도전을 특징짓는 것으로는 충분치 않다. 이것은 때로 적절할 수도 있겠지만, 합리적인 효율 양상이 모든 종류의 동기에도 적용될 수 있다고 추정하도록 오해를 불러일으킬 가능성이 높다. 어떤 목표에 대한 경험은 다른 목표들에 대한 경험과 공유되는 점이 없고(5장 참조) 행동은 항상 도구적으로 지향되지는 않기 때문이다.

이런 쟁점의 일부를 잘 보여주는 간단한 사례는 사회 연결망에서 유통되는 노동시장 정보의 영향이다. 일부 사회학자는 경제적 이점을 위해 연결망을 어떻게 가장 잘 관리하는지에 대해 도구적 주장을 하면서 이 사례를 분석한다(약한 연결 대 강한 연결의 투자에 대해서는 Boorman 1995, '구조적 공백'의 사용에 대해서는 Burt 1992 참조). 그러나 이 주장은 그 가치에도 불구하고 명백해 보이는 이런 경우에도 도구적 합리성이라는 단순한 분석틀 안에 머물기 어렵다. 나의 경험적 연구(Granovetter 1995)에 의하면 일자리 정보를 접촉에 '투자'한 결과로 생각하면 심각하게 잘못된 길로 들어선다. 피터 블라우(Peter Blau)가 "사회적 교환" 개념의 한계를 논의하면서 주장한 것처럼, 수용자가 (아마도 당신에게 "투자하는") 다른 사람들의 긍정적 반응을 **의도된** "보상"으로 생각하지 않을 때에만 그것을 보상으로 경험한다는 것이 그 이유의 하나다(Blau 1964: 62-63). 사람들은 연결되고 칭찬받기를 원한다. (아첨꾼들이 잘 알듯) 억지 승인은 없는 것보다 낫지만 이면의 동기가 없는 승인과 비교하면 빛을 잃는다. 내가 다른 곳에서 주장했듯, "사회적 관계에 '투자하는 사람들'의 일부가 진실성을 위장하는 훌륭한 기술을 익힐 수 있다 해도, '신뢰 사기'의 성공이 보여주듯 진실한 승인에 대한 수용자의 욕구와 진실하지 않은 승인을 찾아내려는 사람들 대부분의 경계심으로 인해 사회생활에서 계산된 도구성의 역할은 그 경계가 분명하게 정해진다"(Granovetter 2002: 37).

사건이 정상적으로 진행된다면 사회 이론의 세계와는 반대로 동기는 경제적 활동과 사회적 활동 또는 도구적 활동과 완료형 활동으로 혼합되는 것이 일상적이다. 예를 들면 사람들은 파티에 가면서 즐거운 시간을 보내는 것만 염두에 두지만 직장에 대한 정보가 파티 참석자들 사이에 오갈 수 있고 실제로 오간다(1995). 노동시장과 주말의 사교는 독립적 제도여서 그 교차는 개인 행동에 의해서만 좌우되지는 않는다. 이러한 교차의 역동성은 6장에서 다루는 중요한 주제다. 아주 다른 제도들의 상호침투는 사람들이 혼합된 복수의 동기를 언제 자신의 사회적 상황에 맞춰 추진하는지에 큰 영향을 미친다.

이러한 제도적 상호침투의 주제가 암시하듯, 경제적 활동과 비경제적 활동이 함께 발생하고 불가분의 관계일 수 있다는 것은 흥미로운 점인데, 이는 개인적 행위에 대한 설명을 복잡하게 만들기 때문만이 아니라 개인 수준을 넘어서는 결과를 낳기도 하기 때문이다. 특히 비경제적 활동은 경제적 활동에 사용되는 비용과 기술에 영향을 준다. 경제학자들은 이 방정식의 부정적 측면만을 전형적으로 고찰해왔다. 예를 들면 부패 관행이 일상적인 문화에서는 상품과 서비스의 정상적 생산에 높은 경제적 비용이 부과될 수 있다. 이러한 경우는 경멸적인 뜻으로 보통 '지대추구(rent-seeking)'로 간주된다(특히 Krueger 1974 참조). 그러나 이야기의 다른 측면을 보면, 행위자가 거의 또는 전혀 비용을 부담하지 않는 비경제적 제도와 관행을 통해 경제적 목표를 추구할 때 경제적 비용은 종종 줄어든다. 따라서 고용주가 사회 연결망을 통해 채용할 때, 친구와 친지는 가장 합당한 일자리를 찾을 수 있게 서로 도와주도록 동기를 부여하는 신뢰와 의무를 창출하기 위해 비용을 지불할 필요가 없거나 아마도 비용을 지불할 수 없을 것이다. 이런 신뢰와 의무는 사회가 친족과 친구 관계의 제도를 직조하는 방식의 결과이고, 그 결과로 획득한 그 어떤 경제적 효율성이라도 사회성과 승인 및 지위를 추구하는 개인 행동의 의도치 않은 전형적인 부산물이다. 고용주는 연결망을 통해 채용하면서 자신의 우월한 권력 지위를 활용해 사람들의 경제적 행동과 사회적 행동이 밀접한 관계를 가지도록 상황을 만들어낸다. 따라서 이처럼 혼합된 활동을 순전히 사람들의 고립되고 개인적인 상황의 결과라고 상정하는 것은 사실을 오도하는 것이다(Granovetter and Tilly 1988 참조).

나는 이 주제를 '부패'에 관해 논의하는 2장, 5장, 6장 및 후속 저서에서 다시 검토할 것이다.

이어지는 장들에서 나는 사회적 배경 속에서 경제를 이해하는 데 중요한 개념적 도구와 쟁점 및 논쟁에 대한 일반적인 원칙과 주장을 제시한다. 2장에서는 규범과 도덕경제, 문화에 대한 주장들, 그리고 경제에서 이러한 것들의 역할에 대한 활발한 논쟁이 분석 전략에 대해 무엇을 말해줄 수 있는지 알아볼 것이다. 3장에서는 이러한 논의에 기초해 경제에서 신뢰에 대한 방대한 저술들을 재검토하고 논평한다. 4장에서는 경제적 과정에서 권력이 어떤 위치를 차지하는지 고찰하고, 5장과 6장에서는 이 모든 개념을 사회제도들이 침범해 들어와 경제 행동을 주조하는 중요한 사례들에 적용한다. 이 모든 장은 내 후속 저서의 더욱 구체적이고 경험적인 연구를 위해 마련한 무대라 할 수 있고, 이 책에서 제시한 개념 도구들이 광범위한 실제 사례들을 어떻게 조명할 수 있는지 후속 저서에서 살펴볼 것이다.

경제 행동에 영향을 주는 정신적 구성물
규범 · 가치 · 도덕경제

2.1 서론

이 책 2~4장은 규범·신뢰·권력 같은 정신적 개념들 각각이 경제에서 차지하는 중요성을 다룬다. 이 개념들은 아주 상호의존적이며 이 개념들을 다룰 때 따라야 할 정해진 순서는 없다. 이 개념들에 대해서는 두 가지 공통된 해석이 있다. 즉 이 개념들이 개인 차원에서 합리적 행동을 반영한다거나, 경제적 효율성에 더 유리한 결과를 산출해온 선택적 진화 과정의 결과라는 좀더 넓고 막연한 의미에서 합리적이라는 것이다. 이 장들을 관통하는 일관된 주제의 하나는, 이러한 설명이 규범과 신뢰 또는 권력을 적절하게 설명한다는 것에 대한 나의 뿌리 깊은 회의감이고 따라서 나는 더 미묘한 주장을 전개하고자 한다. 경제를 이해하려면 이 중요한 사회적 힘들을 정면에서 다루어야 하고 따라서 더욱 적절한 설명이 매우 필요하다고 나는 믿는다.

사회적 규범에 대한 논의가 경제 행동에 대한 일상적 담론과 구별되는 점 중 하나는, 근본적 선호도를 극대화하기 위해 할 수 있는 행동 중에서 최선의 행동을 합리적으로 선택한다는 관점으로는 사회적 규범을 충분히 설명하기 어렵다는 것이다. 대신에 규범을 적절하게 논의하려면, 사람들은 사물이 어떻게 존재하고 존재해야 하는지에 대한 얼마간의 개념을 지니고 있어서, 이기심 하나만 따랐을 때의 행동을 대체하거나 무시하거나 최소한 변경할 수 있다는 점을 진지하게 고려해야 한다. 정신 상태가 행위의 원인으로 어느 정도 중요한지, 만약 중요하다면 정신 상태라는 정령(genie)을 합리적 선택이라는 램프에 다시 가두어 넣을 수 있는지에 대해 격렬한 논쟁이 쏟아진다. 나는 후자의 논쟁에 대해 언급하겠지만, 규범이 경제 행동과 그 결과에 어떤 역할을 하는지에 대한 더 실질적인 질문보다는 흥미가 떨어진다. 또한 '이기심'의 일반적 개념은 개인의 목표 또는 목적이 잘 규정돼 있다는 가정을 수반하며, 따라서 '합리적' 행동은 목표를 가장 효율적으로 실현하는 수단의 발견을 수반한다는 가정을 나는 지적할 것이다. 실용주의(그리고 '구성주의' 같은 그 지적 후손들)의 인식론은 이 단순한 수단-목적 도식에 의구심을 제기한다. 이러한 관점들은 행동과 문제 해결의 과정에서 일어나는 수단과 목적의 공진화(coevolution)에 주목하는데, 나는 이런 공진화에 담긴 함의, 즉 이런 공진화는 '합리적 행동'이라는 일반적 패러다임에 부합하지 않는다는 점을 탐구할 것이다(Dewey 1939; Whitford 2002 참조).

규범과 가치는 경제적 상황의 의미와 중요성에 대한 개인의 주관적 이해를 내포하고 있기에 본질적으로 정신적 개념이고, 경제에서 규범과 가치가 정말로 중요하다면, 순수한 행동주의의 방법과 가정은 옹호하기가 더욱 어렵다. 규범이 경제적 효율성에 복무하며 진화했다는 점에 동의한다 해도, 사람들이 그 중요성을 주관적으로 믿고 그에 따라 규범을 추종하고 위반하지 않도록 강제하는 한에서만 예외적으로 규범이 큰 영향을 미칠 것이라고 상상할 수는 없다.

나는 개념들의 전형적이고 개략적인 구분을 따른다. '규범'은 사람들이 인정하고 때로는 추종하는 원칙이자, 스스로 행동하는 올바르고 적절한 또는 '도덕적인' 방식이며, 사회적으로 공유되어 타인들에 의해 비공식적으로 강요된다. '가치'는 더 넓은 개념으로 좋은 삶과 좋은 사회를 구성하는 것에 관련되고, 원칙적으로는 이 개념에서 더 특수하고 상황적으로 정향된 규범을 추론할 수 있다. 역사학자 E. P. 톰슨(E. P. Thomson)이 만든 용어인 '도덕경제'는 그 후로 특별히 경제와 관련된 규범의 집합을 의미하는 것으로, 즉 도덕적으로 적합한 경제적 행위의 개념으로 널리 사용되었다. 규범과 가치는 개인에 따라 임의적인 것이 아니라 세계를 어떻게 바라보는가에 대한 더 광범위한 합의의 일부여서 그에 대한 동의를 집단이 발전시킬 수 있다는 것을 '문화'라는 용어로 일정 부분 알 수 있다. 내가 사용하는 의미에서는 보통 '문화'라고 부르는 것의 상당수가 반드시 '규범'에 대한 것은 아니다. 즉 음식을 먹을 때 젓가락 사용을 선호하는 것은 '문화적'인 것이지, 반드시 해야 하는 '도덕적'인 사안이 아니다. 사람들 사이의 전형적인 실천이라는 의미로 '규범'을 사용하면 젓가락 사용도 규범에 포함될 수 있겠지만, 이러한 실천 대부분은 '습관'으로 기술하는 편이 더 나으며, 습관은 실용주의자들의 생각처럼 문제의식 없이 잘 규정된 목표를 지향하지 않는다는 인상을 행위자에게 심어주는 방식으로 일상적인 행위의 대부분을 지배한다(예를 들면 Dewey 1939: 33-39 참조).

나는 경제에 내재한 규범을 둘러싼 광범위한 문제를 탐구할 것이다.

즉 규범이란 무엇인가? 사람들은 왜 규범을 따르는가? 규범은 행위의 다른 원인들과 어떻게 상호작용하는가? 규범은 어디에서 오는가? 규범의 내용은 무엇이며 예측 가능한가? 보통 규범은 얼마나 경제적으로 효율적인가? '도덕경제' 개념은 얼마나 유용한가? 5장과 6장에서 나는 문화, '스키마(schema)', '제도적 논리', '정당화 방식', '자본주의의 다양성' 등 고차원의 행동 개념 속에 응집된 규범을 탐구할 것이다.

2.2 경제적 규범이란 무엇이며, 그 규범은 왜 경제 행위자에게 영향을 미치는가

사람들이 경제적 맥락은 물론 다른 맥락에서도 무엇이 적절한 행위인지에 대한 관념을 지니고 있다는 점을 아무도 의심하지 않는다. 문제는 경제적 행동과 결과를 설명하기 위해 이러한 관념에 어느 정도로 호소할 필요가 있는지, 그리고 부수적으로 이러한 호소가 합리적 선택과 방법론적 개인주의와 일치하는지 여부다.

한때 사회학과 그 정도는 덜하지만 인류학에서 가치와 규범의 구별은 일반 이론에서 두드러진 위치를 차지했다. 하버드 대학교의 뛰어난 인류학자 클라이드 클럭혼(Clyde Kluckhohn)은 1940년대와 1950년대에 인류학 이론의 핵심인 인간 존재에 대한 중심적 문제에서 사회마다 다른 가치 또는 가치 '정향'의 차이를 찾으려고 노력했다고 데이비드 그레이버(David Graeber 2001: 4-5)는 지적한다. 그러나 그는 가치의 정의나 차원에 대한 합의를 이끌어낼 수 없었고 결국 추종자를 별로 남기지 못했다. 반대로 사회학에서는 1930년대에서 1960년대까지 최소한 미국에서 탤컷 파슨스의 엄청난 영향력으로 가치와 규범은 사회학 이론에서 특권적 지위를 부여받았다.

파슨스는 경제학·정치학·사회학의 분업을 분명하게 정립하려고 시도하면서, 정치학은 사회에서 강제력의 사용과 관련되고, 경제학은 목적에 맞는 수단의 합리적 채택과 관련되며, 사회학은 사회가 응집하는 궁극적 가치의 연구와 관련된다고 주장했다. 파슨스에게 사회 체계를 이해하는 핵심은, 사회의 가장 일반적인 가치가 "가장 낮은 수준에서 특정 행동을 규율하는 규범을 자세히 밝힐 수 있도록, 어떻게 연속적으로 더 낮은 수준에서 접합되는가였다. 더욱이 모든 사회적 행동은 규범적 유형의 관점에서 조절된다……"(Parsons 1959: 8).

반대로 경제학자들은 역사적으로 볼 때 규범과 가치를 인과적 힘으로 인정하기를 거부해왔다. 지난 25년간 이는 극적으로 변화해왔지만(예를 들면 신뢰에 관한 3장 참조), 많은 사람은 연방 판사이자 법경제학자인 리처드 포스너(Richard Posner)의 입장을 여전히 취하고 있는 듯하다. 포스너는 "많은 사람이 '올바른 것'을 이기심과 일치시키는 도덕적 추론의 유연성을 먼저 발휘하지 않는 한, 해야 할 올바른 일이라고 생각하기 때문에 그 일을 한다"는 것을 의심한다. 그는 다음과 같이 말한다. "도덕적으로 올바른 것에 대한 지식은 한 줌의 성인을 제외하면 어느 누구에게도 진정한 의미에서 동기부여가 된다고 생각하지 않는다"(Posner 1998: 560).

규범이 경제생활에서 중요하다면, 어째서 그 규범을 따르는 사람들에게 영향을 주는가? 여분의 합리적 선택 설명에 의하면, 그렇게 해서 얻는 편익이 비용을 능가할 때 그리고 그럴 때에만 사람들은 규범을 따를 것이다. 이처럼 단순한 주장을 반박하는 경우는 제럴드 린치(Gerald

Lynch)의 형식법 관련 언급에서 잘 드러난다. "사회가 그 구성원들에게 원하는 것은 기본적 규범을 준수하는 데 따르는 비용과 편익을 지성적으로 계산하는 것이 아니라 그 규범에 다소 생각 없이 복종하는 것이다. 사람들이 특히 형법을 위반할 때의 비용과 편익을 비교한다면 전투에서 이미 졌다. 즉 많은 사람은 …… 계산해보면 특정 상황에서는 법 위반이 더 낫다고 결론 지을 것이 분명하다"(Lynch 1997: 46). 또는 욘 엘스테르가 더욱 신랄하게 지적하듯, 많은 사람은 "그 의미를 더 자세히 들여다볼 때까지는 이기심이 사회의 접착제라는 명제에 동의할 것이다. 이기심에 따라 행동한다는 것은, 보상이 없다면 진실을 말하거나 약속을 지키는 일도 없다는 것을, 무사히 빠져나가기만 한다면 …… 훔치고 속인다는 것을, 처벌을 범죄의 대가로만 그리고 타인을 자기만족의 수단으로만 여긴다는 것을 의미한다"(Elster 1989a: 263).

그러나 사람들이 비용과 편익을 **넘어선** 이유로 규범을 준수한다면, 그 이유는 무엇인가? 가장 직접적인 수준에서는, 특히 엘스테르가 주장하기로는, 규범은 주로 감정에 영향을 미쳐 구속한다는 것이다(Elster 1989a 1989b, 1990, 1999). 규범을 "어기면 감내해야 할 것으로 예상되는 당황·걱정·죄책감·수치심 등의 감정에 의해 규범이 유지된다. 규범에 복종하는 사람은 분노와 분개 같은 적극적인 감정에 의해서도 추동될 수 있다"(1989b: 99-100). 이어서 엘스테르는 사회 규범이 "촉발할 수 있는 강력한 감정에 기인하는 마음을 사회 규범은 사로잡는다"고 지적한다 (1989b: 100).[1] 엘스테르는 이후 저서에서 강조점을 바꿔 수치심이라는 **하나**의 감정이 다른 감정들보다 순종을 결정하는 가장 중요한 요인이라고 말한다. "수치심은 사회적 규범의 여러 버팀목 중 하나가 아니라 버팀목 그 자체다"(1999: 145). 수치심은 "이미 수행한 어떤 일에 대한 타인들의 경멸하고 혐오하는 반감으로 촉발되기 때문에" 매우 강력하다. 수치심은 "내재적이며, 상호작용에 기반한 감정"이다(1999: 149).

규범의 강제성에 대한 합리적 선택 설명에 의하면 '집행자'가 합리적으로 적용하는 제재가 규범을 고무한다고 보지만, 엘스테르는 수치심이 제재일 때 이러한 관점에 내재하는 오류를 지적한다. **의도적으로** 수치심을 유도하는 것처럼 보이는 타인의 행위는 한발 물러서서 자발적이고 무의식적으로 보여주는 것보다는 훨씬 덜 효과적이다. 수치심은 행위가 아니라 사람에 대한 무시를 반영하기 때문에 아주 통렬하다. 죄책감은 특정 행동에 귀속되는 반면, "수치심을 느끼면, 단순히 나쁜 일을 한 사람이 아니라 자신을 나쁜 사람으로 생각하게 된다"(1999: 151). 죄책감에 대한 반응은 "원상복구하고, 자신이 초래한 나쁜 일을 하지 않는 것이다. 게다가 되도록 해를 끼친 사람에게 고백하려는 강한 충동이 종종 일어난다." 그러나 수치심에 대한 반응은 숨고 도망가고 드러나기를 피하고, 도망갈 수 없다면 "자살이 유일한 해법일 수도 있다"(1999: 153). 엘스테르에 따르면 "수치심의 불타오르는 느낌은 일반적으로 죄책감의 가책보다 더 격렬하게 고통스럽다고 수긍한다. ……따라서 우리는 때로 수치심을 피하기 위해 할 수 있는 모든 것을 한다. ……죄책감과는 반대로 수치심은 자신을 기만하는 조작으로 쉽게 피할 수 없다"(1999: 154). 이러한 이유에서 죄책감은 수치심보다 행위의 규제에 덜 중요하다.

그러나 수치심과 죄책감 중 어느 것이 순응에 더 중요한지는 확실히 논쟁거리다. 일종의 죄책감 산업을 만드는 종교계와 문화계 사람들은 죄책감을 수치심보다 더 쉽게 달랠 수 있다는 엘스테르의 견해에 공감하지 않을 것이고, 죄책감의 고통을 경시하는 그에게 일제히 눈살을

찌푸리는 전 세계의 가톨릭교도와 유대인을 상상해볼 수도 있다. 20세기 중엽에 인류학의 '문화와 인성(culture and personality)' 학파는 루스 베네딕트(Ruth Benedict)의 영향을 크게 받았다. 베네딕트는 수치심에 의해 규제되는 사회와 죄책감에 의해 규제되는 사회를 구별했는데, 이는 《국화와 칼》(1946)에서 전시(戰時) 일본을 설명하며 발전시킨 것이다. 21세기 학자들은 베네딕트가 하듯 문화 전체의 전면적인 성격 규정을 승인하기 어렵겠지만(일본에 대한 베네딕트의 연구가 어떻게 받아들여졌는지에 대해서는 Hendry 1996의 흥미로운 설명 참조), 문화가 아직 명쾌하게 밝혀지지는 않았어도 사회적 통제와 인간 감정의 관계 속에서 체계적으로 달라지지 않는다고 상상하기는 힘들다.

규범을 뒷받침하는 감정의 중요성에 초점을 맞추는 엘스테르의 연구는 최근의 '도덕 심리학' 연구에서도 한 자리를 차지할 수 있다. 도덕 심리학은 도덕적 의사결정 과정에서 두 개의 분리된 과정이 작동하는 것으로 보인다는 점을 〔기능적 자기공명영상(fMRI) 같은〕 두뇌 스캔에 힘입어 일부 증명하고 있다. 하나는 자동적이고 무의식적인 감정에 기반하고, 다른 하나는 더 늦고 더 의식적이며 대안 산출의 고려에 기초한다. 이 과정들은 도덕 철학자들이 '의무론적'(예를 들면 절대적·무조건적) 도덕 원칙과 '결과론적' 행위(예를 들면 기대되는 결과에 기초하는 도덕적 결정)를 대조해 구별하는 것과 연계될 수 있다. (더 미묘한 차이는 Cushman, Young and Greene 2010 참조. 급하고 감정적인 과정이 압도적으로 결정적이라고 주장하는 다소 불균형한 설명은 Haidt and Kesebir 2010 참조. Kahneman 2011은 대중적 서사를 제공하고, Vaisey 2009는 이러한 개념들을 사회학적 언어와 주장으로 옮기고자 한다. Pettit 2001은 도덕 철학에서 의무론적 관점과 결과론적 관점을 구분해 요약한다.)

수치심과 죄책감을 피하려고 규범에 매달리는 것은 소극적 동기다.

앞에서 지적했듯 엘스테르는 어떤 사람들은 분노와 분개 같은 '적극적' 감정에 의해서도 동기화된다고 말한다. 그러나 만일 그렇다고 해도, 나는 이러한 감정들이 감정 척도에서 양의 값을 아주 많이 갖는다고 생각하지 않는다. 어떤 규범은 심오하고 열정적으로 지켜지는 원칙에 대한 아주 더 적극적인 의지 때문에 추구될 가능성이 높다. 이는 노동 조건과 소득 분배에 의심스러운 영향을 미치는 세계화에 반대하는 대중의 항의에서 그리고 다른 많은 역사적 상황에서 잘 드러난다. 나는 뒤에서 '도덕경제'를 염두에 두면서 이에 대해 더 논의할 것이다.

감정이 규범의 힘을 설명하는 데 중요한 이유의 하나는, 사람들이 규범을 외부 명령으로 경험하는 것이 아니라 오히려 규범을 '내면화'해서 비용과 편익을 계산하지 않고 거의 자동적으로 따른다는 것이다. 이런 경우 사회적 규범은 "비결과 지향적(non-outcome oriented)"인데(Elster 1989b: 100), 규범이 의무론적으로 보이는 경우에는 도덕 심리학의 실험이 지적하는 '즉각적' 반응에서처럼, 어느 정도 아무 생각 없이 추종하는 방식으로 행동하라는 명령이 곧 사회적 규범이다.

이는 합리적 선택 주장의 회로에서 규범을 제거하리라 생각할 수도 있지만, 로버트 쿠터(Robert Cooter) 같은 일부 법·경제 이론가는, 사람들이 미래에 타인들과 협력할 기회를 더 많이 창출하기 위해 자신을 신뢰할 만한 사람으로 보이게 만드는 규범처럼 특정한 경제적 규범을 내면화한다고 주장한다(Cooter 2000). 규범을 내면화하려는 의식적 노력은 형용모순으로 보일 수도 있기 때문에, 이것이 어떤 기제로 완수될 수 있는지가 핵심 질문이 될 수밖에 없다. 쿠터도 인정하듯, 새로운 규범을 따를 때 요구되는 방식대로 자신을 바꾸는 것은 "기술적으로 어려운 문제여서 나는 이를 해결할 수 있는 이론을 제시하지는 않을 것이다.

……대신에 나는 그것을 설명하지 않고 선호도를 바꾸는 기술이 존재한다고 가정한다. 달리 말하자면, 사람들은 비용을 일부 치르더라도 자신의 선호도를 바꿀 수 있다고 나는 가정한다"(2000: 1593). 이러한 제안의 희망적 사고(wishful-thinking) 측면을 강조하려는 듯 쿠터는 계속해서 다음과 같이 언급한다. "기회가 선호도에 달려 있다면 선호도를 바꿀 유인이 있다. 예를 들어 부정직한 청년이 직업을 가질 기회를 더 많이 원한다면 정직해질 수도 있다"(2000: 1594). 감정에 추동돼 내면화한 규범이 합리적 선택의 주장에 이미 포섭되었다고 간주할 수 있으려면, 나는 이보다 더 설득력 있는 주장이 필요하다고 생각한다.

만약 규범의 이해에서 감정의 중요성을 인정한다면 그것은 가야 할 길의 일부일 뿐이다. 감정의 심리학은 개인 수준에서는 규범을 보다 완전하게 설명하는 중요한 부분이지만, 왜 어떤 사회적 상황은 강력한 감정적 반응을 **유도해내는지** 더 잘 이해하려면 더 거시적인 방향으로 올라갈 필요가 있기 때문이다. 실험 대상이 결정할 때 자동적 과정인지 아니면 의식적 과정인지 지적하도록 반응을 유도하는 도덕 심리학의 실험은 실험 대상에게 도덕적 딜레마를 제기하지만, 이 실험에는 사회적 요소나 배경이 없다(예를 들면 Cushman et al. 2010 참조). 하지만 많은 자연스러운 상황에서 우리에게 당혹감이나 후회, 수치심 또는 죄책감을 야기하는 것은 도덕적 딜레마의 성격보다는 우리가 해온 일을 지켜보는 타인들의 반응이다. 이런 반응이 중요하므로 우리는 이 특정한 사람들이 무엇을 생각하는지에 **유념해야** 한다. 모르는 사람들의 반대나 무시도 가끔 걱정스럽고 화나기는 하지만, 우리를 개인적으로 알고 또 사회적 유대가 있는 사람들보다는 영향이 훨씬 적다.

이것이 의미하는 바는 규범의 힘을 이해하려면 어떤 종류의 사람들이 당사자에게 민감한 되먹임이나 사례를 제공하는지 고려할 필요가 있다는 것이다. 20세기 중엽의 사회학에서 이 문제는 '준거집단(reference group)' 이론이라는 이름으로 등장했다(특히 Merton 1957, 8장과 9장 참조). 이 이론의 주요 결론 중 하나는, 어떤 종류의 사람들이 그런 집단을 이루는지는 전혀 간단하지 않고 그것은 때로 복잡하고 다양한 사정에 달려 있다는 것이다. 로버트 머튼(Robert K. Merton)의 요점 중 하나는, 개인들은 자신이 속한 일차적이고 소규모인 긴밀한 집단의 뚜렷한 규범뿐만 아니라 구성원은 **아니지만** 그러기를 열망하는 집단의 규범에도 반응을 보인다는 것이다.

이것은 준거집단을 지역 공동체의 긴밀한 집단으로 환원하는 것에 회의적인 여러 가지 이유 중 하나다. 예를 들어 캐런 쿡(Karen Cook)과 러셀 하딘(Russell Hardin)은 "규범은 장기간 관계를 맺은 작은 집단과 공동체에서 가장 잘 작동한다"(Cook and Hardin 2001: 327)고 주장하고, 이어서 다음과 같이 말한다. 작은 공동체는 "그 공동체에 거의 보편적인 규범이자, 잠재적 협동의 모든 실질적 측면을 포괄하는 규범을 통해 작동한다. 도시 사회는 현재 진행 중인 관계의 연결망을 통해 작동하고 …… 우리는 각자 다수의 아주 상이한 연결망에 얽혀 있다"(2001: 334). 법경제학자 로버트 엘릭슨(Robert Ellickson)은 여러 힘들 가운데 점증하는 도시화가 비공식적 통제 시스템(그에게 규범의 힘을 의미)을 약화하고 법의 영역을 확장한다고 유사한 의견을 제시한다(Ellickson 1991: 284).

그러나 나도 1장에서 (그리고 Granovetter 2005에서) 그랬듯 규범의 강제력은 연결망에 응집력이 있고 긴밀할수록 효과적이라는 주장은 타당하지만, 그렇다고 복잡한 사회에서 그러한 연결망이 당연히 지역적으로만 정의되지는 않는다. 사회생활의 공간적 측면에 대한 연구들이 오랫동안 언급해온 바에 따르면 지침과 지원을 제공하는 사회적 연결망은 점점 더 공간적으로 확산된다(예를 들면 Wellman 1979 참조). 뒤르켐이 지적했듯(Durkheim 1893), 경제생활에서 상당한 노동분업이 이루어진 사회에는 이제 우리가 '실천 공동체'라고 부를 수 있는 것이 있는데, 이 공동체는 공간적 인접성이 아니라 공동의 활동으로 정의된다. 물론 뒤르켐은 직업이 가장 중요하고, 직업은 고도로 분화된 경제에 내재하는 원심력 경향에 직면해 사회의 유대를 확보하는 결정적 역할을 한다고 주장했다. 최근 연구들은(예를 들면 Grusky and Sorensen 1998) 직업이 얼마간 공동체의 응집력을 지닌다는 주장에 대해 현대의 통계로 힘을 실어준다.

직업에 대한 현대의 연구들은 직업 세계가 만든 윤리 규정의 보편성을 일치된 목소리로 지적한다(특히 Abbott 1983 참조). 이러한 윤리 규정은 사회적 규범보다는 더 공식적인 반면, 법률의 구속력이 없다. 하지만 윤리 규정은 직업 공동체 내에서 어떤 행위 기준을 충족해야 하는지에 대해 포괄적인 공감대를 형성하고, 이러한 기준을 위반하고도 처벌받지 않을 때가 있더라도 명백한 선언만으로 일상의 실천에 영향을 준다. (미국에서 '기업윤리' 역사의 전반적인 논의에 대해서는 Abend 2014 참조.) 공동의 정체성과 충성심을 가진 기업 임원들의 지리적 확산은 직업에서처럼 조직적 조치로 중재될 수도 있다. 예를 들면 일본의 게이레츠(系列, 기업집단)에서, 미쓰비시처럼 하나의 그룹에서 지리적으로 흩어진 계열 회사들은 호혜성 규범에 구속되어 있다고 느끼고, 이 규범은 법적 지위가 없지만 기업 회장단 회의와 그룹 정체성을 강화하는 다양한 의식과 상징을 통해 정기적으로 활성화된다(Gerlach 1992와 Lincoln and Gerlach 2004 비교). 규범의 힘을 이해하려면 그런 힘이 작동하는 사회적 연대와 연결망의 윤곽을 파악할 필요가 있다는 것이 일반적인 주장일 텐데, 그렇게 하려는 노력은 때로는 사소하지 않아서 소규모의 지역적 배경에 국한될 수 없고 또한 전국 단위 설문조사의 가치 문항들로 축소될 수도 없다.

규범이 경제 행위에 영향을 미친다면, 자연스럽게 규범이 이기심 같은 비규범적인 힘과 어떻게 상호작용하는지 묻게 된다. 규범과 그 힘이 행위의 다른 결정요인으로 어떤 식으로든 환원될 수 있는지 아니면 독립적으로 작동하는지가 아마도 핵심 쟁점일 것이다. 엘스테르의 지적에 의하면, 행동은 "대체로 합리성과 규범 모두로부터 영향을 받는다. 때로는 결과는 규범이 규정하는 것과 합리성이 지시하는 것의 타협이다"(Elster 1989b: 102). 또는 그의 기하학적 은유에 따르면, "종종 규범과 합리성은 힘의 평행사변형 안에 공존하면서 행위를 공동으로 결정한다"(1990: 866).

규범과 합리성이 상호작용하는 기제는 주요한 이론적 쟁점이다. 가장 간단한 해법은 규범에 독립적인 힘을 부여하지만 그 힘을 올리버 윌리엄슨(Oliver Williamson)이 '이동모수(shift parameter)'라고 부른 것으로 환원해 대안의 비용을 바꾸는 것이다(Williamson 1991). 규범에 대해 급증하는 법경제학 문헌에서도 유사한 제안들이 등장한다. 이를테면 쿠터는 사람들이 규범에 부합하고자 얼마를 지불할 것인지로 내면화된 규범의 강도를 측정하자고 제안하고(Cooter 2000: 1586), 캐스 선스타인(Cass Sunstein)은 규범을 "행동에 대한 세금이거나 보조금"으로 간주한다(Sunstein 1996: 912). 이는 규범이 선형적이고 부가적인 방식으로 인과관계의 사슬에 들어온다는 것을 가정한다. 이 비용 요소라는 결정요인을 이해하는 복잡함과는 별도로, 단순한 부가적 모델이 규범의 영향력을 포착하는지에 대해 의문을 가지는 데는 타당한 이유가 있다. 규범이 감정의 영향을 반영하는 한, 규범의 힘을 비용편익 분석으로 환원하는 것은 걱정스럽게도 너무 단순화하는 것이고 심리학에서 최근 지배적인 도덕적 행동의 이중과정 모델(dual-process model)과 양립하지 않을 수 있다. 엘스테르의 (특유의 온화한 방식의) 언급에 의하면, "감정을 심리적 비용과 편익으로 모형화한다는 사고는 미숙하고 피상적이다. 감정이 생각을 흐리게 해서 주체의 이익에 손상을 줄 수 있다는 사실은 이러한 사고를 반박하기에 충분하다"(Elster 2000: 692).

결과에 기반한 가치가 아니라 의무론적 가치를 뒷받침하는 감정의 역할은 최근 실험 신경과학의 도덕 심리학에서 주요 주제이고, '신성한 가치(sacred values)'가 개입된 갈등을 연구하는 학자들의 주안점이기도 하다. 중동의 갈등에 주목한 스콧 에이트런(Scott Atran)과 로버트 액설로드(Robert Axelrod)는 그러한 가치를 비용과 편익 교환의 관점으로 이해하는 협상가는 교전 당사자들을 심하게 오해해 협상에서 성공할 가능성이 거의 없다는 강력한 사례를 제시한다(Atran and Axelrod 2008). 그들의 관찰에 따르면, "신성한 가치"는 "성공 전망과는 별개처럼 보이도록 행동을 추동하는 도덕적 신념을 포괄한다는 점에서 물질적이거나 도구적인 가치와는 다르다"(2008: 222). 그리고 "신성한 가치를 포기하는 대신 물질적 혜택을 제공하는 제안은 사람들이 이 제안을 타협이 아니라 모욕으로 간주하기 때문에 실질적으로 조정을 더 어렵게 만든다"(2008: 223). 말콤 글래드웰(Malcolm Gladwell) 또한 텍사스주의 웨이코에서 발생한 다윗파(Branch Davidians) 참사(1993년 미국 텍사스주의 웨이코시 인근에서 미국 연방정부가 다윗파 신자들의 집단 거주지를 장기간 포위하면서 발발한 총격전과 화재로 다수의 희생자가 발생한 사건—옮긴이)를 FBI 협상가 측의 유사한 잘못된 이해방식 탓으로 돌린다(Gladwell 2014).

2.3 규범의 기원과 내용, 효율성

규범이 경제적 행동에 영향을 준다는 데 동의한다면, 규범이 어디에서 왔으며 또 '경제적 효율성'을 개선하는지 알고 싶어질 것이다. 경제적 규범과 여타 규범들이 어떻게 등장하는지는 항상 제기되지는 않았던 질문이다. 경제에 대한 대부분의 담론은 규범을 문화적으로 주어진 것이자 분석을 위한 출발점으로 간주한다. 하지만 보편적인 것으로 보이는 '근친상간 금기' 같은 비경제적 규범의 기원에 대해서는 오랫동안 논의가 있었다.[2] 그중 많은 논의는 경제적 규범에 대한 논의가 있을 것으로 짐작하고서, 이러한 규범에 대한 기능적 설명이 있는지, 즉 규범이 없는 경우보다 규범이 인간 사회를 더 안정적이거나 성공적으로 만드는 어떤 방식에 관심을 둔다. 규범이 기능적이라면 변이와 선택 및 보존에서 발생한다는 진화의 통상적 의미에서 볼 때, 부수적인 질문은 이 규범이 생물학적, 문화적 또는 사회적 진화의 결과인지 여부다.

근친상간 금기만큼 보편적인 **경제적** 규범은 거의 없기 때문에 규범에 대한 장기적인 거시 사회적 진화 논의는 별로 일반적이지 않다. 최근 이루어진 15개 소규모 사회의 실험 연구에서는 예외가 등장했다. 그 연구에서는 이들 사회에서 얻은 결과가 산업화된 배경에서 얻은 결과와 다른지를 결정하기 위해 몇 가지 게임 규약을 통제했다.[3] 이 모든 실험은, 내가 3장에서 신뢰에 대해 논의하는 것처럼 전형적인 실험 결과인 합리적 이기심을 넘어서는 협력 사례들과 관련 있다. 조지프 헨릭(Joseph Henrich) 등이 그랬듯 나는 '최후통첩 게임(Ultimatum Game)'에서 얻은 결과를 주로 논의할 것이다(Henrich et al. 2005). 이 2인 게임에서 일정 금액을 받은 첫 번째 참가자 A는 그중 일부를 참가자 B에게 나눠준다는 제안을 하도록 지시받고, B는 그때 이 제안을 수락할 수도 거부할 수도 있다. 만약 수락한다면 배분은 확정되지만, 거부한다면 두 참가자 모두 **아무것도** 얻지 못한다. 참가자 A가 합리적이라면 아주 적은 금액을 제안할 것이고, B도 합리적이라면 아무것도 얻지 못하는 것보다는 낫기에 이를 수락할 것이다. 그러나 실제로는 대부분의 실험 결과에서 A의 제안은 보통 최소한보다 상당히 더 많았고 B는 50퍼센트 이하의 제안은 거부하는 경우가 많았다. 다양한 산업국가들의 학생 인구 집단들에서는 최빈값이 50퍼센트 주위를 맴돌았다(2005: 799). 내가 보기에는, 참가자 B가 적절하거나 공정한 분배에 대한 규범적 개념을 가지고 있어서, 규범의 위반을 허용하느니 차라리 어떤 금액이라도 버리려고 할 만큼 그 규범이 충분히 강력하고, A는 이러한 규범을 공유하고 있거나 아니면 낮은 금액을 제안하지 않을 만큼 규범을 최소한 충분히 인지하고 있다는 결론을 벗어나기가 어렵다.[4]

이러한 결과는 최후통첩 게임을 실시한 산업 사회에서는 매우 일관되었지만, 저자들은 15개 사회에서 훨씬 더 큰 변이를 발견했다. 즉 A의 평균 제안은 26퍼센트에서 58퍼센트에 걸쳐 있지만 "우리가 연구한 모든 사회에서 어떤 식으로든 이기심 공리를 위반했다"(2005: 802). 이 변이는 다변량 통계를 사용해 사회 자체를 분석 단위로 삼는 것을 암시하는데, 이에 따르면 사회적 특성은 독립변수이고 제안과 거부의 비율은 종속변수이다. 결과에서 분산의 약 절반은 시장 거래, 거주민의 크기, "사회-정치적 복합성"의 범위(의사결정이 가구를 넘어 얼마나 많이 이루어지는지 측정), 그리고 사회의 경제 체계가 협력을 보상하는 범위(가족을 넘은 협력적 제도의 존재로 측정)로 설명된다는 것이 밝혀졌다. 저자들은 이러한 결과를 "문화 유전자의 공진화 이론(culture-gene coevolutionary theory)"으로 해석한다. 이 이론은 "인간은 문화적으로 진화한 사회적 평형(제도)의 지역적 상황에 적용할 수 있는 동기와 선호를 정확하고 효율적으로 획득하도록 고안된 학습 기제를 갖춰야 한다고 전망한다"(2005: 812). 이는 실험에서 개인들이 "실제 세계에서 획득한 선호와 신념을 의사결정 상황에 대입한다"는 것과 이것이 사회에서 긴 시간에 걸친 경험의 결과라는 것을 가정한다. 예를 들면 확장적인 "시장의 상호작용은 모르는 사람들을 믿을(예를 들면 협력을 기대할) 수 있다는 사고에 개인들을 익숙하게 만들 수 있다. 이런 사고는, 최후통첩 게임의 제안과 시장 통합의 정도가 우리의 실험 집단 전반에 걸쳐 강력한 상관관계를 보인다는 점과 일치한다"(2005: 813).

이런 주장을 어떻게 평가해야 할까? 경제 조직과 게임 반응의 일부 독립적 측도들 사이의 인상적인 상관관계는 확실히 흥미롭다. 그러나 액면 그대로 받아들인다면, 이 결과에 대한 저자들의 해석이 의미하는 바는 사회가 필요로 하는 경제적 규범과 제도를 사회는 항상 그리고 필연적으로 얻는다는 것이다. 시장의 상호작용이 개인들로 하여금 모르는 사람들과의 협력에 익숙하게 만든다는 사고는 시장 과정의 도입에서 비롯된 개인 간 갈등 및 집단의 갈등과 때로는 혼란에 대한 지난 수 세기 동안의 논쟁을 태평스럽게 일소해버린다. 이는 시장은 변함없이 문명화하는 힘이라는 17세기의 사고를 연상시킨다. 이 힘을 몽테스키외는 "달콤한 상업(doux commerce)"이라 기술했고, 허시먼은 《정염과 이해관계》(Hirschman 1977)에서 연대기적으로 다루었다. 논리적으로 추구해보면, 이는 실패했거나 실패하는 경제는 없었다는 또는 최소한 부적절한 규범이나 제도를 포함하는 경제는 없었다는 의심스러운 주장에 다다른다. 앞서 언급한 대로 이 주장은 거의 방어할 수가 없다. 그렇다면 문제는 어디에 있는가?

먼저, 실험들은 모두 분배의 규범과 개인의 협력적 경향과 관련 있다. 그리고 실험 결과가 사회마다 변한다는 확실한 증거를 얻는 것은 흥미로운 일이지만(이미 이러한 변이에 대한 상당한 민속학적 증거가 있다. 자세한 내용은 Granovetter 1992 참조), 대부분의 경우 실험에서 드러난 규범과 실제의 경제 실천을 연결하는 명확한 방법은 별로 없다. 비판자들이 언급하듯, "최후통첩 게임의 실험상 직관적 단순성이 아마도 실험 경제학자들 사이에서 인기가 있는 이유의 일부이겠지만, 그 때문에 실제 세계의 현상과 연결하는 것을 어렵게 만들 수도 있다(Grace and Kemp 2005: 825). 실제 경제 상황에서 행위자에게 필요한 실질적 지침은 최후통첩 게임처럼 게임에서 작동하는 규범에서 추론할 수 있는 것보다 훨씬 더 복잡하고 상세하다.

게다가 그리고 아마도 더 비판적으로 보자면, **어떤 경제적 규범도 다른 규범들과 동떨어져 있지 않다.** 그리고 각 규범은 함께 고려할 때만 의미 있는 영향력을 행사한다고 간주할 수 있는 규범 복합체의 일부로서 더 광범위한 문화적·경제적 맥락 속에서 진화한다. 예를 들면 분배의 공정성에 대한 규범은 많은 맥락에서 중요할 수 있지만, 실제 경제 체계에서 규범의 실질적 역할이 무엇인지는 다른 제도와 규범이 그 맥락에 무엇을 제공하는지에 많이 달려 있다. 따라서 호혜성의 규범은, 내가 후속 저서의 부패에 대한 장에서 논의하는 것처럼(또한 Granovetter 2007 참조), 타인에게 공정한 대가를 구체적으로 명시할 수도 있지만, 이는 한 쌍의 행위자가 관련된 집단 밖에서는 '부패'라고 널리 비난받는다. 집단이 어떻게 정의되고 교차하는가에 대한 준거집단의 세부 정보가 없다면, 하나의 규범에 대한 증거는 시사적일 수는 있어도 결정적이기는 어렵다.

마지막으로, 여기에 제시한 진화적 또는 공진화적 주장은 역사적 사변으로, 이는 현대의 시사적인 종단면 자료에서 파생되었다. 그런 점에서 이 주장은 굴드와 르원틴(Gould and Lewontin 1979)이 근거 없는 낙관적 이론화를 비난하면서 밝힌 모든 문제를 안고 있다. 진화적 게임 이론은 한때 규범의 발생을 탐구하는 분석틀로 사용되기도 했다. 하나의 예는 조너선 벤더(Jonathan Bendor)와 피오트르 스위스탁(Piotr Swistak)인데, 그들은 장기적으로 역동성은 더 효율적인 규범으로 향하는 경향이 있지만, 일부 파레토 비효율적 규범은 진화적으로 안정적이라는 모델을 제시한다(Bendor and Swistak 2001: 1497-1498). 하지만 이 모델은 소집단이나 심지어 상호작용의 기본인 양자 관계에 의존하고 있어, 저자들도 이 모델은 작은 공동체에서 가장 잘 작동한다고 인정한다.

법경제학에서 경험적 연구와 이론적 연구는 더 특수한 맥락과 규범에 초점을 맞춰왔다. 규범에 대한 최근 많은 관심은, 캘리포니아주의 샤스타 카운티(Shasta County)에서 소 목장주와 다른 주민들 사이의 분쟁을 어떻게 해결하는지에 대한 엘릭슨의 1991년 연구에서 촉발되었다. 엘릭슨이 이 분쟁을 선택한 것은 로널드 코스(Ronald Coase 1960)가 이 갈등을 주요 사례로 삼아 법경제학에 지대한 기여를 했다는 점에 일부 기인한다. 코스의 주장은 당사자들 사이에 법적 책임의 전가에 따른 함의와 관련 있지만, 그는 어떤 경우에도 당사자들은 소송을 통해 분쟁을 해결하리라고 가정했다. 따라서 엘릭슨은 샤스타 카운티 주민들이 "공식적인 법적 규칙보다는 비공식적인 규범을 적용해 그들 사이에 발생하는 대부분의 쟁점을 해결한다"는 사실을 발견하고서는 놀랐다(Ellickson 1991: 1). 이 발견은 이전에 스튜어트 매콜리(Stewart Macaulay 1963)의 기업 분쟁 연구와 정확히 유사하지만, 매콜리와 달리 엘릭슨은 신고전학과 경제학 이론에 뿌리를 둔 법학 연구자들에 부합하는 해석을 제공했기 때문에 그의 논의가 더 영향력이 있었다.

그의 핵심 가설은, "친밀한 집단은 그 구성원들이 일상적인 일에서 획득하는 집합적 후생을 극대화하는 데 유용한 내용이 있는 규범을 개발하고 유지한다"는 것이다(Ellickson 1991: 167). 더 (그러나 아마도 여전히 충분하지는 않지만) 정확하게 말하자면, 그들이 "사중손실(deadweight loss)" (협력 실패에서 발생하는 손실)과 거래 비용의 합계를 최소화하고자 한다는 의미다. "일상적인 일(workaday affairs)"은 "기본 규칙이 적용되는 무대에서 수행되는 평범한 사안"으로 정의된다(1991: 176). "비공식적 권력이 집단 구성원들에게 폭넓게 배분돼 있고 비공식적 통제에 관련된 정보가 그들 사이에 쉽게 유포될" 때, 집단은 "친밀"하다(1991: 177-178).[5] 사실상 엘릭슨은 친밀한 집단을 반복 게임의 장으로 취급하는데, 이러한 집단은 "하나의 사회 연결망이고, 그 구성원들은 서로에 대한 권력의 적용에 대해 확실하면서도 상호적인 전망이 있고, 과거와 현재의 내부 사건 정보가 잘 공급된다"(1991: 181). 이 조건들 중 어떤 것도 충족되지 않는다는 점에서, 이는 시장의 불완전에 비유할 수 있는 '사회적 불완전'이다.

엘릭슨은 문제 해결을 위해 규범이 등장한다고 보기 때문에, 규범의 효율성을 그 기원과 연결한다. 그러나 이런 결론은 선택 편향에서 너무나 쉽게 도출된다. 선택 편향은 문제로 시작해, 그 문제를 해결할 규범이 있다면 그것이 어떤 규범인지 질문한다. 그의 주요 사례인 샤스타 카운티의 소 분쟁은 이미 해결되었다는 것을 알기 때문에 효율성 결론이 강화된다. 만일 그가 소들의 농지 침입을 두고 벌어진 상호파괴적 싸움의 사례로 시작했다면, 다른 결론이 나왔을지도 모른다.

더욱이 엘스테르는 파레토 최적의 약한 의미에서뿐만 아니라 규범이 모든 사람을 더 악화시킨다는 강한 의미에서도 비효율적인 많은 규범을, 그리고 그중 일부는 분명히 "일상적인 일"에 관한 규범을 언급한다. 일을 "옳게" 하기 위해서는 시간과 에너지의 상당한 지출을 요구하는 예절 규범이 그러한 사례다. 또한 경제 영역에서는 파레토 개선을 창출할 수 있는 상황에서 돈의 사용에 반하는 규범을 언급하는데, 버스 대기줄에서 좋은 자리를 사는 것이나 자기 잔디를 깎는 이웃에게 돈을 청구하는 것이 그러한 사례다(Elster 1989b: 109-110). 일부 사회에서는 동물 침범보다 심각하지 않은 도발에 대해서도 명예 규율과 복수 규범이 쉽사리 행사되어 분쟁이 우호적으로 해결되기보다는 대체로 확전으로 이어진다(예를 들면 Elster 1990 참조).

기능적 규범은 일반적으로 친밀한 집단에서 발생한다는 사고의 심각한 문제점 중 하나는 기제의 부재다. 샤스타 카운티 연구에 이은 후속 작업에서 엘릭슨은 이러한 허점을 메우려고 "규범 시장(market for norms)"의 중요성을 제안하면서 규범의 발생을 합리적·경제적 과정에 내생적인 것으로 만들려고 시도한다. 규범 시장에서 공급 측은 "규범 기업가(norm entrepreneur)"인 "변화 촉매자들"이고, 수요 측은 새로운 규범을 필요로 하는 사회 집단인 "청중(audience)"으로, 청중은 "새로운 규범의 훌륭한 공급자들에게 존중이나 거래 기회를 수여함으로써 그들에게 보상할 수 있다"(Ellickson 2001: 37). 만일 그러한 기업가가 있다면, 그들은 왜 성공할까? 문제의 기제를 완성하려면, 사람들이 왜 오래되거나 새로운 규범을 준수하는지, 그리고 규범이 효력을 발휘하는 데 필요한 사회적 제재를 누구라도 왜 기꺼이 부과하는지 이해할 필요가 있다. 법경제학 문헌들에서는 이런 질문에 대해 수많은 답을 제시했다. 리처드 맥애덤스(Richard McAdams)의 주장은 "존중"에 대한 사람들의 욕구에 달려 있다는 것이다. "사람들은 타인의 존중, 즉 '좋은 의견이나 존경'"(McAdams 1997: 355)을 모색하면서 존중을 받으려고 규범을 따르기 때문에 규범이 등장한다는 것이다. 맥애덤스는 규범을 집행하는 수고를 왜 감당하는지의 문제를 다루면서 "존중의 핵심 특징은 타인들에게 다른 수준의 존중을 부여함으로써 개인들이 항상 비용을 부담하지는 않는다는 점이다"라고 가정하는데, 이는 존중 허가가 "규범의 설명을 어렵게 만드는 이차 집단 행동 문제(즉 잠재적 규범 집행자의 무임승차)에 반드시 해당하지는 않는다"는 의미다(1997: 365).

그러나 타인에 대해 찬성이나 반대를 표명하는 데 비용이 들지 않을 수 있다는 것은 받아들이기 어렵고, 나는 다음과 같은 엘스테르의 반대 주장에 명백한 타당성이 있다고 생각한다. 즉 "반대를 표명하는 데는 항상 비용이 따른다. ……최소한 그렇게 하려면 다른 목적에 사용될 수도 있는 에너지와 주의가 필요하다. 표적이 되는 개인을 소외시키거나 도발하는 데는 일정 비용이 들거나 자신의 목숨이 위험에 처할 수도 있다"(Elster 1989a: 133).[6] 규범을 따르거나 집행하는 사람들에게 무엇으로 보상하는냐에 대한 다른 견해는 포스너가 제시하는데, 자신의 행동을 지켜보는 모든 사람에게 자신이 "협력하려고 노력하는 바람직한 동반자"라는 신호를 보내는 데 관심이 있기 때문에 그렇게 한다는 것이다. 즉 "미래의 보상에 관심을 두는 사람들은 관계에서 속이려는 유혹에 저항할 뿐만 아니라 옷·말투·태도·차별 등의 스타일을 따르하면서 속이려는 유혹에 저항할 수 있는 자신의 능력을 알린다. 그로부터 비롯된 행위의 규칙성을 …… 나는 '사회적 규범'이라 표현한다……"(Posner 2000: 5). 사실 포스너는 사회적 규범의 충실한 엄수와 집행을 미래의 협력적 상호작용을 확보하기 위해 자신의 명성을 고양하려는 욕구로 환원한다. 규범과 그 효력에 대한 이런 스파르타식 견해는 우리가 사는 실제 세계에는 너무 엄격해 보여서, 사실상 포스너는 규범적 행위가 "본능과 열정 그리고 깊이 몸에 밴 문화적 태도"의 영향 또한 수반한다는 이 이론에 대한 "되풀이되는 반대"를 언급한다. 그러나 그는 다음과 같이 응답한다. 인지와 감정이 관련 없지는 않지만, 그것이 "사회적 규범 이론을 지지할 만큼 심리학자들에게 충분히 잘 이해되지는 않았고, 그 중요성에 대한 반복되지만 혼란스러운 인정은 거기에 상쇄되는 어떤 이점도 제공하지 않고 설명을 모호하게 만들 것이다"(2000: 46).

이론에 대한 이런 실용적 관점은 사소한 유발요인들을 무시한다면 합리적일 수도 있다. 그러나 인지와 감정 그리고 다른 사회적 요인들이 규범의 핵심 결정요인인 한, 엘스테르와 가장 최근의 '도덕 심리학' 문헌들이 제시하듯, 그것은 크게 부적절한 설명에 안주하라는 하나의 초대장이다. 즉 더 적절한 설명은 매우 어렵다는 것이다. 이것은 학문의 발전에 좋은 처방으로 보이지는 않는다. 한 예를 들자면, 상인이 '가격 가우징(price gouging: 재난과 같은 비정상적 상황에서 정상적이거나 공정한 가격보다 높은 가격을 책정하는 행위—옮긴이)'을 한다고 소비자들이 판단하는 상황과 같은 중요한 (그러나 소홀히 여겨지는) 주제에 대해 포스너는 다음과 같이 논평한다. "때로 가격은 사회적 규범을 반영한다. 기업은 허리케인이 지나간 후에 등유 가격을 낮게 유지할지도 모른다. 이로 인해 등유 부족 사태가 생기더라도 말이다. 왜냐하면 가격이 높으면 소비자들은 기업이 기회주의적이고 악당이어서, 가격이 제품의 질을 대변하는 일상적 상황에서도 기업을 신뢰할 수 없다고 추론할 것을 기업은 우려하기 때문이다"(2000: 26).

그런데 이 신호 효과 주장(Spence 1974와 비교)은 어느 정도까지는 타당하지만, 허리케인으로 휘청거리고 전기와 난방 때문에 연료가 절대적으로 필요한 사람들의 마음 상태를 크게 오해할 수 있는 견해다. 이런 개인들은 공급이 고정된 상태에서 수요 급증으로 인한 새로운 균형에 해당하는 가격 인상을 반대할 것이다. 이것이 상인의 일상적 행위와 신뢰도를 부정적으로 반영한다고 냉정하게 판단하기 때문만이 아니라, 더 중요하게는 경제 행위자들의 도덕적 책임감에 대해 그들이 품고 있는 원칙이 불붙인 분노 때문이다. 자연재해 시기에 공동체는 뭉쳐야 하고 어떤 구성원도 다른 구성원들의 불행에서 이익을 취해서는 안 된다는 것이 그런 원칙의 전형이다. 가격을 유지하는 상인은 소비자 분노를 우려해서 그럴 수도 있지만 또한 앞서 언급한 규범에 동의해서일 수도 있다. 나는 뒤에서 '도덕경제'라는 제목 아래 이 문제를 더 다룰 것이고, 이 주제에 대한 이론적 주장을 체계적으로 제시할 것이다.

규범을 추종하거나 강제하게 만드는 기제에 대한 주장의 약점은, 규범이 시장 과정에서 도출된다는 주장도 약화시킨다. 엘릭슨의 주장에서 더 나아가 가정해보면, '규범 시장'의 참여자들은 '공리주의 편향'이 있다는 사고, 즉 규범의 변화가 칼도-힉스 효율성 기준(Kaldor-Hicks efficiency criterion)을 충족한다면 파레토 우위보다 약할지라도 참여자들은 규범 변화를 지지할 것이라는 사고를 멈추게 할 수도 있다. (만약 변화가 어떤 사람에게는 손해이지만 집합적으로는 집단에 더 좋다면, 그리고 모두가 이익을 볼 수 있도록 이익을 본 사람들이 손해를 본 사람들에게 보상해줄 수 있을 만큼 충분히 더 나아진 상태라면, 변화는 칼도-힉스 효율적이다. 이익을 본 사람들이 그러한 보상을 제공할 아무런 유인을 느끼지 못할 수도 있다는 확실한 반론 때문에 이것은 후생 경제학에서 기껏해야 논쟁적 기준이 되어왔을 뿐이다.)

엘릭슨은 규범이 효율적으로 발생한다는 자신의 제안을 상당히 수정한다. 이미 내면화한 규범을 대체하는 것에는 비용이 들고(Ellickson 2001: 56), 높은 거래 비용은 과정을 늦추거나 "비효율적" 규범으로 귀결될 수 있다고 언급한다(2001: 54). 사실 규범을 연구하는 대부분의 분석가는 유해하거나 비효율적인 규범이 가능하다고 명시한다. 엘스테르는 앞에서 지적한 것처럼 그런 다양한 규범을 언급한다. 포스너는 비효율적 규범이 발전할 수 있는 많은 이유를 언급한다. 그중 하나는 가끔 규범이 강력한 감정적 의미가 있어서 결투 규범처럼 효율성이 종식된 후에도 오랫동안 지속될 수 있다는 것이다(Posner 1996: 1738).

규범은 타인들의 존중이 필요하기 때문에 지지된다고 주장하는 맥애덤스에 따르면, 이는 어떤 규범이 비효율적일 수도 있다는 의미를 함축한다. 사람들이 존중을 주거나 받는 이유가 반드시 경제적 효율성이나 집단행동 문제의 해결과 관련 있지는 않기 때문이다. 따라서 과시적 소비를 고무하는 규범이 등장할 수도 있고, 이로써 사람들이 자신의 상대적 지위를 유지할 수 있게 낭비적 소비의 상승으로 이어질 수도 있다〔McAdams 1997: 413. 이 주장은 소스타인 베블런(Thorstein Veblen)이 1899년 《유한계급론》에서 처음 제기했고 로버트 프랭크(Robert Frank 1985)가 아주 정교하게 다듬었다〕. 존중은 집단의 소수자 구성원들에게 더욱 희소할 수 있어서 다수가 그들을 배제하는 규범을 부과하는 상황을 낳을 수도 있다. 맥애덤스는 다른 인종 간 데이트를 예로 드는데(McAdams 1997: 415), 인종적으로 통합된 직장이나 서비스 시설에도 같은 논리를 적용할 수 있다.

사회에 따른 최후통첩 게임 결과의 변이를 설명하면서 내가 제시한 것과 유사하게 포스너는 규범이 비효율적인지는 "분리해 결정될 수 없고 규범은 관련 규범들과 연결해 분석해야 한다"고 언급한다. 예를 들어 명예 규범이 있다고 가정해보자. 이 규범은 협력보다는 자립을 선호하는 규범과 정부 개입을 반대하는 규범 등 다른 규범들과 연결돼 있을 것이다. 따라서 규범 연결망이 존재해, 비효율적 규범이나 이러한 논의를 위한 최상의 진입점을 식별하기 힘들 수도 있다(1996: 1727). 트레인 에거트슨(Thrain Eggertsson)은 흥미로운 사례를 제시하는데, 그 사례에 따르면 아이슬란드에서 많은 세대에 걸쳐 강력하게 유지된 협력과 공유의 규범으로 인해 농부들은 건초 저장을 그만두었다. 대신에 여분이 있으면 다른 농부와 나누었지만 흉년에는 가축이 굶주리는 지경이 되었다. 하지만 수 세기에 걸쳐 저장을 강요하는 정부의 수많은 시도에 농부들은 저항했다(Eggertsson 2001: 89-92). 에거트슨은 이런 비효율성을 설명하면서 건초를 공유하는 규범은 더 일반적인 공유 규범의 일부였다고 지적한다. 그에 따르면, 이런 규범은 "그 나라의 사회보장 체제를 뒷받침하고 인간 집단에게 식품과 주거의 공유를 가능하게 했는데, 동물 사료 공유를 배제하려고 이런 규범을 없앨 수는 없었을 것이다. 건초 공유는 비효율적일 수도 있지만, 인간 심리는 긴밀하게 연결된 가치들의 분할을 배제한다"(2001: 90).

진화적 논리가 규범에 조금이라도 적용된다면, 이 사례는 오랜 기간에 걸쳐 진화해온 복합체에서 단 하나의 요소를 분리하는 위험성을 지적한다. 진화생물학자들이 말하는 **다면발현**(pleiotropy)은 하나의 유전자가 서로 다른 다양한 방식으로 어떤 유기체의 표현형에 영향을 주는 상황이다. 이 경우 유전자가 선택된 이유를 가시적 결과에서 쉽게 추론할 수는 없을 것이다. 그렇게 한다면 부정확한 '적응적 이야기'로 귀결될 수 있다. 굴드와 르원틴은 "부분의 형태가 다른 곳에서 정해진 선택의 상호 관련된 결과"일 때, 우리는 "유기체를 통합된 전체로 마주하게 되고, 그것을 분리해서 최적화된 독립적인 부분들로 근본적으로 분해할 수 없다"고 언급한다(Gould and Lewontin 1979: 591. 그리고 Elster 1989a: 149의 관련 논평 참조).

복합적인 사회 구조에서 규범의 '효율성'에 대한 가장 중요한 관찰이라면 사회 연결망에서 규범이 어디에서 기원하는지 그리고 그 규범이 누구에게 혜택을 주는지 다루어야 한다. 규범이 결속력 있는 소규모 연결망에서 가장 쉽게 만들어진다는 것은 규범에 대한 문헌들에 등장하는 일반적인 주제다. 규범이 대체로 적응적이라고 믿는 엘릭슨조차도 "집단 구성원들이 친밀하지 않을 때 규범을 만드는 과정이 잘못될 수 있다"고 우려한다(Ellickson 1998: 550). 그러나 또한 결속력 있는 연결망 안에서 규범이 발생할 때조차도 또는 아마도 특히 그럴 때 규범 만들기가 잘못될 수 있는 일정한 방식이 있다고 그를 비롯한 사람들은 지적한다. 가장 중요한 경우는 '외부성', 즉 집단에게는 좋은 결과를 산출하지만 집단 밖의 타인들에게 손해를 끼치면서 규범을 발생시키는 경우다. 따라서 엘릭슨은 포경선의 규범을 예로 들면서 그 규범의 효율성을 옹호하지만, 이어서 그 규범들이 너무 효율적이어서 남획을 조장했으리라는 점도 인정한다. 그래서 포경에 아직 적극적이지 않은 나라들과 당시 포경에 적극적이던 지역의 미래 포경선 등 공동체 전체에 손해를 입혔다는 것이다. 쿼터 제도로 문제를 완화할 수도 있었겠지만 이 제도는 비공식적인 사회적 통제가 아니라 중앙집중화된 당국을 통해서만 채택될 수 있었다고 엘릭슨은 지적한다(1991: 206). 포스너는 외부 집단에 해로운 범죄 행동, 귀족 배제, 그리고 카르텔 같은 활동을 지원하는 다양한 규범을 지적하면서 다음과 같이 언급한다. 집단은 "부정적 외부성을 생산하지 않고 공동의 후생만 극대화하는 규범보다는 비용을 외부화하는 규범을 채택하고 발전시킬 강력한 동기가 있다. 그러므로 집단의 규범이 효율적이라는 가정에 신중을 기해야 한다"(Posner 1996: 1723). 그리고 내가 후속 저서에서 언급할 테지만, 많은 집단이 다른 집단들에 불이익을 주는 내부의 충성심 규범을 발전시키는데, 이런 상황은 '부패'로 지목된다(또한 Granovetter 2007 참조).

그러나 나는 또한 그 반대가 생길 수도 있다고 생각한다. 즉 집단의 규범이 그 집단 자체에는 해를 끼치면서 **긍정적** 외부성을 가질 수도 있다. 하나의 사례는 마이클 부라보이(Michael Burawoy)의 연구다. 그는 《동의 만들기(Manufacturing Consent)》(1979)에서 자신이 연구를 진행한 작업장의 기계 도구 노동자들은 기계에 대한 고급 기술을 갖춘 남성적 덕목이 지위의 주요 표식으로 통용되는 문화를 가지고 있어서 이런 기술 차원을 따라 경쟁이 일어난다고 관찰했다. 그러나 이것은 궁극적으로 노동자 자신들보다는 회사에 더 도움이 되는 것이어서, 그의 설명에 따르면 노동자들은 사실상 자신들을 착취하도록 회사를 도왔다.

따라서 상대적으로 결속력 있는 연결망이 규범을 생산하고 규범 제정이 외부성을 수반한다는 점에서, 이런 연결망과 다른 집단의 접속이 그런 외부성의 성격과 방향을 어떻게 결정하는지 알지 못한다면 우리는 이러한 규범의 결과를 이해하지 못할 것이다. 이것은 관계적 배태성뿐만 아니라 구조적 배태성의 문제다. 어떤 직업 집단이 가입을 제한하는 규범을 제정하면, 외부성은 그 고객에게 영향을 미친다(예를 들면 Collins 1980 참조). 포경선의 규범은 다른 카르텔의 규범과 마찬가지로 잠재적 경쟁자는 물론 소비자 후생에도 영향을 준다. 따라서 규범이 전체 후생에 어떻게 영향을 미치는지는 사회 연결망의 윤곽과 인구 집단에서 이해 충돌의 분배에 달려 있다. 이것은 경제적 효율성이라는 간단한 차원이 규범의 진화를 통제한다는 가정과는 거리가 멀다.

2.4 규범이 중요하다는 것을 우리는 어떻게 아는가?: '도덕경제'의 문제

회의론자들은 규범이 경제 행동에 유의미한 영향을 미친다는 것을 실제로 어떻게 알 수 있느냐고 종종 질문하고는, 사람들이 그런 식으로 행동한 이유에 대한 간결한 설명으로 이기적 행위를 제시한다. 이기심이 지시했을 수도 있는 방식으로 행위자들이 행동하는 상황을 규범의 인과적 중요성 지지자들이 증거로 제시할 때 이런 비판은 더욱 그럴듯하다. 이 지지자들의 귀무가설은, 인간은 사회적이어서 사회적 규범을 지향한다는 것이기 때문에, 그들은 이런 상황이 자신들의 주장을 뒷받침한다고 본다. 그러나 합리적 행동을 귀무가설로 받아들이는 사람들은 합리적 행동을 더욱 '간결한' 것으로, 따라서 이와 같은 경우에 더욱 뒷받침된다고 간주한다. 우리가 이런 귀무가설 모두와 거리를 둔다면, 그리고 이미 한 행동을 예상할 수 있는 가치와 규범에 개인들이 사실상 찬동했다는 독립적 확증 또한 가지고 있다면, 그러한 경우는 그 어떤 주장에도 설득력 있는 증거를 실제로 제공하지 않는다. 이를 위해 우리는 예상이 달라지는 경우가 필요하다.

　실험적 방법은 이런 난관에 도움이 될 수 있으므로 에른스트 페어(Ernst Fehr)와 지몬 게히터(Simon Gaechter)의 실험을 살펴보자. 그 실험이 밝힌 바에 따르면, 실험 대상은 이기심만이 단독으로 지시할 때보다 우호적 상호작용에 대해 더 긍정적이고 비우호적 상호작용에 대해서는 더 부정적이다. 이것은 호혜성 규범의 증거처럼 보인다. 그러나 페어와 게히터는 "호혜성의 규범적 힘"(Fehr and Gaechter 2000: 161)을 거론하면서, "사람들의 생활에서 대부분의 상호작용은 명시적 계약이 아니라 비공식적인 사회적 규범에 의해 규제된다"(2000: 166-167)고 일반적 주장을 하지만, 실험 대상이 호혜성에 대해 생각하는 것이 무엇인지는 질문하지 않는다. 대신에 그들은 행동주의적 관점을 취해 사람들이 "상호성의 유형" 같은 방식으로 보답한다고 지적한다. 반대로 어떤 행위가 경제에서 도덕적으로 적절한지 아닌지에 대해 사람들이 가지고 있는 원칙을 밝혀내려는 흥미로운 조사가 있지만(예를 들면 Kahneman, Knetsch, and Thaler 1986a, 1986b), 이런 생각을 가진 개인들이 실제로 그 원칙을 실행에 옮기는지를 조사하는 데까지는 나아가지 못했다.

경제사와 정치학에서 '도덕경제'를 표제로 다룬 문헌들에서 이런 쟁점의 중요성을 확인할 수 있다. 내가 앞에서 지적했듯, 도덕경제는 영국 역사학자 E. P. 톰슨이 1971년에 발표한 논문에서 18세기 마을 주민들의 집단행동을 두고 만든 표현이다. 톰슨이 의미하는 도덕경제는 비난이나 반대를 피하기 위해 때로는 강제로 경제 행동이 충족해야 하는 최소한의 도덕적 기준을 집단적으로 공유하는 양해다. 이것은 '민속정치철학(ethno-political-philosophy)', 즉 좋은 사회를 구성하는 것이 무엇인지 그리고 시민의 의무가 무엇인지를 두고 정치철학자들이 논쟁을 벌이는 원칙에 대한 민속적 판본이라 할 수 있다.

경제학 교과서들은 '정당한 가격'과 같은 중세의 사고를 공급과 수요가 대체했기 때문에 현대 경제에서는 그러한 판단이 사라졌다는 인상을 주기도 한다. 그러나 그에 반하는 방대한 증거가 있다. 행동경제학은 어떤 종류의 가격 변화를 사람들이 공정하다고 간주하는지에 대한 조사 자료를 내놓았다. 다니엘 카너먼(Daniel Kahneman) 등은 조사 자료에서 시장 참여자들이 전형적이라고 간주한 가격, 즉 "준거 거래(reference transaction)"라는 핵심 개념을 제시하는데(Kahneman et al. 1986a), 그에 따라 설문 응답자들은 공정성을 기초로 삼아 **통용되는** 가격이나 임금의 변화에 저항감을 표출한다. 응답자들은 노동시장에서의 수요 부족을 이유로 임금을 줄이는 것이 불공정하다고 여기지만 **새로운** 사람을 저임금으로 고용하는 것은 불공정하지 않다고 본다. 사람들은 회사가 "준거 이윤"의 자격이 있다고 생각하므로 비용 증가는 묵인할 수 있다. 그러나 독점력 증대를 이용하거나 가격 차별이 가능하다고 그렇게 하는 것은 불공정하다고 간주하고, 소비자들은 그들에게 이익이 되든 아니든 불공정하다고 간주한 기업을 응징할 수도 있다. 카너먼 등은 다음과 같이 지적한다. "표준 경제 이론에서 공정과 충성심에 대한 고려가 없다는 것이 이 이론과 다른 사회과학의 가장 두드러진 차이점 중 하나다. ……많은 영역에서 행동은 일반적으로 법적 기준보다 더 엄격한 품위의 기준을 따른다"(1986b: 285). 그들은 또한 "많은 고객이 불공정한 기업과의 거래를 피하고자 추가로 5분 더 운전할 준비가 되어 있다면" 소매업자들은 "공정하게 행동할 상당한 유인이 있을 것"이라고 지적한다(1986a: 736). 그러나 이 또한 "공정성 규칙에 대한 비강제적 순응이 보통"인 경우다(1986a: 737).

설문 응답자들의 준거 거래에 대한 강조는 경험적 연구에 많은 반향을 불러일으켰다. 예를 들면 경제학자 트루먼 불리(Truman Bewley)는 경기 침체기에 경제 이론이 처방하는 대로 (그리고 경기 침체가 전형적으로 야기하는 실업 증가를 많이 완화할 수 있을) 임금 삭감을 고용주들이 거의 하지 않는 이유를 연구한 결과, 고용주들은 노동자들의 생활 수준을 떨어트리는 것이 부적절하다고 주장하는 것을 발견했다. 한 응답자는, 모두가 "생활 수준에 익숙해져 있다. 만약 임금을 5퍼센트 삭감한다면, 작년에 일한 것이 아무것도 아니었다고 모두 느낄 것이다"라고 말했다(Bewley 1999: 176). 또한 고용주들은 임금 삭감에 대한 분개는 그 자체로 노력의 감소로 표출될 것이라고 강조했다. "사기가 저하되면, 그들이 하고 싶은 모든 것은 시스템 공격으로 이어질 것이다. 이럴 경우 많은 감독이 필요하다. 사람들은 그들의 용역 시장이 나빠졌다는 것을 인정하지 않을 것이다"(1999: 178). 다른 응답자는 불리에게 임금 삭감은 "불공정하다고 여겨질 것이고 오랫동안 사기에 영향을 미칠 것이다. 직원들은 그것을 절대로 잊지 않는다"고 말했다(1999: 180). 한 자동차 판매인은 가능한 특수한 상황을 거론하면서, 이런 분개가 감정적이고 아마도 비합리적인 반응으로 이어질 것이라고 믿었다. "만일 내가 임금을 삭감하면, 사람들은 갈 데가 없더라도 분노하며 떠날 것이다. 그들은 그래야 한다고 느낄 것이다. ……차체 수리공장 사람들은 분명히 떠날 것이다. 그들은 정신이 나가는데, 연기를 너무 많이 맡아서 그렇다"(1999: 179).

'준거 거래'의 사고는 판매자에게 가격을 깎아달라고 강요하는 18세기 군중 행동을 분석한 톰슨의 연구에서 공명을 얻었다. 톰슨의 지적에 따르면, "폭동은 폭등하는 가격이나 판매상의 부정행위 또는 배고픔으로 촉발되었다. 그러나 이러한 불만은 판매·제분·제빵 등에서 무엇이 정당하고 무엇이 부당한 관행인지에 대한 대중의 합의 안에서 작동했다"(Thompson 1971: 78). 그는 이어서 이런 합의는 "사회적 규범과 책무에 대한 일관된 전통적 관점에 근거하고"(1971: 79) 있었다면서, "군중 속 남녀에게는 그들이 전통적 권리와 관습을 수호한다는 믿음이 퍼져 있었다"(1971: 78)는 말로 '정당성'의 관념을 설명한다. 관청이 합리적인 가격, 공급되는 빵의 종류 그리고 시장의 다른 많은 세부 사항을 비롯해 무엇이 공정한지에 대한 전통적 개념을 집행해야 하는 "가부장적 모델"을 그들은 기대했다(1971: 88).

그러나 사람들이 익숙해진 준거 거래에만 기대 공정과 도덕경제의 개념이 단지 관성적이라고만 가정한다면 잘못일 것이다. 그러한 판단에는 또한 무엇이 옳고 그른지에 대한 판단에서 기인하는 감정적 반응이 스며들어 있다. 사람들은 눈보라가 친 뒤 가게가 눈 치우는 삽의 가격을 올리는 데 반대하는데, 그 이유는 "그러한 행동이 준거 가격에 대한 고객의 권한을 침해할 것이기 때문"(Kahneman et al. 1986a: 734)이라는 것이 카너먼 등이 제시한 준거 거래의 순수 모델이다. 그러나 이는 확실히 문제를 과소평가한 것인데, 왜냐하면 분개의 일정 부분은, 자연재해처럼 자신의 잘못이 아닌 사람들의 곤경을 경제 행위자가 부당하게 이용하는 것을 금지하는 도덕적 원칙에서 나와야 하기 때문이다(허리케인이 지나간 뒤의 등유 가격 인상에 대한 포스너의 분석에 대해 내가 앞에서 주장한 것처럼). 이는 곧 일반적인 도덕 원칙들이 있고 그것은 단지 관성적이지만은 않기에 경제에서 적절한 것의 개념 안에서 작동한다는 말이다. 이런 원칙을 어길 때 사람들은 감정적이면서 반드시 이기적이지만은 않은 방식으로 반응한다.

이와 관련해 불리는 다음과 같이 언급한다. 노동자들은 "고용주를 이용할 많은 기회가 있어서, 동기부여로 강압과 금융 유인책에만 의존하는 것은 현명하지 못하다. 고용주는 노동자들이 자율적으로 일하고, 솔선수범을 보이고, 상상력을 발휘하고, 관리자가 요구하지 않는 여분의 일을 감당하기를 원한다. 겁먹거나 의기소침한 노동자는 이런 일들을 하지 않는다"(Bewley 1999: 431). 아마 놀랍게도 "인터뷰에서 자주 반복되는 주제는 사업가들과 지도자급 노동자들이 고상한 가치를 지키는 데 사로잡혀 있었다는 것인데, 그들은 조직을 뭉치기 위해 그 가치들에 의지한다. ……대부분이 성공에는 품위와 신뢰가 필요했다고 믿는데, 이는 경제학의 인간 표준 모델과는 명백히 대조되는 믿음이다"(1999: 436). 불리가 시사하는 바에 따르면, 신고전학파의 기업 이론에서 놓치고 있는 것은,

> 공동체로서 기업에 대한 적절한 이론이다. ……지도자들은 하급자들이 자진해서 올바른 일을 하도록 열정과 신뢰를 고무하려고 애쓴다. ……많은 사업가는 도덕적 헌신이 혼돈으로 가는 길을 막는 전부라고 믿는다. 기업 내 사회는 부서지기 쉽고 의심의 물결로 끊임없이 위협받는데, 그중 많은 것은 개별 관리자들의 권위 남용으로 일어난다. 이런 취약성 때문에 고용주들은 사기에 민감하다. 그리고 임금 삭감의 주요 결함은 그것이 실망과 약속 위반의 인상을 퍼트려 조직을 뭉치게 하는 접착제를 녹여버린다는 것이다(1999: 436-437).

톰슨 또한 적절한 행동에 대한 18세기 영국의 "전통적" 관점이 단지 관성적이지만은 않아서 도덕적 판단이 깊이 스며들어 있었다고 언급한다. 제분업자와 제빵업자는 "공동체의 종복으로 이윤을 위해서가 아니라 공정한 수당을 위해 일한다고 여겨졌다"(Thompson 1971: 83). "부족한 시기에는 가격을 규제**해야** 하고 부당 이윤을 취하는 사람은 사회에서 배제된다는 깊이 공감하는 신념"이 있었다(1971: 112). 마을 주민들은 공급과 수요 곡선을 몰라도 시장 가격보다 낮은 가격을 유지할 때 재고 부족이 나타날 수 있다는 것을 잘 알았다. 하지만 톰슨의 지적에 따

르면, "다른 사람들의 생필품에서 이윤을 취한다면 그것은 '비정상적인' 것으로" 비춰졌고, "부족한 시기에 '생필품' 가격은 전반적으로 부족이 있을지라도 관례적인 수준에 머물러야 하는 것이 당연하게 여겨졌다" (1971: 131-132). 이런 도덕적 가르침을 어길 때 맞이하는 분노는 군중 자신의 이익에 반할 때가 있어도 보복으로 이어져, "기아 선상에 있는 남녀들은 제분소와 곡식 창고를 습격해 식량을 훔치는 것이 아니라 소유자를 응징하기 위해" 밀가루나 곡식을 강에 쏟아버리고 기계에 손상을 입혔다(1971: 114). 이런 행위는 페어와 게히터의 연구 대상자들을 떠올리게 하는데, 호혜성 규범을 위반하는 사람들에 대한 그들의 응징은 합리적 행위자들이 부과할 법한 수준을 넘어섰다.

그러나 도덕적 원칙이 이기심에 반하는 감정적 경제 행동을 고무할 때도 있음을 보여주는 것만으로는 충분치 않다. 유용한 이론적 통찰이 되기 위해서는 이런 일이 일어나는 상황에 대한 체계적인 이론적 뒷받침이 필요하다. 동남아시아 농민들 사이에 존재한 '도덕경제'의 중요성에 대한 1970년대 두 정치학자의 논쟁을 분석하고 논평하는 것이 이러한 통찰을 얻는 데 유용하다고 나는 생각한다.

제임스 스콧(James Scott)은 1976년 저서 《농민의 도덕경제: 동남아시아의 반란과 생계》에서 시장 이전(pre-market) 농민 사회에서는 생계 윤리의 형태로 일종의 도덕경제가 있었다고, 말자하면 모두가 최소한의 생활 수준에 대한 권리가 있었다고 주장했다. 그것은,

무엇보다도 생계 윤리가 사회적으로 표출되는—일상적 행위를 구조화하는 사회 통제와 호혜성의 유형으로—마을 내에서 발견된다. 넓은 범위의 행위를 결합하는 듯 보이는 원칙은 다음과 같다. "모든 마을 내 가족들은 마

을 주민들이 통제하는 자원이 허락하는 한계 안에서 최소한의 생계 적소를 보장받을 것이다." ……동남아시아의 마을에 대한 연구들은 거의 대부분 마을 내 빈민에게 최소한의 필요를 제공해주는 역할을 하는 비공식적인 사회 통제에 주목해왔다. 잘사는 농민의 지위는 그들의 자원을 넓은 의미에서 마을 주민 복지에 활용하는 만큼 정당화되는 것 같다. 대부분의 연구는 부를 재분배하고 그 소유자에게 특별한 의무를 부담시키는 경향이 있는 비공식적인 사회적 통제를 거듭 강조한다(Scott 1976: 40-41).

스콧의 주장에서 중요한 부분은, '도덕경제'를 구성하는 규범은 마을의 가난한 사람들뿐만 아니라 지역의 엘리트들을 구속해, 규범을 어기려면 위험을 무릅썼다는 것이다. "……많은 암살과 약탈도 부자들과 권위자들이 흉년에 가난한 사람들과 자원을 공유해야 할 의무가 있다는—그렇지 않다면 가난한 사람들은 무력으로 필요한 것을 쟁취할 권리가 있다는—믿음에 직접적으로 자극된 것 같다. 그래서 〔1930년대 초의 베트남에서〕 상당히 많은 암살 사례가 지방 관리들/유지들이 촌락 생활의 재분배 규범을 존중하지 않은 데서 직접적으로 기인했다"(1976: 145). "호혜성의 도덕적 원리는 농민 생활에 스며 있는데, 아마 일반 사회생활에서도 마찬가지"(1976: 167)라는 것이 요점이고, "호혜성과 함께 생계에 대한 권리 또한 마을의 소전통(little tradition)에서 작용하고 있는 도덕 원리라는 데에는 명백한 증거"가 있다(1976: 176).

새뮤얼 팝킨(Samuel Popkin)의 1979년 저서 《합리적 농민》은 합리적 선택의 관점에서 이런 주장에 반대하면서, 농민은 "생계 수준을 단지 보호하기 위해서만이 아니라 장기적이고 단기적이며, 공적이고 사적인 투자를 통해 생계 수준을 향상시키려고 끊임없이 노력한다"고 주장한다. "그들의 투자 논리는 시장 교환뿐만 아니라 비시장 교환에도 적용된다"(Popkin 1979: 4). 도덕경제 이론가들이 강조하는 마을 제도들은 "주로 개인적 이익과 집단 이익의 갈등 때문에 그들이 주장하는 것보다 잘 작동하지 않고 …… 농민의 사적 이득을 위한 동기에 훨씬 더 많은 관심을 가져야 한다"(1979: 17). 팝킨이 규범의 존재를 부정하지는 않지만, 최근의 법경제학자들을 예견한 듯, "개인의 선택과 의사결정 개념"을 사용해 "개인들로 이루어진 집단이 어떤 규범들은 채택하지만 다른 규범들은 거부하기로 어떻게 그리고 왜 **결정하는지** 논의한다"(1979: 18. 강조는 인용자). 규범은 독립적인 힘이 아니라, "개인들 사이의 권력과 전략적 상호작용을 고려해 가변적으로 재조정되고 전환된다"고 그는 시사한다(1979: 22).

팝킨은 투자 논리가 어디에나 있다고 본다. "어린이가 (다른 모든 것과 더불어) 하나의 투자라는 것은 명백하다. ……하나의 가족 기업으로서 …… 농민 부부는 어린이와 재산을 장기적 초점에서 교환할 것이다. ……아이가 어릴 때, 유럽의 농민 부부는 드물지 않게 재산을 파느니 유아 살해를 저질렀다. 어린이가 소나 도구 또는 토지보다 대체되기 쉬웠기 때문이다"(1979: 19-20). "마을에의 공헌, 보험과 복지 설계에의 참여, 주인과 고객 사이의 거래, 이 모든 것은 투자 논리로 움직인다"(1979: 4). 그에 따라 어려운 시기에 "개인들은 보험과 복지 설계 기여에 더 신중해지고 …… 자신들을 위해 돈을 사용하므로", 마을은 오히려 더 나쁘게 기능할 것이다. "농민들은 자신들의 장기적 안정을 위해서는 사적이고 가족적인 투자에 의존할 것이고, 마을에 대해서는 단기적 이득에 관심을 둘 것이라고 나는 전망한다"(1979: 23). "집단의 재화를 생산하기 위한 합의된 행동이 있을 때 언제라도 개인들은 기여하지 않는 것이 더 낮다고 계산할 수도 있어서"(1979: 24), 무임승차자 문제는 마을 공동체 제도를 취약하게 만든다. 따라서 "농민들에게 공동 기금에 돈을 기부하라고 요구하는 보험 설계는 거의 없지만—왜냐하면 누군가가 항상 돈을 가지고 잠적할 수 있으므로—엄격한 호혜성에 기초하고 (그렇게 쉽게는 훔칠 수 없는) 노동을 요구하는 설계는 화재 뒤 피해자의 재건을 모든 사람이 돕는 계획처럼 …… 많이"(1979: 47) 있으리라고 팝킨은 전망한다.

탤컷 파슨스가 1937년 홉스에 대한 논의에서 고찰했듯, "순전히 공리주의적인 사회는 혼돈스럽고 불안정하므로"(Parsons 1937: 93-94), 홉스는 강력한 중앙 권력만이 이런 혼돈을 극복할 수 있다고 제안했다. 마을 생활에 대한 팝킨의 개념은 네오(neo)홉스적이고, 따라서 그가 강력한 지도자의 출현을 개인의 과도한 이기적 동기를 통제할 능력으로 설명해도 놀랍지 않다. 이 때문에 "정치적 운동과 종교적 운동"의 성공은 "자본주의 이전 사회에서도 마을을 재조직했다. 이러한 운동들은 더 나은 지역 리더십과 그에 따른 덜 위험하고 더 이익이 되는 공동 재화를 제공함으로써 농민 생활을 개선하고 지도자에게 이익을 가져다줄 수 있었다"(Popkin 1979: 27). 이런 점에서 정치 지도자의 기원에 대한 팝킨의 견해는 혼돈스러운 시장 관계보다 우월한 권위적 위계제의 조건에 대한 올리버 윌리엄슨의 견해(나의 후속 저서에서 논의할 것이다)와 유사한 관점에서 나온 유사한 제안이다.

나는 스콧과 팝킨에게서 가장 선명한 의견을 부각했지만, 더 자세히 텍스트를 분석하면 두 의견 모두 실제로는 자신들의 견해를 엄격하게 고수하지 않음을 알 수 있다. 스콧은 도덕경제에 의해 주로 추동된다고 설명하려는 의도이긴 하지만 행위의 이기적 동기를 거듭 언급하고, 팝킨은 규범적 헌신의 관점에서 행위를 설명하려고 든다. 이런 비일관성은 그 자체로는 한 극단의 입장을 유지하기가 얼마나 어려운지 증명하는 것보다 덜 흥미롭다.

우리에게 필요한 것은 농민과 지주가 똑같이 어떤 환경에서 도덕경제 규범을 실제로 느끼고 실행하는지를 더 미묘한 차이와 함께 구체적으로 설명하는 것이다. 스콧과 팝킨은 농민과 지주가 항상 그렇거나 아니면 절대로 그렇지 않다는 것을 입증하는 데 매달리기 때문에, 둘의 설명 모두 이러한 변이에 대한 논의의 출발점이라는 점에 그들은 주목하지 못한다. 그러한 논의는 중간 수준에 해당한다.

이 점에 대한 스콧의 지적에 따르면, 도덕경제 윤리의 강도는 "마을 혹은 지역에 따라 〔달랐다〕. 이것은 …… 전통적인 마을 형태가 잘 발달하고 식민지 지배로 파괴되지 않은 곳—통킹(베트남 북부 지역—옮긴이), 안남(베트남 중부 지역—옮긴이), 자바, 미얀마 북부—에서 가장 강력했으며, 미얀마 남부, 코친차이나(베트남 남부 지역으로 프랑스의 식민 지배가 시작된 곳—옮긴이)와 같이 좀더 최근에 정착한 변경 지대에서 가장 약했다"(Scott 1976: 40-41). 하지만 도덕경제의 일부인 생계 보장이 가장 강력한 곳은 마을이 가장 자율적이고 결속력 있는 바로 이런 지역이라는 점에서 이 차이는 시사하는 바가 크다. 스콧은 결속과 자율에 사회적 거리 문제를 덧붙인다. "대부분의 경우 같은 마을 주민들에게는 가까운 친척이나 가까운 이웃으로부터 받을 수 있는 만큼의 도움을 그만큼의 확신을 가지고 기대할 수 없다. 동남아시아 농민들 간에 어디서나 볼 수 있는 사회적 보험의 하나인 후원자–의존자(Patron-client) 유대는 특히 후원자가 마을 주민이 아닐 경우 사회적 혹은 도덕적 차이〔거리〕를 뛰어넘는 데 또 다른 큰 발걸음이 된다〔필요하다〕"(1976: 27). 그래서 소작인은 "지주와 경작자가 친족관계로 연결돼 있거나 같은 마을에 사는 곳 …… 에서는 그러한 보호에 더 많이 의존할 수 있었다"(1976: 48). 팝킨은 이에 덧붙여, 자본주의 이전 많은 마을은 아무리 결속력이 강해도 온전한 시민권이 없는 거주 계층, 즉 "내부자의 권리와 혜택"(Popkin 1979: 43)에 포함되지 않는 외부자들이 있었다고 말한다.

이로써 알 수 있는 사실은, 외부자들이 거의 없는 결속력 있는 마을, 즉 가난한 구성원들이 개인적으로 아는 후견인이나 엘리트 구성원들과 유대관계에 있고 그 후견인과 엘리트층은 지역의 지원에 의존하면서 지역의 위신을 지향하는 그런 마을이 도덕적 행동의 공유 기준, 특히 지주와 농민 간 도덕적 의무감을 가장 잘 보여줄 수 있는 여건이라는 것이다. 결속력 있는 모든 집단처럼 결속력 있는 농촌 마을이 선명한 규범을 더 잘 생성하고 집행한다. 그래서 통킹의 오래된 소작제도에 대해 논평하는 팝킨에 따르면, "지주와 소작인은 생산비용과 위험을 공유했다. 흉년에는 지주가 평년의 50퍼센트 이하로 작은 몫의 곡물을 차지할 것이다. ……소작에는 지주와 소작인 사이의 신뢰와 오래 지속되는 관계가 요구되었다. 그러한 관계는 친척이나 친구 또는 지주가 개인적으로 의무감을 느끼는 사람들에게만 해당되었다"(1979: 156).

그러나 경제적·인구학적 환경으로 인해 지주와 개인적 유대를 가진 사람들의 비율이 줄어들자 도덕경제는 사라져버렸다. 따라서 통킹(베트남)에서는 20세기 초에 인구 증가와 프랑스에 의한 이주 봉쇄 그리고 지주들의 토지 소유 강화로 소유주와 소작인 사이에 중간 대리인이 도입되었고, 이로써 전통적인 많은 가부장적 관습이 종언을 고했다. "오늘날까지 베트남 전역에서 증오심을 불러일으키는 이 대리인은 자신의 지위를 활용해 소작인과 지주 모두에게 피해를 입히며 이득을 취했기 때문에 소작인에게는 추가적인 고난의 원천이 되었다"(1979: 157). 코친차이나에서도 대규모 토지 소유자들이 사이공이나 지방 도시로 이주해서 대리인을 통해 활동하기 시작하면서 비슷한 상황이 전개되었다(Scott 1976: 80). 이런 대리인들이 누구인지에 대해서는 더 많은 정보가 필요하겠지만, 그들은 이전에 사회계급을 초월해 명백한 도덕적 의무감을 유지했던 사회 연결망에서 벗어나 있어서 자신들의 지위를 최대한 활용해 이익을 취하는 데 양심의 가책이 전혀 없었다는 점은 분명해 보인다.

지리상의, 그리고 궁극적으로는 사회계급을 넘어서 공유하는 도덕적 기준의 극적 전환은 일련의 경제적·인구학적 변화의 부산물이었고, 또한 이 변화는 거시정치적인 힘과 거시경제적인 힘에서 기인했다. 그리고 이런 힘들은 '규범 시장'에 의해 또는 사람들이 어떻게 행동해야 하는지에 대한 인식을 변화시키려는 시도에 의해 우선적으로 또는 심지어 우발적으로라도 동기화된 것이 아니었다. 이런 거시 수준의 힘들은 지역 수준의 행위에 사회 구조적 영향이 개입하는 기제를 통해 규범에 작용했다. 만약 대규모 변화가 세계 정치경제에 대한 일종의 진화적 적응이라면, 굴드와 르원틴이 한 것처럼(앞의 논의 참조) 우리는 다면발현을 지적해야 할 것이고, 그러한 거시 수준의 변화는 많은 결과를 초래하는데 그중 일부는 선택 체계에 해당하지 않음을 언급해야 할 것이다. 그러나 많은 유형이 적응의 결과라는 것에 회의적이고 그 유형들이 정치적·경제적 지배를 위한 투쟁과 더 관련 있다고 의심한다고 해도 여전히 똑같은 문제가 남는다. 하지만 농민 사회의 규범적 틀을 바꾸려는 그 어떠한 의도에서 도덕경제를 붕괴시키는 힘을 철저히 제거한다 해도, 그 힘은 과거 인식의 실패로 손해를 입은 사람들 측에 도덕적 분개심을 야기함으로써 심각한 방식으로 여전히 정치적 불안정에 일조한다. 그러한 분개는 농민 반란과 혁명의 필요조건일 뿐이어서 반란과 혁명이 불붙기 전에 다른 원인들이 작동해야 한다. 그러므로 다른 원인들이 덜 중요하다고 할 수 없다. 말하자면 우리는 부싯깃을 포함하지 않는 산불 이론은 평가절하해야 할 것이다.

2.5 문화와 제도 연구를 위한 서문

지금까지 내가 주장해온 두 가지 요점은 다음과 같다. (1) 규범들을 개별적으로 분리해 그 기원과 작동을 분석하는 것은 잘못이다. 내가 5장과 6장에서 자세히 탐구하는 바처럼 규범은 대체로 다른 규범들과 밀접하게 연결돼 있기 때문이다. (2) 규범이 지역화된 소규모 사회 연결망에서만 효과적으로 작동한다고 상정하는 것은 잘못이다. 이런 점들 때문에 규범을 더 넓은 사회 구조에서 일어나는 더 넓은 개념적 구조물의 요소로 분석해야 한다. 이런 구조물이 거시경제에서 행동 유형에 영향을 미치는 방식을 어떻게 이해하는지는 우리가 마주하는 가장 어려운 분석의 문제일 것이다. 그리고 나는 여기서 그리고 신뢰와 권력에 대한 장에서, 매개하는 기제를 주의 깊게 분석하지 않고 소규모 규칙성을 대규모 유형에 단순히 외삽하는 위험성을 지적한다.

　내 주장을 순전히 논리적 흐름에 맡기면, 규범이 더 넓은 개념적·정신적 구조 속에 응집되는 것을 논의하게 된다. 이 구조는 문화와 제도적 논리 및 제도와 같은 이름으로 통용되고, 여기에는 '다양한 자본주의' 같은 특수한 경우도 포함된다. 그리고 이 구조는 규범의 단순한 집합 그 이상을 초래할 수도 있는데, 여기에는 생각하고 인식하는 독특한 방식, 색다른 미학적 기준과 개념, 행동을 조직하는 특수한 방식, 세계에서 인간의 위치에 대한 색다른 개념 등이 포함된다. 그러나 이런 중간 또는 거시 수준의 현상들에 대한 합리적 설명을 제시하기 전에 내가 논의하고 싶은 두 부류의 쟁점이 있는데, 그것은 어떤 종류의 제도적 현상이 경제나 다른 사회 영역에서 부상하는지에 심각한 영향을 끼치는 쟁점이다. 하나는 개인들 간의 또는 개인과 그보다 더 크고 집단적인 사회적 실체 간 신뢰의 원천과 윤곽이다. 그리고 다른 하나는 개인과 단체가 경제에서 서로에게 휘두르는 권력의 의미와 기원 및 결과다. 이 쟁점들은 다음 두 장의 주제인데, 뒤이어 나는 이 책의 주장을 마무리하기 위해 제도라는 실타래를 다시 한번 집어들 것이다.

3

경제에서의 신뢰

3.1 서론: 신뢰의 개념

신뢰의 개념은 규범을 다룬 앞 장에서 간략하게 언급했지만, 그 자체로 독립적으로 취급해야 할 만큼 아주 중요하다. 신뢰와 신뢰할 수 있는 행동은 그 어떤 경제에서도 결정적인 자산인데, 주된 이유는 이런 자산이 있으면 순수한 이기심의 논리가 예상하는 것보다 사람들이 서로에게 더 자비롭게 행동하거나 협력한다는 것이다. 순전히 이기심에만 근거해 신뢰를 설명하는 것이 궤도에서 벗어난다고 내가 간주하는 이유의 하나가 여기에 있다. 신뢰는 중요하다. 경제학자들이 자주 지적해 왔듯, 그 결과인 협력이 없으면 지불해야 할 상당한 경계와 감시 비용을 줄이기 때문이다. 케네스 애로(Kenneth Arrow)의 고찰에 따르면, 신뢰는 "사회 시스템에서 중요한 윤활유 역할을 한다. 이는 극단적으로 능률적인 것이며, 신뢰성 있는 타인의 말에 어느 정도 귀를 귀울임으로써 문제의 여지를 없앨 수 있다"(Arrow 1974: 23). 그리고 아서 오쿤(Arthur Okun)은 "셀프 현금등록기와 공용 잔디 깎기 기계를 허용할 수 있을 정도로 완벽하게 정직하고 개방된 세상에서는 엄청난 자원 비용을 줄일 수 있다"고 시사했다(Okun 1980: 86).

그러나 역사적으로 경제학자들은 신뢰에 별로 주목하지 않았다. 그것은 아마도 앨버트 허시먼이 그의 뛰어난 저서 《정염과 이해관계》에서 지적했듯, 경제 행동은 일종의 침착하고 합리적이고 자비로운 행위여서 경제적 이익은 신사적인 수단에 의해서만 추구된다고 17세기부터 철학자들이 주장했기 때문이다(Hirschman 1977; 또한 Fourcade and Healy 2007 참조). 고전학파와 신고전학파 경제학자들이 이런 가정을 광범위하게 받아들였다(사회주의 경제학자들과 이단적 신조의 경제학자들은 아니었지만. Hirschman 1982 참조). 그에 따라 사회가 어떻게 힘과 사기의 위험을 수용하는지, 즉 신뢰 문제를 부각하는 홉스적 질문은 경제생활의 분석에서 사라져갔다.

20세기 중엽에 두 개의 관련된 발전에 자극받아 신뢰에 대한 경제학자들의 관심이 부활했다. 하나는 비대칭적 정보가 야기하는 곤경을 지적하는 정보경제학의 출현이다. 이것은 먼저 보험시장에서 특별한 관심 대상이었다. 보험시장은 '도덕적 해이'(보험은 보험 대상인 위험을 회피하려는 동기를 줄이지만, 보험회사는 많은 조사 비용을 들이지 않고는 어떤 보험청구가 이러한 과실에서 나온 것인지를 알 수 없다)와 '역선택'(고위험에 처한 사람들이 보험을 구매할 가능성이 높지만 이런 위험을 보험회사에 온전히 털어놓지는 않는다)이라는 이중의 문제에 직면한다.

비대칭적 정보와 불확실성에 대한 관심은 인간 합리성의 한계에 대한 관심도 고조되는 현상을 수반했고 이 둘은 호환되는 문제였다. 후자의 관심은 불완전한 경쟁 시장을 미시 수준에서 구체적으로 자세히 분석하는 것으로 표출되었는데, 이런 시장에는 매몰 비용이 있고 '특수 인적 자본'을 투자한 소수의 상인이 존재한다. 올리버 윌리엄슨은 1975년 《시장과 위계》라는 저서에서, 각 당사자의 의무는 발생한 상황에 달려 있다고 명시하는 그 어떤 복잡한 조건부 계약이라도, 당사자들이 관련 발생 상황에 대한 지식에서 차이가 날 때는—이런 경우는 자주 발생하는데—난관에 봉착한다고 지적했다(Williamson 1975: 31-37). 이 때문에 윌리엄슨은, 행위자가 '교활'하게 자신의 이익을 추구하는 경향을 완화할 수 있는 조직의 장치를 탐색했다. 그래서 그를 비롯한 '신제도주의' 경제학자들은 일반적으로 조직적·제도적 해법을 강조하고 '신뢰'의 중요성을 경시하면서, 신뢰를 경제적으로 중요하지 않은 '비계산적인' 상황인 가족과 친밀한 개인적 관계에 주로 국한했다(특히 Williamson 1993 참조). 윌리엄슨은 여기서 암묵적으로 홉스적 가정을 하는데, 사람은 조직과 제도에 의해 제약되지 않으면 다른 사람을 속이고 배신한다고 예상하는 것이 정상적이라는 것이다. 그래서 '신뢰'는 이러한 제약이 없더라도 이런 일이 일어나지 않을 것이라는 믿음을 의미한다고 윌리엄슨은 해석하고, 이는 대부분의 경제적 거래와는 달리 친밀한 관계에서만 정당화될 수 있다고 생각한다.

하지만 많은 사회과학자는 사회생활과 경제생활에서 신뢰의 역할에 많이 초점을 맞춰왔는데, 이는 주로 순수한 도구적 합리성이 예견하는 것보다 사람들이 실제 생활에서는 더 기꺼이 그리고 훨씬 더 많이 협력하는 수많은 상황이 있기 때문이다. 실제 세계의 증거로 설득되지 않는 사람들조차도, 신뢰의 개념을 굳이 회피한다면 당혹스러운 결과를 낳을 수밖에 없는 '의사결정 딜레마' 실험에서는 깊은 인상을 받기도 한다.[1] 엘리너 오스트롬(Elinor Ostrom)이 지적했듯, 이런 결과에 대한 논의를 기술적이지만 광범위하게 고려할 때는, 홉스적 질문이 제대로 제기된다. 즉 "각 당사자가 집단과 개인에게 더 높은 보상을 줄 수 있는 행동을 선택하면 모든 당사자가 더 나은 상태로 될 수 있을 때, 개인들로 이루어진 공동체가 어떻게 단기적이고 쾌락주의적인 행동을 선택하려는 개인의 유혹을 상쇄하는 합의를 유지하는가? 다시 말하자면, 개인으로 이루어진 집단이 어떻게 신뢰를 획득하는가?"(Ostrom 2003: 19). 사회적 딜레마에 대한 많은 실험 문헌에서 쟁점은, 파레토 최적의 결과를 위해서는[2] 참가자들이 협력해 "부분게임 완전 평형해(subgame-perfect equilibrium solution)가 명시하는 것과는 다른 전략"(2003: 23)을 선택해야 한다는 것이다. 대부분의 관련 실험 연구에서는 예상한 영(0)의 수준보다 훨씬 높은 수준의 협력이 나타났다. 그리고 이런 수준은 실험이 계속되면 내려갈 때도 있지만, 직접 대면 의사소통으로 유인에 변화가 없더라도 이런 수준은 다시 상당히 올라간다. 오스트롬은 이것을 신뢰 구축과 연결한다(2003: 34). 나는 이런 실험 문헌 일부를 호혜성의 규범과 관련해 2장에서 검토했다.

그렇다면 '신뢰'는 무슨 의미인가? 신뢰에 대한 방대한 문헌에서는 명시적이고 묵시적인 이견이 많지만, 이 주제에 대해 대부분의 학자는, 당신과 상호작용할 수도 있는 사람이 당신에게 해를 끼칠 수 있는 위치에 있음에도 그렇게 하지 않을 것이라는 믿음이 신뢰라고 폭넓게 동의한다. '신뢰하는 사람(trustor)' 측에서의 그러한 믿음은 '신뢰하는 행동'을 낳을 수 있고, 이는 '신뢰받는 사람(trustee)'(나는 이후 신뢰받는 사람을 언급할 때 이 단어를 사용할 것이다)이 신뢰할 만한 방식으로 행동할 것이라는 가정에 근거를 둔다. 따라서 신뢰하는 사람은 신뢰하는 믿음과 행동 때문에 자신을 일정 부분 위험에 노출시키게 되고, 이러한 위험의 존재는 거의 모든 정의에서 핵심 요소인데(Gambetta 1988: 219와 비교), 그중 다음 세 가지가 가장 전형적이다. (1) 조직에서의 신뢰에 대한 문헌에서 폭넓게 인용하는 정의에 의하면, 신뢰는 "다른 사람의 의도나 행동에 대한 긍정적 기대에 기초해 취약성을 받아들이려는 의도를 포함한 심리적 상태"다(Rousseau et al. 1998: 395). (2) 마거릿 포디(Margaret Foddy)와 도시오 야마기시(Toshio Yamagishi)는, 신뢰는 "불확실하고 위험한 상황에서 다른 사람들로부터 시혜적 호혜성을 기대하는 것"이라고 제안한다(Foddy and Yamagishi 2009: 17). 그리고 (3) 제임스 워커(James Walker)와 오스트롬도 비슷하게 신뢰를 "다른 사람들이 보답할 것이라는 기대로 다른 개인들과의 관계에서 약간의 위험을 감수하려는 의지"로 정의한다(Walker and Ostrom 2003: 382). 정의들이 한쪽으로 수렴하고는 있지만 측정에 대해서는 거의 합의점이 없다(예를 들면 McEvily and Tortorielllo 2011 참조).[3]

측정에 대한 합의점이 없는 이유 하나는 광범위한 정의가 서로 신뢰할 수 있는 다른 많은 **이유들**과 양립할 수 있기 때문이다. 그러나 대부분의 학자는 좁게 하나의 이유에만 초점을 맞추고, 이에 상응하는 하나의 측도로만 이어진다. 그러므로 경제에서 신뢰에 대한 체계적인 설명에 착수하려면 주요 이유들과 각 이유들의 함의 그리고 이유들이 어떻게 서로 연결돼 있는지에 대해 논의하는 것이 유용하다. 이 장의 주요 주제는, 자신들의 마음에 드는 이유에 근거하는 신뢰만 '신뢰'로 불러야 한다는 많은 학자의 주장에 저항하는 것이다.

3.2 신뢰의 원천

1. 타인의 이익에 대한 지식과 계산에 바탕을 둔 신뢰(합리적 선택 설명). 아마도 신뢰와 신뢰할 수 있는 행위에 대한 가장 단순한 주장은, 잠재적으로 신뢰하는 사람은 신뢰받는 사람의 이익이 자신을 신뢰할 수 있게 만드는지를 평가하고, 타인의 가능한 행동이 자신에게 주는 편익과 위험을 고려한 다음, 신뢰하는 방식으로 행동하는 것이 자신의 편익이 될 때만 그렇게 행동한다는 것이다. 이에 따라 제임스 콜먼(James Coleman)은, "손실 기회에 대한 [신뢰하는 행위에서 얻는] 이득 기회의 비율이 잠재적 이득의 총합에 대한 잠재적 손실의 총합 비율보다 더 크다면, 합리적 행위자는 타인에 대해 신뢰하는 행위로 임한다"(Coleman 1990: 99)는 기대효용 극대화 모형(expected utility maximization model)을 제시한다. 이것은, 신뢰받는 사람이 신뢰할 수 있는 방식으로 행동할 때 신뢰하는 사람이 얻는 기대 이득이 신뢰받는 사람이 배신할 때의 기대 손실보다 더 크다고 가정하는 것과 마찬가지라는 점에 유의할 필요가 있다.

우리가 신뢰를 사후에만 관찰할 수 있다면, 이러한 가정에는 명백한 순환 논리의 위험이 있다. 이를 피하기 위해서는, 개인들이 이러한 종류의 계산을 할 수 있고—이는 인지 능력과 정보 획득의 문제를 포함한다—또한 타인이 할 수 있는 행위에서 나온 이득과 손실이 명확하게 계량화될 수 있다고 가정할 필요가 있다. 그러나 이 모든 조건이 충족되지 않을 때가 많지만, 충족될 때라도 신뢰하는 사람의 비용과 편익의 평가와 배신 가능성은, **타인**의 행위가 합리적 선택에 근거한다고 가정할 필요가 없다. 예를 들어 만약 집단의 성원 자격, 규범적 신념, 감정적 애착 또는 기타 비합리적 원인 때문에 친구가 배신하지 않을 것을 안다면, 그때는 이 신뢰 결정에 연루된 두 행위자 중 한 명만 사실상 합리적 행위자인 것이다. 그렇다면 이것이 신뢰의 '합리적 선택' 이론이라는 그 어떤 주장도 문제가 된다.

　당신에 대한 타인의 애착 때문에 타인을 신뢰하는 것은 합리적 선택을 초월하는 것처럼 보일 수 있지만, 러셀 하딘은 신뢰를 설명하면서 이러한 주장을 곧바로 합리적 선택의 틀 안으로 원상 복귀하려 시도한다(Hardin 2001, 2002). 그러기 위해 하딘은, 신뢰 개념은 당신이 알고 있는 타인들에 주로 한정해야 한다고 주장한다. 그들이 당신과의 관계를 유지해야 이익이 있다는 것을 당신이 알고 있을 때, 그리고 그럴 때만 당신은 그들을 신뢰할 수 있기 때문이다. 그는 이것을 "감싸진 이익(encapsulated interest)"이라는 개념으로 표현했는데, 이 상황에서는 다른 사람의 이익이 당신의 이익을 포함한다(또는 '감싸고 있다'). 그는 다음과 같이 언급하면서 이 주장을 정당화한다.

　　신뢰받는 사람의 가능성 있는 이익에 근거한 합리적 기대보다 (신뢰가 사실상 언제나 **더 많이** 요구한다면) …… 그때는 신뢰를 설명하는 이론이나 심지어 신뢰를 여러 맥락에서 특징짓는 이론의 발전에서 아주 초기 단계에 있는 것이다. 하지만 신뢰하는 관계에서 많은 중요한 부분을 이익으로 설명하는 것이 대체로 정확하다면, 우리는 이미 신뢰 이론의 요소들을 가지고 있고 다만 주의 깊은 접합과 적용이 요구될 뿐이다. ……신뢰가 본질적으로 신뢰받는 사람의 이기심에 기대기보다는 더 많은 것을 필요로 한다는 것은 특별한 종류의 상호작용에 의존한다는 의미인데, 이런 상호작용은 흥미롭고 심지어 중요하겠지만, 그리고 그중 일부는 어린이가 부모에게 갖는 신뢰처럼 매우 중요하겠지만, 그렇다고 해도 사회 이론이나 사회생활에서 항상 매우 중요한 것은 아니다(Hardin 2002: 6-7: Williamson 1993과 비교).

이 설명은 간결성 주장에 기대지만 또한 희망적 사고의 요소도 보여준다. 자세히 검토해보면, 이른바 간결성을 모호하게 만드는 복잡성이 드러난다. 특히 관계를 지속하는 데 신뢰가 타인의 이익을 가정해 기초해 있다면, 능란한 행위자는 그런 이익의 성격에 대해 더 많이 알 필요가 있을 것이다. 이것은 하딘이 '풍부함'이라고 일컫지만 정의를 내리지 않는 어떤 차원을 따라 변하는데, 말하자면

> 최소한 당신은 우리 관계가 당신에게 경제적으로 이롭기 때문에 지속되기를 바랄 수 있다. ……더 많은 경우 당신은 비물질적 이유를 비롯해 많은 이유로 관계를 중시하기 때문에 우리 관계를 지속하고, 당신이 나의 신뢰를 충족하지 못해 관계가 손상되지 않기를 바랄 수 있다. 예를 들면 당신은 나와 다양한 일을 하기를 즐길 수 있고 또는 당신은 나의 우정이나 사랑을 중시할지도 모른다. 그리고 나의 우정이나 사랑을 지키려는 당신의 욕구는 나의 신뢰에 주의를 기울이도록 당신을 동기화할 것이다(Hardin 2002: 4).

내가 앞의 1장에서 목표(여기서는 관계 유지)가 다른 목적의 수단으로 추구되는지 아니면 그 자체를 위해서만 추구되는지를 언급하면서 논의했듯, 이런 차원은 도구적 차원에서 완료적 차원까지 걸쳐 있다. 따라서 **어떤 경우인가가 신뢰에 대한 토론에서 큰 차이를 만든다**. 왜냐하면 다른 사람을 신뢰할지 결정할 때, (전적으로 완료적인 경우처럼) 다른 사람이 **무조건** 신뢰할 수 있는 사람일지, 아니면 (전적으로 도구적인 경우처럼) 그에게 주어진

신뢰를 배신할 미묘하고 감지할 수 없는 방법을 어쩌면 찾을 수도 있을지를 사람들은 알고 싶어 할 것이기 때문이다. 후자의 경우라면, 사람의 마음과 복잡한 경제 제도는 신뢰를 벗어날 많은 기회를 제공하므로, 신뢰는 확실히 잘 지켜져야 한다.

문제는, 전적으로 완료적인 경우에만 타인의 이익이 당신의 이익을 **진정으로** 감싼다는 것이다. 하딘이 '감싸기(encapsulation)'를 정의한 방식에 따르자면, 이 경우에는 신뢰받는 사람이 신뢰하는 사람의 이익에 **탐지할 수 없게라도** 해를 가한다면, 자신의 이익에도 해가 되기 때문에 신뢰받는 사람은 배신하지 않을 것이다. 그러나 하딘이 논의한 많은 경우에서 신뢰받는 사람은 지속적인 관계에서 기인하는 **편익**, 즉 돈·위신·지위·명성·자원·접촉 등 때문에 지속적인 관계를 원하는데, 여기에 진정한 감싸기는 없다. 그리고 사실상 합리적인 타인은 신뢰하는 사람에게 손해를 끼치는지와 상관없이 발각되지 않기만 한다면, 그리고 신뢰받는 사람에게 혜택을 주는 신뢰하는 사람의 능력이 줄어들지 않는다면, 관계에서 혜택을 최대한 건져내려 할 것이다.

그러므로 타인을 신뢰할지 결정할 때, 타인이 관계의 지속을 추구하는 목적이 사랑이나 친밀한 우정처럼 그 자체를 위해서인지 아니면 관계 외에 얻을 수 있는 무엇을 위해서인지 평가해야 한다. 도구성이 이익의 진정한 감싸기를 막는 후자의 경우에는 적절하게 신중해야 한다. 실제 생활에서 이런 이념형은 구별해내기 힘들고 대체로 동기는 혼합돼 있기 때문에, 합리적 선택 설명은 모호해진다. 얼마나 많이 신뢰할지에 대한 결정은, 동기의 손익계산을 알 수 있을 만큼 그리고 그것이 다른 사람의 행동에 어떻게 영향을 주는지 알 수 있을 만큼 충분히 관계를 이해하는 데 달려 있을 것이다.

이익의 진정한 감싸기가 사랑이나 깊은 우정에 기인할 때, 이것을 일부 합리적 선택 모델을 승인하는 것으로 해석하면 분명한 역설이 된다. 이런 모델은 궁극적으로 보면, 가장 이해되지 않고 가장 미묘한 인간의 감정과 열정에 기초하기 때문이다. 우리가 '이익'의 관점에서 이런 상황을 제대로 이해하기를 원하는지는 부분적으로 그것이 의미하는 바에 달려 있다. '이익' 개념이 충분히 넓다면 다루기가 한결 편할 것이다. 예를 들면 스웨드버그는 '이익'을 "개인의 행동을 근본적인 수준에서 추동하는" 어떤 것으로 정의한다(Swedberg 2003: 293-295). 이 개념에서 '이익'은 '동기'와 등가물로 보인다. 그리고 '합리적 선택'이 이렇게 정의된 '이익'에 일치하는 행동을 의미한다면, 전적으로 동기화된 행동은 정의상 합리적 선택이다. 한편 하딘은 '이익'을 더 좁게 해석해 다음과 같이 언급한다. 이익은 전형적으로 "한 사람의 동기의 전체 이야기"는 아니다. "돈처럼 더 많은 자원이 다양한 것을 소비하고 경험하게 해줄 수 있다는 이유만으로도 더 많은 자원을 가지려는 이익"을 가질 수 있기 때문이다. "전체 이야기는 자원의 사용으로 잘 사는 이야기다. 이익은 단지 이런 전체 이야기의 대체물일 뿐이다"(Hardin 2002: 23). 그러나 이런 제유법은 잘못된 방향으로 이끈다. 왜냐하면 '이익'을 넘어서는 이런 이야기는 또 다른 이론적 주장을 필요로 하기 때문이다.

2. **개인적 관계에 바탕을 둔 신뢰**. 하딘의 '감싸진 이익' 주장은, 신뢰가 다른 사람에 대한 개인적 관계에 기초하고 그러한 신뢰를 이익과 합리적 선택의 문제와 일치시키려 한다는 점에서 특수한 경우다. 신뢰와 개인적 관계에 대해 다른 주장을 하는 린 주커(Lynne Zucker)는 산업사회가 신뢰의 기반을 개인적인 것에서 제도적인 것으로 점차 이동시켰다고 밝힌다. 주커는 초기에(미국에서는 19세기 말 이전에 발생한 것으로 그녀

는 인정한다) 신뢰의 개인적 원천이 "과정에 기초한" 것으로 보는데, 이는 신뢰가 "명성이나 선물 교환처럼 과거와 연결돼 있거나 교환을 기대한다"(Zucker 1986: 60)는 의미다. 따라서 이런 종류의 신뢰에서 만족스러운 교환을 하기 위해서는 잠재적으로 신뢰받는 사람과 이전에 교환한 적이 있거나 적어도 그 사람이나 기업의 평판을 알고 있어야 한다. 그렇다면 전통시장 같은 물리적 시장이 특별한 구매자와 판매자 사이에, 인류학자 클리퍼드 기어츠가 "단골화(clientelization)"라고 언급한 종류의 안정적 관계를 가끔 산출해내는 방식을 생각해볼 수도 있다(Geertz 1978). 구입하기 전에는 상품의 질을 평가하기가 매우 어려운 상황에서 교환 당사자들은 서로 신뢰를 구축해왔기 때문이다. 인류학자들과 사회 교환 이론가들이 종종 언급해왔던 것처럼, 잠재적인 교환 상대자들은 적당히 주고받으면서 상대방의 신뢰도를 검토하기 위해 대체로 사소한 교환에서 더 주요한 교환으로 점차 단계를 밟아 올라간다(예를 들면 Blau 1964: 94 이하 참조).

이런 교환에 기초한 신뢰와 '감싸진 이익'에 기초한 신뢰가 합리적 선택 주장과 양립할 수 있다 해도, 이런 주장은 신뢰가 개인적 관계에 달려 있다는 제안에 필요조건도 충분조건도 아니다. 도구적 동기에 기초하든 완료 동기에 기초하든, 신뢰할 수 있는 행동이 정상적 관계의 한 부분일 수 있다는 점은 관계적 배태성의 전형적인 직접 효과 하나를 반영하는 것이고(1장 참조), 같은 상대방과 반복적으로 거래하려는 많은 경제 행위자들의 광범위한 선호를 설명할 수 있다. 그러한 상대방에 대한 정보는 싸고 아주 자세하고 대체로 정확하다. 그러나 타인의 동기를 도구적인 것과 완료적인 것으로 저울질하는 것은 항상 쉬운 일이 아니다. 그리고 개인적 관계에서 나온 신뢰는 그 존재 자체로 부정행위의 기회를 높이기 때문에 우리는 단순한 기능주의를 피하도록 주의해야 한다. 개인적 관계에서는 〈당신은 사랑하는 사람을 항상 아프게 해(You Always Hurt the One You Love)〉[4]라는 옛날 노래가 떠오르는데, 이것이 가능한 이유는 당신을 사랑하는 사람은 모르는 사람보다 훨씬 더 상처받기 쉽기 때문이다. 죄수의 딜레마에서 공모자가 확실히 범죄를 부인할 것임을 알면 자백으로 이득을 보는 동기는 더더욱 합리적이다. 그리고 이런 딜레마를 폐기하는 개인적 관계는 속임을 당하는 측이 상상하는 것보다 끈끈하거나 대칭적이지 않을 것이다. 사회생활에서 이런 기본적인 사실은 때로는 오랫동안 친밀한 개인적 관계인 체하는 '신용' 사기(confidence rackets)의 필수 요소다. 신뢰가 클수록 부정행위로 더 많이 얻을 수 있다. 이것이 드물게 발생한다는 사실은 단순한 합리적 선택을 초월할 수 있는 개인적 관계의 힘과 그 역량에 대한 일종의 찬사라 할 수 있다. 하지만 배신이 발생하기도 한다는 사실은 이러한 역량의 한계를 증명하는 것이다.

마찬가지로 미국 증권거래위원회의 1948~1972년 무작위 자료 표본에서 수전 샤피로(Susan Shapiro)는 "피해자와 범죄자의 이전 관계의 친밀도가 예상 밖이라는 것을 발견했다. 표본에서 피해자와 범죄자가 최소한 지인이었던 경우가 서로 몰랐던 경우보다 더 많다. ……이는 개인 간 거리의 단절, 실체 없는 거래, 은닉 기술, 중매인, 기록, 서류, 자료, 전산화 등이 피해자와 범죄자를 영구히 분리할 것으로 생각되는 전형적인 화이트칼라 범죄와 모순된다"(Shapiro 1984: 35). 따라서 개인들은 관계 뒤에 숨은 진정한 동기를 알아내기 위해 관계를 끊임없이 살펴야 할 이유가 있다. 이것이 어려운 이유 중 하나는, 영리한 속임수를 제외하면, 명백하게 도구적 목적으로 시작한 관계일지라도 관계를 유지하는 이유의 일부가 상호작용 그 자체의 가치가 되는, 내가 완료형이라고 부르는 것으로 포장된 관계로 발전할 수도 있기 때문이다.[5]

개인적 관계가 신뢰와 신뢰할 수 있는 행위를 낳을 때, 어떤 종류의 주장이 이런 결과를 가장 잘 설명할 수 있을지 물을 수 있다. 도구적인 경우 신뢰받는 사람이 신뢰할 수 있는 방식으로 행동함으로써 실제로는 자기 이익을 보호한다. 하지만 이 경우에는 가설상 신뢰받는 사람이 속일 유인이 있기 때문에 신뢰하는 사람 측에서는 조심성이 요구된다. 또한 내가 언급했듯, 관계가 그 자체로 존중받는 완료적인 경우 일반적인 합리적 선택 패러다임에는 잘 들어맞지 않는다. 그렇다면 무엇이 완료적인 경우를 추동하는가? 이 경우에 신뢰할 수 있는 행위는 다른 사람에 대한 사랑이나 다양한 애착을 낳는 감정에 의해 추동된다고 주장할 수 있다. 정동(affect)이 추동하는 행위는 베버가 말하는 사회적 행동의 네 가지 근본 형태(목적합리적 행동, 가치합리적 행동, 감정적 행동, 전통적 행동—옮긴이) 가운데 하나다(Weber 〔1921〕 1968: 24-25; Elster 1999와 비교).

신뢰와 개인적 연결이 어떻게 관련되는지에 대해 다르게 생각하는 방식은 자신이 누구인지, 어떤 종류의 사람이 되고 싶은지, 그리고 어떤 종류의 의무를 다른 사람과 집단에 대해 가지는지에 대한 개념 때문에 사람들이 특정한 방식으로 행동한다는 사고를 고려하는 것이다. 이런 주장은 보통 '정체성' 범주에 속한다. 정체성과 자아의 구성에 대한 철학적이고 사회학적인 주장의 핵심 요소는 이런 것들이 다른 사람과의 상호작용에서 발생한다는 것이다. 20세기 초에 찰스 쿨리(Charles Cooley)와 조지 허버트 미드(George Herbert Mead) 같은 고전적인 인물들이 논증했듯, 다른 사람들이 우리를 어떻게 생각하는지, 어떻게 바라

보는지 알지 못하는 한 우리가 누구인지, 우리의 특성이 어떤지 판단할 방법이 없다(Blumer 1969와 비교). 이것을 연장하면, 우리가 다른 사람들과 갖는 특수한 관계와 그 내용은 우리의 정체성과 자아 개념의 구성 요소라고 말하는 것이 자연스럽다. 다른 사람들과 긴밀한 관계에 있는 개인들은 서로에 대한 행위에 명백한 기대를 품게 되고, 관계가 진지하고 오래 지속하는 한, 이런 기대는 각 측에서 자아의식의 일부가 된다. 따라서 예를 들면 나는 당신을 공정하게 대할 수 있는데, 이는 내 이익이 있거나 당신의 이익을 내 이익에 동화시켰기 때문만은 아니고, 우리가 오랫동안 아주 가까워서 서로의 이익을 **기대하기** 때문이다. 그래서 당신을 속인다면 당신이 알아차리지 못하더라도 나는 굴욕감을 느끼거나 고민하게 될 것이다. 이는 내가 스스로에 대해 생각하는 바와 양립하지 않을 것이기 때문이다. 사랑하는 사람을 죽음으로 인해, 관계가 끝나서, 그리고 아마 최악의 경우 예상치 못한 배신으로 잃었을 때 한동안 방황하면서 자신의 일부를 잃은 듯한 심각한 위기의식은 이것으로 설명할 수 있다.

이런 방식으로 생각하는 것은, 내가 당신의 이익을 내 이익으로 감싸기 때문에─그것이 물론 진실이라고 할지라도─내가 신뢰할 만한 사람이라고 말하는 것과는 다르다. 그래서 당신의 개인적 정체성과 일치하는 방식으로 행동하는 것은 당신 자신이 초래한 행동이지, 당신의 이익과 다른 사람의 이익 간의 관계에서 초래된 행동이 아니다. 또한 이것은 행동에 도덕적 규범이 포함돼 있을지라도 도덕적 규범에 따른 행동과도 다르다. 이것은 당신이 되려고 작정했거나 되기를 원하는 사람, 또는 그런 종류의 사람을 반영하는 방식으로 행동하는 것에 더 가깝다.

3. 집단과 연결망의 성원권에 바탕을 둔 신뢰. 신뢰와 신뢰성이 어떻게

개인적 관계에서 영향받는가에 대한 논의는 주로 미시적 수준이고, 내가 이미 제시했듯 그런 논의는 관계적 배태성 개념에 의존한다. 그러나 짝지은 관계는 더 복잡한 사회적 관계의 구조에 둥지를 틀고 있고, 이 것은 내가 1장에서 말한 '구조적 배태성'에 해당한다. 양자(dyad)를 넘어선 사회 구조와 연관된 가장 단순한 주장은, '집단성'을 어떻게 정의하든 신뢰는 자신들을 동일한 집단의 구성원으로 간주하는 사람들 사이에 있을 가능성이 더 많다는 것이다.

캐런 쿡, 마거릿 레비(Margaret Levi), 러셀 하딘이 러셀 세이지 재단의 지원으로 주관한 신뢰 연구에서는 "종족이나 인종 또는 다른 표식이 특정한 종류의 신뢰 관계를 촉진하지만 다른 종류의 신뢰 관계를 저해하고 촉진하지 않는 상황"에 주요 강조점이 주어졌다(Cook, Levi and Hardin 2009: 2). 포디와 야마기시는 전에는 몰랐던 사람들이 어떻게 서로 신뢰할 수 있는지 이해하는 데는 공유하는 집단 성원권이 특히 결정적이라고 지적한다. 그들은 집단의 동료 구성원을 신뢰하는 이유로 두 가지 가능성을 제시한다. (1) 자신이 속한 집단의 구성원들이 더 관대하고 신뢰할 수 있고 공정하다고 생각하는 고정관념에 기초한 신뢰, (2) 내집단 구성원들끼리 서로 이타적 행위를 기대하는 "집단 휴리스틱 가설(group heuristic hypothesis)"이 그것이다(Foddy and Yamagishi 2009: 19). 그들의 실험에 따르면 두 번째 기제가 결정적이다. 다른 실험 연구도 인종이나 국적이 같지만 모르는 사람들이 서로 더 잘 신뢰할 수 있다고 확인해준다(예를 들면 Glaeser et al. 2000: 814). 그러나 이 실험 결과는 왜 그렇게 되는지에 대한 주장을 제시하는 것은 아니다. 주베날 하뱌리마나(Juvénal Habyarimana: 후투족 출신으로 1973년 쿠데타로 집권한 후 1994년 비행기 추락으로 사망할 때까지 르완다 대통령을 지낸 독재자—옮긴이) 등에 관한 독재자 실험(Cook et al. 2009)은 내집단 효과가 내집단의 호혜성 규범에서 나온다고 지적한다. 워커와 오스트롬은 "집단의 다른 구성원들에게 손해를 끼치면서 이기적인 행위를 하는 사람들에게 제재를 가하는"(Walker and Ostrom 2009: 105) 많은 증거와, 더 나아가 "공정과 호혜성" 규범이 "전적으로 전략적으로만 대응하는 것을 넘어서 집단 구성원들의 기대치를 만들어내는 것으로 보이는" 많은 증거를 제시한다(2009: 107).

신뢰하고 신뢰할 만한 행동의 원인들을 내가 각각 구분해서 쓰고 있지만, 다른 사람을 신뢰할지 결정해야 하는 가장 현실적인 상황에는 하나 이상의 원인이 수반되므로 이런 구분은 인위적이라는 점에 유의할 필요가 있다. 이런 특수한 경우 공동의 집단 성원권이 신뢰에 미치는 영향의 일부는 집단의 구성원들이 서로 무엇을 빚지고 있는지에 대해 공동으로 보유한 규범에서 나온다. 신뢰에 대해 가장 심각하게 오도하는 주장은 신뢰를 자신이 선호하는 단 하나의 요인으로 한정해 설명하려는 학자들의 시도에서 생기고, 이런 설명은 대체로 단순하고 재생 불가능한 결론으로 이어진다.

주커는 "특성에 기초한 신뢰"를 언급하는데, 이는 귀속적이어서 투자나 구매 대상이 될 수 없는 가족이나 종족과 같은 특성(Zucker 1986: 60)에 의존한다. 이것은 미국에서 경제 발전과 함께 더욱 결정적으로 중요해졌다고 주커는 제시한다. 왜냐하면 노동력은 문화적으로 더욱 이질적으로 되어 모르는 사람들과도 상호작용해야 하지만, 소수민족 거주지에서처럼 자신과 유사한 특성을 가진 사람들은 최소한 만족스러운 결과를 제공할 것이라고 가정할 수 있기 때문이다. 이 연구가 규범이 아니라 집단의 동료 구성원과의 문화적 친숙함에 기초하는 이유에 대해 주커는 다음과 같이 의견을 밝힌다. "많은 배경 지식을 공유할 것이고, 이는 교환 조건에 대한 협상을 순조롭게 하거나 협상을 없애 교환 결과가 양측 모두에게 만족스러울 가능성을 높인다"(1986: 61). 포괄적으로 말하자면, 이것은 공유된 '문화'에 대한 주장이다.

공동의 집단 성원권이 어떻게 신뢰를 낳는지에 대해 합리적 선택이나 규범 또는 문화와는 다른 또 하나의 주장은 '사회 정체성' 이론이 제시한다. 톰 타일러(Tom Tyler)에 따르면, 사회 교환 이론은 "사람들이 타인에게서 자원을 원하고 자원을 교환하기 위해 조직 생활에 참여하면서 자신의 이득은 최대화하고 손실은 최소화하려는 욕구로 동기화된다는 가정에 기초한다. 그렇게 하기 위해서는 타인들이 자신의 행동에 어떻게 반응할 것인지 평가할 필요가 있다"(Tyler 2001: 287). 타일러는 이것이 때로는 맞다 해도 "신뢰에 대한 심리학의 완벽한 모델은 아니라고" 주장한다. 왜냐하면 사람들은 "타인의 행동으로 인해 예상되는 개인적 이득이나 손실의 계산과는 구별되는" 집단에 대한 의무감 또한 가질 수 있기 때문이다. 타일러는 "자신이 속한 집단과의 동일시로 공유자산을 없애는 비협력적 행동에 참여하려는 성향이 줄어드는" 실험 증거를 인용한다. 그리고 이것은 미래의 호혜성에 대한 기대나 현재의 보상이나 처벌 또는 평판 등의 결과가 없더라도 그렇다. 대신에 사람들은 "집단 및 그 집단의 가치와 동일시함으로써 발전하는 집단에 의무감을 느낀다. 이런 동일시가 만들어낸 사람들의 행동은 타인의 행동에 대한 기대에 기초하는 것과는 구별되는 협력을 이끌어낸다"(2001: 288). 타일러는 이를 "사회적 신뢰"라 부르고, 사람들이 사회적으로 연결된 집단에서 그들의 신뢰 판단은 "정체성의 관심과는 더욱 강력하게 결부되지만 자원 교환과는 덜 강력하게 결부된다"(2001: 289)고 지적한다.

이런 다양한 설명은 주로 공동의 집단 성원권이 신뢰와 신뢰할 만한 행동을 낳는다고 밝힌다. 제도주의 경제학자들도 비슷한 주장을 해 왔다. 그래서 예를 들면 요람 벤포랏(Yoram Ben-Porath)은 귀중품 교환에서 신뢰의 중요성을 논의하며 다음과 같이 언급했다. "관계가 지속되면, 약삭빠르거나 이기적이거나 심지어 비양심적인 개인들 측에서 보면 어리석거나 완전히 이타적이라고 해석될 수 있는 행동이 발생할 수 있다. 다이아몬드 거래소에서 값비싼 다이아몬드가 남의 손으로 넘어가는데, 악수로 거래를 확정한다"(Ben-Porath 1980: 6). 그가 강조하는 것은 주로 거래인들의 개인적 관계다. 그러나 그런 거래가 가능한 이유는 다른 거래들에서 분리돼 원자화되지 않고 다이아몬드 상인들의 친밀한 공동체에서 배태돼 있기 때문임이 분명하다. 그 공동체에서 상인들은 서로의 행동을 밀착 감시하고, 부정행위 사례에 대한 빠른 정보 확산으로 쉽게 규제할 수 있는 명확한 행동 기준을 만들어낸다. 이런 수준의 신뢰가 제시하는 유혹은 상당하다. 하지만 **분리된** 응집력 있는 집단의 등장은 신뢰와 정체성, 도덕적 행동의 범위를 제한할 수도 있다.[6]

합법적인 사업은 물론 사기도 광범위한 확산을 염두에 두고 기존의 회원 연결망을 활용하려고 시도한다. 그러지 않고 비개인적인 통로로 시도한다면 확산은 더 어려울 것이기 때문이다. 주가 사기 조사에 대한 연구에서 샤피로는, 내가 앞서 언급했듯 피해자와 가해자가 대체로 서로 아는 사이임을 발견했다. 그러나 사기는 일반적으로 양자만의 문제가 아니라 구조적으로 배태돼 있었다. "위법 행위로 피해를 본 인구 집단에는 단체 회원들이나 다양한 일부 사회 연결망이 포함돼 있다. 피해자 표본을 살펴보면, 특정 교회나 종족 단체의 구성원들, 여러 군사 기지의 장교들, 정치 단체나 사회 단체 또는 여가 단체 회원들, 직업 운동선수들, 교과서 편집자와 사회과학 교수들의 연결망, 투자 단체의 회원들 그리고 정치적 보수주의자들의 연결망 등으로 구성된 피해자 사례들이 표본에 포함돼 있다"(Shapiro 1984: 36). 이러한 연결망의 일부는, 사기를 알고 있으면서도 다른 사람들이 투자하도록 설득하는 열성적인 투자자들인 "신인 발굴자들(bird dogs)"에 의해 사기에 말려든다. 음모가 사기임을 잘 모르는 유명인과 공동체 지도자들을 활용하는 것은 다른 사람들을 참여하게 만드는 유인술로 공통된 현상이다(1984: 36-37). 그래서 실제로 2008년에 밝혀진 버나드 매도프(Bernard Madoff)의 거대 폰지 사기(Ponzi scheme: 피해액만 650억 달러에 달한 다단계 금융 사기—옮긴이)는 신뢰 연결망, 특히 유대인 공동체의 부자 구성원들 사이의 신뢰 연결망에 거의 전적으로 의존해 투자자들을 모았다.

4. **신뢰의 제도적 원천.** 신뢰에 대한 문헌에서 공통 주제는 기만이나 배신을 어렵게 만드는 제도적 장치 때문에 타인을 신뢰하는 경우가 있다는 것이다. 사람들이 이러한 상황에서 위험에 처하는 주요 이유 중 하나는 거래할 수도 있는 타인이 이방인이거나 최소한 잘 모르는 사람이라는 것이다. 물론 '신뢰'라는 용어를 서로 잘 아는 사람들에게만 한정하기를 원하는 이론가들이 있는데, 예를 들면 신뢰가 '감싸진 이익'에 달려 있다고 간주하는 하딘이 그렇다. 다음 절에서 나는 '신뢰' 개념의 가장 합리적인 범위를 논의하면서 이런 주장은 물론 이 용어를 좁게 적용하는 다른 주장들도 거부할 것이다.

신뢰의 제도적 원천이 중요하다는 주장은 때로는 진화적 가정을 하는데, 신뢰는 원래 개인적이고 작은 규모에 해당하지만 사회가 점차 성장하고 복잡해지고 분화하면서 경제에서의 모든 신뢰가 그런 식으로 파생하기는 불가능해졌다. 그래서 사회가 경제적 성공을 이루려면, 아주 소규모의 사회적 상황일 때보다는 잘 모르는 사람들과의 관계에서 위험을 감수할 수 있게 하는 제도적 지원을 발전시킬 것이다. 예를 들면 쿡과 레비, 하딘은 제임스 매디슨(James Madison)과 데이비드 흄까지 거슬러올라가, 협력과 신뢰가 가능하려면 정부와 같은 제도가 중요하다고 그들이 주장했음을 지적한다. 만일 국가가 믿을 수 있고 중립적이라면, "개인들이 서로 알아가면서 비교적 적은 위험으로 관계를 시작할 수 있게 허용함으로써, 그리고 신뢰가 실패했을 때를 대비해 보험을 제공함으로써"(Cook, Levi and Hardin 2009: 4) 국가는 신뢰성을 촉진한다.

사회가 경제적으로 발전하면서 개인적 관계와 교환 이력에 기초한 신뢰나 집단 구성원에 기초한 신뢰가 부족해졌고, 기탁계정이나 신용등급 같은 제도가 허술한 부분을 채우게 되었다고 주커는 지적한다 (Zucker 1986: 64-65; 또한 미국에서 신용등급의 역사에 대해서는 Carruthers 2013 참조. 그러나 2008년 금융 붕괴는 신뢰의 원천으로서 신용등급의 심각한 한계를 보여준다. Lewis 2010과 비교). 주커는 1840~1920년 시기에 제도에 기초한 신뢰가 미국에서 우세해졌다고 주장하지만, 이를 증명하기 위해 서로 다른 종류의 신뢰를 어떻게 측정할지에 대해서는 실질적으로 아무런 제안도 하지 않는다. 쟁의에서 어느 정도 공평하게 평결을 내리는 잘 발달한 법적 체계가 있으면, 거래 당사자들이 조건에 대한 합의에 이르지 못할 수도 있는 상황에서 위험을 감수할 수 있다는 것이 공통된 주장이다. 당사자들이 공식적 제도를 활용하지 않고도 합의에 이르는 상황에서조차 공식적 제도의 존재는 합의를 실행할 수 없게 만들 수도 있는 불신을 극복하는 배경이 되어줄 수 있다. 자주 인용되는 사례는 로버트 누킨(Robert Mnookin)과 루이스 콘하우저(Lewis Kornhauser)의 연구다. 이혼 조건에 대한 사적 협상은 "법의 비호하에 타협"에 이르는데, 약속에 대한 법적 보장이 없다면 "강제력 있는 약속을 못해 쟁의가 타결되지 못할 수 있기" 때문이다(Mnookin and Kornhauser 1979: 957).

신뢰의 아주 많은 제도적 원천은 일상생활에서 익숙하기 때문에 이 점을 밝히기 위해 이 원천의 목록을 나열할 필요는 없다. 그러나 그 중요성을 인정한다고 해서, 이러한 원천이 초기나 저발전 사회에서 신뢰를 보장했던 기제를 어떻게 '대신하는'지에 대한 진화론적 주장을 받아들일 필요는 없다. 이 주장은 뒤에서 더 자세히 다루겠다.

5. 규범에 바탕을 둔 신뢰. 누군가가 신뢰할 만한 행동을 규정하는 규범에 충실하기 때문에 그를 신뢰할 만하다고 생각하는 것은 아주 명료하다. 이러한 신뢰의 범위는 규범의 성격에 달려 있다. 호혜성의 규범이라면 당신이 친절을 베푼 타인을 신뢰할 것이다. 규범이 집단의 성원권에 기초한 호혜성을 규정한다면, 당신의 집단에 속한 타인들을 신뢰할 것이다. 일반적으로 신뢰할 만한 방식으로 행동해야 한다는 것이 규범이라면, 신뢰를 그저 호혜적이기만 한 상황 너머로 확장하는 것이 정당화될 수도 있다. 규범의 중요성에 대한 주장이 사회학적으로 보인다는 점을 고려하면, 신뢰에 대해 이런 주장을 제시하는 대부분의 저자가 경제학자라는 점은 신기하다. 이런 주장은 크게 두 가지 흐름으로 나뉜다. 하나는 (1장에서 다룬 것처럼) 문화주의인데, '규범'을 개인에 관련된 것이 아니라 규범을 정하고 강제하고 구현하는 공동체에 관련된 것으로 간주한다. 이런 사고는 대부분의 문화주의 시각처럼 경제학에서 일반적인 방법론적 개인주의와 잘 맞아떨어지지 않는다. 이런 시각을 취하는 경제학자들은 대체로 세계가치관조사(World Values Survey, WVS: http://www.worldvaluessurvey.org/ 참조)에서 실시한 하나의 질문 자료를 인용한다. 여기서 "일반적으로 사람들을 믿을 수 있다고 생각합니까?

아니면 인간관계에서 조심해야 한다고 생각합니까?"라는 질문에 응답자는 "대부분 믿을 수 있다"와 "조심해야 한다" 두 가지 응답 중 하나를 골라야 한다. 나라에 따라 신뢰 수준은 아주 다른데, 스칸디나비아에서 가장 높고 라틴아메리카에서 가장 낮다. (예를 들면 http://www.jdsurvey. net/jds/jdsurveyMaps.jsp?Idioma=I&SeccionTexto=0404&NOID=104 참조)

표준 경제학은 선호가 어디에서 유래하는지에 대해 무관심하지만—예를 들면 효용함수를 탐색해야 할 종속변수가 아니라 주어진 것으로 취급한다—신뢰를 연구하는 경제학자들은, 신뢰의 존재가 규범의 한 요소이자, 한 국가나 종교의 '문화' 또는 종족·종교 집단 혹은 다른 사회 집단의 '문화'라고 제시한다. 그리고 이런 문화의 개입이 차이를 설명해준다고 말한다. 그들(예를 들면 LaPorta et al. 1997; Guiso, Sapienza and Zingales 2006)은 프랜시스 후쿠야마(Francis Fukuyama 1995)나 로버트 퍼트넘(Robert Putnam 1993)처럼 이런 견해를 정교하게 다듬은 비경제학자들의 연구를 기꺼이 인용한다. 후쿠야마와 퍼트넘은 신뢰를 '사회적 자본'에서 도출되는 것으로 인식하며, 이어 에드워드 글레이저(Edward Glaeser) 같은 일부 경제학자는 신뢰를 사회적 자본의 **측도**로 간주한다 (Glaeser et al. 2000). 그러나 이런 견해는 또한 타인을 신뢰할 수 있다는 믿음이 어떻게 발생하는지 그리고 그것이 신뢰할 만한 행동을 낳는 다른 규범들과 어떻게 연결되는지에 대해 질문의 여지를 남겨둔다. (우리는 사람들을 언제 그리고 왜 신뢰할 수 있는지보다 신뢰하는 행동에 대해 더 많이 안다. 그 이유의 일부는, 가치조사가 신뢰에 대해서는 묻지만, 응답자들이 타인을 속이거나 기만하는 것이 타당하다고 생각하는지 또 언제 그런지에 대해서는 좀처럼 묻지 않기 때문이다. 타인을 속이거나 기만하는 행위가 타당하다고 인정할 사람은 분명 거의 없다.)

경제학자들은 사람들이 어떻게 신뢰할 만하게 되었는지의 문제를,

신뢰할 만한 협력적 행동 또는 신뢰할 만하지 못한 행동을 아이에게 물려주는 것을 가족이나 집단이 내린 **결정**으로 파악하는 주장과 관련된 흐름으로, 즉 그러한 규범이 어떻게 발생하는지의 쟁점으로 접근한다. 그 모든 주장은 이점을 얻으려고 내면화된 규범이 합리적으로 선택된다고 주장하면서 2장에서 언급한 난관에 봉착한다. 그래서 예를 들면 필리프 아기옹(Philippe Aghion) 등은 신뢰를 "시민성에 대해 가족이 내린 결정에서 도출된 믿음"(Aghion et al. 2010: 1015)으로 정의한다. 이 설명에서 가족에겐 두 가지 선택지가 있다. 가족은 아이들을 "시민"으로서— "관용과 상호존중, 자립을 배워"—어떻게 행동할지 아니면 "가족 밖에서 비시민적으로 어떻게 행동할지" 가르칠 수 있다(2010: 1023). 비시민적인 아이가 기업가로 성장하면 환경을 오염시키고, 조악하고 위험한 제품을 공급하고 다른 사람들을 속일 것이라고 예상할 수 있다. 모두가 시민이 되는 평형에 도달한 사회는 자연히 "고신뢰" 사회가 되고, 그렇지 않으면 저신뢰 사회가 된다(2010: 1027-1028). 루이지 귀소(Luigi Guiso) 등은 "시민 자본에의 투자"에 초점을 맞춰야 한다고 주장하는데, 여기서 투자란 "부모가 자식들에게 보다 협력적인 가치를 가르치는 데 쓰는 자원의 총량"이고, "시민 자본"은 **집단이 사회적으로 가치 있는 활동을 추구하면서 무임승차자 문제를 극복하는 데 도움이 되는 가치와 믿음**"이다 (Guiso et al. 2011: 423. 원문 강조). 따라서 "세대 간에 전달되는 우선 사항"이 있어서, "사회의 다른 구성원들을 신뢰할지 그리고 익명의 거래에 참여할지에 대한 각 개인의 결정에 영향을 준다"(2011: 424). 만약 이런 신뢰가 잘 구축돼 있지 않으면 개인은 큰 손실을 겪을 수 있다. 따라서 "아이들을 값비싼 실수로부터 보호하기 위해 부모는 아이들에게 보수적인 우선 사항을 전달하고" 이로써 "불신의 평형"에 이를 수 있다(2011:

425). 하지만 사람들은 "자신이 사는 공동체의 사회적 압력에 반응해 규범과 믿음을 적용하는데", 이는 규범이 얼마나 강력하게 유지되고 있느냐에 따라 달라진다. "만약 시민적 가치가 선호에 완전히 배태돼 있다면, 그 가치는 사회화로 수정되지 않을 것이다. 하지만 시민적 가치가 최소한 부분적으로라도 타인에게 순응하려는 욕구로 지탱된다면, 사회화는 변화를 이끌어낼 수 있다"(2011: 426).

3.3 신뢰의 정의와 그 개념의 범위 조건에 덧붙여

신뢰의 원인과 역동성에 대한 논의를 계속하기 전에 '신뢰' 개념을 사용할 때 그 범위 조건에 대한 몇 가지 쟁점을 살펴보면 유용할 것이다. 그 쟁점들은 원인에 대한 논의와 밀접한 관련이 있다. 신뢰를 연구하는 학자들은 그 용어를 특별한 상황에 한정해야 한다고 자주 주장한다. 여기서 나는 그러한 제한에 반대하고 신뢰 개념을 아주 넓게 해석해야 한다고 주장한다. 그럴 때 신뢰가 존재하고/하거나 관련된 상황의 차이점과, 이런 여러 상황에 결부된 신뢰와 신뢰할 만한 행동의 서로 다른 원인들이 드러날 것이다. 그렇게 되면 특정한 상황에 '정말로' 신뢰가 포함돼 있는지에 대한 무의미한 논쟁에서 벗어나, 경제 행위자들이 어떤 상황에서 실제로 서로 신뢰하는지를—예를 들면 타인들이 그 기회를 틈타 자신이나 자신의 이익을 해치지는 않으리라 가정한 채 자신을 그 타인들에게 취약하게 만드는 행동을—어떻게 이해할지와 같은 더욱 흥미롭고 복잡하고 결정적인 문제로 옮아간다.

공통된 주장은, 누구를 신뢰한다는 것은 잠재적으로 신뢰받는 사람의 신뢰성에 대해 신뢰하는 사람이 위험을 감수할 것을 요구하기 때문에, 그러한 위험이 없는 상황에는 '신뢰'라는 용어를 적용해서는 안 된다는 것이다. 이런 주장은 다양한 형태로 등장한다. 간결성에 호소하는 러셀 하딘은, 우리 이익을 해치지 않는 것이 타인의 이익이기도 하다면, 타인이 그렇게 하지 않을 것이라는 우리의 믿음을 '신뢰'라고 말해서는 안 된다고 주장한다. 왜냐하면 신뢰를 "신뢰받는 사람의 행위에 대한 유인의 일치나 합리적 기대에 지나지 않는 것"으로 정의한다면, 신뢰라는 용어는 "쓸모없어"질 것이고 "……이익이 일치한다는 어느 정도 단순한 가정에 덧붙일 것이 하나도 없을 것이기 때문이다" (Hardin 2002: 5). 이와 비슷하게 포디와 야마기시는 "타인의 이익이 우리 이익과 완전히 제휴돼 있을 때" 신뢰는 "필요 없다"고 주장하며, 그러한 상황을 "보증의 영역"으로 간주한다. 즉 타인이 우리에게 손해를 끼치면서 이득을 볼 때처럼 우리 이익이 제휴돼 있지 **않을** 때에만, 우리는 타인을 **신뢰할** 필요가 있다. 신뢰는 "불확실한, 확실하지 않은 관계"에서 가장 중요하다고 그들은 덧붙인다(Foddy and Yamagishi 2009: 17). 디에고 감베타(Diego Gambetta)와 헤더 해밀(Heather Hamill)은 택시 운전사에 대한 뛰어난 연구에서 "신뢰할 만하게 행동하는 것이 자신에게 이익이 된다면 사람들은 그렇게 행동할 것이라고 …… 예측하는 것으로는 충분치 않다. 이것은 신뢰 문제를 완전히 제거해버린다"고 지적한다 (Gambetta and Hamill 2005: 4). 심지어 헨리 패럴(Henry Farrell)의 더 광범위한 주장에 따르면, "타인이 협력할 것이라고 확신하는 **분명한** 이유가 있을 때, 그럴 때의 기대는 신뢰보다는 확신(confidence)으로 간주하는 편이 더 낫다"(Farrell 2009: 25). "미리 정해져 있고 충분히 예상되는 상황에서 타인이 정직하게 행동할 것을 알고 있을 때는", 예상치 못한 행동에 따른 그 어떤 실질적 위험도 없기 때문이다(2009: 26).

이 모든 의견에서 내가 이의를 제기하고 싶은 핵심 주장은, 우리가 신뢰할 만하다고 평가하는 타인의 행동이 **완벽하게 예측 가능해 불확실성이 없는** 상황이 있다는 것이다. 달리 표현하면 더 문제적으로 보이게 할 수도 있지만, 이것은 행위자에게 그 어떤 주체성도 없다는 말과 동일하다. 앞의 첫 두 인용문에서 확실성은 행위자의 이익을 아는 데서 나온다. 그러나 이것은 내가 1장에서 논의했던 종류의 귀무가설을 암묵적으로 가정하고 있다. 즉 타인의 행동은 우리가 그들의 이익에 맞춰 행동하는 것과 관련 있다고 우리가 **기본적으로** 기대해야 한다는 것이다. 이것이 동어반복이 아닌 한, 예를 들어 아마르티아 센이 1977년에 제시했듯 행위자가 선호에 반해, 즉 자신의 이익을 거슬러 행동할 수 있다면 불확실성이 있을 수 있고 그에 따라 **심지어 이익이 제휴되는 경우에 있어서도** 신뢰의 가능성이 있다. 센은 고문을 막거나 멈추게 하려고 행동하는 사람의 사례를 분석한다. 이 경우를 더 살펴보자. 내 보호하에 있는 수감자를 내가 고문할 때 묵인하는 것이 내 동료에게 최상의 이익이 될 수도 있는 경우, 이익에 의한 주장에 따르면, 그의 행동은 자동적이고 완전히 예상 가능하므로 그가 고문을 묵인하리라는 나의 기대는 '신뢰'라 부를 수 없다.

그러나 이것은 이익이 완벽하게 행동을 예측할 경우에만 그렇다. 하지만 센의 주장에 따르면, 도덕적 원칙에 대한 타인의 의지가 개입해 그의 침묵을 기대하는 나의 의심 없는 예상이 어긋날 수도 있다. 선호에 반하는 행동을 진지하게 받아들인다면, 문제는 유인의 손익계산이 어떤 작용을 하는지가 아니며 단순히 유인에 기초한 설명으로 환원될 수 없다. 만일 동료가 우선하는 규범적 원칙을 추구해 자신에게 고비용의 가능성이 있는데도 나의 고문을 보고할 기회가 있다면, 동료의 공모적 침묵에 대한 나의 기대는 실제로 신뢰의 문제가 될 수도 있다. 이런 상황이 생길 가능성을 온전히 취급하려면 내가 2장에서 다루었던 종류와 같은 규범의 역할을 살펴볼 필요가 있다. 요점은, 타인의 행동에 대한 기대를 '신뢰'로 간주할 수 있느냐는 타인의 이익에 달려 있을 **뿐만** 아니라, 타인이 나의 이익을 지지하거나 해치게 할 수 있는 **다른** 요인들에도 달려 있다는 것이다. 따라서 행위가 이익에 의해서만 추동된다는 가정은 일종의 암묵적 귀무가설인데, 이 귀무가설은 그럴듯할 때도 많지만, 결정적인 순간에는 내가 2장에서 '신성한 가치'를 논하며 언급했듯 극적으로 오도할 수 있다.

범법 행위의 폭로로 심각한 손해를 경험하는 '내부고발자'에 대한 빈번한 설명은 이기심을 극복하는 규범이나 정체성의 힘을 보여주는 예시가 될 수 있다. 이 문제에서 필요한 것은 일반적이거나 전형적인 경우가 아니라, 엔론(Enron)의 회계 부정 같은 유명한 사례처럼 심각한 결과를 낳을 수 있는 가능성이다. 나는 내부고발자들에게 주어지는 결과를 손익계산하는 체계적인 연구에 대해 알지 못한다. 그러나 정부 기관이 범법 행위를 알리는 사람들에게 상당한 보상을 제공한다는 사실에서 보면, 이런 보상이 없다면 고발자들에게 주어질 수 있는 결과가 손익계산상 손해로 추정할 수 있다고 본다.

더 일반적으로 보면, 타인을 신뢰하거나 불신하는 원인은 이익 외에도 많기 때문에 타인의 행위를 쉽고 완벽하게 예상할 수 있는 상황이 있다는 그 어떤 주장도 의심스러울 수밖에 없다. 이것은 신뢰에 대한 판단이 무작위적이라거나 타인의 신뢰할 만한 가능성에 대해 주어진 정보에 제대로 기초하고 있지 않다는 말이 아니며, 또한 그 결과 새로운 정보가 있어도 그런 가능성을 합리적으로 더 믿거나 덜 믿게 하지 않을 것이라는 말도 아니다. 정말 가장 중요한 연구 과제의 하나는 사람들이 어떻게 그런 판단을 내리며 그 판단이 어느 정도 정확한가를 더 잘 이해하는 것이어야 한다. 여기서 내가 제안하는 바는, 의심할 여지 없이 이해할 수 있는 요인들로 철저히 결정되어 행동한다고 간주하는 인간 행동에 대한 과잉사회화된 견해에는 신중할 필요가 있다는 것이다. 이런 견해는 실제 신뢰하는 행동을 구체적이고 정교하게 탐구해야 할 필요성을 위축시키기 때문이다.

'신뢰'를 언제 거론하는 것이 적절한가의 또 다른 측면은 사회 구조의 수준과 관련 있다. 타인의 예상되는 미래 행위를 어떻게 평가할지는 사회 구조 속에서 신뢰라는 용어로 잘 설명할 수 있다. 일부 이론가는 사람들이 서로 잘 아는 경우에만 신뢰를 거론하는 것이 적절하다고 제안하는 반면, 다른 이론가들은 그와 정반대, 즉 모르는 사람들을 어떻게 대하는가와 관련한 거의 모든 경우에 신뢰 개념이 유용하다고 말한다. 나는 두 견해 모두에 반대하며 '신뢰' 개념을 그런 식으로 제한하는데 반대한다.

앞서 언급했듯, 러셀 하딘은 타인의 이익이 우리 이익을 감쌀 때, 그래서 타인이 우리와의 관계를 지속해 이득을 볼 때 주로 우리는 그들을 신뢰할 수 있다고 했다. 이 주장에서 신뢰는 근본적으로 소규모의 개인 간 현상이어서 대규모 산업사회라는 거시 수준의 구조에서는 그 중요성이 크다고 할 수 없다. 쿡과 하딘, 레비는 이런 입장을 정교하게 다듬었다. 그들은 사회가 더욱 복잡해지면서 **"신뢰하는 관계의 실제 역할은 상대적으로 줄어들었고"**, 그래서 신뢰는 "이제 사회 질서의 중추적인 기둥이 아니고, 심지어 개인 간 신뢰가 없어도 우리가 아주 효과적으로 관리하는 대부분의 협력적 거래에서 신뢰는 전혀 중요하지 않을 수도 있다"고 주장한다(Cook, Hardin and Levi 2005: 1). 복잡한 사회가 잘 작동하려면 의무를 강제하는 제삼자와 같은 제도들이 필요하고 이런 제도들로 인해 개인 간 신뢰가 없을 때라도 거래와 여타 협력이 가능하다는 것이다(2005: 2). 이 주장은 하딘이 말하는 "감싸진 이익"이라는 의미로 신뢰를 해석한다. 이 정의에 의하면 "모르는 사람들과 심지어 많은 지인도 신뢰하는 것은 …… 불가능하고 …… 제도와 정부 또는 다른 큰 단체를 신뢰하는 것도 …… 사실상 불가능하다"(2005: 4-5). 이런 경우라면 "신뢰는 사회 질서를 만들고 유지하는 데 있어 상대적으로 작은 역할을 대규모로 수행한다. 우리는 보통 서로 의지하고 협력하는데, 이는 우리가 서로 신뢰하게 되어서가 아니라 안전하고 생산적으로 협력하게 만드는 현실의 유인 때문이다"(2005: 14-15). "우리와의 상호관계에서 신뢰할 만한 사람들을 우리가 신뢰하는 것이 오직 유익하기만 하고 이런 사람들이 사회 전체를 구성하는 것은 전혀 아니기"(2005: 68) 때문에 신뢰는 아주 먼 범위까지 확장될 수 없다.

이는 주커의 주장과 유사한데, 하지만 주커는 이런 경우를 제도적 원천에 바탕을 둔 신뢰의 사례로 언급한다. 나 또한 이런 입장을 취할 것이다. 왜냐하면 개인 간의 소규모 관계에서든 타인들의 행동에 대한 제도의 영향을 인정하는 대규모 관계에서든, 해를 끼칠 수 있는 위치에 있는 사람들이 실제로 그렇게 할 것처럼 행동하는지 여부가 여전히 근본적인 종속변수라고 믿기 때문이다. 그래서 어떤 독립변수가 이런저런 평가를 초래하는지에 대한 광범위한 질문을 제기해야 한다.

신뢰가 무엇과 관련 있는지에 대한 견해는 규범과 비교해 이익이 신뢰에 미치는 영향을 학자들이 어떻게 생각하는지로 전환된다고 나는 생각한다. 감싸진 개인 간의 이익에 바탕을 둔 하딘의 신뢰 개념에 이어 쿡과 하딘, 레비는 규범이 타인들에 대해 가지고 있다고 생각되는 권력에 기초한 타인들의 행위에서 당신이 가질 수도 있는 확신을 신뢰와 구분하려 한다. 그래서 그들은 소규모 공동체에서 "신뢰는 일반적으로 쟁점〔예를 들면 타당한 개념〕이 되지 않는다"고 주장한다. 왜냐하면 작고 밀집한 연결망에서 "신뢰성은 공동체가 부과할 수 있는 제재에 의해 지지되는 규범으로 강제될 수 있기 때문이다"(Cook, Hardin and Levy 2005: 92). 따라서 작은 마을에서는 흔히 생각하듯 개인 간 호혜성이 아니라 "도와주는 규범 또는 공동체의 규범"에 따라 도와주는 행위를 하게 된다. 이는 겉보기에 도시 지역의 행위와 비슷하지만 같지 않다. 도시 지역에서는 공동체 규범이 없다고 가정한다는 점을 고려하면 이는 실제로는 "호혜성의 문제"다(2005: 92). 이 주장은 뒤르켐의 '기계적 연대' 개념(Durkheim 1893)을 일부 빌려와, 작은 마을의 주민은 개성이 없거나 "공동체 에토스"로 완벽히 포섭되지 않는 강력한 양자 관계가 없다고 가정한다. 이 사고는 "공동체적" 설정으로 행위자에게서 주체성을 박탈하므로 나는 이 사고가 인간 행동에 대한 "과잉사회화된" 개념을 암묵적으로 반영한다고 본다. 쿡과 하딘, 레비는 뒤르켐의 진화적 설명을 확장해, "사회적 진화의 시간"이 흐르면서 우리는, 신뢰가 "통제를 사회적 규범으로 대체하기 위해 등장하고 그런 다음 …… 근대적 사회 제도에 의해 규제로 대체되면서 사라진다고" 생각할 수 있다고 밝힌다(Cook, Hardin and Levy 2005: 195). 따라서 "대부분의 생활을 대규모로 제도화함으로써 단지 신뢰만으로는 불가능했을 근대 사회를 가능케 한다"(2005: 197).

규범의 영향과 신뢰 개념을 분리하는 이 주장은 규범을 개인이 아니라 규범을 제정하고 강제하고 체화하는 집합체에 속하는 것으로 보는 구상에 의존한다. 이러한 개념은 뒤르켐 등이 제창한 사회학적 예외주의와 아주 유사하다. 즉 정신적 개념은 개인의 속성이 아니고, 사회는 단지 분리된 개인들의 총합만이 아니라 독자성을 가진 실체라는 것이다. 만약 규범이 집단 전체에 이런 효과가 있다면, 그때는 다음을 상정할 수 있을 것이다. 즉 타인이 자신의 특성 때문이 아니고, 또한 당신이 그 사람과 맺고 있는 관계 때문이 아니라, 그런 행동을 보장하면서 상황에 따른 모든 위험을 일소하는 규범을 가진 집단의 공동 성원권 때문에 타인이 신뢰할 만한 방식으로 행동한다고 기대할 수 있다. 여기서 신뢰 개념을 적용하지 않는 기준은 다음 두 가지의 혼합인데, 하나는 상황의 확실성에 대한 상상이고, 다른 하나는 신뢰하는 방식으로 행동할지 여부에서 (집단의 구성원으로서가 아니라) 개인으로서 타인에 대한 모든 평가 또는 일반적으로 '신뢰'의 핵심 부분인 타인과의 관계에 대한 모든 평가와 연결된 그 어떤 것도 제거되었다는 사실이다.

하지만 방법론적 개인주의의 귀무가설이 함의하는 것처럼 규범을 집단이 아니라 개인이 소유하는 것으로 생각한다면, 그때는 신뢰와 규범의 관계는 쿡과 하딘, 레비의 제안과는 전혀 다를 수 있고 심지어 반대일 수도 있다. 이런 설명은 경제학자들과 그 동조자들이 지난 20년간 신뢰에 대해 말해왔던 방식과 잘 들어맞는다. 즉 규범은 사실상 신뢰의 주요 원천이고 게다가 신뢰는 서로 잘 아는 사람들 사이에서가 아니라 **모르는 사람들**과의 관계에서 주로 타당하다고 그들은 결론 내린다.

따라서 예를 들면 라파엘 라포르타(Rafael LaPorta), 플로렌시오 로페스 데실라네스(Florencio Lopez-de-Silanes), 안드레이 슐라이퍼(Andrei Shleifer), 로버트 비시니(Robert Vishny)는, 신뢰가 "빈번하고 반복적으로 상호작용하는 사람들 사이의 협력을 지지하는 것보다는 모르는 사람들이나 서로 자주 만나지 않는 사람들 사이의 협력을 확보하는 데 더욱 핵심적"이라고 제안한다(LaPorta, Lopez-de-Silanes, Shleifer and Vishny 1997). 이를 주장하기 위해 이 경제학자들은 공유된 규범이 틀림없이 믿을 수 있는 행동을 만들어낸다는 쿡과 하딘, 레비와는 전혀 다르게 협력이 작은 공동체 집단에서 어떻게 생겨나는지를 생각해야 했다. 그래서 그들은 실제로 가족이나 동반자 관계처럼 작고 친밀한 사회적 무리에서는 속임수나 부정행위가 없는 자동적이고 변함없는 협력이 평판에 의해, 그리고 신뢰 수준이 낮더라도 위반했을 때 처벌될 가능성에 의해 지지된다고 주장한다(1997: 333). 다시 말하자면 협력은 이익에서 도출된다는 것이다. 쿡·하딘·레비와 라포르타·로페스데실라네스·슐라이퍼·비시니 모두 전혀 다른 이유 때문이지만 그러한 작은 상황에서 자연스러운 협력의 성격에 대해 동의한다는 사실은 내가 이전 연구(Granovetter 1985)에서 과잉사회화된 설명과 과소사회화된 설명의 수렴이라고 지적했던 것에 상응하며, 이 경우 작은 공동체의 상황에서 개인은 주체성이 부족하고 이로 인해 신뢰는 타당하지 않다는 데 동의하는 것에 상응한다. 그러나 견해는 갈라진다. 왜냐하면 경제학자들은 신뢰가 대규모 조직에서 가장 필요하다고 결론 내리기 때문이다. 그 이유는 대규모 조직에서는 잘 알지 **못하는** 사람들과 많이 상호작용하고 그래서 평판의 힘과 일탈에 대한 처벌 가능성이 줄어들기 때문이다.

내가 이전 절에서 설명했듯, 바로 이런 상황에서 경제학자들은 세계가치관조사에서 제공하는 것과 같은 경험적 자료에 의존해, 신뢰할 만한 행동을 추동하는 규범의 힘에 종종 호소한다. 그들은 그러한 규범과 가치를 전형적으로는 국가와 같은 지리적 단위의 '문화'라고 종종 규정한다. 그들은 그렇게 주장하면서 후쿠야마 같은 학자들을 인용하는데, 후쿠야마는 국민 문화가 신뢰의 분포를 결정하고, 특히 사람들이 가족 단위를 넘어서 다른 사람들을 신뢰할 수 있는 범위가 사회에 따라 다르다고 믿는다(Fukuyama 1995). 그래서 사회는, 주로 가족 구성원을 신뢰하는 '저신뢰' 사회와 가족 밖의 사람들을 신뢰하는 것이 더 일반적인 '고신뢰' 사회로 크게 양분될 수 있다고 믿는다. 이것이 문제가 되는 이유는, '저신뢰' 사회에서는 가족의 결속이 다른 사회적 충성보다 우위에 있어서 결과적으로 상호 신뢰에 기초한 경제 행위자들의 총합이 작을 수밖에 없다는 점에 있다고 그는 주장한다. 가족 사업이 지배하는 이런 사회는 전문적으로 경영되는 큰 기업을 성장시킬 수 없다. 이는 효율적이고 현대적인 경영 관행 채택이 어려우며 "더 거대한 규모일 것을 요구하는 세계경제의 특정 부문들로 나아갈"(1995: 110) 수 없음을 함의한다. 큰 기업이 이런 사회에 존재한다면 그것은 사적 기업이 아니라 국가가 소유하고 경영하는 기업일 수밖에 없고, 따라서 아주 큰 국유 기업들과 작은 가족 기업들이 있을 뿐 그 중간은 별로 없을 것이다. 반면에 가족 밖의 신뢰를 허용하고 장려하는 문화를 가진 나라들에서는 대기업을 이루기가 훨씬 쉽다. 주식회사 같은 법인 형태는 신뢰가 없고 아무 관련이 없던 사람들을 협력하게 할 수도 있으나, 그럼에도 불구하고 "친족이 아닌 사람들과 거래할 때 얼마나 손쉽게 그렇게 하는가는 그들의 협조성에 달려 있다"(1995: 150). 친족이 아닌 사람들과 제휴하는 유형을 잘 발달시킨 나라들은 공동체와 공동체주의적 제도를 강조하고 이는 종종 '사회적 자본'으로 언급되며, 사회적 자본이 있으면 가족 사업에서 전문 경영으로의 전이가 용이하다.

라포르타·로페스데실라네스·슐라이퍼·비시니는 이 주장을 옹호하면서 인용한다. 모르는 사람의 신뢰가 대규모 조직과 경제적 활동이 번창하는 데 결정적이라는 그들의 주장과 합치하기 때문이다. 그리고 그들은 설문 자료에서 가족의 신뢰 수준의 측도가 경제에서 대기업의 중요성과 부적 상관관계에 있다고 지적한다(LaPorta, Lopez-de-Silanes, Shleifer and Vishny 1997: 336).

만약 국가 또는 다른 지리적 단위에 따른 신뢰의 차이가 대체로 문화적 차이에 달려 있다고 생각한다면, 그러한 주장을 방법론적 개인주의 이론과 연결할 어떤 방법이 필요하다. 아기옹 등(Aghion et al. 2010)과 귀소 등(Guiso et al. 2011)의 경제학자들이 신뢰할 만한 행동은 아이들을 '시민적'으로 가르치려는 가족의 결정에서 도출되는 것으로 제시한다고 앞 절에서 밝힌 바 있다. 이 주장을 문화와 연결하면, 신뢰할 만한 성향을 아이들에게 전달하려는 가족의 결정이 문화에 달려 있고 문화가 그 결정에 영향을 준다고 가정하는 것이다. 그리고 이런 전달이 거시적 수준에서 합쳐질 때 경제 행동에 주요한 영향을 준다. 예를 들면 아기옹 등의 모델에서 "시민적인"(이라고 쓰고 "신뢰할 만한"이라고 읽는다) 사람들의 비율은 경제 규제를 결정하는 주요 요인이어서, 고신뢰 사회에서는 "정부 규제의 수준이 낮고, 저신뢰 사회에서는 정부 규제의 수준이 높다." 왜냐하면 "불신은 규제의 수요를 추동하기 때문이다. 저신뢰 사회에서는 사업이 정직하지 않기 때문에 개인들은 사업을 올바르게 신뢰하지 않는다." 심지어 정부의 부패조차도 이런 부정직보다는 덜 나쁘다(Aghion et al. 2010: 1028). 이것은 믿음과 규제가 함께 서로 영향을 준다는 설명이지만, 개인의 믿음과 대규모 경제 유형 사이에 개입하는 행동이나 사건 진행에 대한 연구가 사실상 없는 설명이기도 하다는 점에 유의할 필요가 있다. 달리 말하자면 믿음에서 제도로 이어지는 기제에 별로 관심이 없다는 것이다(사회 이론에서 기제에 대해서는 Hedstrom 2005와 Hedstrom and Swedberg 1998의 논문들 참조).

비슷한 주장이 귀소 등에 의해 문화와 신뢰 및 경제적 결과에 대한 연속 논문에서 제시되었다. 그들은, 신뢰 믿음은 어떤 사람이 기업가가 될 개연성(측도는 자영업―Guiso, Sapienza and Zingales 2006: 36)에 영향을 준다고 지적하고, 세계가치관조사에서 네덜란드의 가치 측도를 활용해 "신뢰하는 개인들은 주식과 위험 자산을 구입할 가능성이 유의미하게 더 많다……"고 지적한다(2008: 2558). 이것은 회사가 "저수준의 신뢰로 특징지어지는 나라에서 주식을 발행하는 것이 더 어려울 것임을" 함의한다고 그들은 결론 내린다(2008: 2559). 2011년 논문에서 그들은 신뢰에 대한 주장을 확장해 그 속에 '시민적 자본'에 대한 사고를 끌어들인다. 그들은 시민적 자본을 "경제 발전의 지속성을 설명하는 데 빠진 요소"로 규정하고, "역사적 사건 덕분에 시민적 자본이 풍부한 공동체와 나라는 장기간에 걸쳐 비교 우위를 누린다"고 설명한다(2011: 420).

이 설명에서 시민적 자본은 투자의 결과다. 그것은 "부모가 자식들에게 더 협력적인 가치를 가르치는 데 쓰는 자원의 총량"이다. 그리고 범죄나 인종차별 또는 다른 사회적으로 바람직하지 못한 행위를 하면서도 협력을 배울 수 있다는 '사회적 자본'의 흔한 비판 대상이 되지 않으려고, 그들은 시민적 자본의 정의에서 "갱처럼 사회적으로 일탈적인 행위에서 협력을 조장하는 가치들은 …… 단호하게 배제한다"고 밝힘으로써 비판을 피해간다(2011: 423). (저자들은 "사회적으로 일탈적인" 것에 대한 합의가 보편적이라고 확신하는 듯한데, 이는 20세기 중엽 탤컷 파슨스가 강조한 사회적 합의를 떠올리게 해서 불편하다. 이후로 사회학자들은 오랫동안 이 주제를 방기해왔다.) 그래서 이 주장은, 부모들이 "자식들에게 얼마나 많은 신뢰를 전달할지 결정한다"는 주장으로 진행되고, 이처럼 "세대 간에 전달되는 경험은 사회의 다른 구성원들을 신뢰해야 할지 그리고 익명의 교환에 참여해야 할지에 관한 각 개인의 결정에 영향을 준다"(2011: 424). 이론적 관점에서는 가족이나 이웃의 신뢰 또는 더 일반적인 신뢰에 대해 거론할 수 있지만, 후자가 올바른 측도라고 그들은 주장한다. 왜냐하면 "제도와 시장이 적절하게 작동하기 위해서는 모르는 사람들을 신뢰할 필요가 있기" 때문이다(2011: 442). 아기옹 등의 연구에서처럼 믿음과 대규모 결과 사이에 개입하는 행동과 사건은 얼버무려지거나 "역사적 사건" 탓으로 돌려진다.

무엇이 신뢰 개념의 적절한 범위인가에 대한 내 논의를 요약하자면, 그 범위를 개인들이 서로 잘 아는 소규모 상황으로 제한하거나, 사람들이 주로 지인이나 모르는 사람들과 상호작용하는 대규모 상황에만 적용해야 한다고 주장하는 것은 비생산적이라고 생각한다. 사람들이 자신들의 이익을 해칠 수 있는 위치에 있는 타인들이 그렇게 하지 않을 것이라고 가정하는 환경을 소규모와 대규모 수준 모두에서 이론화하는 것이 더 유익하다고 나는 생각한다. 그러나 이런 언급은 신뢰의 쟁점이 더 일반적인 주장으로 나아갈 길을 터놓지만, 소규모 수준의 신뢰와 경제의 거시적 형태를 규정하는 크고 복잡한 조직의 신뢰 사이에 관계가 있다고 한다면 그것이 어떤 관계인지를 아직은 명확하게 밝히지 못하고 있다. 만일 신뢰가 두 수준 모두에서 쟁점이 된다면, 이런 관계를 이론화하는 것은 특히 중요하다. 그리고 개인적 결정과 대규모 결과를 연결하면서도 이런 집적이 어떻게 발생하는지에 대한 구체적이거나 설득력 있는 설명이 없다면 그런 주장에 대해서는 고도의 경계심을 가져야 한다.

3.4 개인 간 수준부터 더 거시적인 수준까지 신뢰의 집적

내가 검토하고 비판해온 신뢰에 대한 주장들은 아주 작은 규모의 신뢰에 초점을 맞추거나 아니면 더 큰 사회적·제도적 규모에서 신뢰의 설명에 초점을 맞춰, 그러한 신뢰가 역사적이고 정치적인 전개에서 파생한다고 설명하거나, 아니면 그러한 전개를 설명하는 이론적으로 구체적이거나 일관된 주장과 행위 기제는 제시하지 않고 개인의 믿음이 집적된 것으로 가정했다. 신뢰를 더 충실하게 다루려면 이 집적을 더 철저히 탐구해야 하고, 이런 논의의 일환으로 정치적·역사적·거시경제적 그리고 여러 제도적 맥락들이 높은 수준에서 신뢰를 설명하는 데 얼마나 결정적인지에 관심을 두어야 한다.

내가 1장에서 제시했듯 첫 번째 지적은, 관계적 배태성이 신뢰와 깊은 관계가 있다는 것이다. 내가 개인적으로 친한 관계에 있는 사업 동료를 속일지 고려한다고 해보자. 내가 속일지 아닐지는 내가 그와 맺은 관계의 성격에 일정 부분 달려 있다. 또한 유인의 구성과 내가 그 상황에 적용하는 도덕적 원칙에 달려 있고, 이 두 가지 모두 이 관계에 영향을 받는다. 그러나 유인과 도덕적 원칙은 구조적 배태성, 즉 내가 내 친구와 맺는 관계가 자리잡고 있는 연결의 구조에 의해서도 결정된다.[7] 오래된 친구를 속일 때 생기는 수치심은 속임수가 발각되지 않더라도 상당히 심할 수 있다. 친구가 이를 알아차렸을 때는 수치심이 커질 것이다. 그리고 서로 아는 친구들이 그 기만을 알아차리고 서로 이야기할 때는 견디기가 더욱 어려워질 것이다. 그들이 그렇게 할지 말지는 관계 연결망의 구조에, 즉 거칠게 말한다면 문제가 되는 양자의 친구들이 서로 연결돼 있는 정도에 달려 있을 것이다. 이 연결이 많을 때, 즉 '연결망이 고밀도' 상황일 때 소식은 재빨리 퍼져나갈 것이다. 반면에 연결망이 서로 고립돼 있을 때는 내가 1장에서 주장했듯 소식은 훨씬 느릴 것이다. 따라서 밀도가 높은 연결망일수록 그러한 속임수에 대한 압박은 더 크리라고 기대할 수 있다. 그리고 그러한 압박은 유인에서 중요한 부분이고 나쁜 평판이 생길 때의 경제적·사회적 비용과 직접 연관된다.

그러나 속임수에 대한 압박이 생기는 것은 집단 구성원들이 적용할 직접적인 제재나 평판, 즉 이익과 합리적 선택의 문제 때문만은 아니다. 또한 행위에 영향을 주는 규범적·상징적·문화적 구조를 만들어내는 데는 응집력 있는 집단이 성긴 관계적 연결망보다 효율적이기 때문이다. 그러므로 이러한 집단에서는 내가 친구를 속이는 일이 결코 **일어나지** 않을 것이다. 최소한 집단 상황에서는 속임수를 전혀 생각도 할 수 없게 만드는 일련의 기준을 나는 집단으로부터 흡수해왔기 때문이다. 따라서 상대적으로 소규모 공동체 수준에서 이익**과** 규범은 모두 신뢰와 관계가 있다. 하지만 잘 규정된 집단 안에서 가장 충실하게 고수하는 규범이 그 울타리를 벗어나는 사람들과 거래할 때는 관련 없다고 간주될 수도 있다는 것이 집단 간 관계의 연구에서는 흔한 일이다. 정보 확산과 제재에 대한 주장 또는 규범에 대한 주장과 긴밀하게 연결되면서도 뚜렷하게 구별되는 것은 타일러가 논의하는 "사회 정체성"인데(Tyler 2001), 앞에서 나는 집단의 성원권이 개인 간 신뢰에 어떻게 영향을 주는지 논의하면서 이를 언급했다. 행동에 영향을 주는 규범의 상황적 측면은 사회적 행동의 구조적 배태성과 그 구조적 배태성이 사회적 규범에 미치는 영향에서 나오는데, 사회적 규범은 집단 정체성으로 매개된다. 내가 언급했듯, 이런 정체성의 힘은 정체성 집단 내에서 신뢰를 악용하는 사기꾼들 측에서도 활용할 수 있고 그러한 집단이 분열했을 때 갈등으로 이어질 수도 있다.

지금까지의 논의는 신뢰가 이미 존재하는 관계적이고 구조적인 배태성과 집단 정체성에 달려 있다고 가정하지만, 이것들이 어떻게 발생하는지를 묻지는 않는다. 배태성의 상황이 고정돼 있고 변하지 않는다는 가정은 가능한 신뢰의 배치가 전적으로 구조에 달려 있고 행위 주체의 의식적 행동에 영향받을 수 없음을 의미한다. 이런 숙명론적 관점은, '사회적 자본'의 지역적 차이가 수 세기 동안 이어진 시민의 무관심이나 "무도덕적 가족주의"(Banfield 1958) 또는 신뢰나 신뢰의 부재와 밀접하게 관련된 또 다른 불행들에서 유래해서 바뀌기 어렵다는 것을 보여주기 위해 종종 동원되곤 한다. 그러나 사회적 연결망은 경제적·정치적 제도의 맥락에 스스로 배태돼 있고 그러한 맥락은 누가 누구와 접촉하고 어떤 결과를 낳는지에 중요한 영향을 줄 수 있다는 점을 염두에 두는 것이 중요하다.

예를 들면 서벨은 신뢰와 불신의 경계가 실제로는 모호하고, 신뢰가 없다고 해서 신뢰가 존재할 수 있거나 창출될 수 있는 조건에 대한 논의를 배제하지는 않는다고 지적한다. 서벨(Sabel 1993)과 리처드 로크(Richard Locke 2001)는 모두, 다양한 수준에서 정부가 민간 집단들의 도움을 받아 실행하는 산업 정책으로 이전에는 자신들의 이익만 생각하고 신뢰를 불가능하게 만드는 대립적인 이해관계를 가졌던 행위자들에게 협력을 강제하는 결과를 낳을 수도 있다고 지적한다. 서벨은 펜실베이니아 사례에서 사실상 그가 연구한 여러 집단은 서로 상호작용해야 했던 결과로 자신들의 상황을 재정의했다고 지적한다. 로크의 사례는 신뢰하는 경제적 관계의 형성이 문화적으로 불가능하다고 종종 여겨지는 지역인 이탈리아 남부와 브라질 동북부에서 나온 것이다. 이 사례에서는 광범위한 회원을 가진 민간단체가 신뢰 발생 지점이지만 공공 정책이 결정적이었다. 단체의 회원으로 가입시키려는 공공 정책의 지원과 장려가 없었다면, 주요 행위자들이 처음부터 그런 단체에 함께 모이지 않았을 것이고, 전형적인 사회적 딜레마인 최적 이하의 결과가―이 경우에는, 더 넓은 지역의 명성에 무임승차해 불량하거나 조악한 상품을 생산하는 치즈나 멜론의 개인 생산자들―지배적인 상태가 되어 지역 경제 발전을 침몰시켰을 것이기 때문이다(Locke 2001).

관계적 연결과 구조적 연결망은 현대의 제도들뿐만 아니라 시공간의 특별한 순간에도 배태돼 있다. 신뢰가 관계적 연결과 구조적 연결망에 따라 어떻게 변화하는지는 아주 많은 주목을 끌어왔는데, 나는 후속 저서의 경험적 연구를 논의하는 장에서 이에 대한 몇 가지 구체적인 주장을 전개할 것이다. 여기서는 지금까지 나온 주요한 입장들을 검토하고 논평하도록 한다.

신뢰에 대한 현대의 많은 저술이 이 주제를 문화적·제도적·역사적 변이와 상관없는 것처럼 다루지만, 이런 연결을 탐색하는 설명들도 있다. 예를 들면 18세기 스코틀랜드의 도덕주의자들, 그중 가장 유명한 애덤 스미스와 데이비드 흄은 시장 지배력이 증가함에 따라서 개인적 관계도 상당히 변한다고 보았다고 앨런 실버(Allan Silver)는 주장한다. 그러나 그 후 사회주의자들에서부터 에드먼드 버크(Edmund Burke)식 보수주의자들에 이르기까지 좌파나 우파 모두의 비판자들이 친밀한 개인적 관계에 시장이 해로운 영향을 준다고 한탄한 것과 달리, 스미스와 흄은 우정이 사회적 거래의 계산에 구애받지 않도록, 실상 활기찬 시장이 사회에 새롭고 중요한 공간을 개척해냈다고 보았다(Silver 1990). 사실 그들은 "상업 사회의 도래로 우정이 도구적 관심에서 해방될 수 있었던 것을 축하"(1990: 1480)하는데, 그러한 우정은 도구적 관심 대신에 이익을 계산하지 않는 감정의 연결인 '공감(sympathy)'에 기초한다고 주장했다.

스미스와 흄에 따르면, 시장 이전에는 적을 막고 필요한 자원을 획득하기 위해 개인적 관계가 필요했다. 전쟁이나 경제 또는 정치에서 이런 필요성으로 개인적 관계에 계산의 요소가 개입했고 개인적 관계는 "치명적인 배신에 민감하게"(1990: 1487) 되었다. 시장 및 그와 관련된 법적 계약 제도가 상품과 서비스를 제공하고 분쟁을 해결하는 지배적인 방식이 되자 "우정과 이익을 명확히 구별하고 공감과 정동을 우정의 토대로 삼아 개인적 관계를 정화"(1990: 1487)하는 효과를 낳았다. 따라서 "생산품과 서비스에서 비인격적인 시장만이 개인적 관계와 유사한 체계를 등장시키고 그 윤리는 거래와 효용을 배제한다"(1990: 1494)는 점에서 이는 새로운 것이었고, "도덕적 시민 사회" 창출에 중요한 역할을 한다. 이런 주장에서 유래하는 현대적이고 이상적인 우정 개념에서는 개인적 신뢰가 있으면 "계약이나 제삼자에 의해 강제된 거래에는 없는 도덕적 고양이 달성된다"(1989: 276). 그리고 책무가 "다른 사람들의 이익을 감안한다면 현대 우정의 도덕적 이상에서 벗어나기"(1989: 277) 때문에 이러한 신뢰는 명백히 비계산적이다. 따라서 친구들 사이의 신뢰를 이렇게 개념화하면 '감싸진 이익'으로서의 신뢰와는 정반대가 된다.

이후 장들에서 나는 이런 개념이 우리를 어디까지 데려갈 수 있는지 평가할 것이다. 실버가 이 스코틀랜드인들에게서 기인한다고 여기는, 시장 관계와 우정의 비시장적 관계의 명확한 구별은 경험적 증거가 증명하는 바에 따르면 유지되기 어렵다. 따라서 이 쟁점 전체를 재고할 필요가 있을 것이다. 하지만 이 스코틀랜드인들의 주장은 훌륭한 준거점을 제공한다. 그러나 제도와 문화가 변하면서 신뢰 관계의 성격이 변한다는 사고는 시장 이전 사회와 상업 사회의 구별을 넘어선다. 이런 사고를 추구해왔던 한가지 방식은, 서로 다른 사회와 문화는 구성원들 사이의 신뢰를 촉진하는 정도와 방식에서 체계적으로 차이가 난다고 주장하는 것이었다. 앞에서 언급했던, 대규모에서 신뢰의 존재와 의미는 소규모에서 신뢰가 수행하는 역할에서 기인한다는 후쿠야마(Fukuyama 1995)의 주장을 살펴보자. 후쿠야마는 한 사회의 특정 문화가 가족 범위 밖의 사람들을 신뢰할지 여부를 결정한다고 믿기 때문에 그 사회의 특정 문화가 결정적으로 중요하다고 주장한다. 사람들이 그렇게 할 수 없는 '저신뢰' 사회에서는 상호 신뢰에 기초한 경제적 행위자들의 총합은 작을 수밖에 없을 것이고 가족 사업이 지배적이다. 그런 사회에서는 전문적으로 경영되는 대규모 기업을 키우기 어렵지만, '고신뢰' 국가에서는 이런 기업이 쉽게 형성된다.

이런 주장에 대한 가장 분명한 비판은 사회를 '저신뢰' 또는 '가족주의' 범주(중국·프랑스·이탈리아가 주요 사례)와 '고신뢰' 범주(일본·독일·미국)로 구분하는 후쿠야마의 특별한 분류 방식과 관련 있다. 각 범주의 나라들이 설명에 적절히 부합하는지 또는 그러한 주장에 따라 같은 범주에 속하는지는 제외하더라도 주요 가정과 모순되는 성격을 가진 국가들이 있다. 일례로 한국은 견고한 유교적 가족 제도가 있고, 삼성이나 LG, 현대처럼 전문적으로 경영되는, 고도로 성공했지만 전형적으로 가족에 기반한 대규모 기업집단이 경제를 지배하고 있다.

그러나 나는 여기서 더 심각한 쟁점, 즉 소규모에서 신뢰의 성격이 어떻게 대규모 경제 조직을 어떻게든 구성하는 역량으로 해석될 수도 있는지에 대한 질문이 빠져 있다는 것과 특히 가족에 강력한 중점을 두는 사회는 그로 인해 전문적으로 경영되는 대규모 민간 기업을 구축할 수 없다는 것이 사실인지 살펴볼 것이다. 이 쟁점은, 소규모의 직접 대면하는 집단에서 신뢰의 구체적인 내용들이 거시적 사회 수준에서 신뢰의 의미와 범위를 이해하는 토대를 제공하는지, 또 어떻게 제공하는지에 관한 것이다. 문화적 영향을 받아 아이들에게 '시민적' 행동을 훈육할지 결정하는 가족에서 거시적 수준의 신뢰가 기인한다고 보는 경제학자들의 연구에서도 이 쟁점은 등장한다. 이러한 개념화는 미시적 수준의 분석에 과도한 특권을 부여하는 것이어서, 소규모 수준의 신뢰가 어떻게 대규모 수준의 분석으로 집적될 수 있는지 더 구체적으로 설명할 필요가 있다고 나는 생각한다. 즉 개인들 간의 그리고 작은 공동체에서의 신뢰 관계와 대규모 상호작용 연결망에서의 신뢰 관계 사이의 관계를 이해할 필요가 있다. 이 문제는 지금까지 거의 주목을 끌지 못했다.

관련된 주장으로 20세기 중엽 보스턴에서 도시 '재생'의 위협에 반대하는 공동체 집회를 논평하면서 나는 지역의 사회 연결망 구조는 더 큰 규모에서 신뢰받는 지도자의 등장에 큰 차이를 만들어낼 수 있다고 했다. 이 맥락에서 '신뢰'는, 이기적이지 않고 공동체의 복지를 모색한다고 상정되는 사람들이 운영하는 조직에 자신의 시간과 자원을 바치려는 의지를 의미했다. 이것은 타인이 당신의 이익을 해칠 수 있는 상황에서도 그렇게 하지 않을 것이라는 전제하에 행동한다는 신뢰 관념과 일치하는 것으로 보인다. 특히 아주 강력한 연결이 있는 공동체는 폐쇄적 소집단으로 분열되었던 곳에 연결망을 생성하는 경향이 있고, 그로 인한 공동체 조직의 문제는 다음과 같다고 나는 주장했다.

주어진 지도자를 신뢰할지는, 자기 자신의 지식으로 판단할 때 지도자가 신뢰할 만하다고 확신할 수 있는, 그리고 필요하다면 자신을 위해 지도자나 그 보좌관들에게 청원해줄 수 있는 중간의 개인적 접촉이 존재하느냐에 크게 달려 있다. 지도자에게 있어 신뢰는 **자신의 행동을 예측하고 행동에 영향을 주는 역량**과 불가분하게 엮여 있다. 지도자로서는 자신과 직접적이든 간접적이든 연결이 없는 사람들에게 반응하거나 심지어 신뢰를 내보일 동기가 별로 없다. 따라서 연결망이 분열돼 있으면 지도자에서 잠재적 추종자들로 이어지는 통로의 수가 현저히 줄어들어 이러한 상태의 지도자에게는 신뢰가 억제될 것이다(Granovetter 1973: 1374).

개인적으로 아주 잘 아는 타인만 신뢰할 수 있다는 '감싸진 이익'으로 신뢰를 정의한다면, 우리가 개인적으로 모르는 지도자를 신뢰할 수 있을지에 대한 이런 논의를 전혀 진행할 수 없을 것이다. 그러나 조직의 지도자에 대한 신뢰를 논의하면, 개인적으로 모르는 사람도 신뢰하는지를 토론할 수 있어 의미가 있다고 나는 생각한다. 그 사람이 당신을 알든 모르든 당신의 이익을 해칠 수 있는 역량을 완전히 갖추고 있는 사람이기 때문이다. 그래서 이 점에 대한 나의 주장은 다음과 같다. 즉 잠재적 지도자가 신뢰할 만하게 행동할 것이라는 확신, 예를 들면 진정으로 공동체의 이익을 마음에 두고, 더 높은 정치적 지위를 위한 발판이나 골프 클럽 회원권이나 호화로운 여행을 위한 재원으로 조직을 이용하지만은 않으리라는 확신을 가질 수 있도록 충분한 정보를 전달하는 그 사람과의 연결고리가 있거나 개인적으로 짧은 연결고리 사슬이 있다면, 그런 잠재적 지도자를 믿을 수 있다. 당신의 에너지와 자원을 그러한 조직에 바쳐야 할지 결정해야 하기 때문에, 당신은 이것을 알 필요가 있고, 심지어 유망한 지도자가 당신의 개인적 이익을 감쌌는지 알지 못한다 해도―이는 그 지도자와 개인적 관계가 없다면 불가능하다―그에 대해 합리적인 결정을 내릴 수 있다.

여기서 결정적으로 중요한 점은 **신뢰가 조금만 있어도 충분하다**는 것이다. 즉 **간접적으로** 보증된 사람을 신뢰할 수 있다면, 신뢰가 중시되는 구조의 크기는 **직접적인** 연결일 때만 효과적일 수 있는 범위를 훨씬 넘어서 팽창한다. 어떤 사회의 문화가 다른 사회의 문화보다 더 가족 지향적이라는 후쿠야마의 관찰이 산업 조직의 구조에 결정적이지 않은 이유가 여기에 있다. 사실, 전 세계에 걸친 기업의 소유와 지배에 대한 최근 경제학 연구에서 매우 놀라운 점은 20세기 중엽의 근대화 이론이 예측했던 것만큼 가족의 역할이 유의미하게는 거의 쇠퇴하지 않았다는 것이다. 세계 곳곳에서 심지어 가장 큰 기업들도 가족이 지배하는 것으로 밝혀졌고(Laporta et al. 1999 참조), 스탠더드 앤드 푸어스(Standard and Poor's) 선정 500대 미국 선도 기업의 3분의 1 이상이 '가족 기업'이고, 한 통계에 의하면 이 기업들이 비가족 기업보다 더 우수한 성과를 낸다(Anderson and Reeb 2003).[8]

가족이 대규모 경제적 연결망을 성공적으로 지배할 수 있는 한 가지 방법은 크고 복잡할 수 있는 경제 관계의 연결망에서 신뢰 관계를 **전략적으로** 위치시킬 필요를 가족이 이해할 때다. 대규모 기업집단의 조직에서 이를 특히 분명하게 찾아볼 수 있다(더 자세한 내용은 후속 저서에서 이 주제에 관한 장 참조). 중국의 문화가 전문적으로 경영되는 대규모 기업을 창출할 수 없다고 설명하는 후쿠야마를 고려하면, 특히 흥미로운 사례는 중국의 기업집단 또는 (자주 거론되는) '재벌(conglomerate)'이다. 작은 가족 기업에서 대규모 재벌로 팽창하는 것은 대만, (1997년 이전의) 홍콩,

중국인 기업이 중요한 부분을 차지하는 동아시아의 여러 나라 그리고 중국 본토의 중심부에서도 공통적인 현상으로 보인다(Keister 2000 참조).

통 치 키옹(Tong Chee Kiong 1991)이 싱가포르에 대해 제시한 설명이 대표적인데, 싱가포르는 인종적으로 약 4분의 3이 중국인이다. 초기 중국인 사업가들은 소규모 기업의 전통적 부문인 서비스, 소매업 및 수출입에 종사했지만, 점차 제조업, 은행, 그리고 고무 같은 채취 산업으로 확장했다. 원래 가족 기업이 규모를 불려서가 아니라 독립적인 회사로 자회사들을 설립하거나 이미 설립된 기업을 인수해 팽창하는 것이 전형적인 진화 방식이었다. 하지만 권위는 회사 전체를 통틀어 중앙에 매우 집중되었다. 명성과 개인적 신뢰성이 핵심적이고 계약은 중요하지 않다(Kiong 1991: 182). 법적으로 분리된 다수 기업들에 대한 가족 지배를 확보하기 위해서 복합적인 전략이 활용된다. 지명인 회사와 수탁자 회사를 설립해 가족의 이익을 확보하고, 상호출자 구조는 매우 복잡할 수 있다. 고용된 외부인 수가 가족 구성원 수를 넘어서더라도 "가족 구성원과 친족이 자회사를 담당한다"(1991: 188). 일반적으로 가족 구성원은 모든 이사회에 참여한다. 전문 경영은 가족 구성원을 주로 외국에서 교육시키거나 가족이 아닌 전문가를 고용해서 이루어지는데, 고용된 전문가는 가족 구성원에 비견할 만한 광범위한 지배권을 행사하지 못한다. 이 기업집단은 매우 크고 다각화돼 있지만, 지배는 피라미드식으로―가족 기업이 다른 기업을 지배하고 그 기업은 또 다른 기업을 지배하고 등등―그리고 촘촘한 겸임 이사직을 통해 유지된다.

따라서 중앙의 가족 집단과 강력한 신뢰 관계에 있는 가족 구성원들은 많은 지주회사를 통해 전략적으로 곳곳에 배치되어 전체 구조를 엮어낸다. 핵심 가족 구성원과 직접 관계가 없는 피고용인도 지역의 가족 대표와 직접적으로 연결돼 그 집단의 동기를 신뢰할 수 있고, 중앙의 집단에 헌신하지 않더라도 더 열심히 더 효율적으로 일할 수 있다. 그리고 역으로 지역의 가족 구성원은 친족이 아니면서 고위직에 있는 보조적인 피고용인의 충성심을 중앙의 가족 집단에게 보장할 수 있다. 때로는 가족의 친구들에게 기업 확장에 필요한 자본 축적을 도와달라고 투자를 요청한다. 그러나 외부 투자자들은 다소 '침묵하는 동업자'라고 일반적으로 이해되기 때문에 투자로 인한 협력의 연결망은 가족 지배를 희석시키지 않는다(Hamilton 2000과 비교. 자료는 주로 대만·홍콩·태국의 것이다). (중국식 경영의 동심원을 확장하는 데 작용하는 신뢰의 다양한 형태와 수준에 대해서는 Luo 2011 참조)

충 치니엔(Chung Chi-Nien 2000)은 대만 기업집단에 대한 구체적인 분석을 제시한다. 그에 따르면, 중국 문화가 상당한 규모의 경제 구조를 불가능하게 만든다는 주장과 달리, 연구 기간인 1970년대에서 1990년대까지 대만에서 집단 규모는 일직선으로 성장했고, 1996년에 113개 선두 집단이 국민총생산의 45퍼센트를 담당해 1970년대 비중의 거의 두 배가 되었다(Chung 2000: 14). 충은 사회 연결망 데이터 분석 기법을 사용해 소유와 주식 보유, 리더십을 면밀하게 분석하면서, 설립자 아들과 형제 및 조카와 같은 전형적인 가족 구성원으로 이루어진 핵심 지도자들의 동일한 집합체에서 이 집단의 결속력이 도출되었고, 그들은 집단 내 다양한 기업에서 지도자 지위를 중복적으로 차지하고 있다는 것을 알아냈다. 의사결정은 "집단 내부 구성원들 사이에 존재하는 사회적 관계"에 기초한다. "핵심 지도자의 구성과 그들이 서로 연결되는 방식이 대만 기업집단 내의 경영 관행을 이해하는 열쇠다"(2000: 82). 전문적으로 훈련받은 핵심 피고용인의 비중이 증가했지만, 가족의 중요성이 희석되지는 않았다. 반대로 1994년에 아들들의 42퍼센트가 대학원을 졸업해 장기 고용 직원들의 대학원 졸업 비율보다 그 비중이 높았다. "달리 말하자면 설립자의 기업을 승계할 것으로 기대되는 아들들이 부계의 모든 핵심 지도자들 가운데 가장 '전문화'되었다"(2000: 92).

신뢰받는 가족 구성원을 가족이 지배하는 기업집단 곳곳에 전략적으로 배치한다는 것은 성장하는 대규모 경제 구조를 창출하는 것과 같은 방식으로 양자 신뢰를 활용하는 하나의 방식을 제공한다. 신뢰 관계와의 연결이 훨씬 더 큰 구조를, 어쩌면 국가 경제 전체를 통합하는가? 전반적인 연결성을 창출하기 위해 결속력 있는 소집단을 닮은 구조를 이어주는 매우 많은 수의 연결이 요구된다면, 이것은 가능하지 않을 수도 있다. 그러나 던컨 와츠(Duncan Watts)와 스티븐 스트로가츠(Steven Strogatz)가 1998년 〈네이처(Nature)〉지에 발표한 매우 영향력 있는 논문에서 밝혔듯, 그러한 연결이 놀라울 정도로 적고 심지어 무작위로 연결망에 삽입될 때라도 경제 단위의 연결망에서 경로의 길이를 극적으로 줄일 수 있다. 따라서 그렇게 연결이 무작위가 아니라 전략적으로 배치될 때는 아주 큰 효과를 발휘할 것이 거의 틀림없다. '작은 세상들'에 대한 이런 주장은 권력에 관한 4장에서 더 체계적으로 다룰 것이다.

3.5 신뢰·규범·권력

신뢰가 특징인 연결은 대규모 사회 구조 곳곳에 분산될 수도 있어 국지적인 소규모 수준에서만 문제로 삼을 때보다 더 중요해질 수 있다고 나는 제시했다. 내가 설명한 연결은 그 자체로 중요할 수도 있지만 신뢰의 연결보다 더 중요하다는 점이 이 주장의 약점이다. 사실 내가 인용한 경험적 설명들은 대부분 신뢰에 대한 논의를 지향하지 않고, 권력격차, 규범과 가치, 전략적 활용의 추구 또는 단순히 정보 교환과 같은 다른 측면을 강조한다. 이 책을 신뢰와 규범, 권력에 대한 각각의 장들로 분리해 구성한 데 따른 결점은, 대부분의 실제 경제 현상은 이런 특징들을 하나 이상 포함하고 있어 이를 충분히 이해하려면 이것들을 결합해야 한다는 것이다. 대규모 경제 구조를 통합하는 연결은 이에 대한 좋은 예이고, 이런 이유로 나는 뒤의 장들에서 이것들을 다시 다룰 것이다. 특수한 경제적 상황과 사례로 구성된 후속 저서에서 나는 연관된 이 모든 이론적 주장을 좀더 자유롭게 한꺼번에 다룰 것이다.

그렇지만 나는 이 논의가 여전히 신뢰에 대한 장에 속하는 것이 적절하다고 주장한다. 신뢰가 지금 문제로 삼고 있는 연결의 결정적인 특징이고, 이는 신뢰를 고려하지 않고는 잘 이해할 수 없기 때문이다. 세계 곳곳에서 대규모 경제 구조를 통합하는 수많은 연결이 친족의 연결이고, 신고전학파 경제학의 주장과 20세기 중엽의 근대화 이론에 기대어 가족은 경제 발전과 효율성의 걸림돌이라는 경제학자들과 기업 언론의 전형적인 판단과는 달리 사람들이 가족 사업 형태를 지키려고 온갖 애를 쓰는 것은 우연이 아니다(반대 의견에 대해서는 역사학자인 Harold James 2006 참조). 확실히 이런 지속성을 추동하는 힘의 일부는 관계 없는 개인들보다는 가족 안에서 찾을 수 있는 신뢰라는 중요한 요인이다. 이것은 때로 어려움으로 가득 찬 가족의 연결을 낭만적으로 여기자는 것이 아니다. 예를 들면 중국 가족에 대한 문헌은 종종 규범적인 의무와 권력 관계에 대한 논의를 특징으로 한다. 게리 해밀턴(Gary Hamilton 2000)은

중국 경제 조직의 대규모 구조를 규합하는 데 가부장적 권위의 중요성
이 매우 크다는 사실에 주안점을 두고, 가족 내 권력 관계의 중요성을
강조한다. 그럼에도 신뢰가 이 이야기의 필수적인 부분이 아니라고 생
각하기는 힘들다. 그래서 나는 4장에서 신뢰와 권력이 어떻게 연결되는
지에 대해 더 이야기할 것이다.[9]

4

경제에서의 권력

4.1 서론: 경제에서 권력의 다양성

지금까지 내가 종합해서 그린 경제의 그림은 개인의 유인과 행동, 사회 연결망, 규범, 신뢰를 고려한 것이었고, 이 모든 것은 거시적 수준의 제도로 강력히 규정될 수 있고 또한 그 반대로 제도를 규정할 수도 있다. 5장과 6장의 주제인 제도를 더 체계적으로 살펴보기 전에 권력에 대해 논의할 필요가 있다. 권력을 경제적 결과의 가장 중요한 결정요인으로 생각하는 사람들과 대체로 상관이 없거나 동어반복적인 원인으로 간주하는 사람들 사이에서 권력은 의견이 선명하게 엇갈리는 대상이다.

만일 경제에 대해 설득력 있는 설명을 구축하고자 한다면 권력을 무시할 수 없다는 것이 나의 주장이다. 그러나 개념의 부재는 더 많은 혼동을 만들어왔다. 권력에 대한 막스 베버의 표준적 정의는 논의를 마련하는 데 여전히 유효하다. 즉 권력은 "사회적 관계 내에서 한 행위자가 자기 자신의 의지를 저항에도 불구하고 관철할 수 있는 가망성을 의미하며, 이 가망성이 어디에 근거를 두는가는 상관이 없다"(Weber 〔1921〕 1968: 53). 모든 정의에는 단점이 있고, 널리 인용되는 이 정의에는 행위자의 "의지"가 무엇인지, "관철"한다는 것이 무슨 의미인지, 정의가 함축하듯 모든 권력은 의도적으로 행사되는지, "사회적 관계"가 무슨 의미인지와 같은 중요한 질문들이 생략돼 있다(비판과 대안의 정의는 Lukes 1974와 Wrong 1995 참조). 그러나 베버의 개념 규정은 권력의 의미에 대한 일반적이고 직관적인 사고와 상응하는 장점이 있어 좋은 출발점을 제공한다. 또한 베버의 고찰에 따르면, 이런 권력 개념은 "사회학적으로 무정형하다. 어떤 사람의 생각해볼 수 있는 모든 특질과 여건의 생각해볼 수 있는 모든 조합으로 그 사람은 주어진 상황에서 그의 의지를 관철하도록 할 수 있다"(〔1921〕 1968: 53).

이어서 베버는 권력의 특수한 경우로 이른바 "지배(domination)", 즉 "주어진 특정 내용의 명령에 주어진 집단의 사람들이 복종할 가망성"을 언급한다(〔1921〕 1968: 53). 독일어 Herrschaft의 번역어인 이 용어는 주로 '권위(authority)'로 옮겨지고, "주어진" 내용과 집단에는 대체로 기업과 정치 구조처럼 공식적으로 구성된 조직이 해당되는데, 이런 조직에서 공식적으로 규정된 위치를 차지한 사람들은 특정 하급자들에게 규정된 종류의 명령을 내릴 권한이 있다.[1] "지배는 단순 습관화로부터 가장 순수한 합리적인 이익 계산까지 갖가지 방식으로 매우 다양한 순응의 동기에 기초"할 수 있다고 베버는 덧붙인다(〔1921〕 1968: 212).

주요 개념인 '권력'과 하위 형태인 '지배'에서 베버는 그의 정의가 권력의 **원천**과 순종의 **동기**에서 추출된 것이라고 강조한다. 그러나 일반적으로 뒤죽박죽인 개념의 혼란에서 벗어나려면, 경제에서의 권력에는 다른 곳에서처럼 몇 가지 구별되는 원천이 있다고 인식하는 것이 필수적이다. 다음에서 나는 단순한 의제의 통제부터 경제를 이해하는 문화적 영향까지 의존에 기초한 권력, 정당성에 기초한 권력, 영향력 있는 행위자의 상황 정의에 기초한 권력 등으로 세 가지 권력을 구분할 것이다.

4.1.1 의존에 기초한 경제 권력

다채로운 신념의 학자들 사이에서 가장 일반적으로 되풀이되는 권력의 개념은 **의존**이다. 즉 당신이 가치 있다고 여기는 자원을 통제하는 사람은 당신에 대한 권력을 가지고 있어서, 그런 자원을 더 많이 획득하려고 시도하면서 당신의 행동을 바꾸게 할 수 있다. 보기에는 너무나 다른 학파의 이론가들도 이런 개념을 공유한다. 마르크스주의자들은 권력이 생산수단의 소유에 기인하고, 이것이 노동밖에 제공할 것이 없는 노동자들의 의존과 착취를 낳는다고 본다. 마르크스는 여러 방식으로 고전학파 경제학을 공들여 분석했는데, 권력에 대한 그의 기본적 개념이 '시장 권력'에 대한 경제학의 표준적 개념과 아주 많이 닮았다는 사실은 놀라운 일이 아니다. '불완전 경쟁' 이론은 다른 기업이 어떤 상품을 생산하지 못하게 하는 진입 장벽의 결과로 어떤 기업이 경쟁 시장에서는 허용되지 않을 수준으로 가격을 올릴 수 있는 것이 시장 권력이라고 규정한다. 그 기업이 그렇게 할 수 있는 이유는 다른 기업들이 의존하고 있고 충분히 대체할 수 없는 자원이나 상품을 그 기업이 시장에서 매점했기 때문이다. 따라서 권력이 노동자가 아니라 소비자에게 행사되는 것이지만, 권력에 대한 이런 해석은 마르크스주의의 개념처럼 의존에 기초한다.

그러나 독점과 과점은 부분적으로만 소비자를 포획하기 때문에, 시장 권력이 조성한 의존은 계급 권력이 조성한 의존보다 제한적이다. 어떤 상품이라도 수요의 가격 탄력성이 영이 아닌 전형적인 경우에는 가격이 상승하면 소비가 감소하기 때문이다. 소득과 그 외의 필요가 제한돼 있다면, 기업의 시장 권력에 맞닥뜨린 소비자라도 주어진 상품의 소비는 하나의 선택이지 소비자 행동에 대해 전면적인 권력을 가진 다른 사람에 의해 무조건 강제되는 의무가 아니기 때문에 결정권을 가질 수 있다. 권력을 의존으로 정의하는 모든 경우에 핵심 쟁점은 상품이나 자원을 통제하는 사람의 권력을 허물 수 있는 **대안**의 활용 가능성이다. 마르크스주의자들은 프롤레타리아에게 대안이 없다고 상정하기 때문에 계급 권력이 그처럼 엄혹하고, 혁명만이 변화를 가져올 수 있다고 결론 내린다.

막스 베버는 종속〔종속 이론(dependency theory)에서는 의존(dependence)과 종속(dependency)을 구별하지만, 저자는 구별 없이 사용하고 있다. 여기서 dependence는 '의존'으로, dependency는 '종속'으로 옮기지만 저자의 의도대로 의미상의 차이는 없다—옮긴이〕에 기초한 권력이 특별한 "이익의 배열"에 기인한다고 설명하면서 선택의 요소를 강조했고, 독점 시장에서도 영향력은 "어떤 방식으로 보장된 상품이나 판매 가능한 기술의 보유에서만 배타적으로 파생해 지배당하는 사람들의 행동에 작용하지만, 지배당하는 사람들은 형식상 여전히 자유롭고 자신의 이익 추구에 의해서만 동기화된다"고 언급했다. 그는 은행을 예로 드는데, 은행은 "잠재적 채권자들에게 신용을 부여하는 조건을 부과할 수 있다. ……만약 채권자들에게 정말 신용이 필요하다면, 그들은 자기 자신의 이익을 위해서 이 조건에 복종해야 한다." 그러나 은행은 "지배당하는 사람의 이익과 상관없이 그의 '복종'을 요구하지는 않는다. 은행은 다만 자신의 이익을 추구할 뿐이고, 지배당하는 사람들은 형식상으로 자유롭게 행동하지만 객관적 여건이 그들에게 강제하는 대로 자신의 이익을 합리적으로 추구할 때 은행은 이익을 최고로 실현한다"(Weber〔1921〕1968: 943).

소설가 아나톨 프랑스(Anatole France)가 "법은 거창한 평등의 이름으로 다리 밑에서 자고, 길거리에서 구걸하고, 빵을 훔치는 것을 부자와 마찬가지로 빈자에게도 금지한다"(France 1894: 7장)고 했던 것처럼, 이런 권력의 형식적 평등은 선택의 여지가 없는 사람들에게는 무의미하기에 비웃음을 살 수 있다. 그러나 그와 동시대 사람인 독일의 사회학자 게오르크 짐멜(Georg Simmel)은 형식적 자유의 이론적 중요성을 강조하면서 언급하기를, 시장에서보다 훨씬 더 엄혹한 복종 관계처럼 보이는 것에서도

> 모든 자발성의 배제는 '강압', '선택의 여지 없음', '절대적 필요' 등처럼 일반적으로 널리 사용되는 표현이 암시하는 것보다 실제로는 더 드물다. 가장 억압적이고 잔인한 복종의 경우라 해도 여전히 상당한 정도의 개인적인 자유가 있다. 단지 우리가 깨닫지 못할 뿐이다. 자유의 표명에는 희생이 따르는데 우리는 보통 희생을 감당할 생각을 전혀 하지 않기 때문이다. …… 초복종 관계는 직접적인 신체 유린의 경우에만 복종하는 자의 자유를 파괴한다. 다른 모든 경우에 이런 관계는 자유의 실현에 대가를 요구할 뿐인데, 물론 우리는 그 대가를 지불하려 하지 않는다(Simmel〔1908〕1950: 182).

짐멜의 고찰은 긍정적 의존과 부정적 의존을 종종 구별하는 것에 대

한 도전이다. 긍정적 의존은 자신을 통제하는 사람에게서 가치 있는 자원을 얻는 보상을 강조한다. 부정적 의존은 처벌과 그 처벌을 피하는 방법 강구에 초점을 맞춘다. 후자의 경우 강압적 권력이 분리형이라는 것을 암시한다. 즉 다른 상황에서는 가할 수도 있는 신체 처벌을 보류함으로써 순종을 획득하는 사람들은 긍정적 보상으로 순종을 확보하는 사람들과는 확실히 다른 무언가를 행한다. 이런 구별은 짐멜이 말한 "직접적인 신체 유린", 아마도 구타와 고문 및 그 비슷한 행동을 포함하는 경우에 가장 뚜렷하게 보인다. 사회학의 교환 이론은 물론 행동주의 심리학에서(예를 들면 Solomon 1964) 강압과 처벌은 긍정적 의존과는 구별해서 다뤄졌다. 하지만 표명할 때 드러나는 차이를 염두에 둘 필요는 있지만, 긍정적이든 부정적이든 두 가지 모두 의존의 형태라는 점에 주목하는 것이 우리 목적에는 더 수월해 보인다.[2]

경제에서 권력이 특수한 자원의 분배에서 발생하는 종속에서 유래될 수 있다는 점은 사회과학에서 최소한 19세기 중엽부터 다루어온 주제다. 20세기 사회학과 사회심리학에서 사회 교환에 관한 실험 연구의 전통은 1960년대 리처드 에머슨(Richard Emerson)이 권력을 의존에 기초한 것으로 정식화하면서 시작되었다. "다른 사람을 통제하거나 다른 사람에게 영향력을 행사하는 권력은 석유 자원에서 자기 부조에 이르기까지 모든 것에서 그 사람이 가치 있다고 여기는 것을 통제하는 것에 기인"하므로 권력 분석은 의존 개념을 중심으로 전개해야 한다고 에머슨은 언급했다(Emerson 1962: 32). 에머슨의 주장은 의존과 권력이 어떻게 사회 교환에 영향을 주는가와 관련 있고, 그의 자원 개념은 개방적이어서 '자기 부조' 같은 항목도 포함하지만, 실제로 그가 착수한 실험 전통은 현실 또는 가상의 경제적 자원의 교환에 초점을 맞추었고 이러한 전통은 쿡과 에머슨의 1978년 연구와 함께 시작되었다(Cook and Emerson 1978. 교환 실험에 대한 문헌 검토는 Cook and Rice 2003 참조). 이 전통에 의하면, 의존 때문에 권력이 약한 사람들은 다른 상황에서 얻을 수 있는 것보다 더 나쁜 비율로 교환을 강제당한다. 권력의 불균형은 두 가지 가능한 방식으로 줄어들 수 있다고 에머슨은 지적한다. 하나는 대안의 교환 상대를 찾는 것인데, 이는 연결망의 구조를 변경한다는 의미다. 다른 하나는 의존하는 자원에 부여하는 가치를 줄이는 것이다(Cook and Rice 2001: 706). 따라서 일반적인 개념과 실험에서는 연결망과 선호도를 일정하게 유지한다.

블라우는 종속과 복종 주제에 대한 흥미로운 변형을 제시하는데, 조언과 전문 지식이 필요한 사람이 그것과 교환할 수 있는 가시적인 것이 없고 다만 경의(deference)를 제공할 수 있는 조직적 상황에 초점을 맞춘다. 그의 지적에 따르면, "다른 사람의 요구에 순응하려는" 의지는 "포괄적인 사회적 보상이다. 그것이 주는 권력은 돈과 마찬가지로 일반화된 수단이어서 다양한 목적을 달성하는 데 사용될 수 있기 때문이다. 순응을 명령할 수 있는 권력은 신용과 동등하게 미래에 인출될 수 있다"(Blau 1964: 22). 그 결과로 지위 위계가 등장한다. 전문가의 조언과 달리 경의를 경제 상품과 교환하지 못할 이유는 없다. 그리고 이는 봉건제나 소작제의 작동에 중요한 부분으로 보이지만 경제학의 분석은 대체로 이런 요소들에서 멀리 벗어나 있다. 이런 사고를 통해 의존에 기초한 권력과 신분 격차의 인과관계를 설정하는데, 이것은 중요한 일반 주제로, 경제 문헌에서는 소홀히 다루어졌지만 후견인-고객 관계에 대한 정치학과 정치사회학 문헌에서는 이를 강조해왔다(예를 들면 Eisenstadt and Roniger 1984).

종속은 지금까지의 논의에서 개인 간 자원 불균형에 초점을 맞추었다. 그러나 조직은 '자원 의존' 이론가들의 연구에서 분석의 단위다. 제프리 페퍼(Jeffrey Pfeffer)와 제럴드 샐런칙(Gerald Salancik)은 그들의 획기적인 저서에서 자원은 조직 운영에 얼마나 중요하냐에 따라 다르고, 어떤 자원은 다른 자원보다 획득하기가 더 어렵다고 주장한다(Pfeffer and Salancik 1978). 따라서 필요한 자원을 통제하는 외부 조직은 권력을 얻고, "가장 중요하고 획득하기 어려운 자원을 제공할 수 있는" 조직 내 개인들과 하부 단위들도 마찬가지다. 그런 자원에는 명백히 물질적인 것 외에도 "돈, 위신, 정당성, 보상과 제재 그리고 불확실성에 대처할 수 있는 전문 지식이나 능력이 포함된다"(Pfeffer 1981: 101).

그러나 페퍼는 에머슨(Emerson 1962)도 그랬던 것처럼 어떤 자원이 중요하고 권력을 부여하는지는 마르크스와 베버가, 때로는 경제학자들이('자연독점'이라는 경제학 개념에서처럼) 제시하듯 단지 객관적 여건에 의해서만 주어지지는 않는다고 강조한다. 페퍼는 그 대신에 '사회적 구성주의' 관점의 가치를 제시한다. 그 관점에 따르면, "조직의 생존에 필수적인 조건들이 있다 해도 변할 수 없고 변하지 않는 것은 거의 없다. 조직은 부문이나 영역 또는 기술을 변경할 수 있고 또 그렇게 함으로써 필요한 자원 거래의 유형을 바꿀 수 있다. 게다가 생존이나 실패는 장기간에 걸쳐서만 발생하고, 현재 조직의 성공에 무엇이 적절한지 아닌지는 논란거리다. 그러므로 조직에서 결정적인 자원이나 중요한 영역 또는 불확실성으로 간주되는 것이 무엇인지는 사회적으로 정의되는 문제다"(Pfeffer 1981: 125). 따라서 어떤 자원을 소유한 조직이나 사회적 행위자는 "그 자원이 결핍돼 있다고 주장하고 그 자원이 마치 결핍돼 있는 것처럼 행동함으로써 자원의 가치와 자신의 권력을 증가시킬 수 있다"(1981:

82). 따라서 의존과 그 반대인 권력은 전략적 행동에서 도출될 수 있다. 페퍼는 그 사례로 1960년대에 제너럴 모터스(General Motors)에서 가장 중요한 부문으로 부상한 금융을 제시한다(1981: 127-129).

란자이 굴라티(Ranjay Gulati)와 맥심 시치(Maxim Sytch)는, 의존에 기초한 권력의 일반적 개념은 의존이 실질적이면서 또한 비대칭적이라고 가정한다고 지적한다(Gulati and Sitch 2007). 그러나 비대칭적 의존은 "권력 논리"로 적절히 다룰 수 있는 반면, 의존이 실질적이지만 대칭적인 상황에서 대칭적 의존은 두 가지 이유로 "배태성의 논리"로 이해하는 것이 더 낫다고 주장한다. 그 이유 중 하나는 상호의존적 관계에는 감정이 스며들어 "관계를 덜 도구적으로 만들기" 때문이다(2007: 33). 이런 관계에서는 더 많은 공동 행동과 더 많은 신뢰와 더 나은 정보가 생긴다. 동반자들은 서로 더 많이 동일시하고 "관계의 장기적 지평을 수용하면서 공동의 성공에 초점을 맞추고" 상호 공감을 발전시킨다(2007: 39). 신뢰와 헌신, 즉 도덕적 해이에 대응하며 계약으로 보증된 안전장치의 필요성을 줄이는 "신뢰의 문화"(2007: 41)를 고도의 상호의존이 장려하는 곳에서는 동료가 더 나은 성과와 문제 해결 및 기술 혁신을 보여줄 것이라고 기대할 수도 있다. 더 나은 정보 교환으로 이끄는 행동 규범이 등장해 결국 더 나은 효율성을 낳는다. 이 주장은 권력과 규범, 신뢰에 대한 고려들을 훌륭하게 함께 묶어내고, 실제 세계의 상황에서 그것들이 얼마나 밀접하게 서로 관련돼 있는지 예증한다. 하지만 이러한 문제에 대한 연구는 아직 빈약하고, 대체로 찾아내기 어려운 종류의 자료가 필요하다. 굴라티와 시치는 포드와 크라이슬러 자동차 부품의 선두 구매자들에 대한 현장연구와 조사 자료를 통해 그들 주장의 일부를 확인했다.

4.1.2 정당성에 기초한 경제 권력

의존으로서의 권력이 대부분의 논의를 지배하고 많은 저자가 유일하
게 가능한 권력 개념으로 다루지만, 경제에서(정치체처럼 다른 사회제도에서
도) 권력은 단지 일부분만 자원 의존에서 파생한다는 점을 강조하는 것
은 매우 중요하다. 다른 종류의 권력은 2장에서 논의했던 규범과 밀접
한 관련이 있다. 즉 많은 중요한 상황에서 사람들은 타인의 요청에 순
응하는데, 그것은 자원 때문에 타인에 의존해서가 **아니라**, 복종해야 하
는 명령을 내릴 수 있는 **자격을 부여한다고** 순응하는 사람들이 믿는 권
위의 지위를 이런 타인들이 차지하고 있기 때문이다. 이런 타인들은 막
스 베버가 고전적으로 설명한 "정당한 권위"를 보유한다. 사실 베버는
의존에 기초한 권력은 아주 잠깐만 논의했는데, 이는 정당성에 기초한
권력보다 흥미롭지 않다는 의미다.[3] 그는 두 가지의 "아주 대조적인 종
류의 지배, 즉 이익의 배열에 의한 (특히 독점적 지위에 의한) 지배와 권위
에 의한, 예를 들면 명령하는 권력과 복종하는 의무에 의한 지배"를 상
정한다(Weber [1921] 1968: 943).[4]

    탤컷 파슨스는 권력을 돈에 비유하면서 정당성의 중요성을 부각했고,
권력과 돈이 고취하는 신임과 정당성의 정도에 따라 두 가지 모두 넓게
혹은 좁게 사용될 수 있다고 주장했다. 그가 언급한 바에 따르면, "실질
적인 교환 수단으로 철저히 금에 의존하는 금융 제도가 시장 교환의 복
합적 체계를 매개할 수 없는 아주 원시적인 것이듯, 오직 부정적 제재
의 힘만으로 위협하는 권력 체계는 조직을 조정하는 복합적 체계를 매
개하는 기능을 할 수 없는 아주 원시적인 것이다." 돈이 잘 작동하기 위
해서는 돈을 "하나의 상징으로 제도화"해야 한다. "즉 돈은 정당화되어

야 하고 체계 내에서 '신임'을 고취해야 한다." 비슷하게 권력이 "효과적인 집단행동에 자원을 동원하는 일반화된 매개물"이 되기 위해서는 "권력 역시 상징적으로 일반화되면서 또한 정당화되어야 한다"(Parsons 1963: 240). 정당한 권력이 집단행동을 지지하는 기능을 주로 한다는 파슨스의 사고를 거부할 수 있다 해도, 권력을 정당한 권위의 힘과 비교한다면 억압은 권력 행사를 매우 제한하는 기초라는 그의 지적은 수용할 수 있다.

명령이 정당하다는 믿음에 기초한 순종은 많은 층위에서 일어난다. 세계 도처의 전통적 가족에서 부모의 권위는 (최소한 어린) 아이들이 거의 문제로 삼지 않는 주어진 것이다. 아이들의 복종이 일정 부분 종속에서 비롯된다는 것은 의심할 바 없지만, 이것이 유일한 이유라면 복종은 실제보다 얻어내기가 훨씬 더 어려울 것이다. 많은 문화에서 부모가 명령할 **자격이 있다**는 규범을 가르친다. 내가 기업집단과 가족 기업에 대한 후속 저서의 논의에서 더 살펴보겠지만, 이 권위는 보통 가부장적이고 좋은 의미에서든 나쁜 의미에서든 경제에서 강한 응집력을 지닌다. 가족을 넘어 피고용인들에게는 주어진 지시를 따라야 하는 회사의 규칙과 조직도, 일상적 절차가 부과된다. 주·지방·국가 그리고 (유럽연합 같은) 초국가적 단위와 같은 정치적 단위에서 개인과 기업은 기존 절차로 확립된 법적 요구 조건을 따른다. 이는 개인과 기업이 이런 절차의 정당성을 일정 부분 인정하기 때문이다.

물론 공식적 규칙의 영향력도 필요한 자원을 통제하고 처벌을 강제하는 사람들에 대한 종속에서 일부 기인한다. **그러나 모든 수준에서 규칙은 회피될 수 있는 상황에서 준수되고 개인들은 규칙을 회피할 수 있는** 어떠한 수단도 거의 사용하지 않는다. 그 이유의 하나는, 거의 모든 상황에서 행위자들은 적절하게 설정된 규칙과 자격이 부여된 사람들이 내리는 명령을 따라야 한다는 규범적 의무를 인정하기 때문이다. 이것이 정당한 권위의 힘이 의미하는 바다.

사람들이 법과 정부의 권위가 정당하다고 간주하기 때문에 법을 따르고 정부를 존중한다는 사실은, 규범과 정당성의 힘과 비교해 복종의 어떤 측면이 의존과 그 결과인 편익의 합리적인 이기적 추구와 계산에서 기인하는지 분류해내는 데 몰두하는 일단의 경험적 연구에 의해서도 점점 더 많이 뒷받침된다. 그래서 타일러는 "사람들이 법을 따르는 이유에 대한 도구적 관점과 규범적 관점"을 대조하는 연구들을 요약한다(Tyler 2006: 3). 범죄에 대한 대부분의 문헌이 억제와 체포의 두려움이 어떻게 범죄율에 영향을 주는지와 같은 쟁점에 주안점을 두는 반면, 자발적 순종은 "비용이 훨씬 적게 들고 그 결과 사법 당국에서 특별한 가치로 인정한다"고 타일러는 언급한다(2006: 4). 규범적 요인에 기초한 자발적 순종은 두 범주로 구분된다. 즉 어떤 행위가 적절한지를 규정하는 법과 일치하는 개인적인 도덕적 관점 때문에 법을 따르거나, 법을 수립하고 집행하는 데 있어 경찰과 법원 및 기타 법 집행자들이 적절하고 공정하고 합리적인 절차를 사용한다는 믿음 때문에 따른다는 것이다. 타일러의 검토에 따르면, 이 가운데 더 중요한 것은 절차적 정의에 대한 믿음인데, 이러한 믿음은 권위의 정당성을 결정하는 중요한 요인이고, 비교하자면 처벌의 회피는 잠재적 법 위반자의 동기로는 사소한 것이다(2006: 269).

절차적 정의의 강조는 타일러가 언급하듯(2006: 273), 막스 베버의 "법적-합리적" 근거에 기초한 정당화의 범주에 해당한다. 베버는 주로 정치 질서에 대해 말하지만 그것이 경제 규칙에도 똑같이 잘 적용된다고 주장하면서, 권위가 규칙과 법, 명령의 타당성을 정당화하고 일반 시민이 그것을 이해하는 데는 세 가지 원칙만 있다고 주장했다. 하나는 "합리적-법적" 근거로, 이것은 지금까지 내가 주장해왔던 것에 해당한다. 이 근거는 대체로 비인격적인데, 다른 두 원칙은 개인적 권위에 해당한다. 두 가지 중 첫째는 "전통적 근거"인데, 권위를 행사하는 사람 혹은 사람들이 "예전부터 타당했던 전통의 신성함" 때문에 그렇게 할 자격이 있다는 사고다. 두 번째는 "카리스마적 근거"로, "어느 개인의 특출한 신성함이나 영웅성 또는 모범성에 대한 헌신과, 이러한 개인에 의해 계시되거나 창조된 질서에 근거할 수 있다"(Weber〔1921〕1968: 215). 우리 논의의 대부분은 법과 규칙의 영향과 관련 있기 때문에, 근대 경제에서 정당한 권위의 원천을 모두 섭렵하지는 않는다. 다만 나는 가족과 아버지의 권위라는 주제를 더 논의할 것인데, 이는 베버의 "전통적 권위" 개념에 해당한다.

정당성과 관련 있지만 또 다른 강조점을 내포하는 권력과 그 결과인 복종이라는 범주는 집단 정체성의 중요성에 대한 고려에서 파생한다. 타일러는 이러한 원천을 정당한 권위나 종속 상황에서의 이익 추구와 특별히 구별했다. 그에 의하면, "다른 사람들과의 상호작용에서 중요한 측면은 사회적 정체성을 창출한다는 점이다. ⋯⋯사람들은 집단이나 조직과 관련지어 자신을 정의하고, 또한 집단에의 소속을 활용해 자신의 사회적 지위를 판단하고 이를 통해 자신의 가치를 판단한다". 내가 신뢰에 대한 3장에서 언급했듯, 사람들이 사회적으로 연결된 집단에서 신뢰 판단은 "정체성에 대한 관심과 강력하게 연결되지만, 자원 교환과는 그만큼 강력하게 연결돼 있지 않다". 정체성에 대한 관심은 "자원 교환에 대한 관심과는 구별"된다(Tyler 2001: 289). "집단에 의해 존중받고 중시된다"고 느끼는 사람들의 반응은 "집단의 규칙을 따르고 집단의 편에서 행동하는 것, 즉 권위를 존중하는 것이다"(2001: 290).

정당한 권위로 인식되는 것에 복종한다는 베버의 개념에서 이러한 권위가 자리잡는 데 필요한 암묵적 조건은, 한 집단의 사람들이 충분히 공통의 정체성을 느껴 권위적 지위가 유효한 단위에서 그 일부가 되어야 한다는 것이기 때문에, 나는 집단 정체성에서 도출되는 복종을 권력의 독립적 형태로 구별하지 않았다. 그러나 정당성이 권력과 순종에 이를 수 있는 조건에 대한 논의의 일부로 여기에 주목하는 것은 분명히 유용하다.

4.1.3 의제와 담론 통제에 기초한 경제 권력

권력의 세 번째 형태는 의존이나 정당성으로 환원될 수 없고 경제적 쟁점에 대한 의제나 담론 형성에 기초한 것이다. 이러한 형태의 권력은 20세기 중엽에 정치학 논쟁의 결과로 처음 명확하게 소개되었다. 이 논쟁은 눈에 띄는 '파워엘리트'가 미국 대도시에서 중요한 결정을 내린다는 '엘리트주의' 관점과 다양한 집단이 다양한 쟁점에 대해 권력을 행사한다는, 그래서 민주적 과정을 전망하는 관점인 '다원주의' 관점 사이의 논쟁으로 처음 그 윤곽이 드러났다. (이 논쟁의 자세한 내용은 Lukes 1974에 잘 요약돼 있다.) 이 두 시각 모두 의사결정과 쟁점에 대한 통제를 강조하면서도 의사결정과 쟁점을 이미 주어진 것으로 간주한다고 비판한 학자들은, 사람들이 생각하는 쟁점이 무엇**이었**는지 결정할 수 있었던 이들은 중요한 의사결정이 대중의 의제로 설정되게 할 수도 그러지 못하게 할 수도 있기 때문에 훨씬 더 권력적일 수 있다고 지적했다(특히 Bachrach and Baratz 1962와 비교). 조직에서의 권력에 대한 페퍼의 유사한 지적에 따르면, "가장 눈에 거슬리지 않으면서 권력을 행사하는 최선의 방법" 중 하나는 "의사결정의 쟁점이 애초에 등장하지 못하게 막는 것이다. 이 전략은 조직에서 현재의 조건을 선호하는 이해 당사자들에게 특히 적용될 수 있다. ……따라서 의사결정을 위해 고려해야 할 의제의 통제가 권력 행사에 포함돼 있다"(Pfeffer 1981: 146).

예를 들면 매슈 크렌슨(Matthew Crenson)은 공기 오염이 20세기 중엽 일부 미국 도시에서 실제 오염 수준과는 상관없이 다른 도시들보다 훨씬 개연성 높은 정치적 쟁점이 되었다는 것을 발견했다. 즉 공기 오염은 인디애나주의 이스트시카고에서 1949년에 규제를 낳은 중요한 쟁점이었지만, 오염 수준이 비슷하게 심각한 이웃 도시인 인디애나주의 게리에서는 1962년까지 조치를 취하지 않았다. 이렇게 지체된 가장 중요한 요인이 게리를 지배하던 US스틸(U.S. Steel)이었다는 것을 크렌슨은 증명했다. 그 기업이 정치적 과정에 개입하지 않더라도 기업의 입장이 어떤지는 잘 알려져 있었다. 사실 US스틸은 그 쟁점에 대체로 공감했지만 얼버무리는 입장이어서 강력한 조치를 신중하게 회피했다(Crenson 1971: 2장). 존 패쳇(John Padgett)과 크리스토퍼 앤셀(Christopher Ansell)이 중세 피렌체에서 코시모 데 메디치의 엄청난 권력을 논의하면서 언급하듯, 마키아벨리의 조언과 묘사와는 아주 반대로, 상황을 통제하는 방법 중 하나는 자기 이익을 명확히 규정해 그에 따른 반발을 촉발할 수 있는 조치를 회피하는 것이다. 그래서 코시모는 "수수께끼 같다"거나 "애매모호"하다고 알려졌다(Padgett and Ansell 1993: 1262-1264). US스틸의 공기 오염 관련 이익이 코시모보다 명확한 것은 의심할 바 없지만, 명확한 조치를 신중하게 회피함으로써 잠재적 활동가들이 표적을 발견하거나 해야 할 일을 정하기 더 어렵게 만들었다.

의제 통제는 사람들이 추구하는 사회적·정치적 의제를 생성하는 **사고**의 통제라는 더 광범위한 개념과 밀접하게 연결돼 있다.[5] 사이먼 존슨(Simon Johnson)과 제임스 곽(James Kwak)은 2007~2009년의 금융위기를 설명하면서, "대마불사"인 6개 거대 은행 출신 관료들의 과두지배가 미국의 재정 정책과 금융 정책을 최종적으로 좌우한다고 주장한다(Johnson and Kwak 2010). 나는 뒤에서 엘리트의 존재와 그 영향력을 논의하며 이 주장으로 돌아올 것이다. 그러나 여기서는 금융 부문이 특수한 지위를 가지고 있고 존중과 보호를 받아야 한다는 견해를 일반 대중과 정책 결정자들이 똑같이 공유하게 된 것이, 그런 일이 발생한 필요조건이라는 그들의 주장에 주목한다. 존슨과 곽이 말하는 "월스트리트 은행들"은 2009년에 미국 역사상 가장 부유한 산업 중 하나였고 "워싱턴에서 가장 강력한 정치 세력 중 하나"였다고 그들은 지적한다. 그러나 이를 넘어 투자은행 경영진과 그 조력자들은 10년 이상 "백악관과 재무성에서 고위직을 담당했고", "구속받지 않는 혁신과 규제되지 않는 금융시장이 미국과 세계에 좋다는 월스트리트의 이데올로기가 워싱턴의 양 정치 세력의 합의사항이 되었다"(2010: 4장). 이런 인과관계 주장에 동의하든 아니든, 클린턴·부시·오바마 행정부의 경제 정책 결정자들이 압도적으로 월스트리트 출신 은행가들이거나 그들과 연결된 사람들 또는 이런 은행 및 은행가들과 긴밀하게 연결된 경제전문가들이었다는 것은 확실하다. 그래서 그들의 관점은 당시 위기에 대한 처방과 개혁의 담론에서 특권적 지위를 누렸다.

의제 통제의 중요성은, 근대 역사에서 경제 권력과 정치 권력이 최소한 전제정의 궤도 밖에서는 점점 더 비가시적이 되어가는 경향이 있다는 미셸 푸코(Michel Foucault)의 주장과 연결될 수 있다. 봉건제에서 엘리트층의 의상을 하층 계급이 입지 못하게 하는 사치금지법과 공들인 의복의 도움을 받은 장엄한 의례는 누가 권력자인지를 확실하게 알려주었다. 유럽의 엘리트층은 점차 공들인 개인적 장식에 관심을 덜 두었고 남성 의상은 무채색으로 되어갔다고 그레이버는 지적한다. 르네상스 시기에 부자 남성들은 "장식이 많은 밝은 옷에 화장을 하고 보석 등을 착용했지만 〔18세기에는〕 이 모든 것이 여성들에게만 적합한 것으로 여겨졌다"(Graeber 2001: 95). 그리고 근대 신사복이 될 남성 정장은 이미 1750년 무렵에 어느 정도 자리를 잡았다. 남성 정장은 "남자의 신체 형태뿐만 아니라 개성 자체도 지워버려 남자를 추상적이고 어떤 의미에서는 비가시적으로 만들려고 의도했던 듯하다"(2001: 96). 현대 상황에서 존슨과 곽의 주장을 예로 들어보면, 문제의 권력은 교묘하고 은밀한 전문 지식의 형태를 취한다. 그래서 비판자들은 복잡하고 전문적인 쟁점을 파악할 능력이 없는 이들이고, 그래서 금융 안정에 대한 위협으로 묘사된다. 이것이 성공적인 한, 매우 뛰어나고 효과적인 권력의 사용인 셈이다.

4.1.4 권력 형태들 간의 관계

권력을 분석적으로 의존과 정당성 및 담론/의제 통제로 구별하는 것은 명쾌하다는 점에서 유용하다. 그러나 권력자들은 대체로 이 유형들을 조합하며, 매끄럽게 조합할수록 권력은 강력해진다. 그래서 인디애나주의 게리에서 US스틸이 조치를 자제하고 표면적으로 중립을 지킴으로써 공기 오염이 심각한 정책 쟁점으로 인식되는 것을 막을 수 있었을 것이다. 그러나 또한 오염을 실질적으로 통제하면 해당 기업이 규제 부담이 적은 다른 곳으로 생산지를 옮길 수도 있다고 정책 결정자들이 우려한 것도 분명하다(Crenson 1971: 78과 비교). 따라서 해당 회사에 고용을 의존하는 도시 상황이 그 회사에 상당한 권력을 부여한 것이다. 또한 한 종류의 권력은 다른 종류의 권력이 발달하도록 촉진하는 연쇄 작용이 있어, 이는 권력 지위가 지속하면서 자가발전하는 방식의 하나다. 베버는 이익 배열에 의한 지배(예를 들면 독점적 지위에 기초한 의존)가 점차 정당한 권위에 기초한 지배로 변할 수 있다는 것을 단순한 사례를 통해 보여준다. 예를 들면 기업이 자본 때문에 은행에 의존해 있어 은행이 기업에 영향력을 행사해 은행 이사를 채무 기업 이사로 두기를 요구할 때, 이런 겸임 이사회는 "채무 기업이 따라야 할 의무 때문에 경영에 결정적 지시를 내릴"(Weber 〔1921〕 1968: 944) 가능성으로 이어진다. 반대로 정당한 권위를 가진 지위는 어떤 생각, 어떤 뉴스, 어떤 담론이 유포될 수 있는지에 영향을 미치는 의제 통제와 하급자의 경제적 의존을 이끌어내는 방식으로 활용될 수 있다. 권위주의적이고 전체주의적인 정치 당국은 이 모든 수단을 사용해 권력 장악을 강화한다.

4.2 권력과 사회 구조

권력의 원천이나 유형의 분류에는 한계가 있을 수밖에 없어, 어떤 여건에서 어떤 행위자 또는 어떤 유형의 행위자가 여러 유형의 권력과 그 조합을 행사할 수 있는지에 대한 논의가 반드시 뒤따라야 한다.

4.2.1 개인의 특성에 기초한 권력

방법론적 개인주의자들은, 특정 개인들이 의존을 만들어내거나 정당성의 표출로 순종하게 하거나 경제적 의제를 설득력 있게 구성할 가능성을 매우 높이는 성격이나 자원을 가지고 있기 때문에 권력적일 수밖에 없다는 가정으로 시작할 것이다. 그러나 그 모든 여건은 어떤 자원이 중요하고 어떻게 그 자원을 할당하는지, 어떻게 사람들이 정당성을 이해하는지, 그리고 어떤 과정으로 의제를 설정하고 추구하는지 규정하는 사회적 조건에 배태돼 있다. 관련된 상황을 이해하지 않으면 경제 권력이 어떻게 행사되는지에 대해 개인적 특성이 말해줄 수 있는 것은 너무나 적다.

사실 개체의 특성만으로 권력 격차를 설명하려는 시도가 그것으로 당연히 충분하다고 생각할 법한 인간 외의 영장류에 대해서도 실패한다는 점은 놀랄 만한 일이다. 예를 들어 이반 체이스(Ivan Chase)에 따르면, 동물들에게서 전형적인 지배 위계의 전이를 개체의 특징이나 심지어 고립된 쌍방 간 대결의 성공으로 예측하기 위해서는 개체의 특성과 경쟁 결과의 상관관계가 실제로 관찰한 상관관계보다 상당히 더 높아야만 할 것이다(Chase 1974, 1980: 908-909; Lindquist and Chase 2009). 이어서 그는 닭과 기타 동물들의 실험을 통해, 비교적 단순한 종에 있어서도 경험적으로 발견되는 위계와 개체의 특징 하나에서만 도출되었을지도 모르는 서열 간의 상당한 격차가 복잡한 상호작용 과정으로 설명된다는 것을 보여준다.

4.2.2 권력과 사회 연결망의 위치

순전히 개인에게만 초점을 맞추는 것보다 한 단계 더 높은 분석 수준은 개인이 배태되는 사회 연결망의 수준이다. 널리 퍼져 있는 문헌들에 따르면, 다른 행위자들의 개별 특성과는 무관하게 (사회학의 실험 전통에서 이런 특성은 통제된다) 그들에 대한 한 행위자의 권력을 그 행위자의 연결망 위치로 예측할 수 있다는 것이다. 이런 문헌들 대부분은 권력이 그러한 위치에서 나오는 것으로 규정하고 사회 교환에서 전형적으로 작동하는 의존의 관점에 서 있다.

한 행위자의 사회 연결망 위치와 다른 사람들에 대한 권력의 단순한 관계를 밝히려는 시도들을 요약하기 전에, 나는 이들 연구의 결론이 결국 교환과 의존의 구체적인 내용 그리고 교환되는 자원의 종류에 심하게 좌우되는 것으로 드러났다는 점을 지적하고자 한다. 이는 역사적·문화적·제도적 맥락에서 많이 벗어난 것인데, 나는 뒤에서 이런 단언의 중요한 측면을 논의할 것이다.

집단의 의사결정에 대한 20세기 중엽의 연구에서는 단순한 소규모 연결망의 중심 행위자가 더 많은 권력을 가진다는 것을 알아냈다(평가를 위해서는 Mizruchi and Potts 1998 참조. 연결망의 '중심성'을 측정하는 다양한 방법의 세부 내용은 Scott 2013 참조). 그러나 사회 교환 이론의 추후 연구에 따르면, 노드의 중심성이 권력을 부여하는지는 교환의 연결망이 부적으로(negatively) 연결돼 있는지 아니면 정적으로(positively) 연결돼 있는지에 일부 달려 있기 때문에, 이런 단순한 관계는 오도의 소지가 있다. 전자의 경우 한 상대와의 교환은 다른 사람들과의 교환을 **배제하는** 반면, 후자의 경우 한 관계에서의 교환은 다른 관계들에서의 교환을 **촉진한**

다. 부적으로 연결된 연결망에서 중심성은 크게 의존돼 있으면서 대안이 없는 행위자에게 접근하는 것보다 권력에는 덜 유효하다(Molm 2001: 264 참조). 사실 행위자가 중심적일수록 역시 중심적인 다른 사람들과 연결되는 경향이 있고 따라서 또한 잘 연결되는 경향이 있기 때문에, 부적으로 연결된 연결망은 교환에서 우위를 차지할 수 있는 그들의 능력을 훼손한다. 한편, 정적으로 연결된 연결망에서 중심 행위자는 협력적 관계에서 중개인으로 활동할 수 있기 때문에, 쿡과 에머슨, 메리 길모어(Mary Gillmore)가 처음 밝혔듯 더 권력적이게 **된다**(Cook, Emerson and Gillmore 1983).[6]

대부분의 실험 사회심리학은 부적으로 연결된 연결망을 다루어왔는데, 이런 연결망은 정의상 제로섬 양상이 있다. 이런 교환은 미시경제학의 분석과 유사한데, 당신이 소유한 자원의 측면에서는 상대적인 독점 지위를 가지지만 그 자원이 필요한 타인들이 가용할 수 있는 대안은 상대적으로 빈약한 데서 권력이 나온다. 이런 연구의 상당 부분은, 한 행위자가 무언가를 제공하고 나서 보답으로 무엇을 받을지 알고 기다리는, 그래서 "호혜적 교환"[7]으로 불리는 교환보다는 교환 발생 전에 미리 협상을 진행하는 교환에 관심이 있다. 부적으로 연결된 연결망에서 협상된 교환에 강조점을 두는 것은 소규모의 경쟁적 상호작용에 초점을 맞추는 것이어서, 국지적이거나 소규모인 사회 구조가 대규모 단위로 발전하는 방식을 밝혀낼 것 같지는 않다는 것이 내 주장이다. 린다 몸(Linda Molm)은 이 쟁점이 "교환의 협력적 모습과 경쟁적 모습"(Molm 2003: 14)의 구별을 포함한다고 정식화하면서, 협상된 교환 연구는 권력과 불평등의 강조로 이어지는 반면, 호혜적 교환 연구는 매력, 감정, 결속, 집단 형성 등 "사회적 교환 관계의 협력적 측면"(2003: 15)의 강조로 이어진다고 주장한다.

나는 이것이 일부 옳다고 생각하지만, 권력의 사용이 신뢰와 협력, 결
속, 집단 형성의 연구와 무관하지 않고 사실 그런 연구에 결정적으로 중
요할 수도 있다는 것이 내 주장이라는 점에서 나와는 의견이 다르다. 상
당한 규모의 사회적 집적은, 제국(帝國) 연구자들이 종종 지적해왔듯 강
력한 행위자들의 일치된 노력 없이는 확실히 불가능하다(특히 Eisenstadt
〔1963〕의 고전적 연구 참조).

4.3 중개

권력이 중요한 대규모 경제 구조의 등장과 소규모 교환 사이의 개념적
간격을 이어주는 방법의 하나는 중개(brokerage)를 더 면밀하게 관찰하
는 것이다. 교환 연구들은 행위자들이 전형적으로 포지티브섬(positive-
sum) 활동에 참여하는, 즉 정적으로 연결된 연결망에서 중개가 중요
하다고 지적해왔다. 특정 여건에서는 중앙의 위치가 중개를 촉진함으
로써 권력을 창출한다는 생각으로 나는 중개의 의미가 무엇인지 그리
고 중개가 경제 권력에 대한 더 일반적인 주장을 어떻게 가능케 하는
지를 보다 면밀하게 분석하게 되었다. 실험 사회학의 교환 이론 문헌에
서 '중개'의 의미는, A와 C가 직접 연결돼 있지 않은 상황에서 중개인
B가 자원을 A에게서 얻어 C와 교환하는 것이다. 또 다른 중개 개념은,
B가 A와 C 사이에 다리를 놓아 A와 C가 직접 거래하는 것으로, 특히
강력한 예는 결혼 중개, 즉 '중매'일 것이다. 데이비드 옵스펠드(David
Obstfeld 2005)는 두 개념의 구별 결과를 자세히 설명하면서, 테르티우

스 가우덴스(tertius gaudens. 말 그대로 '어부지리를 얻는 제삼자', 예를 들면 두 명의 다른 행위자들을 서로 대결시켜 이득을 얻는 제삼자)에 대한 짐멜의 고전적 고찰(Simmel 〔1908〕 1950: 154-162 참조)과 그가 테르티우스 이웅겐스(tertius iungens)라 부르는 참여하는 제삼자, 예를 들면 다른 사람들을 함께 묶는 중개 역할 행위자를 대비시킨다. (그의 글은 한층 더 나아간 다음 연구들을 자극했다. Stovel et al. 2011; Stovel and Shaw 2012; Obstfeld et al. 2014). 두 개념의 차이는 집단이 조직되는 방식과 중개인이 상당 기간에 걸쳐 권력을 유지할 수 있는지에 대해 아주 다른 결과를 초래한다.

사회학의 교환 이론과는 별개로 로널드 버트는 '구조적 공백(structural holes)' 연구를 통해 중개의 첫 번째 개념을 정교하게 다듬어 권력, 영향력, 경제적 이득과 중개의 관계를 처음으로 체계적으로 발전시켰다(Burt 1992). 버트는 나의 초기 연구(Granovetter 1973, 1983)에 의존하고 있는데, 사회 연결망에서 밀집해 있는 군집(cluster)들은 그것들에 '다리를 놓는' 소수의 연결로 서로 접속할 수 있고 따라서 정보가 연결망 전체에 더 잘 유통될 수 있다고 나는 제시했다. 연결로 이런 다리를 제공하는 개인들은 일자리나 소중한 기회에 대한 정보를 더 잘 얻을 수 있는 위치에 있고, 전체 연결망은 학문과 같은 활동에서 정보 유통의 증가로 혜택을 볼 것이라고 나는 지적했다. 이 연구에서 나의 강조점은 군집들에 다리를 놓는 연결이 약할 가능성이 있다는 것, 즉 내가 '약한 연결의 힘'이라 부르는 것이다.

버트는 강조점을 연결의 성격에서, 서로 차단되었을 수도 있는 연결망의 분절들 사이에 정보나 자원이 돌아다닐 수 있는 유일한 통로를 제공하는 연결을 가질 때의 전략적 이점으로 옮겼다. 그는 이런 차단을 "구조적 공백"이라 불렀고, "비중복적(nonredundant)"(예를 들면 연결망의 각

각 다른 분절에 연결해주는) 접촉을 가진 사람들은 짐멜이 강조한 테르티우스 가우덴스의 이점을 누린다고 강조했다. 그들은 차단된 행위자들을 서로 대결하게 만들 수 있기 때문이다(Burt 1992: 33). 즉 그들은 차단된 행위자들 간의 관계를 중개하고, 다른 사람들 사이에 있다는 데서 이윤을 창출한다. 이것이 "기업가(entrepreneur)"라는 말의 글자 그대로의 의미다(1992: 34). 그는 상응하는 개념으로 한 "플레이어"(player, 버트가 분석하는 행위자에게 부여하는 적극적 주체성을 강조하고자 사용한 용어)에게 "구조적 공백이 많고 …… 그에 따라 정보와 통제 이득도 많은" 연결망이 있는 수준인 "구조적 자율성" 개념을 발전시켰다(1992: 44). 반대로, "어떤 사람이 접촉이 별로 없거나 …… 접촉이 그 안에서만 긴밀하게 연결돼 있거나 …… 정보를 중앙의 접촉을 거쳐 간접적으로 공유한다"면, 그 사람에 대한 "연결망 제약(network constraint)"은 높아진다(2005: 27). 버트는 2005년의 설명에서 '사회적 자본' 개념을 강조했는데, 연결망의 자율성이 높고 제약은 낮은 행위자의 이점을 묘사하기 위해 이 용어를 사용했다.

버트의 경험적 연구는 전형적으로 자율성이나 제약의 측도를 활용해, 개인에 대해서는 더 나은 아이디어, 더 높은 승진 가능성, 더 높은 임금, 더 우호적인 평가, 기업과 산업에 대해서는 더 많은 이윤 같은 결과를 예측한다. 관계적 연결망에서 개별적 노드의 성공 측도는 사회학의 교환 이론에서 다른 사람들보다 거래에서 더 유리한 교환 비율을 얻을 수 있는 능력인 권력의 개념과 유사하다. 권력으로 개념화할 때 이것은 사회적 관계에서 자신의 의지를 실행할 수 있는 능력이 권력이라는 베버의 개념을 예시할 수도 있는 결과의 일부일 뿐이다.

4.3.1 작은 집단을 넘어선 중개

권력을 더 일반적으로 고려하는 방법의 하나는, 실험적 교환 연구나 구조적 공백 연구에서 연결망이 사회적 소속이나 사회적 정체성과 관련해 대체로 동질적이라는 점에 주목하는 것이다. 이것은 정체성의 동질성을 합리적으로 추론할 수 있는 소규모 수준에서 중개가 작동한다고 보는 암묵적 개념을 부분적으로 반영한다. 그러나 좀더 큰 환경에서도 중개인은, 구성원들에게 중요한 사회적 정체성이 다르고 중개인 없이는 집단의 경계를 넘나드는 소통과 거래가 사실상 어려운 집단들을 매개한다고 종종 간주된다.

레이 리건스(Ray Reagans)와 에즈라 주커먼은 잠재적 중개 위치에 따른 권력의 획득이 구조에서 자동적으로 발생하는 결과가 아니라고 지적한다(Reagans and Zuckerman 2008). 분리된 많은 소단위와 접촉하는 중개인이 권력을 획득하는 것은, 각 소단위 내의 사람들이 거래해야만 하는 것을 원하고 필요로 할 때**뿐**이기 때문이다. 어떤 이유에서든 사람들이 **자신의** 집단 내에서 교환하기를 선호한다면, 매우 비중복적인 연결망을 가진, 즉 버트의 표현으로는 높은 수준의 구조적 자율성을 가진 사람들은 이런 상황에서 이점이 있다 해도 얻을 수 있는 것이 별로 없고 따라서 자기 집단 안에서 중복적 접촉에 '투자'하는 편이 나을 것이다. 비중복적 접촉을 가진 사람들은 다양한 연결 때문에 아주 박식할 테지만, 리건스와 주커먼의 논문 제목이 언급하듯 이는 '지식은 권력과 동등하지 않다'는 사례가 될 수 있다. 이 때문에 나는 사회 연결망 관점에서 보면 왜 사람들은 자신에게 가까이 있는 자원을 선호할까 묻게 된다. 리건스와 주커먼은 이를 이국적인 것보다는 지역적인 것에 대한 취향, 즉 일종의 향토애로 이른바 "동종의 취향(homophilic tastes)"(2008: 907, 919), 친숙한 것에 대한 선호라고 해석한다. 이러한 선호는 아마도 강력한 집단 정체성의 결과라 할 수 있다.

그러나 사람들이 다른 이유로 지역민과만 거래하거나 세계주의적 취향이나 집단 정체성의 수준에 주된 관심을 두지 않는 '이방인'들과의 거래만 선호할 수도 있다. 한 가지 확실한 사례는, 지역 생산물이 모든 소비자의 수요를 충족하는 데 아주 부적절하고, 생산에서 집단 간 차이가 있어 고전학파 경제학의 비교우위설이 제시하듯 집단 간 거래가 이익이 되는 경우일 것이다. 이 경우는 단지 경제적 합리성의 문제이고, 장거리 상품에 대한 선호가 있다면 그것은 아마도 귀무가설로 간주해야 할 것이다.

강력한 집단 정체성은 이런 귀무로부터의 일탈을 일으킨다. 자신의 집단과 문화적으로나 정치적으로 다른 집단에 이점을 부여하지 않으려고 자기 집단과의 거래를 선호하는 상황이 그런 예다. 예를 들어 브루스 캐루더스(Bruce Carruthers 1996)에 의하면, 18세기 초 영국에서 동인도 회사의 주식 거래는 익명의 경제적 논리를 따르는 것이 아니라 정치적 소속에 좌우돼, 휘그당과 토리당은 같은 당원들과만 거의 배타적으로 주식을 거래해 정적들이 회사에 대한 지배력을 높이지 못하게 했다. 이런 상황에서 누군가가 휘그당과 토리당을 중개할 수 있다 해도, 두 당의 당원들 어느 누구도 그런 거래를 추구하거나 원하지 않기 때문에 이득이 없을 것이다.

주로 경제적인 것이지만 중재 없이는 정치적 합의에 이르기 어려운 쟁점에서 합의에 도달하기 위해 정적들의 이해관계로 서로 거래가 필요할 때 중개인은 이점을 얻을 수 있다. 로저 굴드(Roger Gould)는 이런 상황을 분석해 중개와 권력에 대한 주장을 발전시키려 했다. 그는 두 도시에서 정치적 갈등을 연구했는데, 한 도시는 정치적 파벌의 구조가 안정적이고 이는 주로 정당 가입을 통해 이루어졌다.[8] 집단 간 정치적 차이는 많은 경우 경제적 쟁점 위주로 전개되었다. 양 집단에서 뛰어난 연결망 접촉이 있는 사람은 영향력을 가질 수 있지만, 돈이나 공식적 권위 또는 일자리나 토지에 대한 통제 같은 전통적인 영향력 자원을 보유해서는 현실적으로 영향력을 덜 가지게 되었다는 것을 굴드는 확인했다(Gould 1989: 545). 이는 "타인들의 교환 기회를 통제하는 능력이 그 사람의 자원 가치를 높일 것"이라는 사회학의 전형적인 교환 이론의 주장에서 기대할 수 있는 것과는 반대라고 그는 지적한다(1989: 545). 문제는 "영향력 자원을 동원하면 중개 역할의 핵심인 공정성의 이미지가 잠식된다"는 것이고(1989: 546), 이는 "자원에 기초한 권력과 위치에 기초한 권력의 정적 상호작용을 예측하는 경향이 있는, 교환의 관점에 뿌리를 둔 현재의 이론적 연구에 반한다"(1989: 548).

이 주장은 사회적 정체성(자신을 어떤 집단에 소속돼 있다고 생각하는 것)과 '중개인'이 어떻게 행동해야 하는지에 대한 규범, 그리고 중개인이 자신의 이익과 무관하게 행동한다고 생각될 때 드는 신뢰감 등의 중요성에 기대면서, 많은 교환 이론의 어느 정도 행동주의적인 틀을 깨고 나온다는 점에서 흥미롭다. 중개인이 갈등에 초연하다고 상정되는 상황에서 전통적 자원을 사용한다면 이런 신뢰를 잠식할 것이다. 굴드가 소환하는 권력 또는 영향력의 개념은 교환 이론에서 보통 사용하는 개념, 즉 당신이 타인보다 더 유리한 비율로 교환한다는 것과는 아주 다르다. 여기서 권력 개념은 경제나 정치에서 쟁점의 산출물에 대해 타인보다 더 많은 영향력을 가진다는 의미여서, 권력의 두 개념은 어느 정도 상반된다. 굴드의 경우, 자신의 이익을 명확하게 밝히거나 자원을 사용해 이익을 획득하는 사람들은 쟁점의 산출물을 구성하는 더 광범위한 능력을 잃어버리기 때문이다.

굴드와 로베르토 페르난데즈(Roberto Fernandez)는 하나의 집단 안에서 중개인이 활동하는지 아닌지에 기초해 중개에 대한 다섯 가지 유형을 개발하면서 서로 구별되는 두 집단의 사례에 대한 주장을 정식화한다 (Gould and Fernandez 1989). 즉 자기 집단 구성원들을 조화시키기, 주식 중개인이 투자자들을 모으는 것처럼 다른 집단 구성원들을 조화시키기, 다른 집단 구성원들을 자기 집단 구성원들과 합치기("문지기" 역할), 자기 집단 구성원들을 다른 집단 구성원들과 합치기("대표" 역할), 그리고 자신이 소속돼 있지 않은 두 집단 사람들을 합치기("조정자" 역할)가 그것이다 (1989: 92-93).

연결망 노드가 조직인 건강 보험 영역에 대한 차후의 경험적 연구에서 페르난데즈와 굴드는, 이런 문지기 역할이나 대표 역할을 하는 정부 조직이나 기구는 자체의 정책적 관점을 드러내는 것을 자제하는 한에서만 영향력이 있다고 보았고 그럴 때 공정한 중개인으로 간주될 수 있음을 증명했다. 이는 그들이 "국가 권력의 역설"이라 부르는 것으로, "구조적 위치 덕분에 사회 연결망에서 '시냅스(synapses)'를 놓는 행위자가 이런 이점을 공개적으로(openly) 활용하려 하지 않는 한에서만 이런 위치에 따른 이점을 얻는다"(Fernandez and Gould 1994: 1483)는 일반적 원칙의 특별한 경우다.

이 문장에서 "공개적으로"라는 단어는 모호성을 암시하는 단어로 "강력한 조치(robust action)"라는 개념과 밀접한 관련이 있다. 이 개념은 원래 에릭 레이퍼(Eric Leifer 1991)가 고안했고, 패짓과 앤셀이 중세 피렌체에서 엄청난 정치적·경제적 권력을 행사한 코시모 데 메디치와 관련해 더욱 발전시켰다(Padgett and Ansell 1993). 레이퍼는 전략적 행동에 대한 사고는 대체로 너무 단순하다고 주장했다. 그에 따르면, 체스(그는 체스 토너먼트를 아주 자세히 연구했다) 같은 게임에서 가장 효과적인 선수는, 게임 이론에서 묘사하듯 미리 계획을 세우고 전략을 위한 정교한 계통도를 마련하는 사람이 아니라, 자기 의도를 모호한 채로 두고 상대방이 자기 전략을 노출하도록 교묘히 조정하면서도 자기 행동에는 최대한의 유연성을 지키는 사람이다. 패젯과 앤셀은 이런 최적 전략의 개념을 채택해 메디치 가문, 특히 1434년 코시모 데 메디치의 돌발적인 피렌체 권력 장악을 연구했다.

그들은 어떠한 권위의 구조에서도 "보스"의 역할과 "재판관"의 역할 사이에는 모순이 있다고 지적한다. 후자의 경우 정당성을 지니려면 "재판관과 규칙이 이기심에 좌우되지 않는다"(1993: 1260)고 다른 사람들이 믿어야 한다. 이것은 앞의 굴드와 페르난데즈의 주장과 의미상 아주 유사하다. 질문이나 요청에 직접 대답하지 않고 특정한 활동에서 이루고자 하는 것이 있다 해도 그것이 무엇인지 읽어내기가 극도로 어려운 코시모 데 메디치를 "수수께끼 같은" 사람으로 생생하게 묘사하는 당시의 증거를 패젯과 앤셀은 소환한다. 코시모가 특정 제도의 맥락 안에서 재정적 이익이나 가족의 이익, 그리고 정치적 이익처럼 잘 알려진 다양한 이익이 있었다는 것이 이러한 측면의 하나다. 그러나 이 이익들은 서로 명확하게 정렬되지 않았고, 그래서 하나 이상의 이익이 연루된 상황에서도 그가 실제로 어떤 이익을 추구하는지 모호성을 유지하는 것이 가능했다.

유효한 이익이 다양한 제도적 영역에 걸쳐 있었다는 것은 코시모와 메디치 가문이 서로 다른 많은 종류의 추종자들을 모을 수 있었다는 의미이기도 했다. 추종자들은 누구는 친족으로, 어떤 사람들은 이웃으로, 다른 사람들은 정치적 후견으로, 또 다른 사람들은 금융과 사업 거래로 연결되었다. 이런 다양한 소단위의 메디치가 추종자들은 서로 연결되지 않았고, 그들의 영향력과 중요성은 오직 메디치가 덕분이어서 그들은 메디치가에 충성했다. 따라서 코시모 데 메디치는 매우 중요한 구조적 공백 위에 걸터앉아 있었다.

이것은 중요한 쟁점으로 이어진다. 만약 중개인의 권력이 구조적 공백에서 중앙의 위치를 차지하는 데서 나온다면, 즉 사람들을 한데 모으는 것이 아니라 서로 떨어뜨려 놓아 이득을 보는 종류의 중개인이라면, 다양한 집단의 구성원들이 중개인의 이점을 극복하려고 서로 연합해 그 권력을 잠식하지 못하도록 하는 것은 무엇인가? 피렌체의 경우 이런 일이 가능하지 않았던 이유는 각 집단이 동등한 지위의 다른 집단에 대해서는 강력한 부정적 감정을 가지고 있고, 하위 집단에 대해서는 사회적으로 심하게 경멸하는 정체성 집단이었기 때문이다. 그래서 패짓과 앤셀이 지적하듯 메디치가는 그들이 결혼한 귀족 가문과는 친족 연결망을, 최근에 상층으로 이동한 가문의 "새로운 사람들"과는 경제적 연결망을 가지고 있었다. 서로 분리된 이 두 연결망의 사람들은 "서로 멸시했기"(1993: 1281) 때문에 힘을 합쳐 메디치가에 대항하는 연합전선을 펼칠 위험이 없었다. 그리고 당시의 압도적인 지위 규범을 고려하면 그들은 서로 결혼하거나 사업을 할 수도 없었다.

4.3.2 중개, 기업가 정신, 교환 영역

이 주제에 대한 일련의 주장을 살펴보면 사회의 중요한 구조적 교차점에 있는 행위자에 대해 많은 통찰을 얻을 수 있다. 그런데 이 주장들은 경제학과 인류학에서 따로 그리고 서로 인식하지 않고서 등장했고 사회학이나 사회심리학 분야의 연구와 큰 관련성이 있음에도 그 후에 이런 분야들과 실질적 접촉이 없었다. 경제학의 주장은 상품을 한 시장에서 싸게 사서 다른 시장에서 비싸게 파는 행위로, 시장 분리에서 생기는 이윤을 획득하는 중개 매매라는 단순한 생각에서 시작한다. 중개매매상은 구조적 공백을 활용하는데, 그는 두 시장에 한 발씩 담가서(보이지 않는 발?) 자신이 가격 차이를 명확하게 알고 거기서 이윤을 낼 수 있는 유일한 사람이라는 사실을 활용한다. 이 단순한 생각은 기업가 정신 이론의 토대를 확립한 오스트리아학파 경제학자들에게서 포착되었다. 이스라엘 커즈너(Israel Kirzner)가 그 선두주자로, '기업가'는 이전에 고립된 시장들을 중개 매매로 연결하는 사람이라고 정확하게 정의했다. 오스트리아학파 경제학의 전형인 그는 합리적 계산보다는 정보와 기회에 대한 기민성(alertness)을 강조한다. 그의 견해에 따르면, 기업가는 "구매자가 너무 많이 지불한 곳과 판매자가 너무 적게 얻은 곳을 발견해, 조금 더 많이 사고 조금 덜 팔겠다고 제안함으로써 격차를 메울" 필요가 있다. "이런 미개척 기회를 발견하기 위해서는 기민성이 필요하다. 계산은 도움이 되지 않고, 경제적 합리화와 최적화로 이런 지식이 저절로 얻어지지 않는다"(Kirzner 1973: 41).

그 사이에 노르웨이 인류학자 프레드리크 바르트(Fredrik Barth)는 관련이 있지만 좀더 복잡한 종류의 주장을 발전시켰다. 그는 잘 규정되고 구별되는 교환의 '영역' 또는 '회로'가 특히 비자본주의 사회에 있다는 경제 인류학자들의 사고를 기초로 삼았다. 어떠한 사회에서도 사람들은 모든 물품을 상품으로 규정하지 않고, 심지어 그렇게 규정된 물품 중에서도 어떤 것들은 서로 같은 단위로 계산할 수 없다는 것이 기본 생각이다. 같은 단위로 계산할 수 있는 상품과 서비스끼리만 서로 거래될 수 있고, 이 때문에 특정한 교환 영역이 생겨나 그 영역 안에서 모든 물품이 다른 모든 물품과 교환될 수 있지 다른 영역의 물품과는 교환될 수 없다(Bohannan and Dalton 1962 참조. Espeland and Stevens 1998, Zelizer 2005와 비교). 예를 들면 티코피아(Tikopia)섬에 대한 레이먼드 퍼스(Raymond Firth)의 고전적 설명은 구별되는 세 교환 영역을 서술하는데, 그의 지적에 따르면, "이 세 영역의 물건과 서비스는 정상적으로는 교환의 판매대에 절대로 함께 올려지지 않기 때문에 서로 다른 기준으로 완전하게 표시될 수 없다. 예를 들어 삼치잡이 고리의 가치는 음식의 양으로 표시하는 것이 불가능한데, 그 이유는 그런 교환이 이루어진 적이 없고 만일 그렇게 한다면 티코피아 사람들은 터무니없다고 간주할 것이기 때문이다"(Firth 1975 〔1939〕: 340). 바르트의 생각에 따르면, 이런 교환 영역을 분리하는 힘이 인식적이든 도덕적이든 아니면 실용적이든, 이를 초월할 수 있는 개인들이 어떤 이유에서든 있을 수 있는데, 그 이유는 한 영역의 기준 품목을 다른 영역의 기준 품목과 같은 단위로 계산할 수 있다면, 한 물품을 한 영역에서 싸게 사거나 생산해 다른 영역에서 비싸게 팔아 차익을 남길 수 있기 때문이다. 이런 활동을 수행하는 사람을 바르트는 기업가로 지칭한다. 앞의 예들에서 기업가는 사회의 구조적 단위들 **사이에** 있는 사람이고, 이 경우에 단위들은 개인들의 연결망이 아니라 분리된 교환 영역들이다(Barth 1967 참조).

사례 연구로 바르트는 수단의 푸르(Fur)족을 설명한다(Barth 1967). 푸르족에서는 노동과 돈을 교환하지 않았고(임금 노동을 수치스럽게 생각했기 때문) 수수와 수수 맥주 같은 특정 생산물도 돈으로 교환하지 않고, 이런 생산물이 있으면 집 짓기를 도와줄 때처럼 공동 노동으로 교환했다. 식품이나 다른 유용한 품목들이 현금으로 교환되는 곳에서는 금전 교환 영역이 존재했다. 그곳에 온 아랍 상인들은 현지 규범에 구속받지 않는 외부인들이어서 토마토 재배에 현지 일꾼들을 고용해 노동의 대가로 맥주를 지급했다. 푸르족에게 맥주나 노동은 현금으로 교환되지 않았기 때문에 일꾼들은 상업 영역에서 토마토의 현금 가치가 노동의 대가인 맥주의 가치를 훨씬 뛰어넘는다는 사실을 몰랐고, 상인들은 토마토 판매로 큰 이윤을 거뒀다.

기업가는 커즈너와 바르트의 입장에서는 사회의 구조적 틈을 뛰어넘는 중개 매매로 이득을 얻고, 교환 이론이 알려주는 제한적 권력의 개념에서는 더 나은 거래 조건을 가지기 때문에 다른 사람들보다 권력이 더 많다고 할 수 있다. 그러나 그러한 기업가는 권력을 더 확장해 가질 수 있을까? 이 질문에 대한 대답은 기업가가 사회의 구조적 틈을 활용해 계속 이득을 볼 수 있는지 또는 그 틈이 닫혀 이윤의 원천이 끝나버릴지에 달려 있을 공산이 제일 크다. 두 저자는 중개인의 권력을 일소할 후자의 결과를 예상했다. 커즈너는 분리된 시장의 가격 차이로 야기된 비효율성이 기업가 활동으로 종식돼 균형 상태를 이루는 인물로 기업가를 상정했다. 신고전학파 경제학의 표준 이론에 반대한 그는 시장이 균형을 이룬다고 예상하는 표준 이론에 반대한 것이 아니라 시장이 자동적으로, 분명한 기제도 없이, 대신 허구의 왈라스 경매인(Walrasian auctioneer: 레옹 왈라스(Léon Walras)는 시장을 일종의 경매장으로 보고, 경매인이 제시하는 가격에 따라 수요와 공급이 조절돼 균형을 이룬다고 상정했다―옮긴이)에 의존해 균형을 이룬다고 상상하는 것에 반대했다. 그의 설명에 의하면, 균형은 여전히 일어나지만 기민한 행위자들의 주체성이 야기하는 역동적 과정을 통해 일어난다. 비슷하게 바르트도 자신이 정의한 의미에서 보면 기업가는 한 나라의 경제 발전에 핵심적이라고 주장했다. 교환 영역의 분리는 경제적 후진성을 의미하며, 이는 정보와 이동의 장애물로 인해 생산 요소를 가장 잘 사용하는 데 방해가 되기 때문이다. 내 생각에 두 저자는 전혀 다른 지적 전통에서 시작했는데도 20세기 중엽의 낙관주의적 근대화 이론의 다양한 모습을 대표했다고 보는 것이 타당하다.

두 설명의 문제점은, 사회 구조나 교환의 분리된 부문들을 잇고 중개해 이득을 얻는 기업가는 이 부문들을 분리된 채로 두어 이점을 유지할 강력한 동기가 있다는 것이다. 그러기 위해서는 달성해야 하는 두 가지 과제가 있다. 하나는 두 부문에서 연결을 유지하는 것인데, 이것은 버트(Burt 2002)가 지적했듯 사소하지 않고, 연결이 자신과는 아주 다른 행위자의 것이라면 특히 그렇다. 따라서 구조적 공백을 잇는 연결이, 서로의 친구들과 동료들에 의해 지지되어 훨씬 유지하기 쉬운 연결보다 초기에 쇠퇴하는 비율이 아주 높다는 것을 버트는 알아냈다. 다른 과제는 구조적 공백을 유지함으로써 연결되지 않은 부문들을 뛰어넘는 거래들이 일어나지 못하게 하는 것이다. 커즈너가 보기에 이런 일은 가능하지 않다. 중개매매상이 수행하는 거래는 다른 시장 참가자들 눈에 띄어, 그들은 이윤을 내는 정보를 재빨리 알아챌 것이고, 이론이 명시하는 단일 가격을 회복할 만큼 충분히 많은 거래로 분리된 두 시장이 결합하면서 이점의 가능성은 사라질 것이기 때문이다. 바르트의 경우 아랍 상인들의 활동과 이윤은 분개를 자아낼 만큼 충분히 눈에 띄었을 것이다. 그의 연구는 뒤를 잇는 결론을 내지 못하고 중단됐지만, 그는 상인 활동에 대한 저항이 분출하기 시작했다고 언급한다(Barth 1967: 172). 19세기 말과 20세기 초에 수단에서 일어난 소요가 역사적으로 뿌리 깊은 부족 집단들에서 아랍인들의 역할에 일부 집중되었다는 것은 우연의 일치가 아닐 것이다.

비효율성을 교정해 이윤의 기회를 발견하는, 경제 발전에 민감한 행위자로 기업가를 그리는 커즈너나 바르트와 달리, 조지프 슘페터(Joseph Schumpeter 1911)는 기업가를 좀 허세 부리고 "창조적 파괴"에 개입하는 사람으로 제시한다. 슘페터의 모델에 적합한 존 록펠러(John Rockefeller)와 앤드루 카네기(Andrew Carnegie) 같은 전설적인 인물들은 그들의 독점력을 훼손할 수 있는 다른 사람들의 거래를 제한해 자신들의 이점을 유지해야 할 필요성을 정확하게 알고 있었다. 그리고 당시의 반독점법은 불법적인 거래 제한에 따른 비효율성과 이윤에 초점을 맞추었다. 그들이 획득한 독점력은 "자연스러운" 것이 아니었고, 그들에게 이윤을 가져다주는 단절을 유지하도록 시장을 적극적으로 조작한 결과였다. 그러한 인물들은 코시모 데 메디치처럼 "수수께끼 같은" 불가사의와는 거리가 멀었고,[9] 그래서 법적 제재 형식의 저항을 불러일으켰지만, 자신들의 활동을 정상적인 시장 행동으로 포장하려 애썼다. 록펠러의 스탠더드 오일(Standard Oil)에 대한 아이다 타벨(Ida Tarbell 1904)의 유명한 폭로처럼, 그들이 뒤에서 남몰래 한 짓들을 20세기 초의 '추문 폭로자들'이 폭로하지 않았다면 그들은 더 성공했을지도 모른다. 스탠더드 오일은 1911년 대법원의 기념비적 판결로 해체되었다. 중개인이 정당하려면 사리사욕을 채우지 않는 것으로 보일 필요가 있다는 로저 굴드의 강조는, 사리사욕을 채우면 아랍 상인들에서 존 록펠러에 이르기까지 폭리를 취하는 중개인들이 왜 저항에 직면했는지에 대한 이유 하나를 제시한다.

이런 주장을 더 발전시키려면 다음 내용에 주목해야 한다. 커즈너와 바르트는 이전에 분리된 교환 영역들을 이어 이윤을 얻는다는 기업가 개념을 공유하지만, 커즈너는 모든 면에서 서로 비슷하지만 연결돼 있지 않은 두 시장을 연결하는 인물이 기업가라고 생각한다. 반면에 바르트의 주인공은 더 복잡한 일을 하는데, 즉 교환들이 완전히 분리돼 있고 상품과 서비스의 회로가 전혀 다른 영역들을 잇는다는 것이다. 커즈너의 경우에는 기업가가 중개 매매를 하는 두 시장에 공통되는 사람들이 없다고 생각할 수 있다. 반면 바르트의 경우에는 두 영역에 있는 사람들이 정확히 같거나 최소한 중첩될 수 있지만, 무엇의 가치가 무엇과 동등한지 상상할 수 있는 선입견 때문에 교환이 달라진다. 따라서 커즈너의 인물이 관련자 모두에게 완전히 친숙한 거래에 참여하는 반면, 바르트의 인물은 더 창조적이어서 완전히 새로운 종류의 거래를 고안해 이전에는 동등하거나 교환할 수 있다고 생각하지 못한 물품들을 교환한다. 하지만 이런 창조성은 이전의 도덕적 금기 위반에 기초하고 있어 여전히 또 다른 저항을 불러일으키는 계기가 된다.

4.3.3 중개, 권력, 엘리트 그리고 '작은 세상들'

우리의 초점을 더 넓은 범위로 옮기면, 중개와 기업가 정신의 문제는 복잡한 연결망과 '작은 세상들'에 대해 **빠르게 증가하는 문헌 및 논의**와 관련 있다. 스탠리 밀그램(Stanley Milgram)은 1960년대의 영리한 실험에서 변형된 연쇄 편지 기법을 사용해 미국에서 무작위로 뽑힌 두 사람을 연결하는 지인의 사슬 길이를 조사했다. 이에 대해 밀그램은 공유하는 지인을 우연히 발견하는 이방인의 필연적인 칵테일 파티 반응에서 따와 '작은 세상 문제'라 이름 붙였다. 그의 조사 결과에 따르면, 무작위로 뽑힌 사람들을 연결하는 사슬의 평균 길이는 놀라울 정도로 작아 6단계였고 이는 나중의 연구에서 확인되었다(예를 들면 Dodds, Muhamad and Watts 2003과 이에 대한 나의 논평인 Granovetter 2003 참조). 복잡계 연결망 연구는 1990년대에 도약했는데, 그 이유의 일부는 연구자들 대부분의 책상에 놓인 컴퓨터의 역량이 기하급수적으로 커져서다. 특히 와츠와 스트로가츠는 더욱 정확한 공식을 도입하고, 밀그램의 발견과 같은 결과를 낳을 수 있는 환경에 새로운 통찰력을 제시함으로써 작은 세상 문제에 새로운 생명을 불어넣었다(Watts and Strogatz 1998).

밀그램 연구의 역설은 대부분의 사람이 정도의 차이는 있어도 소단위에 배태돼 있다는 것이다. 따라서 무작위로 선택된 사람들 사이의 경로 거리가 그처럼 짧다는 것은 놀라운 일이다. 와츠와 스트로가츠는 사람들이 무작위로 친구를 선택하는 연결망인 무작위 그래프에서는 소단위가 거의 없다고 지적했다. 이것은 당신의 친구가 이미 아는 다른 사람들을 당신이 선택하거나 그런 사람들과 결합한 결과여서 무작위라고 하기 어렵다는 것이다. 연결망에서 무작위의 다른 사람들에게 도달하기 어렵게 만드는 것은 소단위성 또는 (그들의 표현대로) '군집하기(clustering)' 이기 때문에, 한 사람에서 다른 사람까지 연결하는 고리(그래프 이론의 용어로는 '측지선')의 최소수인 경로 길이는 무작위 연결망에서는 짧아야 하고, 반대로 아주 군집된 연결망에서는 길어야 한다. 와츠와 스트로가츠는 군집의 정도가 높은 연결망을 모의실험했고(1998), 예측한 대로 무작위의 다른 사람에게 이르는 경로 길이는 길었다. 그러나 그들이 군집

안에 있는 연결을 전체 연결망에서 무작위로 다른 지점에 '다시 배선'
했을 때, 단지 몇 퍼센트의 **아주** 적은 양의 재배선 후에 무작위 그래프
는 달라지지 않았고 전체 연결망은 여전히 높은 수준으로 소단위로 짜
였지만, 평균 경로 길이가 극적으로 줄어들었다는 것을 발견하고 그들
은 놀랐다. 이것이 그들이 말하는 '작은 세상'이다. 여기서 발생한 것은
충분한 재배선 연결이 소단위들 사이에 '지름길'을 만들어 전체 연결성
이 극적으로 증가했다는 것이다. 그래서 이론의 기대와는 다르게 밀그
램이 실제 경험 세계에서 발견한 것처럼 높은 수준의 군집은 짧은 경로
길이를 동반했다.

　복잡계 연결망 연구자들이 연결성을 강조한 반면, 와츠와 스트로가
츠의 작은 세상도 우리가 권력과 관련해 논의했던 구조처럼 보인다. 이
구조에서 '지름길' 연결의 양쪽 끝에 있는 사람들은 구조적 공백에 걸
터앉아 있어 권력과 영향력을 얻을 수 있는 잠재력 그리고/또는 성공
할 수 있는 잠재력을 가지고 있다. 이것은 극적으로 줄어든 경로 길이
의 이면일 뿐이다. 즉 감소는 적은 수의 사람들이 연결한 데 따른 것일
수 있고, 그러므로 그들은 연결망의 전략적 위치에 있다. 따라서 작은
세상의 연결망은 그러한 위치에 있는 사람들에게 경제적 그리고/또는
정치적 권력을 획득할 기회를 제시한다. 최근에는 이것이 경제에서 일
어날 수 있는지 그리고 어떻게 일어날 수 있는지에 대한 연구가 시작되
었다.

　이것이 흥미로운 이유는, 강조점과 분석 수준이 아주 달라 따로 진행
되었던 권력에 대한 두 연구 전통을 연결하기 때문이다. 하나는 사회적
교환 연결망과 경제적/정치적 행동에서 위치에 따른 권력의 원천을 분
석하는 연구로 내가 논의했던 것이다. 다른 하나는 권력 연구의 오래된

전통으로 사회의 정치적·경제적 제도를 지배하는 엘리트에 초점을 맞추는데, 엘리트의 단일성과 결속은 분석과 논쟁에서 오래된 주제다. 이 전통은 빌프레도 파레토, 가에타노 모스카(Gaetano Mosca), C. 라이트 밀스(C. Wright Mills) 같은 인물들과 동일시되며, 밀스의 1956년 저서 《파워엘리트(Power Elite)》는 엘리트를 소수에 의한 다수의 비민주적 지배의 유지로 보는 많은 사람, 특히 좌파에게는 일종의 선언문이 되었다. 이 전통의 대다수는 사회 연결망의 중요성을 시사했지만 당시에는 현대적인 복잡계 연결망 이론의 도구가 없었다. 이 두 전통의 접점에는 마이클 유심(Michael Useem 1984) 그리고 베스 민츠(Beth Mintz)와 마이클 슈워츠의 연구(Mintz and Schwartz 1985)가 있다. 그들은 엘리트의 지배를 연결망 현상으로 분명하게 개념화하고, 현대적 분석 도구를 이 문제에 적용하기 시작했다.

밀스의 연구는 사회 연결망의 명시적 분석과의 유사점과 차이점을 잘 드러내 보여준다. 내가 서술했던 중개 연구는 정체성과 제도적 맥락을 중요한 요소이자 중개가 문제인 이유의 하나로 도입한다는 점에서 소규모 집단의 교환 연구와는 차별화된다. 밀스의 연구와 권력을 거시적 수준에서 분석하는 또 다른 연구들은 제도적 맥락의 중요성을 강하게 부각한다. 밀스는 권력을 갖기 위해서는 "주요한 제도로 들어갈 필요가 있다"(Mills [1956] 2000: 11)고 강조한다. "미국 사회에서 가장 힘있는 사람 100명을 …… 현재 그들이 차지하고 있는 제도적 위치에서 …… 이탈시킨다면 …… 그때는 이들도 별 수 없이 하나의 무력하고 가난하고 평범한 인간이 되고 말 것이다"([1956] 2000: 10). 밀스는 고도로 통합된 위치에서 유래하는 권력을 특히 염두에 두며, "파워엘리트"가 의미하는 바는 "상호간에 서로 중복되고 복잡한 관계에 서 있는 한 무리의 파벌이며, 적어도 국가적 결과를 초래할 수 있는 결정에 참여하고 있는 정치·경제·군사 집단"이다(〔1956〕2000: 18).

"중복되는 무리"에 대한 밀스의 관심이 우리 논의와 연결되는 고리다. 제도적 맥락 사이를 쉽게 이동하는, 그래서 기업 이사회에 합류하는 퇴역 장성들처럼 핵심적 경계의 위치를 차지하는 사람들의 중요성을 그는 강조한다(〔1956〕2000: 214). 그들은 "은행가이자 변호사로서 중요한 연방정부위원회의 의장인 해군 제독, 미국에서 1·2위를 다투는 중요한 군수회사의 중역 출신인 현직 국방장관, 평복을 입고 정계 요직을 차지하고서는 다음에는 한 선도 기업 이사진에 합류한 퇴역 장성"(〔1956〕2000: 288) 등이다. 동시적이거나 순차적인 복수의 역할은 그들에게 "서로의 특수한 이해를 쉽게 초월할 수 있도록 해준다. ……이들은 세 영역의 환경을 한데 엮는다"(〔1956〕2000: 289). 각각의 엘리트 집단에서는 "후계자 양성, 즉 그들이 속한 제도적 영역 이외의 다른 영역도 포함하는 결정을 내릴 수 있는 '폭넓은' 능력을 가진 사람들을 선발해 키우는 데 관심을 보인다"(〔1956〕2000: 294-295)고 밀스는 덧붙인다. 이런 중첩과 상호교환은 권력을 가진 핵심 집단을 만들어낼 뿐만 아니라 그 집단을 전망과 구성, 행동의 측면에서 단일화한다. 이 점에서, 앞에서 논의한 테르티우스 이웅겐스 종류의 중개인을 인정해야 하고, 이전에는 연결되지 않고 동등하지 않다고 생각했던 아주 다른 종류의 환경과 거래를 연결함으로써 이득을 취하는 바르트의 중개인과 닮았음도 인정해야 한다. 전망의 폭으로 인해 그들은 지엽적이거나 사리사욕을 추구하는 것이 아니라 공평무사하다고 생각될 가능성 또한 많다.

밀스와 그의 지적 후계자인 윌리엄 돔호프(G. William Domhoff)의 저서(2013)는 경제적 맥락과 다른 맥락, 즉 정치적·군사적 맥락의 엘리트들이 중첩된다고 강조한다는 점에서 경제 엘리트에 대한 일반적인 문헌들과 다르다. 대부분의 문헌은, 결집력과 영향력이 있는 대기업의 세계 **안에서** 핵심 위치를 차지한 엘리트가 있느냐의 문제에 훨씬 더 초점을 맞춘다. 이런 연구의 대부분은 특수한 연구 전통, 즉 엘리트층과 그 연결망에 대한, 기업들 간에 이사회 구성원들이 중첩된 '겸임 이사회'에 대한 연구 전통에서 나왔고, 겸임 이사회는 20세기 초 이래 불법 담합 혐의를 혼자 다 뒤집어썼다.[10] 두 기업에 한 명 이상의 이사가 공동으로 있으면 '연결된' 것으로 간주할 수 있기 때문에, 보통 단순하게 '겸임 연결망'으로 불리는 이런 기업들의 연결망과 결합은 자주 분석 대상이 되었다.

마이클 유심은 이러한 분석을 기반으로 활용해, 미국과 영국에는 대기업의 정치적 활동을 지배하고 그에 따라 영향력이 아주 높은 통합적인 "이너서클(inner circle)"이 있다고 주장했다. 최근의 다른 분석가들처럼 유심은, 한 기업이 임원을 다른 기업의 이사회에 앉힐 때, 그것은 통제나 판매 또는 전략을 용이하게 하려는 것이라는 사고를 거부한다. 대신에 그는 "사업상 탐색(business scan)", 즉 정부 정책, 노사 관계, 시장, 기술 그리고 사업 관행 등에서 진행 중인 것에 대해 대기업이 필요로 하는 정보를 획득하고자 그렇게 하는 것이라고 주장한다(Useem 1984: 41-48). 따라서 개별 기업들이 고위 임원들로 하여금 다른 이사회에서 귀중한 시간을 사용하도록 허용하는 것은 그들 기업의 목표와 관련 있기 때문이다. 개별 기업들에게 더 큰 목적은 없지만, 결과는 "많은 기업의 경쟁적 원자화를 극복할 수 있는" 집단인데, "많은 기업은 이 집단의 기초를 이루고 대기업 공동체 전체에 영향을 주는 광범위한 쟁점에 관심을 둔다"(1984: 57). 그래서 기업 지도자가 정계에 입문하면, 유심이 "계급 차원"의 이익이라 부르는 것이 개별 기업의 좁은 이익을 능가하게 된다. 유심의 지적에 따르면, 복수의 관리직을 보유한 개인들의 정체는 클럽 회원권처럼 "훨씬 더 광범위하고 끈끈한 비공식적 사회관계"를 대리하는 것이다(1984: 66-68). 이것이 하나의 집단으로서 '이너서클'이 결속력을 갖는 이유의 하나다.

복수의 이사회에서 활동하는 임원은 정부 고위직을 맡을 가능성이 다른 사람들보다 두 배 높았고(1984: 78), 일반적으로 영향력도 더 많았다고 유심의 연구는 보여준다. 예를 들면 이런 '이너서클' 구성원을 더 많이 보유한 대학교는 기부도 더 많이 받았다(1984: 85). 유심은 그러한 개인들의 폭넓은 전망을 강조하는데, 그들이 가진 다양한 경험과 정보는 그들을 덜 지엽적으로 만들고, 정부 직책을 맡았을 때는 그들 집단 내의 비공식적 관습을 추종해 자신의 부문이나 기업에만 유리한 일을 하지는 않았다는 점에서(1984: 95), 이런 '이너서클'은 밀스의 '파워엘리트'와 아주 많이 닮았다. 한편으로는, 유심의 설명에서 이너서클의 "계급 차원" 이익은 보다 온건한 정치적 입장과 사회 전체에 대한 책임 강조로 귀결되었다. 현재 사회적으로 수용될 수 있다고 여겨지는 것에서 너무 멀어져 길을 헤매는 기업에 반해 이 집단은 사회 전체 규범의 집행자로 행동했다고 그는 주장한다(1984: 141-143). "이너서클 안에서 돌아다니는 임원과 관리자는 그들의 정책이 전체적으로 볼 때 사업에는 해로울 수도 있다는 주장에 더 개방적일 것이다." 반면 주변에 위치한 기업들은 그런 주장에 동조하기가 더 어렵다(1984: 145). 다른 한편으로, 이너서클의 부상은 이윤 하락과 규제 증가에 대한 대응이었기 때문에, 이 집단은 사업 자금이 정치 활동에 점점 더 많이 흘러들어가는 데 일조했고, 1980년대 미국과 영국에서 레이건 대통령과 대처 총리가 복지 사업과 사회 프로그램의 정부 지출과 기업 규제를 줄이면서 문을 연 보수적 정치 변혁에도 일정한 역할을 했다고 유심은 주장한다.

1970년대와 1980년대를 연대기적으로 고찰한 후, 유심은 이너서클 중개인들의 결속력이 "지속적으로 증가한 것이 확실하고, 결속력은 늘어나면서 파편화는 줄어드는 것이 최근의 불가피한 동향이었다"(1984: 172)고 믿었다. 그리고 이러한 경향이 환경적 도전과 관련 있을 뿐만 아니라, 상호기금과 연기금 같은 대형 기관들이 대기업 대부분의 주식을 보유해 하나의 단위로서 개별 기업들의 중요성이 하락하는 상황, 즉 그가 "기관 자본주의(institutional capitalism)"라고 부르는 상황에서 가족에 의한 기업 통제에서 벗어나 나중에는 관리자에 의한 기업 통제로 변하는 동향과도 관련 있다고 유심은 생각했다.

그러나 최근에 엘리트와 권력 연구자들은 유심이 관찰한 경향이 그가 저술할 때보다는 쇠퇴하고 있다고 본다. 예를 들면 마크 미즈루치는 제2차 세계대전 후 기업 엘리트가 1970년대에 쇠퇴했다고 주장한다. 1980년대 초가 되면 "최소한 1940년대부터 재계 수장으로 지내왔던 온건하고 실용적이며 잘 조직된 엘리트[유심의 '이너서클']는 사라지기 시작했다"(Mizruchi 2013: 221). 그리고 1990년대가 되면 이런 이너서클이던 기업 엘리트는 "기업의 수집품으로 변해 자신들의 특수한 이익을 얻는 능력에서는 강력하지만 사업 공통체 전체나 사회 전체와 관련된 쟁점을 제기할 능력도 의지도 이제는 없었다"(2013: 269).

유심과 같은 시기에 저술한 민츠와 슈워츠는, 많은 기업체에 필요한 필수 자본 자원을 통제하기 때문에 겸임 연결망에서 핵심적이던 상업은행을 비롯한 금융회사들이 특히 경제의 이너서클을 장악했다고 보았다. 그러나 미즈루치와 제럴드 데이비스(Gerald Davis 2009a, 2009b)에 의하면, 20세기 말에 자본이 필요한 기업은 투자은행이 중개하고 자금 시장이나 연기금이 사들이는 기업 어음에 점점 더 많이 의존하기에, 상업은행은 겸임 연결망에서 핵심적이지 않게 되었고 경제에서 영향력이 줄었다.

1980년대에 규제가 약해지자, 금융이 기업 이윤의 주요 원천이 되었고, 투자은행은 대규모 인수를 촉진해 〈포춘(Fortune)〉 선정 500대 기업의 3분의 1이 사라졌다. 이 새로운 환경에서 최고경영자(CEO)는 안전하지 않게 되어 사회는 고사하고 기업 공동체의 이익을 고려할 여지가 줄어들었다(Mizruchi 2013: 7장). 미즈루치와 데이비스는 미국에서 제조업의 지속적 쇠퇴를 지적하는데, 이는 "대기업이 미국 사회 구조의 중심 기둥 자리를 잃어버렸다는" 의미다(Davis 2009a: 27). 기업은 이제 갈수록 기관 투자자들의 소유가 된다. 기관 투자자들은 "기업 지배에는 현저하게 수동적"(2009a: 32)이지만, 마크 로(Mark Roe 1994)도 주장하듯, 그들의 광범위한 주식 보유가 의미하는 바는 주가가 기업 성과를 측정하는 압도적인 기준이 되었다는 것이다. 이것이 "주주 가치" 부상의 의미다(Davis 2009a: 32-33; 2009b: 77-88).

기관 주주들은 오직 투자 수익에만 관심이 있었기 때문에, 최고경영자는 투자자를 위한 수탁자 역할에 맞게 경영권이 넘어가지 않도록 주가에 초점을 맞춰야 했다고 미즈루치는 말한다. 그 결과로 기업 리더십에 공백이 생겼다. 이런 상황에서 '이너서클'은 부자가 되었지만 보편적이지는 않게 되었고 기업은 집단 행위자로서 "점점 더 무능"해졌다. 그는 2008년의 위기를 1907년의 위기와 비교했는데, 1907년의 위기에서 J. P. 모건(J. P. Morgan)은 금융 체제를 위해 다른 엘리트 행위자들의 지지를 결집해 체제 안정을 위한 규제 시행에 힘썼다. 만약 2008년에 국가와 협력할 수 있는 잘 조직된 기업 엘리트가 질서 있고 예측 가능한 체제의 작동을 보장했다면 위기는 없었을 것이라고 그는 주장한다(Mizruchi 2010). 그 대신에 투자와 상업은행을 책임지던 사람들은 위험하고 '유해한' 투자와 전략으로 드러난 것에서 엄청난 이윤을 챙기면서도 체제 전체의 건전성에 어떤 책임감도 없었고, 대신 단기 이윤에 초점을 맞추어 그들이 만든 '버블'이 터지면서 구조가 마침내 붕괴할 때까지 현기증 날 정도의 이율로 이윤을 축적했다. 6개 대형 은행을 새로운 기업 '과두지배'로 지목하는 존슨과 곽도 비슷한 주장을 한다(Johnson and Kwak 2010). 그들의 설명에 따르면, 과두지배는 경제 전체의 이익보다는 자신의 이익에만 초점을 맞추는 엘리트여서 이것은 기업 엘리트의 진화에 대한 미즈루치의 설명과 일치한다.

'작은 세상들'에 대한 연구는 이러한 제안들을 양적으로 연구할 수 있는 하나의 길을 제시할 수 있을까? 나는 앞에서 다른 상황에서는 분리되었을 수 있는 연결망의 군집들을 연결하는 행위자들은 권력을 축적할 잠재력이 있다고 제시했다. 그러나 그들이 이런 잠재력을 항상 활성화한다는 보장은 없다. 그래서 문제는 그들이 그렇게 하는지 그리고 어떤 여건에서 그렇게 하는지다. 유심은 1990년대에 작은 세상들에 대한 관심이 부활하기 전에 저술했지만, '이너서클'의 핵심이 다른 상황이었다면 공통점이 없었을 경제의 분절들을 함께 묶어내는 개인들이라는 그의 주장은 그러한 서클이 영향력을 가지기 위한 필요조건은 정확히 작은 세상의 속성이라는 점을 암시한다. 즉 군집들 사이에 지름길을 제공하는 노드들 때문에 군집들 사이의 경로 길이가 놀라울 정도로 짧은, 고도로 응집된 연결망이 그것이다. 나중에 작은 세상들 연구에서 제럴드 데이비스와 미나 유(Mina Yoo), 웨인 베이커(Wayne Baker)는

1980년대와 1990년대에 은행들의 중심성 상실과 경제 활동에서 총 집중도의 감소가 이사회 겸임의 연결망 안에서 연결성 수준을 변화시켰는지 탐구하고서, 작은 세상의 측도는 1982년, 1990년, 1999년에 사실상 동일함을 확인했다(Davis, Yoo, and Baker 2003).

이 지점에서 중심에 결속력 있는 엘리트가 없는 구조에 대한 미즈루치의 이미지와 이 발견이 일치할 수 있는지에 대한 의문이 생긴다. 결정적 단서의 하나는, 군집들을 가로지르는 아주 적은 수의 연결로도 작은 세상의 속성을 낳는 데 충분하기 때문에(Watts and Strogatz 1998 참조), 그런 속성은 다양한 상황에 어울릴 수 있다는 고찰이다. 데이비스·유·베이커는 이유가 무엇이든 이사회가 다른 이사회와 잘 연결된 이사를 선호한다는 단순한 사실만으로도 이런 일이 일어날 것이라고 시사했다(Davis, Yoo, and Baker 2003). 따라서 연결망의 측도와 권력의 결과 사이에는 단절이 있다. 사회적·제도적 맥락을 제거한 채 연결망의 위치와 구조만으로는 권력에 대해 알 필요가 있는 것을 알려줄 수 없을 것이다. 유심은 그 이전의 밀스처럼, 다양한 군집들을 연결하는 핵심 개인들이 존재한다고 단정했을 뿐만 아니라 그들을 한데 묶는 사회적·경제적·정치적 활동에 참여해 자신들의 전망을 확장하고 응집력 있는 보편적 리더십을 창출한다고 단정했다. 상업은행들과 대규모 제조사들 그리고 군수업체들의 중추적 핵심이 지배적 위치에서 추락하자, 작은 세상의 규정 요건에 책임이 있던 잠재적 중개인들이 결집하거나 전망을 넓힐 만큼 충분한 공통점이 이제는 없어졌을지도 모른다. 그렇다면 어느 작은 세상의 존재가 우리에게 말해주는 것은, 핵심 엘리트가 이를 구성할 수 있지만 그런 존재만으로는 작은 세상 형성의 충분조건은 아니라는 점이다. 질적 설명을 하는 유심도, 양적 설명을 하는 데이비스 등도 작은 세상을 만드는 데 책임 있는 사람들이 경제에서 권력을 휘두르는지 그리고 어떻게 휘두르는지 이해할 수 있도록 그들의 정체를 분명하게 확인하고 분석하지는 않는다.

그리고 사실상 21세기의 연결망 구조에 대한 후속 연구는 몇 가지 힘이 결합해 기업 경제에서 작은 세상 구조의 중요성이 감소했고 그래서 그 존재도 감소했다는 것을 입증한다. 그 힘들 가운데 몇 가지를, 요한 추(Johan Chu)와 제럴드 데이비스가 "누가 이너서클을 죽였는가?"라는 질문에 답을 구하는 논문에서 언급했다(Chu and Davis 2015). 다른 상황이라면 분리되었을 연결망을 연결함으로써 '작은 세상'을 만드는 사람들이 결집력 있고 권력을 가진 집단인지 이해하는 데 필요한 첫 번째 단계는 그들이 누구이고 어떻게 그 위치에 왔는지 검토하는 것이다. 추와 데이비스는 20세기 말과 21세기 초에 만들어진 겸임 이사들의 선출 방식이 두 가지 중요한 면에서 변화했다는 점을 분명히 했다. 하나는 그들이 어떤 종류의 사람들인가이고, 다른 하나는 기존 연결의 중요성이다.

20세기 대부분의 기간 동안 대기업 이사는 대개 백인 남성이었고 복수의 이사회에서 복무한 덕택에 겸임을 만들어낸 사람들도 거의 그랬다. 이는 지난 사반세기 동안 변해 기업 이사회에서 여성과 소수 인종이 점점 증가했다. 실제로 2002년 스탠더드 앤드 푸어스가 확인한 바에 따르면 1500개 대기업에서 가장 잘 연결된 이사 5명 중 4명은 흑인이었다(2015: 10). 그러나 여성과 소수 인종이 점점 더 많이 이사가 되면서, 재계 정상에 앉았던 백인 남성 엘리트가 형성했던 응집력 있는 구조는 개인들, 그것도 엄청난 성취를 이룬 개인들을 대표하는 집단에 자리를 내주었지만, 그들은 개인적으로는 권력이 없고, 응집력 있는 집단이 아니며, 밀스와 유심이 확인한 방식으로 서로 다른 제도적 부문들을 연결하지 않았고, 그들이 가진 복수의 연결 때문에 심지어 선발되지 않는 경우도 점점 많아졌다.

20세기 말이 되자 은행은 기업 겸임의 연결망에서 차지했던 핵심 지위를 잃었다. 그러나 그럼에도 기업의 연결망은 여전히 고도로 연결된 채로 남아 있어서 경로 길이가 짧았는데, 이는 여전히 "고도로 연결된 핵심 이사들"(2015: 7)이 있었기 때문이다. 그러나 이사 선발에서 민주화가 이루어지고, 권력이 없는 개인들을 이사로 선발하면서, 많은 이사회에 속한 사람을 이사로 선택할 유인이 줄어들었다. (이는 앞에서 인용한, 권력자들이 제도적 소속을 잃으면 무력해진다는 라이트 밀스의 논평을 상기시킨다.) 게다가 기업 비리가 다반사가 되자, 기업이 하는 일에 대한 이사의 태만은 쟁점이 되었다. 즉 기관 주주 조직은 기업의 지배구조 개선에 관심을 기울이기 때문에 너무 많은 이사회에서 복무하는 것은 경고감이었고 (2015: 10), 기업은 자신의 피고용인이 복무할 수 있는 이사회 수를 제한하기 시작했다. 추와 데이비스가 확인한 바에 따르면, 2000년에는 62개 기업에서 20건 이상의 이사 겸임이 있었지만 2010년에는 단 하나의 기업만 그랬다. 2000년에는(2015: 15) 17명의 이사가 6개 이상의 이사회에 재직했고, 44명의 이사는 5개 이사회에 재직했지만, 2010년에는 6개 이사회에 재직한 이사는 아무도 없었고 11명만 5개 이사회에 재직했다 (2015: 16). "우선적 착종(preferential attachment)"—이미 다른 많은 이사회에 있는 개인을 자신의 이사회에 임명하려는 선호도—의 쇠퇴로 연결망 전체는 응집력 있는 엘리트를 가능케 했던 "척도에서 자유로운(scale-free)" 속성을 잃어버렸다(Barabasi 2002). 유심과 밀스 같은 학자들은 서로 다른 제도적 부문들을 연결하거나 중개하는 사람들의 겸임과 존재가 리더십 있는 엘리트를 만들어내고 사회화해서 엘리트는 정치적 통합과 비교적 폭넓은 전망을 촉진했다고 강조했다. 그러나 새로운 구조는 이런 것들 중 어떤 것도 할 수 없고, 이는 미즈루치가 묘사한, 조각조각 파편화돼 각자 자신의 이익만 추구하는 엘리트의 모습과 일치한다. 추와 데이비스는 "이제 이사 겸임 연결망은 미국 사회에서 누가 권력을 보유하는지에 대해 말해주는 것이 별로 없다"고 결론 내린다(Chu and Davis 2015: 38).

경제에서 권력과 '작은 세상들'의 연결에 대해 주의해야 하는 또 다른 이유는, 기업들이 많은 이유에서, 작은 세상 연결망들을 함께 엮어내는 사람들에게 권력을 만들어주지 않는 작은 세상 연결망을 만들려 할 수도 있다는 점이다. 그래서 조엘 봄(Joel Baum), 앤드루 시필로브(Andrew Shipilov), 팀 롤리(Tim Rowley)는, 주변적인 캐나다 투자은행들은 자신들의 전반적 지위를 개선하기 위해 투자 조합에서 주류인 소단위들과의 연결을 방기할 수 있는 반면, 핵심 기업들은 자기 이점을 유지하기 위해 다른 핵심 소단위들에 손을 뻗칠 수 있다는 사실을 확인했다(Baum, Shipilov and Rowley 2003). 소단위를 뛰어넘는 그런 연결이 조금이라도 있다면 작은 세상의 측도는 증가하지만 권력을 가진 사람들을 만들어내지는 않는다. 컴퓨터 산업에서 기업들 간 협력을 연구한 굴라티 등은 작은 세상이 어떻게 생기는지 이해하면 증가하고 쇠퇴하는 작은 세상의 주기를 예측할 수 있다고 말한다(Gulatie et al. 2012). 기업의 겸임 이사회와는 달리 그들이 연구하는 협력은 광범위한 활동과 관련되지만, 작은 세상은 기업 군집들 사이를 잇는 연결과 관련된다. 조직은 이전의 협력을 통해서나 간접적으로 이전 동반자를 통해 친숙한 사람들을 협력 동반자로 선발하기 때문에 여기서 군집이 등장한다(2012: 451). 새롭고 비중복적인 정보를 추구하면서 어떤 기업들은 군집들 사이를 잇는 연결을 만들어낸다. 이런 연결은 경로 길이의 평균을 줄이고 작은 세상의 속성을 만들어낸다. 그러나 결국에 잇는 연결의 수는 "군집들 사이 공간을 포화시킬"(2012: 452) 만큼 충분히 증가해, 하나의 단일한 대규모 군집을 만들어내고, 분리된 군집들이 강화했던 지적·기술적 다양성을 감소시킨다. 이럴 때 작은 세상은 쇠퇴한다. 이 모든 동반자 관계에서 연결을 만들어내는 사람은 자기 회사를 위해 활동하는 것이지, 작은 세상을 만들어낸다는 이유로 권력이 있지는 않다. 그리고 이러한 개인들의 집합에는 결속을 위한 기초가 없다.

따라서 여기서 요점은, 자신의 연결로 작은 세상을 창출하는 개인들은 실제로 응집력 있는 강력한 엘리트를 형성할 수 있지만, 그들이 그렇게 할지는 역사적·제도적 환경에 달려 있고, 그들의 연결이 만들어진 방식에 달려 있다는 것이다. 더 거시적인 사회적·경제적 틀에서는 여전히 연결망 구조가 권력에 많이 중요하지만, 작은 세상의 속성은 내가 여기서 그 일부를 제시했던 특정한 환경에서만 중요하다는 점을 우리는 살펴볼 것이다. 작은 세상의 속성과 경제 권력 행사의 연결에 대한 향후 연구는 이런 더 큰 틀에 세심하게 주의를 기울일 필요가 있다.

4.4 경제 권력에 대한 거시 수준의 시각

이제 더 큰 틀에 대해 조금 더 말할 때다. 의존(다른 사람들이 결정적이라고 여기는 자원 통제)이나 정당한 권위 또는 의제 통제에 기초한 권력을 행사하는 개인들은 그들에게 속박된 이들에게는 실제로 그럴 수 있는 것처럼 유례없이 능숙하고 효율적으로 보일 때가 종종 있다. 그러나 당장의 상황에서 한 걸음 뒤로 물러서서 보면, 이런 개인들이 아무리 유능하다 해도 역사적·정치적·경제적 상황이 아주 큰 역할을 해서 그들이 권력을 효율적으로 행사할 수 있는 위치에 있게 되었음을 알 수 있을 것이다.

그래서 예를 들면 중세 피렌체에서 코시모 데 메디치가 휘두르는 엄청난 권력을 설명하면서 패젯과 앤셀이 강조하기를, 그가 그렇게 할 수 있는 능력의 핵심 원천은 각각 분리된 정치·경제·친족 연결망들의 교차점에 자리를 잡은 그의 전략적 위치였고, 그는 서로 병합될 위험이 없는 이 연결망들을 적절하게 활용할 수 있었다는 것이다. 그러나 이런 연결망 상황을 초래한 것은 일련의 역사적 환경이었다. 이런 역사적 환경은 서로 무관한 원인들에서 유래한 경향들의 결합을 상징한다는 점에서, 그리고 그 원인들에 대해 메디치가는 거의 힘이 없었다는 점에서 메디치가의 관점에서 보면 이런 역사적 환경은 '우연'으로 볼 수도 있었다. 코시모는 도시국가 피렌체를 접수할 계획이 없었지만, 그의 정파가 될 사회적 토대가 "주위에서 떠올랐고", 이어서 15세기 초 밀라노와의 전쟁 기간에 비로소 "그는 자기 수중에 놓인 사회적 연결망 장치의 정치적 가능성을 갑자기 파악하게 되었다"고 패젯과 앤셀은 논평한다 (Padget and Ansell 1993: 1264).

그리고 의제 통제를 말할 때는, 의제가 되어야 하는 것에 대해 특별한 관점이 있는 사람들이 언제 어떻게 자신들의 관점을 부과할 위치에 있는지 물어야 한다. 어떤 경우에는 거시경제적 경향과 입법의 변화로 행위자가 대단한 작용을 하지 않아도 한 집단의 관점에 특혜를 부여하는 환경이 만들어질 수 있다. 닐 플릭스타인(Neil Fligstein 1990)은 자신이

"기업 통제의 변형"이라 부르는 사례를 제시한다. 그는 최고경영자를 비롯한 고위 경영진이 어떤 전문성으로 충원되는지 추적하면서, 20세기 미국에서 기업의 통제권이 기업가에서 제조업 전문가로, 이어 판매와 마케팅 전문가로, 그 후에는 금융 전문가로 어떻게 넘어갔는지 추적한다. 이러한 인물들은 특유의 "통제 개념", 즉 제품 시장을 어떻게 가장 잘 지배할 수 있는지, 파괴적 경쟁을 어떻게 가장 잘 피할 수 있는지에 대한 자신들의 관념을 도입했다. 그러나 때로 인상적인 이런 인물들의 개인적 수완이 어떻든지 간에ー예를 들면 제너럴 모터스의 강력한 앨프리드 슬론(Alfred P. Sloan)ー이런 변형은 제품과 소비자 시장을 재구성하는 거시경제적 또는 정치적 격변 때문에 발생했다고 플릭스타인은 주장한다. 그래서 대공황은 제조업 효율성이 중요한 환경에서 심하게 불안해하는 소비자를 당신의 제품, 오직 당신의 제품만 원하도록 설득해야만 하는 환경으로 기업 환경을 바꾸어, "통제의 영업 마케팅 개념"으로의 길과 "다분할 형태(multidivisional form)"에 반영된 다각화로의 길을 닦았다(Fligstein 1990: 4장). 그리고 경제가 회복되고 제2차 세계대전 후의 호황이 이어졌지만 새로운 독점금지법〔1950년의 셀러-키포버(Celler-Kefauver)법〕으로 수직적 또는 수평적 합병이 좌절되었을 때, 비관련 산업으로의 합병은 여전히 허용되어 이러한 합병의 금융 측면을 평가할 수 있고 기업을 금융 자산으로 인식할 수 있는 사람들, 즉 금융 부문에서 훈련받은 이들이 전면에 나섰는데, 그들의 실력이 새로운 환경에 필수적이었기 때문이다(1990: 5-8장 참조).

그래서 적절한 의제에 있어 이런 개인들의 개념이 중요해졌지만, 그들의 특수한 개념이 지배력을 갖게 된 것은 그들의 통제를 넘어서고 개인이나 특정 기업보다 더 큰 규모에서 발생한 사건들 때문이다.

플릭스타인의 사례들을 보면, 미국 대도시에서 사람들이 주요 쟁점으로 생각했던 것에 대한 1950년대 정치학의 논쟁보다 더 넓은 의미에서 내가 '의제'의 통제라고 불렀던 것을 생각해볼 필요가 있다. 이를 넘어서 경제 문제에 접근할 수 있는 최선의 방법이 무엇인지에 대한 더 일반적인 개념도 있다. 기업 임원들뿐만 아니라 일반적이고 추상적인 관점에서 경제를 생각하는 것이 일인 지식인들도 그러한 개념을 가진다. 그래서 케인스학파 경제학자들의 개념이 지배적인지 아니면 고전학파와 신고전학파 경제학자들의 개념이 지배적인지는 공공 정책에서 대단히 중요하다. 요한 크리스텐센(Johan Christensen)은 특별히 흥미로운 사례 하나를 제시했다(Christensen 2013. 더 자세한 내용은 Christensen 2017 참조). 작은 네 나라—덴마크·노르웨이·아일랜드·뉴질랜드—를 검토해보면, 고도로 신자유주의적인 세금 개혁을 채택한 나라는 노르웨이와 뉴질랜드이고, 덴마크와 아일랜드에서는 그러한 개혁을 경제적 목적보다는 정치적 목적에서 결정했다는 놀라운 사실을 그는 언급한다. 따라서 외견상 비슷한 스칸디나비아 국가들이 거의 정반대 정책을 채택했는데, 노르웨이와 뉴질랜드에서는 경제전문가들이 정책 기구를 지배했지만 덴마크와 아일랜드에서는 확실히 그렇지 않았던 것이 그 이유로 보인다. 그리고 아이러니하게 이런 지배가 확립되었을 때, 즉 제2차 세계대전 전에 경제전문가들 사이의 합의는 케인스주의였지만, 1980년대에 이르러 이런 합의가 변하자 경제전문가들이 선호하는 시장지향적('신자유주의적') 해법이 이전 시기의 해법과는 전혀 달라졌음에도 경제전문가들은 계속해서 정책을 지배했다.

같은 맥락에서 더스틴 아벤트홀트(Dustin Avent-Holt)는 1930년대부터 지금까지 미국에서 항공 산업에 대한 규제와 뒤이은 탈규제 역사를 상술한다. 1950년대부터 경제전문가들은 점차 신고전학파가 되었지만, 항공 요금과 운송을 규제할 때 대중에게 최고의 서비스를 보장할 것이라는, 일찍이 1930년대에 정착된 개념을 이것만으로 전환하기에는 충분치 않았다. 인플레이션과 실업의 역관계를 예측하는 필립스 곡선(Phillips curve)이 인플레이션과 실업의 예기치 못한 정적 상관관계로 기각되었던 1970년대의 '스태그플레이션'과 심각한 불황이라는 경제 외적 충격이 경제를 혼란에 빠트렸다. 석유 가격 급등이 위기의 주요 원인이었기 때문에 항공 산업은 가장 먼저, 가장 심하게 타격을 입었다. 이 위기가 오기 전에, 신규 항공사들은 "규제받지 않는 경쟁은 산업에 파괴적이라는 인식이 문화적으로 지배적인"(Avent-Holt 2012: 296) 틀 안에서 그들의 도전을 규정했기 때문에, 이것만으로는 탈규제로 이어지지 않았을 것이다. 그러나 1970년대가 되자, 신고전학파의 자유시장 옹호론이 도전장을 내밀었고 개입주의적인 케인스주의 인식틀을 대체하기 시작했다. 이로써 전통적 산업 정책과 국가 중심적 조치보다 더 일관성 있어 보이게 된 문화적 틀에서 항공 산업 문제의 해법에 대한 대안적 인식이 가능해졌다. 따라서 이는 "문화가 정책 결정 과정에서 물질적 이해관계와 상호작용하는 사례"이고, 행위자가 명확하게 규정된 물질적 이해관계를 지닌다 해도, "이런 이해관계에서 그들이 어떤 정책을 추구하는지는 문화적 요인이 매개한다"(2012: 298).

경제 외적 충격의 도래를 효과적으로 이론화하거나 예측하기는 어려울 것이다. 그러나 서로 다른 환경에 놓인 특정 행위자들에게 권력을 부여하는 그런 충격의 영향을 이해하기 위해 할 수 있는 것은 많다. 행위자가 **정치** 체제에서 권력을 얼마나 많이 행사하는지 물을 때, 국가 차원에서 제기되는 질문은 정치 체제가 민주적인지, 권위주의적인지, 아니면 전체주의적인지 어떻게 설명하느냐다. 경제 영역에 대해서도 같은 질문을 할 수 있다. 공식적인 모든 경제 조직은 조직도에 명시돼 있고, 거래 비용 경제학이 주목하고 어쩌면 구체화하듯 위계가있으며, 이는 어떤 단위도 다른 단위에 권위를 행사하지 못하는 소위'시장'과는 대조적이다. 실제로 경제 권위를 얼마나 넓은 범위에 걸쳐효과적으로 행사할 수 있는지에 대한 질문이 있는데, 뉴저지 벨 전화회사(New Jersey Bell Telephone)의 회장으로 재직한 경험에 의거해 이후수십 년간 조직 이론에 영향을 끼친 체스터 바너드(Chester Barnard 1938)가 그런 사례다.

경제학자들은 기업이 왜 더 커지거나 작아지는지, 그 규모를 어떻게설명하는지와 같은 일반적인 문제를 오랫동안 회피했다가 마침내 이디스 펜로즈(Edith Penrose〔1959〕1995)가 이 문제를 핵심 쟁점으로 조명했다. 그러나 펜로즈의 개척자적 연구조차 기업 규모를 설명하면서 주로시장의 조건과 자원의 제약에 초점을 맞췄고, 기업의 위계가 아주 많은사람을 조화시킬 만큼 충분히 뻗어나갈 수 있는지 분석하지는 않았다.정치 권력이나 경제 권력의 행사에서 일반적인 문제는 한 개인이 순전히 자신의 물리적 자원의 힘만으로는 다른 많은 사람에게 명령을 내릴수 없다는 것이다. 한 사람이 수십이나 수백 명 또는 국가 차원에서는수백만 명에게 명령을 내릴 수 있도록 하는 지렛대를 만들어내기 위해서는 관료적인 권위 구조가 필요하다. 그래서 순종을 끌어내는 것과 같은 방식으로 현재의 위계가 복수의 계층이나 층위를 거쳐 권위적인 명령을 전달하기 위해 어떻게 작동하는지 분석할 필요가 있다.

이것은 거대한 주제이고 어떤 의미에서는 모든 정치 분석의 초점이기도 하다. 그러나 그 구조적 측면을 명시적으로 분석한 적은 거의 없다. 허버트 사이먼(Herbert A. Simon 1997), 그리고 제임스 마치(James G. March)와 사이먼(March and Simon 1993)처럼 조직 이론의 고전적 연구에서는 조직에서의 위계에 대한 논의가 분명히 있다. 20세기 초부터 최적의 위계가 어떤 모습인지, 그리고 한 명의 관리자에게 이상적인 하급자 수가 얼마인지에 대한 논의(소위 '통제 범위'의 문제)가 있었고, 1960년대에 이르자 '상황 이론(contingency theory)'의 대두와 함께 조앤 우드워드(Joan Woodward 1965)처럼 엄격한 또는 완화된 위계가 어떤 시장 환경에서 경제 활동을 조정하는 데 우월할지에 대한 논의가 있었다. 그러나 이 논의들은 단일한 조직 위계 안에서 명령을 어떻게 가장 잘 구조화할지의 문제에 한정되었고, 따라서 복수 기업의 대규모 경제 틀 안에서 권력이 어떻게 생성되고 행사되고 지속되는지와 같은 더 큰 문제를 제기하지 못했다.

하지만 이것은 결정적인 문제이고, 이 문제를 흥미롭고 중요하게 만드는 것은 순전히 이 문제의 구조적 측면이다. 물론 역사적이고 제도적인 틀을 벗어나서는 이 측면을 이해할 수 없다. 이어지는 나의 논의는 3장의 논의와 닮은꼴이다. 3장에서는 전략적으로 위치한 신뢰의 연결로 신뢰 관계가 기본 집단을 넘어 확장할 수 있고, 따라서 그런 연결이 대규모의 복잡한 현대 구조에서 계속해서 하나의 힘이 될 수 있는 방식을 다루었다. 이는 개인 간 지식과 정동이 커 보이는, 작고 응집된 여건에서만 신뢰가 유효하다는 주장과 상반된다. 3절과 4절에서 내가 언급한 연결의 대부분은 신뢰 관계는 물론 권력을 초래하기 때문에, 사실 3절과 4절의 논의는 이제 내가 말하려는 것의 서문으로 봐야 할 것이다.

경제 권력을 지렛대 삼아 활용하는, 즉 한 사람의 지배하에 있는 자원에서 기대할 수 있는 것을 훨씬 넘어 권력을 행사하는 한 가지 방법은 소유권을 피라미드식으로 구축해, (가족과 같은) 하나의 소유권이 하나의 기업을 지배하고, 이 기업이 두 번째 기업의 지배권을 가지며, 두 번째 기업이 세 번째 기업을 지배하는 식이라는 점은 20세기 초부터 사회비판가들이 잘 인식해왔다. 주식으로 지배하기 위해 반드시 과반수의 주식을 가질 필요는 없고, 많은 경우 최다 주식이면 충분하며, 경우에 따라서는 보유 주식이 10퍼센트 이하일 때도 있다. 이런 기업군의 첫 번째 기업은 사업회사(operating firm)일 수도 있고, 순전히 다른 기업들의 주식을 보유할 목적으로 조직될 수도 있어서 '신탁회사'를 계승해 '지주회사'라는 이름이 붙여졌다. 지배권을 행사하는 이런 회사는 자기 자원에서 유래하는 것보다 훨씬 더 큰 권력을 행사할 뿐만 아니라, 피라미드가 얼마나 많은 단계인지 외부자들이 아주 알기 어려운 방식으로 권력을 행사한다.

좌파 쪽 비판자들은 이런 장치가 응집된 지배계급의 권력을 은폐한다고 종종 주장해왔는데, 모리스 자이틀린(Maurice Zeitlin)과 리처드 래트클리프(Richard Ratcliff)가 피노체트 이전의 칠레에 대해 제시한 것이 그런 예다(Zeitlin and Ratcliff 1988). 그러나 주류 금융 경제학자들도 지주회사의 사슬구조의 중요성에 주목하고서(예를 들면 LaPorta et al. 1999: 특히 476-491) 피라미드의 정의를 내리고, 많은 나라에서 중요한 대기업의 실질 소유주가 누구인지 이해하는 것이 얼마나 어려운지 보여주는 광범위한 사례와 도표를 제시한다. 그들의 사례와 논의, 분석에 따르면, 소유권 사슬은 수많은 회사에 걸쳐 있고, 국경선을 가로지르는 것도 흔한 일임이 아주 분명하다. 주식 소유와 지배권에 대한 기업 관련 법과 관행이 이러한 사슬의 조직 방식을 결정해, 상상할 수 있는 구조 중 소수만 사실상 존재할 수 있다는 것도 여기서 명백히 드러나지는 않지만 또한 분명하다.

이 점에서 특히 시사적인 것은 한국 기업집단(재벌)의 소유 형태에 대한 장덕진의 논의다. 장덕진은 사회 연결망 분석의 현대적 방법을 사용해 지배 전략을 조명하면서, 이런 특수한 전략은 제도적·문화적 제약 때문에 모든 가능한 전략 중에서 선택되었다고 강조한다(Chang 1999). 재벌(예를 들면 현대·LG·삼성)은 다른 기업집단들처럼(Granovetter 2005 참조) 법적으로는 독립적이지만 서로 고도로 통합된 기업들의 집합으로 이루어진다. 부속 기업들이 느슨하게 통합돼 있고 명백한 위계도 없는 제2차 세계대전 이후 일본의 게이레츠(예를 들면 미쓰비시·미쓰이·스미토모)와는 달리, 한국의 재벌은 보통 한 가족, 그것도 거의 변함없이 창업자 가족과 그 가족 내의 지배적인 한 인물이 지배한다. 이런 권위는 지배적인 가족이 그룹 기업들의 주식을 소유하고, 그 기업들이 다시 그룹 내 다른 기업들의 주식을 소유하는 등등의 복잡한 연결망 전략으로 뒷받침된다. 이것은 "소유 가족에게 엄청난 지배권을 주는데, 그들은 다층의 위계 꼭대기에 앉아 상호출자를 수단으로 삼아서 그들이 보유한 지분의 원래 가치보다 때로는 수백 배로 지배권을 부풀릴 수 있다"(Chang 1999: 12).

다른 분석가들이 조명한 사례들을 뛰어넘어 장덕진은 1989년 상위 49개 재벌의 자료를 사용하고 블록모델링(blockmodeling) 기법을 사용해 지주회사의 전형적 유형을 찾아냈다. 그는 기업들이 이런 소유권 연결망에서 세 가지 가능한 역할 중 하나를 수행한다는 것을 발견했다. 그 세 역할은 소유권 연결을 내보내지만 되돌려받지 않는 "지배자", 이 지배자에게서 지분 연결을 받아서 세 번째 역할의 사람에게 전달하는 "매개자", 그리고 세 번째 역할의 "수령자"다. 매개자 역할이 있는 재벌은 가족 지배를 증폭하는 아주 탁월한 능력이 있다(1999: 117). 게다가 단순한 위계만이 아니라 깃든 위계(nested hierarchy)가 있어 매개하는 기업군 내에서 위계적 소유 관계는 지배자 기업과 관련된 더 큰 위계에 깃들어 있다는 것을 장덕진은 알아냈다. 현대 그룹의 경우처럼 지배자가 "매개하는 역할군의 모든 기업에 평범한 연결을 내보내는 대신〔매개하는〕위계의 꼭대기로 향하는 소수의 기업들에게 강력한 연결〔예를 들면 실질적인 주식 보유〕을 내보낼" 수 있고, 이는 자본을 지극히 경제적으로 사용한다는 의미이기 때문에 그러한 깃들기는 효율적이다. 그리고 가족은 "최소한의 자원과 행위자들 간의 관계를 사용해 최대한으로 지배권을 획득한다"(1999: 139).

그러나 내가 매우 중요하다고 주장하는 주제를 반복하기 위해 선택한 이 특수한 유형은 구조적 효율성의 이유에서**뿐만** 아니라 그것이 설정된 문화적·역사적·제도적 유형과 아주 잘 어울리기 때문에 매우 잘 작동한다. 특히 장덕진은 여러 요인을 거론한다. 하나는 한국 정부가 1960년대와 1970년대에 국가가 보증하는 쉬운 대출로 재벌 그룹의 팽창을 장려했다는 것이고, 이는 아주 높은 부채비율을 낳았다. 그러나 1986년 반독점법으로 재벌 그룹 내 한 기업이 다른 기업의 지분에서 자산의 40퍼센트 이상을 보유하는 것이 금지되었고, 해당 기업들은 서로 주식을 보유할 수 없게 되었다(1999: 9). 마지막으로 한국에는 기업의 가족 지배, 특히 가족의 남성 수장이 행사하는 지배를 강조하는 아주 강력한 문화가 있다. 오랫동안 제도화된 이런 일련의 규범은 기업 참여자들에게 그런 수장의 권력이 정당하고 불가피한 것으로 보이게 만든다. 이런 요소들의 결합은 그룹 내 부속 기업들의 수익성보다도 가족 지배권을 앞세우게 만들었고, 깃든 위계는 가족 경계 안에서 지분 지배를 지키면서도 모든 관련 법률을 준수하고 저금리와 보조금리로 자본을 쉽게 가용할 수 있는 이점을 취할 수 있는 아주 효율적인 구조였다(1999: 142). 후속 연구에서 장덕진은 1997년의 아시아 통화 위기에 뒤이은 세계은행 같은 국제적 행위자들이 추진한 개혁은 재벌과 경제 전반에 대한 지배 가족의 장악력을 약화하려는 의도였고, 그에 따라 이미 한계에 처한 몇몇 기업은 도산했지만, 다른 재벌 가족들은 소유권 지렛대를 더욱 효율화하는 방식으로 앞에서 묘사한 소유권 연결망을 개선할 수 있었기 때문에 더 강력해졌다는 것이 실제로 일어난 일이라고 지적한다(2000).

따라서 가족과 같은 사회적 단위가—한국의 경우 가족은 내부적으로 전혀 민주적이지 않고 한 사람이 지배한다—금융 연결망에서 영향력을 행사해 경제의 상당 부분을 지배할 수 있는 환경을 일련의 문화적·제도적 영향력이 조성했다. 이러한 수직적 연결은 유심 등이 전체 경제 체제에서 '파워엘리트'를 만들어낸다고 강조하는 결속의 수평적 연결과 다르며, 그러한 수평적 연결이 한국에 존재하는지는 알기 힘들다. 분리된 산업 제국인 재벌들은 혼맥을 통해 서로 간에 그리고 정치 엘리트들과 긴밀하게 엮여 있다는 인식이 널리 퍼져 있다. 이는 대중 언론이 흔히 다루는 주제이고, 엘리트를 결집하는 '작은 세상' 구조를 형성할 수 있었다. 그러나 이에 대한 체계적인 탐구는 거의 없고, 한신갑의 혼맥 연구에 따르면, 무작위로 예측할 수 있는 것보다 한국 재벌들이 확실히 더 결집돼 있다 해도 파워엘리트 주장은 지나치게 부풀려져 있다(Han 2008).

심지어 더 어려운 질문은, 강력한 개인들이 등장해 경제 구조의 일부를 지배할 수 있게 만드는, 그리고 그러한 개인들이 협력해 결속력 있는 엘리트를 형성할 수 있게 만드는 초기의 일반적인 구조적·제도적·문화적 영향은 무엇인가다. 2002년 논문에서 나는, 연결 구조가 극히 파편화돼 있거나 극히 밀접하게 얽혀 있는 경우 개인들이 경제 권력을 많이 행사할 수 없을 것이라고 제시했다. 첫 번째 경우에는 파편들이 전체적으로 서로 단절돼 있어 조화롭게 행동하게끔 한데 모을 방법이 없기 때문이고, 두 번째 경우에는 모두가 다른 모두와 이미 접촉하는 상황, 즉 굴라티 등(Gulati et al. 2012)이 한 산업 내에서 '작은 세상들'의 붕괴를 논한 것에 해당하는 상황에서는 어떤 행위자도 중개를 통해 권력을 확보할 수 없기 때문이다. 따라서 강력한 행위자의 가능성은 군집들 사이에 소수의 연결로 어느 정도 군집성을 지니는 구조에 달려 있는데, 이것은 '작은 세상들'의 설명과 비슷하다. 이는 정치사회학과 역사학에서 마르크 블로크(Marc Bloch)를 비롯한 여러 사람의 주장과 비교할 만하다. 그들에 따르면, 중세 서유럽에서 국민국가는 지방의 구조가 약한 곳보다 오히려 중세 장원이 지배하는 응집력 있는 공간에서 출현할 가능성이 더 있었는데, 그것은 그런 군집들 내에 권위적 관계가 이미 존재했고 그들을 중개하는 적절한 연결로 군집들이 합쳐지기만 하면 되었기 때문이다(Bloch〔1939〕1961).

마지막으로, 어떤 사람들이 권력을 휘두르고 그들이 얼마나 응집해서 그렇게 하는지에 영향을 주는 일부 요인은 거시 수준에 속하므로 개인의 범위와 통제를 훨씬 넘어선다는 점을 언급하고자 한다. 거시 수준에서 개인 권력의 주요 원천을 여기서 모두 다루는 것은 초점을 잃어버릴 심각한 위험이 있기 때문에 실용적이지 않다. 예를 들면 거시 수준의 지정학적 현상은 경제 권력을 도출하는 초기의 자원 배분을 결정하는 데 중요한 역할을 한다. 한 가지 흥미로운 경우는, 비교적 소수의 행위자가 우연히 비균일하게 배분되었지만 가치가 높은 어떤 자원의 통제권을 얻었을 때인데, 이로 인해 포괄적이고 장기적인 의존이 생겨날 수 있다. 일부 광물이 이 범주에 해당한다. 예를 들면 소금은 중국 왕조 (예를 들면 Hucker 1975 참조)와 부르봉 왕조 이전부터 근대까지의 프랑스 (대혁명의 유명한 원인 중 하나인 악명 높은 염세에 대해서는 Kurlansky 2002: 4장 참조)를 비롯한 많은 나라에서 긴 세월 동안 경제적·정치적 권력의 오래된 원천이었다. 현재의 분명한 사례는 중동의 석유다. 상품 이동이 많은 곳에서는, 전략적 요충지인 수로나 대상(隊商)이 지나는 요충지, 또는 고갯길 같은 교통의 병목을 통제하면 상당한 영향력을 만들어낼 수 있고, 이는 원래의 위치와 그 속성에서 유래하므로 제거하기 힘든 경제 권력을 부여한다. 군사적 정복은 주민 전체를 예속시킬 수 있어, 주민들은 내키지 않아도 지배자의 경제 대리인이 되고, 지배자의 정치 권력은 노예 상태나 그에 준하는 아주 다양한 형태의 농노와 종 같은 상태를 낳는다.[11]

그러나 이 책에서 이런 종류의 요인들은 배경으로 간략하게 언급하거나 다른 사람들이 더 충분히 연구하도록 남겨두려 한다. 그래서 이어지는 5장과 6장에서 나는 제도에 대한 전반적인 주장과, 제도가 어떻게 경제를 형성하고 반대로 경제가 어떻게 제도를 형성하는지의 문제로 돌아간다. 이 장들은 경제의 구조화에 있어 사고·규범·틀·문화의 역할에 대한 2장의 논의와 아주 직접적으로 연결되며, 그러한 '정신적 구성물'들이 신뢰의 발생 및 경제 권력과 권위의 행사와 얼마나 밀접히 연결돼 있는지에 주목할 것이다.

경제와 사회제도

5장과 6장은 근본 개념들인 규범과 신뢰, 권력을 다룬 장들에 이어지지만, 이들 각 개념은 무엇이 경제 조직을 만들어내는지에 대해 부분적인 설명만 제공할 뿐이다. 이런 분리된 논의들은 개인이나 작은 집단 또는 자족적인 공동체 수준을 넘어서면 주체가 어떤 모습이 되는지를 살피면서 끝났다. 그런 중간 수준과 거시 수준을 고려하면 사회제도에 대한 논의로 불가피하게 이어지지만 이러한 설명은 불완전한 것이어서, 여기서 나는 더욱 체계적인 주장을 제시하려 한다.

내 출발점은 사회학이 학문의 한 분과로서 많은 점에서 독특하다는 시각인데, 경제와 정치, 종교/이념 등 사회생활의 주요한 **모든** 측면을 사회학이 강조하고, 그러한 측면 중에서 어떤 것도 인과적 우선권이 없다고 가정하는 점이 무엇보다 중요하다고 생각한다. 우선권에 대한 어떠한 주장도—사회과학에서 그런 주장은 흔하다—사회생활을 설명하는 데 필요한 지적·분석적 유연성을 저버리는 것으로 나는 간주한다. 경제에 영향을 미치는 제도가 순수하게 경제적인 것 이상이라는 점은 변함없는 사실이다. 많은 특수한 경우에서 내가 주장했듯이 특히 사회·정치·지식·법 그리고 가족의 영향은 경제의 작동 방식을 형성하는 데 핵심 역할을 한다. 이런 제도적 부문들의 상호침투는 우리가 경험하듯 사회생활의 독특한 구조를 만들어낸다. 이것이 우리의 필요를 충족시키는 대상과 서비스를 어떻게 창출하고 얻고 사용하는지에 대한 이해를 넓히고자 한다면 이를 염두에 둘 필요가 있다. 그리고 내가 앞서 2~4장에서 강조했듯이, 개인과 작은 집단에게 일어나는 일이 중요한 만큼 단일 규범이나 문화적 요소도 중요할 수 있지만, 개인이나 규범은 이런 요소들의 상호작용과 군집에서 발생하는 더 큰 사회적 맥락과 구조에 대한 논의 없이는 존재할 수도 이해될 수도 없다. 이제 사회제도를 고려할 차례다.

5.1 제도와 '논리'

우리는 '사회제도'가 의미하는 바에서 시작해야 한다. 사회제도란 어떤 사회적 행위의 특정한 집합이 어떻게 수행되고 수행되어야 하는지 규정하는 지속적인 유형의 집합이라는 것이 가장 전형적인 정의다. 제임스 매허니(James Mahoney)와 캐서린 텔런(Katherine Thelen)은 《제도 변화의 설명》에서 제도란 "행위를 구조화하면서 쉽게 또는 즉각적으로 변할 수 없는 정치적·사회적 생활의 **비교적 지속하는** 특징(규칙·규범·절차)"이라고 설명한다(Mahoney and Thelen 2009: 4). 이 설명은 우리가 하나의 '제도'라고 부르는 것 주위에 어떤 종류의 얼마나 큰 경계가 설정되는지를 미해결 상태로 남겨둔다. 여기에 기준이 되는 관행이 없어서, 대체로 분석가들은 특별히 이해하고자 하는 유형의 집합을 '제도적'이라고 정의한다. 따라서 미국 의회와 같은 특정한 입법부를 관장하는 규칙의 집합은 이른바 '제도적' 분석의 대상이 될 수 있다(Sheingate 2010과 비교). 그러나 폭넓게 논의해보면 이것은 '정치 제도'라는 주제에서 비교적 작은 부분집합으로 간주될 것이다. '제도적 조직 이론'(획기적인 논문인 Meyer and Rowan 1977과 DiMaggio and Powell 1983을 비교)에서 대체로 하나의 산업에 초점을 맞추는 '제도적 논리'라는 가지가 뻗어나왔는데, 이는 다음 절에서 더 구체적으로 논의할 것이다.

사회 전체의 거시적인 수준에서 제도를 확인하는 20세기의 전형적인 방식은 경제·정치체·가족·종교·과학과 법적 체계처럼 서로 다른 사회적 '기능'을 수행하는 사회적 활동 총체의 목록을 작성하는 것이었다. 이 모든 것은 '경제적 제도', '법적 제도' 등과 같이 '제도'라는 용어를 수식하는 말로 변형될 수 있다. 그러나 이로 인해 정확하게 어떤 제도들이 그러한 목록에 올라가는지 그리고 그 목록이 완전한 것인지 어떻게 아는지의 문제가 생긴다. 이것이 사회과학자들의 관심을 받지 못하던 때가 있었다. 사회가 '번성하고' '지속하기' 위해 어떤 '기능'을 충족할 필요가 있는지 사회과학자들은 완벽하게 논의할 수 있다고 상상했기 때문인데, 그들은 한때 번성이나 지속 같은 용어의 의미를 중립적이고 문제가 되지 않는다고 생각했다. 그러한 목록을 초기에 시도한 것은 D. F. 애버를 등이었고(Aberle et al. 1950), 이는 20세기 중엽의 사회학자 탤컷 파슨스의 그 유명한 4중 구조인 AGIL 도식으로 진화했다. 각 철자는 파슨스가 사회에 핵심적이라고 간주한 네 가지 '기능적 필수조건'을 의미한다. 즉 A는 자원을 환경에 적응시키기(adapting), G는 사회가 합의한 목표(goal)의 실행, I는 사회의 다양하고 불화할 수도 있는 요소들을 통합하기(integrating), L은 '잠재적(latent)' 유형 유지와 긴장 관리다. 이런 기능들을 수행하는 현실의 제도들은 구체적인 분석 수준에서 존재하는데, 일반적으로 파슨스는 경제를 적응의 주요한 제도적 원천으로, 정부를 목표 달성의 주요 원천으로, 법적 체계를 통합의 주요 원천으로, 가족과 종교를 유형 유지의 주요 원동력으로 보았다. (보다 간결한 해설은 Parsons 1961, 경제가 어떻게 이 구조에 어울리는지에 대한 포괄적인 설명은 Parsons and Smelser 1956 참조.) 이 주장에서 언급하지 않은 채로 두어 비판받는 것은, 사회가 일관된 사회 체계여서 다양한 각 부분들이 모두 원활하게 조화를 이루고, 참가자들이 추구해야 할 목표에 대해 포괄적으로 합의하고 있다는 가정이다. 1960년대의 정치적·문화적 소용돌이가 남긴 유산의 하나는, 20세기 중엽의 '구조-기능주의' 사회과학의 그런 전형적인 가정들이 갈등과 변화의 소중한 여지를 남겨두지 않았다는 각성이었고, 이런 깨달음에서 유래한 지적 역류로 그런 정태적인 주장들은 정치적으로나 지적으로 명백히 시대에 뒤떨어지고 정교하지 않은 것으로 드러났다.

그래서 21세기에는 필수 사회적 기능의 목록을 명확히 열거하려고 매달리거나, 그런 목록을 편찬하려고 시도하는 일이 의미 있다고 생각하는 사회 분석가는 별로 없을 것이다. 게다가 이런 목록으로 확인된 모든 제도가 중요하다는 점에는 많은 사람이 동의할 테지만, 학문처럼 복합적인 활동은 일관된 의미가 있고 광범위하게 수용되는 일련의 규칙과 보상이 있다는 점에서 사회적 기능의 일반적 개념과 일치하지만, 많은 사회가 학문적 제도 없이 기능해왔기 때문에 그런 활동은 기능적 필수조건 목록에 등재되지 않을 것이다. 따라서 제도에 대한 사고를 사회적 기능성에 대한 사고에서 확실히 분리할 필요가 있어 보인다.

기능에 대한 확고한 토대가 없는 가운데 제도에 대한 사고는 경제나 정치체처럼 명확하게 규정된 영역에서 특정한 종류의 결과를 지향하는 활동을 확고하게 배열하는 것에서 벗어났다. 분석가들은 인간과학에서 인지에 대한 관심 증가에 맞춰 제도가 특정한 영역에서 행동에 대한 규범적 지침일 뿐만 아니라 선택과 그 선택이 작동하는 틀에 대한 개인의 인지도 형성한다는 사고에 초점을 맞추었다. 이러한 이유 때문에 주요한 제도적 영역이 무엇이냐에 대한 주장은 경험한 사건을 이해할 수 있게 하는 틀인 '스키마(schema)'(때로는 그리스어 'schemata'로 표현되기도 한다)에 대한 인지심리학의 사고에 의존하게 되었다(이런 연결의 정교한 설명은 특히 DiMaggio 1997 참조). 사람들이 자신의 세계를 어떻게 구조화하는지에 대해서는 아주 유사한 개념들이 있는데, 사회심리학과 인지심리학의 '스크립트(script)'(Sternberg and Sternberg 2017: 특히 8장 참조), 사회학자들이 발전시키고(Goffman 1974; Snow et al. 1986) 행동경제학에서 두드러지게 등장하는(예를 들면 Tversky and Kahneman 1981) 개념인 '프레임(frame)' 등이다. 이런 주장들은 규정된 일련의 사회적 활동과의 연결을 포기하지는 않지만, 그러한 전통적 영역의 경계에 쉽게 어울릴 수도 그렇지 않을 수도 있는 사고방식을 강조한다.

예를 들면 로저 프리드랜드(Roger Friedland)와 로버트 앨퍼드(Robert Alford)는 영향력 있는 논문에서 주요 사회제도는 자본주의 시장, 관료적 국가, 민주주의, 핵가족, 종교, 학문이라고 주장한다(Friedland and Alford 1991: 232, 248). 이 "제도적 질서" 각각에는 "조직 원칙"을 구성하는 "물질적 실천과 상징적 구성의 집합"인 "중심 논리"가 있다. 예를 들면 자본주의의 "제도적 논리"는 축적과 인간 활동의 상품화다. 국가의 제도적 논리는 인간 활동을 법적·관료적 위계로 합리화하고 규제하는 것이다. 민주주의의 제도적 논리는 참여여서 인간 활동에 대한 대중적 통제를 확장한다. 가족의 제도적 논리는 공동체여서 가족 구성원에 대한 무조건적 충성과 재생산의 필요로 인간 활동을 동기화한다. 종교 또는 이 문제에 대한 학문의 제도적 논리는 진리 …… 및 모든 인간 활동이 일어나는 실재의 상징적 구성이다(1991: 248).

여기서 사용하는 "제도적 논리"는 내가 다음 절에서 논의할 '신제도주의 조직 이론'에서 발전해 보통 산업별로 그 용어를 사용하는 것보다 훨씬 광범위한 범위에 해당한다. 제도에 대해 언급할 때 고정되고 합의된 용법이 없기 때문에 학자들은 서로 엇갈리는 말을 하면서도 같은 주제를 언급한다는 환상을 가지고 있어 심각한 혼동이 일어난다. 내가 여기서 용법의 표준을 정하려고 하지는 않겠지만, 적어도 해당 용어를 어떻게 사용하는지는 명확히 해두고자 한다.

뤼크 볼탕스키(Luc Boltanski)와 로랑 테브노(Laurent Thévenot)는 사회적 '기능'이나 심지어 '제도'를 언급하지 않고서도 비슷한 주제의 문제를 논의한다(Boltanski and Thévenot 1999, 2006). 대신에 그들은 '정당화' 원칙에 대해 이야기하면서, 모든 사회적 행위자는 타인들에게 자신의 행동을 **정당화할** 필요가 있고, 그렇게 하기 위해 구별되는 원칙을 제공하는 어떤 준거틀 안에서 움직인다고 가정한다. 그들은 그러한 여섯 가지 틀 또는 "가치 질서(orders of worth)" 또는 "세계"를 구분하는데, 각각 고유한 정당화의 원칙이 있다. 예술가들이 사용하는 것과 같은 미적 기준이 지배하는 "영감(inspiration)"의 세계, 가정의 세계, 명성 또는 명예의 세계, 시민 세계, 시장 세계, 그리고 가치가 효율성에 기초하는 산업 세계가 있다(1999; 369-370).

이 모든 제안이 명시하는 바에 따르면, 사회적 세계가 여러 영역으로 나뉠 수 있고, 그 안에서 일련의 명시적 또는 묵시적 규칙이나 기준이 행위나 사회적 조정의 가치나 적정성의 판단에 적용된다는 점을 일반적으로 합의한다는 것이다. 하지만 이런 제안이 매력적임에도 제도를 사회적 기능이나 심지어 잘 규정된 일련의 활동과 짝을 맞추려는 목표를 포기하고 나면, 그러한 목록이 일련의 명확한 근본 원칙에서 파생하지 않는다는 점에서 어떠한 목록이라도 임의적일 수밖에 없다. 그래서 일련의 활동을 제도라고 확인하기 위해 활동 주변에 경계가 올바로 설정되었는지, 또는 사회적으로는 중요하지만 목록에는 나오지 않는 활동의 군집이나 논리들 또는 스키마가 있을 수 있는지 밝혀낼 수 있는 간단한 방법은 없다. 내 목적은 이 문제의 해결을 바라거나 필요로 하는 것이 아니고, 다만 주어진 맥락에서 어떤 일련의 활동이 함께 군집하는지를 우리는 경험적으로 알 수 있으므로 이를 분석의 출발점으로 삼을 수 있다는 점을 명시하고자 한다. 이는 단지 임시로 만든 기준이 아니라, 인간 행동을 실용주의적 관점으로 보는 나의 선호에 상응한다. 인간 행동에 대한 실용주의적 관점은 사람을 문제의 해결자로 간주하고, 제도가 구체화되고 합의된 영역을 규정한다고 인식할 때 사람은 생각만큼 일련의 특정한 제도적 논리에 얽매어 있지 않다고 여긴다. 이는 기존 제도와 논리가 중요하지 않다는 의미가 전혀 아니다. 기존의 제도와 논리는 행동의 중요한 준거점이다. 그리고 제도 변화에 대해 말하는 것이 어렵고 도발적이라 해도, 그러지 않고는 사회 조직의 역동성을 이해하기 불가능하다(Mahoney and Thelen 2009와 비교).

5.2 중범위(middle range) 제도: 산업에서의 제도적 논리

규범이 어떻게 경제 행위를 조절하는지 고찰한 초기 이론가들 중에는 사회학의 조직 이론가들이 있다. 그들은 규범적 모형 또는 '제도적 논리'가 특정한 '조직 분야'에 적용된다고 상정하는데, 그것은 상호작용하는 조직의 집합을 의미하는 느슨한 개념이고, 실질적으로는 특정한 산업과 그 소비자·금융가·법률가·입법자·규제자 그리고 그들과 상호작용하는 기타 다양한 행위자와 대체로 관련되는 개념이다.[1] 이 '신제도주의' 조직 이론(이는 사회학과 경영학에서 사용하는 용어로, '신제도주의' 경제학의 용법과는 전혀 다르다)에서 획기적인 연구는 폴 디마지오(Paul DiMaggio)와 월터 파월(Walter Powell)의 1983년 논문으로, 한 '분야(field)'의 조직들이 아주 많은 방식으로 왜 서로 모방하는지, 심지어 모방하는 행위가 특별히 도움이 되거나 효과적으로 보이지 않을 때조차도 왜 그러는지 고찰한다. 이 전통에 속하는 학자들의 주장에 따르면, 중앙집중화된 인사부서처럼 혁신의 초기 도입자들은 이것이 효율성을 어떻게 증진하는지에 민감하지만, 이것이 현대 조직의 운영 모델이 되고 나면, 도입은 경제적 결과와는 분리되고 대신에 이 방식으로 조직하는 것이 더 정당하고 현대적이라는 일반적 의미를 지향한다(예를 들면 Tolbert and Zucker 1983; Baron, Dobbin and Jennings 1986 참조; 사회과학에서 '제도주의' 조직 이론의 역사와 발전에 대한 포괄적 논의는 Scott 2014 참조).

그러한 모델은 '규범 시장'에서 등장하거나 효율적인 선택 과정을 거쳐 등장하는 것과 달리(이 책의 2장과 비교) 점점 전문화된 인적 자원(human resources. 일찍이 'HR'이라 불린) 전문가들처럼 이 모델을 아주 진지하게 받아들이도록 훈련받은 컨설턴트 및 전문가들에 의해 확산된다.

이 행위자들은 조직이 지향하는 의제의 통제를 통해 상당한 권력을 행사한다. 또한 인사의 중앙집중화는 한 기업이 상호작용하는 다른 조직들에 대한 의존성 탓에, 특히 제2차 세계대전 동안 물자와 인력 부족에 시달리던 연방정부의 요구 탓에 압박을 받았다(Baron et al. 1986 참조). 그 뒤 이 전통의 많은 연구는 (더 현대적이고 정당하게 여겨지는 조직이 그 평판 효과로 인해 더 나은 재정적 성과를 거둘 수 있음에도 불구하고) 효율적인 결과보다는 정당성과 더 관련 있어 보이는 조직 혁신에 주목한다. 여기서 경제 행위자들에게 무엇을 해야 할지 지시하는 일련의 규범에서 현대적인 첨단 조직의 모습이 어떤지에 대한, 그래서 조직 위상에 기초한 보상을 추구하는 모델을 정립하는 더 일반적인 개념으로 미묘한 전환이 있었다는 점에 주목할 필요가 있다. 이는 일련의 세부 행동지침보다는 인지 스키마에 더 많이 해당하고, 인지 스키마는 사회심리학과 행동경제학의 틀짜기 효과(framing effect) 영역에 진입하면서(문화와 인지에 대한 DiMaggio 1997 참조) 분리된 개별 규범들의 영향에서는 한층 더 멀어졌다.

그래서 정부 권력의 행사, 사회 전반에서 관료제화 증가의 영향(Bendix 1956), 기업과 대규모 산업 노동조합의 상호작용은 모두 고용 관계의 조직에 영향을 주었다. 이런 여러 힘의 상대적 영향력에 대해서는 상당한 논쟁이 있다. 그러나 그 모든 것은 단일한, 별개 운영 규범의 영향에 대한 것이 아니라 장기적인 역사적 추세와 행위자들 간의 권력 관계 그리고 규범 위상의 도입과 관련 있다는 공통점이 있다. 이 모든 것은 어떤 의미에서 같은 방향을 가리킬 수 있지만, 아직 개념적으로 연결돼 있지는 않다. 그러한 사례가 중앙집중화된 인사 기능을 채택한 프레드릭 윈슬로 테일러(Frederick Winslow Taylor)의 '과학적 경영' 방식에서 시간-동작 연구의 경험적 상관관계다(Baron et al. 1986과 비교).

사회학 조직 이론의 새로운 신제도주의 전통에서 유래한 '제도적 논리' 주장은 대부분 한 나라의 특정한 산업에 적용되었고, 규범의 압도적 지배를 포괄적으로 주장하기보다는, 흔히 산업이 조직되는 가장 타당한 방식이 무엇인지에 대한 **대안적 개념화**(alternate conceptions)가 어떻게 존재하는지를 두고 주장을 펼쳤다. 개념들은 서로 경쟁하다가 시간이 지나면서 한 개념이 다른 개념에 길을 터주거나, 산업을 여러 부문으로 분할해 각 부문이 서로 다른 규범적/인지적 모델을 따르게 되었다는 것이다(제도적 논리의 전반적인 논의에 대해서는 Thornton et al. 2012 참조).

더 전형적인 주장은 논리의 변천을 여러 시기에 걸쳐 추적한다. 그래서 예를 들면 패트리샤 손튼(Patricia Thornton)과 윌리엄 오카시오(William Ocasio)는 고등교육 출판이 작은 출판사가 사적으로 소유하고 편집자가 "생활양식과 전문직으로서의 출판에 개입하는" 1960~1970년대 "편집의 논리"에서, 회사의 경쟁력 있는 위치와 수익 창출이 목표인 "시장 논리"로 어떻게 전환되었는지 연대기 방식으로 기술한다(Thornton and Ocasio 1999: 808).

그들은 이 '제도적 논리' 학파의 많은 저자처럼 자신들이 기술하는 변화를 고립된 것으로 보지 않고, 오히려 광범위한 사회적 추세, 이 경우에는 산업을 전문직으로 이해하는 개념에서 수요의 급격한 팽창과 그 결과인 생산과 시장 규모의 팽창에 의해 어느 정도 탄력을 받아 시장 논리로 전환되는 사회 전반의 변화와 연결한다(1999: 816). 19세기 말과 20세기 초의 미국 저축 산업에서 일어난 변화를 설명하는 헤더 헤이브먼(Heather Haveman)과 하야그레바 라오(Hayagreeva Rao)도 비슷하다. 초기의 캘리포니아 저축조합은 "은퇴 계획(terminating plan)"에 기초해, 사람들이 서로 알고 신뢰하는 지역 공동체에서 상호성을 강조하면서 공동 목표를 위한 저축을 강행했다(Haveman and Rao 1997: 1613-1616). 〔나는 이러한 도식과 전 세계에 걸쳐 '순환 신용조합(rotating credit association)'으로 구현된 것과의 유사성에 주목한다. Ardener 1964: 201-229와 비교. 미국의 종족 집단에 대해서는 Light 1972 참조.〕이는 1930년대에 이르러 비인격성과 관료제, 자발적 저축에 기초한 다른 논리인 "도덕 감정론"으로 대체되었다(Haveman and Rao 1997: 1624). 여기서 저자들은 이 변화를 진보주의와 연결된 미국 전반의 경향 탓으로 돌린다. 이 경향은 로버트 위브(Robert Wiebe)의 고전적 저서《질서의 추구(The Search for Order)》(1967)에 상세히 설명돼 있는데, 진보운동은 "협력을 관료화하고 합리적 행위자들에게 원하는 대로 저축할 자유를 허용하는 실용적 해법에 도덕적이고 이론적인 설득력을 부여했다"고 그는 주장했다(Haveman and Rao 1997: 1644).

좀 다른 사례에서 라오 등(Rao et al. 2003)은, 프랑스의 신요리(nouvelle cuisine) 운동이 19세기 말에서 20세기 중엽까지 어떻게 오귀스트 에스코피에(Auguste Escoffier: 1847~1935. 프랑스 전통요리를 체계화한 요리사이자 요리책 저자―옮긴이)의 전통 요리법과 르 코르동 블루(Le Cordon Bleu) 같은 요리학교와 경쟁해 결국 전부는 아니지만 상당 부분 대체했는지 추적한다. 그것은 신선함, 요리사의 창의성, 단순함, 새로운 조리법과 재료, 그리고 계절과 시장에 따라 바뀌는 간단한 식단을 강조하는 일종의 사회운동이었다. 제도적 논리의 전환은 부분적으로 전문 요리사들이 주도한 사회운동의 결과였고, 폴 보퀴즈(Paul Bocuse: 1926~2018. 프랑스 신요리 운동을 대표하는 요리사―옮긴이)처럼 그 요리사들의 이름은 새로운 경향과 동의어가 되었으며, 또한 당시 사회운동에 대한 일반적 문헌 중 상당수가 이와 관련 있다고 저자들은 강조한다. 따라서 여기에는 확실히 강력한 규범적 요소가 있지만, 그것은 "사상의 한 유파" 전체를 규정하는 더 큰 준거틀 안에서 지속된다.[2] 하지만 라오 등은 한 걸음 더 나아가 이런 변화가 요리와 식당 주인의 경제적 영역에 한정되지 않고 프랑스의 광범위한 사회 변화와 관련 있었다고 제시한다. 그러한 변화로 프랑스는 새로운 문화적 방향으로 진입해, 반권위주의적 흐름이 문학과 영화, 연극에서는 "새로운 물결(new wave)"로 표출했고, 정치에서는 파리의 거리에서 1968년의 격변으로 나타났다(2003: 802-805).

'제도적 논리'의 변화를 주장하는 사람들이 그러한 변화를 임의적이거나 무작위적인 것이 아니라 규범적 틀의 전반적 전환의 표식으로 바라보는 이유를 알아내기는 쉽다. 그러나 문제가 되는 전환이 모든 것을 망라한 것이어서 그 경로에 있는 모든 유형을 휩쓸어버렸는지, 아니면 분석을 위해 선택한 사례들이 잘 알려진 유형이나 주장에 의해 익숙해진 방향으로 변한 논리를, 그렇지만 진보주의처럼 시대를 상징하는 운동에도 불구하고 변함이 없거나 다른 방식으로 변한 사례들로 균형이 맞춰질 수도 있는 논리를 옹호하는 선택 편향을 겪는 것은 아닌지 문제 삼을 수 있다.

19세기의 고립되고 분리된 미국 소도시와 진보 시대 이후 관료화되고 동질화된 미국을 대조하는 1967년의 위브와 같은 주장은 자유 경제와 조정 경제의 구분 같은 이분법적 분류의 가치에 대한 21세기의 역사서술과 회의론에 비추어보면 더 적합한 반응을 이끌어낼 것이다. 피터 홀(Peter Hall)과 데이비드 소스키스(David Soskice)가 그러한 사례이며(Hall and Soskice 2001. 일본과 독일에 적용한 경제의 이분법에 대한 Herrigel 2005와 비교), 이는 미국 진보주의 시대에 대한 데이비드 케네디(David M. Kennedy)의 1975년 역사서술에서 이미 예시된 관심사였는데, 케네디는 진보주의의 충동이 비관료적이거나 관료제 이전의 유형들을 보호하거나 장려하기도 한 경우들을 위브가 검토하지 못했다고 지적한다(Kennedy 1975: 463).

더 중요한 점은 게리 헤리겔(Gary Herrigel)이 2005년에 강조한 것처럼, 새로운 유형을 창조하는 사람들은 이분법의 특정한 한쪽이나 이미 알려진 사회운동에 충실한 태도에 반드시 관심을 가지는 것은 아니고, 이념적이거나 이론적인 일관성에 그다지 초점을 두지 않으면서 고심하는 문제를 해결하고자 다양한 원천에 의존할 가능성이 더 많다는 것이다. 따라서 이 점에서 다시 한번 나는 앞서 언급했던 행위자를 혼합적 존재로, 또는 프랑스어로 브리콜라주(bricolage)[3]라고 부르는 것에의 참여자로 묘사하는 것과 밀접하게 관련된 실용주의 인식론으로 기운다.

이런 관심은, 널리 퍼진 하나의 논리가 광범위한 경향과 관련되어 발전하는 가운데 다른 논리에 자리를 내주기보다는, 도전받는 논리가 도전하는 논리와 분야를 분할해 각각의 논리가 틈새를 확보할 수 있음을 규명하는 연구와도 관련된다. 마이클 라운스베리(Michael Lounsbury)는 1925년에 처음 조직돼 1940년의 투자회사법으로 일상화된 상호기금 사례를 제시한다. 20세기 초에 자금 관리는 부의 보존에 대한 것이었고 낮은 비용으로 보수적이고 장기적인 투자에 집중했다고 그는 지적한다. 이런 "수탁자" 논리는 아주 안정적이고 어느 정도 세속적인 상품을 선보였고 주로 보스턴에 거점을 두면서 "보스턴과 그곳 상류 엘리트의 금융 문화에 젖어 있었다"(Lounsbury 2007: 291). 1950년대 뉴욕에서 등장한 경쟁적 논리는 "실적"에 기초해 단기 고수익을 위한 더욱 공격적인 투자에 개입했는데, "성장형 펀드(growth fund)" 동향이 대세가 되었다. "록스타" 투자자의 출현은 실적 동향과 함께 생겼지만, 1970년대 초 인덱스 펀드(index fund)의 등장에는 수탁자 논리의 부활이 반영돼, 자금 관리 회사는 점점 더 두 논리 중 하나에 전문화되었다(2007: 293). 따라서 논리들이 경합할 때, 이런 경합은 "지속적인 산업 구조"(2007: 302)가 될 수 있고, 그 구조 안에서 원래의 지리적 차이는 결국 산업과 시장을 사회적으로 조직하는 데 각인되고 영향을 미친다.

이 모든 주장에서 나는 '신제도주의자들'이 연구한 수많은 산업의 극히 일부를 건드렸을 뿐이지만, 새로 경합하는 조직적 또는 제도적 논리들이 어디에서 나왔고 그 논리들이 어느 정도 문제의 산업에만 한정적인지 아니면 사회의 역사와 문화의 포괄적인 힘들을 어느 정도 반영하는지 질문해야 할 것이다. 이런 질문은 반대로, 논리의 변화로 유발된 실천의 변화가 정상적인 경제적·정치적·사회적 사건들의 필연적 결과였는지, 아니면 누가 어떤 기술을 가지고 새로운 논리의 기업가로 행동하는지에 따라 달라졌는지 묻게 만든다. 이는 사회운동을 연구하는 학자들이 선호하는 주제인데, 성공적인 사회운동은 실력 있는 사회운동 기업가들이 대체로 선도하고 그들은 성공할 가능성이 있는 사회적 맥락에서 활동하지만, 결과는 여전히 필연적이지 않아서, 리더십과 외부 충격, 그 밖의 역사적 우연에 달려 있다. 이 때문에 하나의 산업보다 더 큰 규모에서 제도를 논의할 필요가 있다.

5.3 제도, 논리, 그리고 지역 문화와 국가 문화

조직과 산업의 '제도적 논리'에 대한 문헌에서 지리적 공간은, 상호기금에 대한 보스턴의 "수탁자 논리"를 뉴욕에 중심을 둔 "성장 논리"와 대조하는 라운스베리의 설명처럼, 이런저런 논리의 장소로 기회가 될 때만 등장한다. 그러나 많은 학자는 한 걸음 더 나아가, 지리적 단위 내의 산업을 비롯해 경제 행동을 주조하는 문화적·규범적·제도적 차이의 주요한 **매개체**가 지리적 단위라는 점에 주목한다. 경제의 서로 다른 측면을 지배한다고 일컬어지는 규범 복합체는, 저자들이 적용하려는 상황 범위에 상응해 다른 이름으로 불린다. 그 범위가 경제 부문으로 산업이나 '조직 분야'일 때, 복합체는 '논리'로 불린다. 범위가 국가일 때 전형적인 표제어는 국가 '문화'지만, 국가 내 지역에 대해서도 비슷한 주장을 한다. 그래서 지역 문화라고 언급하기도 하고 한 국가 내 문화들이 충돌하거나 대비될 때는 서로 다른 지역의 경제적 성과에 영향을 미치기도 한다(예를 들면 Locke 1995; Saxenian 1994 참조). 국가 단위 분석과 지역 단위 분석이 다르다 해도, 주장들은 비슷하게 어떤 지리적 경계가 어떤 환경에서 중요한지에 대한 일관성이 결여돼 있다.

　지역의 경제 문화에 대한 주장이 미국과 이탈리아처럼 문화적으로 이질적인 국가에 적용될 가능성이 가장 높다고 생각할지도 모르겠지만, 그러한 이질성을 측정할 수 있는 기준에 대한 보편적 합의는 없다〔그러한 예는 의도적으로 모순적인 제목을 붙인 존 리(John Lie)의 《다종족 국가 일본》(2001)이다〕. 그리고 내가 문화적으로 이질적인 국가의 예로 이탈리아와 미국을 골랐지만, (이질적이라기보다는) 고도로 독특한 국가 문화를 의미하는 미국 '예외주의'나 이탈리아 '예외주의'에 대한 주장도 적지 않다.

　이질성의 주장과 결을 같이하는 잘 알려진 두 가지 사례에서 독특한 지역적 산업 문화가 있다는 주장이 나왔는데, 이탈리아의 의류 산업과 미국의 첨단(정보기술) 산업이 그것이다. 이탈리아에 대해서는 (북이탈리아도 남이탈리아도 아닌) "제3의 이탈리아〔Third Italy: 이탈리아 중부와 북동부 지역. 중소기업이 지역 경제의 중추적 역할을 하는 곳으로 1980년대부터 포스트포디즘(post-

Fordism) 모델의 하나로 주목받았다—옮긴이]"(Piore and Sabel 1984 참조)의 독특한 문화적·조직적 역량을, 미국에서는 (매사추세츠주) 128번 도로의 첨단단지와 대비되는 실리콘밸리를 강조해왔다(Saxenian 1994). 상호의존해 있는 소기업들의 연결망은 혁신에 훨씬 유연하게 대처하고, 사내 연구개발에 대규모 매몰 비용이 그다지 필요치 않다는 것이 두 지역 성공의 문화적 이야기다. 또한 확장형 하도급 방식으로 가장 앞서가는 디자이너들과 생산자들에게 비용을 외부화할 수 있고, 지역의 충성심과 신뢰의 연결망으로 거래 비밀의 누설 위험이 상쇄된다.

그러나 이런 설명은 지역의 문화가 어떻게, 왜 서로 다를 수 있는지, 그러한 변이가 어떻게 지속하는지 말해주지 않는다. 지역의 문화 분석은 그러한 지속성에 대해 국가 수준보다는 단정적이지 않다.[4] 마이클 피오레(Michael Piore)와 찰스 서벨은 1984년 '제3의 이탈리아'에 대한 초기 연구서 《2차 산업 격차》에서 새로운 유형이 대량생산의 종말로 등장한 강력한 장기적 유형의 산물이라고 제시했지만, 이 주제에 대해 그후 축적된 경험적 증거들에 의하면 그러한 전략을 한동안 성공적으로 추구한 마을과 지역은 이를 지속하는 데 종종 실패했다. 로크는 역사적 분석을 제시해 어떤 지역이 이런 유형을 지속했는지 가려내고, 단순하게 문화로 쉽게 포장할 수 없는 종류의 역사적·정치적 우발 사건들을 상술한다(Locke 1995). 비슷하게 미국 첨단산업에 대한 담론 형성에 강력한 영향력을 행사한 애널리 색스니언(Annalee Saxenian)도 실리콘밸리의 성과와 실천의 한 원인으로 독특한 캘리포니아 문화를 제시하지만, 또한 1980년대의 위기에서 소기업으로 이루어진, 고신뢰의 유연한 연결망 모델의 뛰어난 점을 잘 모르는 지역 기업들은 대기업의 대량생산 모델로 회귀함으로써 이런 문화적 이점을 거의 잃어버렸다는 점에도 주목한다. 따라서 실리콘밸리의 산업 지도자들은 색스니언이 주장하는 문화 모델에 대한 이해가 거의 없었고 일본의 반도체 대량생산에 자극받은 위기가 사라지자, 아주 다르지만 여전히 이용 가능한 생산의 인지 모델인 수직적으로 통합되고 자급자족적인 매사추세츠 모델에 의사결정과 구조를 맞춤으로써 실리콘밸리의 장점으로 여겨지던 독특한 문화와 산업의 이점을 잃어버렸던 것으로 보인다. 만일 이것이 맞다면, 지역 수준에서 문화 모델의 취약성과 우발성을 강조해야 하고, 결과의 필연성이 아니라 아주 다른 대안의 모델이나 분석틀을 활용해야 한다.

실리콘밸리에서는 유연한 소기업 연결망이 지속적이고도 분명한 중요성을 지녔는데도 대기업들(예를 들면 휴렛패커드·인텔·애플·구글·페이스북)이 항상 필수적인 역할을 해왔지만, 나는 이런 역할이 단일하고 일관성 있는 조직 모델이라는 일반적 사고에 잘 들어맞지 않기 때문에 이론적으로 많은 분석이 이루어지지 않았다는 점도 지적하고자 한다. 대단한 성공을 거둔 애플의 경우를 보면, 유난히 뛰어나고 거의 상징적인 이 기업의 비교적 '자급자족적인' 성격은 색스니언이 덜 성공적인 (매사추세츠주의) 128번 도로 지역과 결부시킨 스타일과 더 많이 닮았다. 그리고 이것은 문제의 지역에 대해 단순한 문화 모델이 포착할 수 있는 것보다 더 많은 복잡성을 제시한다. (이탈리아 섬유 산업에서 중요하지만 저평가된 소기업과 대기업의 상호작용에 대한 비슷한 주장에 대해서는 도발적인 논문인 Lazerson and Lorenzoni 1999 참조.) 다양한 기존 행위자들이 문화적·구조적·규범적 유형들을 조합할 수 있다고 본다면, 겉보기에 불가능할 것 같은 조직 형태들의 조합을 충분히 평가할 수 있다. 이는 그러한 조합이 무작위적이라거나 이 유형들이 중요하지 않다는 말이 아니다. 오히려 이 유형들은 절대적으로 중요하지만 변경할 수 없는 것은 아니고, 행위자들이 목표를 정의하고 달성하려 노력함에 따라 시간이 지나면서 변할 수 있다는 것이 나의 주장이다. 이런 주장은 인간 문제를 해결하는 실용주의적 모델이나 융합주의적 모델과 잘 어울린다.

아주 성공한 지역과 그렇지 못한 지역을 대조하는 전형적인 분석에서 지역적 차이를 보여주는 사례를 선택할 때 선택 편향이 있다는 점에 나는 또한 주목한다. 그러한 극적인 대조로 우리의 이해가 형성될 수는 있지만, 국가적 또는 지역적 혁신 모델을 평가하는 이상적인 방법은 아니다. 나는 미국과 유럽의 혁신 연구를 위해 장기간의 역사에 주목해 어떤 독특한 유형이 두드러지는지 평가한 적이 있다. 이는, "과학자와 발명가, 장인, 기술자 및 기능공 사이에 연결이 이미 존재하는 환경"(Granovetter 2009: 3)에서만 장기간에 걸친 인적 자본의 투자가 고수익을 낳는다는 조엘 모키르(Joel Mokyr 2005)의 주장을 잇는 것이었다. 경제사학자 개빈 라이트(Gavin Wright)에 따르면, 20세기 산업의 몇몇 분야에서 미국의 기술 지배는 "미국 고유의 기술 공동체"가 19세기에 등장한 덕분이었다. 그 공동체에서 개별 기능공들은 "자신의 경력 기간 동안 한 산업에서 다른 산업으로 반복적으로 옮겨다니면서, 다양한 문제에 일련의 기술과 원칙을 동일하게 적용했고" 이런 높은 이동성은 "경제 전체에 새로운 패러다임을 전파하는 강력한 기제였다"(Wright 1999: 299-300). 이런 높은 수준의 기업 간 이동은 미국에서는 산업화와 함께 시작되었고 세계 대부분의 이동성을 계속해서 앞질렀다. 이미 19세기에 숙련공들은 비슷한 종류의 다른 사람들과 연계되면서 오늘날 우리가 '범생이'(nerdy)라고 부르는 방식으로 그들의 성취를 뽐냈다. 그리고 "홈브루 컴퓨터 클럽(Homebrew Computer Club: 1970년대 중반 실리콘밸리에서 컴퓨터에 깊은 관심을 가진 전공자들의 모임. 애플을 비롯한 컴퓨터 회사의 창립자와 유명한 해커들이 참여했다—옮긴이)"이 실리콘밸리에서 개인용 컴퓨터의 발전에 중추적 역할을 한 것처럼, 그런 사람들이 한 산업과 한 지역에 고밀도로 군집하는 곳에서, 이것은 혁신에서 엄청난 차이를 만들어낼 수 있다(Granovetter 2009: 4).

실리콘밸리의 성공에서 또 다른 핵심 요소는 스탠퍼드 대학교의 연구진과 산업의 강렬한 상호작용이었다. 스탠퍼드 대학교는 1891년에 실용적인 방식으로 교육하려는 특수한 임무를 띠고 설립되었다. 이는 대상인이자 산업가이면서 상원의원이던 릴런드 스탠퍼드(Leland Stanford)와 캘리포니아의 광활한 교정을 생각하면 특이하다고 생각될수 있다. 그러나 장기적 관점에서 보면 이는 미국에서는 파격적인 것이 아니었다. 19세기부터 미국 산업은 유럽 산업과는 아주 다르게 산업에 이론적 훈련을 제공하는 교육기관들과 긴밀하게 상호작용했고 그래서 학문적 훈련은 실용적 문제와 긴밀하게 연결되었다(Wright 1999와 Rosenberg 2000 참조).

이 두 가지 유형, 즉 대학교와 산업이 협력하는 성향과 기술 전문가들의 교차 연결망은 실리콘밸리의 유일무이한 문화라고 가정되는 것이 무엇인지 축약적으로 보여줘 매사추세츠의 수직적으로 통합된 지식의 조직화와 상반된다. 하지만 장기적인 역사적 관점에서 보면 캘리포니아 유형이 전형적으로 미국적이고, 매사추세츠 유형은 역사적으로 이례적일 수도 있다는 것이 내 연구의 제안이다. 만일 그렇다면, 이는 문화적 유형이 실제로 어떤지 그리고 그 의미가 무엇인지 확인하는 데 아주 다른 시각을 제시할 것이다.

모든 국가는 경제 행동과 제도의 형성에 강력한 힘을 행사하는 독특한 문화가 있다고 많은 학자가 주장한다. 만일 '문화적' 차이가 이런 효과를 낳는다면, 규범을 비롯한 정신적 구성물에 대한 논의를 더 높은 사회 조직 수준으로 끌어올려야 하고, 이 수준에서 다시 특정한 개별 규범이 아니라 우리가 국가의 '문화'로 지칭하는 사고의 총체에 어느 정도 부합하는, 그러한 개념들의 복합적 배열의 영향에 초점을 맞춰야 할 것이다. 경제학 이론은 분명 문화적 차이에 여지를 남겨두지 않아서, 시장이 장애물 없이 기능할 수 있는 사회에서는 주어진 경제적 조건이 같다면 동일한 결과를 예측한다. 예를 들면 기업의 지배구조로 경제 관행을 연구하는 데서 이런 관점을 볼 수 있다. 일부 분석가는 문화적으로 일부 결정되는 '경로 의존성' 때문에 경험적으로 관찰된 변이가 지속한다고 예측하는 반면(예를 들면 Bebchuk and Roe 2004), 다른 분석가들은 더욱 정통적인 경제학의 관점을 취해 그러한 차이는 시장 규율이 강제하지만 문화적 차이가 변화시키지는 못하는 최적의 형태로 수렴하면서 사라질 것으로 본다(예를 들면 Hansmann and Kraakman 2004).

흥미롭게도, 독특하고 일관되고 강력한 문화가 결과를 결정한다는 사고에 반감을 표하는 수렴 이론가들의 주장은 다른 이유 때문이긴 하지만 최근 사회학의 문화 분석가들에 의해 공유되고 있다. 예를 들면 잘 알려진 논문에서 앤 스위들러(Ann Swidler)의 주장에 따르면, "문화가 행동에 미치는 효과를 이해하는 데 활용되는 지배적인 모델은 오해의 소지가 있다. 그 모델은 행동이 지향하는 궁극적인 목적이나 가치를 문화가 공급함으로써 행동을 형성한다고 가정하고, 그에 따라 가치가 문화의 주된 인과적 요소가 된다"(Swidler 1986: 273). 그 대신에 스위들러는 문화를 "언어, 잡담, 이야기, 일상생활의 절차와 같은 비공식적인 문화 실천은 물론 신념, 의례적 실천, 예술 형태, 의식을 비롯한 의미의 상징적 운반체"(1986: 273)로 간주하지만, 모든 실제 문화는 다양하면서 갈등하는 상징, 의례, 이야기 및 행동의 지침을 포함한다는 점에 주목한다. 따라서 문화는 "행동을 일관된 방향으로 모는 통일된 체계"라기보다는 "행위자들이 행동 노선의 구축에 필요한 다양한 부품을 선별하는 ...... '도구 상자'나 목록에 더 가깝다." 우리가 "실제로 관찰하는 것은 문화 중독자가 아니라 적극적이고 때로는 숙련된 문화 사용자"(1986: 277)라고 기대해야 한다.

따라서 합리적 선택 주장과 시장에 기초한 주장은 문화가 강력하고 일관된다는 사고를 일축하면서 문화의 중요성을 전적으로 무시하는 반면, 문화 이론가들은 그 대신에 해결하고자 하는 특별한 문제가 있는 행위자의 행동에 문화가 강력하지만 복잡하고 맥락에 따라 좌우되는 영향을 끼치는 것으로 이해하려 한다. 이는 인간의 행동에 대한 실용주의 철학 및 인식론과 일치하는 관점을 수반하는데, 이런 관점에서는 합리적 선택 이론과 게임 이론이 선호하는 단순한 수단—목적 틀에 회의적이고, 문제 해결 사고방식으로 활용할 수 있는 문화 모델은 어떠한 시간과 장소에서도 일반적으로 다수이지만 무한정하지는 않다.

이런 관점은 각 국가의 '문화'가 독특하다는 단순한 주장과는 대체로 상반된다. 이에 대한 하나의 예시는 세계가치관조사의 문항처럼 일련의 가치 지향적이고 분리된 질문으로 각 국가의 문화를 측정해 특징짓는 것이다. 그래서 신뢰와 개인주의 대 집단주의, 종교적 신념 등의 질문에 대한 전형적인 응답이 전반적인 문화적 틀을 대변한다. 많은 쟁점 중에서도 이것은 특정 규범이 스스로 존재하지 못한다는 사고와 양립하기 어려워 보인다. 학자들은 그러한 응답과 실제 경제적 실천 사이의 상관관계를 관찰해 문화를 실천에 인과적으로 연결하고자 구축한 정교한 이야기를 생성해내지만, 그러한 연결 뒤에 숨은 기제를 구체화해 경험적으로 특정하려는 시도는 진지하게 하지 않아서, 굴드와 르원틴이 비판하는 '적응적 이야기'에서처럼(Gould and Lewontin 1979) 기제를 확정하지 않고 가설상의 추론으로 남긴다. 이는 3장에서 신뢰 이론을 비판한 내 의견의 중요한 요소였다.

이렇게 상정한 국가 문화는 아주 추상적으로 제기된다는 이유 때문에 국가 문화를 현재의 경제적 실천과 연결하는 기제가 즉각적으로 명백하지 않다. 이에 대한 하나의 예시는 국가들이 독특한 '제도적 논리'를 갖는다고 묘사하는 것인데, 이는 (특정 산업을 연구하는 조직 제도주의자들과는 다르게) 어떤 특정한 경제적 실천보다 추상적 경향과 관련되지만 이런 경향은 조사에서 밝힌 추상적 국가 문화보다는 그러한 실천에 더 명백하고 단순하게 연결된다. 따라서 예를 들면 니콜 비거트(Nicole Biggart)와 마우로 기엔(Mauro Guillen)은 국가들에 독특한 '조직 논리'가 있어 경제 조직을 어떻게 구축해야 하는지에 대한 지침을 제시한다고 주장한다. 그들에 따르면, 어떤 나라에서는 가족 연결을 통해 사업 자본을 마련하는 것이 정상적이지만, 다른 나라에서는 보통 이를 부적절한 부담으로 간주한다. 그러한 "논리"는 "역사적 발전의 산물이어서 집단적 합의와 문화적 관행에 깊이 뿌리내려 있고, 상황 변화에 직면해서도 회복력이 있다"(Biggart and Guillen 1999: 725). 국가의 지배적 논리를 거스르는 방식으로 산업을 조직하려는 노력은 행위자들에게 이해가 되지 않을 것이고, 지배적인 제도적 논리와 일치하지 않는 경제·경영상의 실천은 즉각 인정되지 않고 수용되지도 않을 것이라고 그들은 주장한다(1999: 726). 그러한 논리는 단지 제약만이 아니라 "기업을 비롯한 경제 주체들이 세계 경제에서 다른 주체들보다 성공적으로 활동을 추구할 수 있게 해주는 독특한 역량의 저장소"(1999: 726)이기도 하다고 강조한다. 그들은 그러한 역량을 국가 비교 우위의 한 형태로 간주하고, 이들로 국가가 특정한 산업을 시도해 성공할지 여부를 설명할 수 있다고 주장한다.

특히 대규모 자본 투자와 규모의 경제 및 범위의 경제가 요구되는 자동차 산업에서, 조립과 수출은 "대기업과 수직적 관계를 옹호하는" 논리와 아주 잘 조화되어 "국가 또는 강력한 사적 이해관계에 따라 조직되는" 반면, 자동차 부품 산업은 대기업의 요구에 재빠르고 민첩하게 대응해야 할 때처럼, 세계 경제에 즉각 반응하고 "구매자 주도의" 연결을 발전시킬 수 있는 수평적 연결망을 가진 중소기업 경제와 더 잘 조화된다고 그들은 주장한다(1999: 728). 자동차 산업 비중이 큰 한국·대만·스페인·아르헨티나를 분석한 두 저자는 이 국가들의 독특한 제도적 논리를 통해 (1999년 현재) 한국과 스페인은 조립 부문에 강하고 대만과 스페인은 부품 부문에 강하지만 아르헨티나는 어떤 부문에도 강하지 못한 이유를 설명할 수 있다고 주장한다. 제도적 논리는 이처럼 중대한 결과를 낳는 것으로 간주되며, 제도적 논리를 무시하는 정부 정책은 실패할 수밖에 없다는 주장을 수반한다.

국가 '논리'에 대한 이 주장은 사기업 행위자들이 특정한 국가에서 자신들의 회사와 산업을 어떻게 조직할지에 대한 사고와 관련 있고, 또한 공공 정책 결정자들이 주요 산업과 어떻게 상호작용하고 그 산업들을 어떻게 지원할지 제시하면서 국가의 지배적 '논리'를 따르지 않으면 경제 실패로 귀결될 가능성이 아주 높다는 것을 암시한다. 프랭크 도빈(Frank Dobbin)은 그의 저서 《산업 정책 만들기》(1994)에서 국가가 자국의 고유한 논리를 따를 가능성이 아주 높은 이유는 그런 논리에 따라 정책 결정자들의 사고방식이 형성되기 때문이라고 말한다. 그는 1825년에서 1900년까지 철도 산업의 형성 초기에 프랑스·영국·미국의 철도 산업에 대한 국가 정책을 분석하고, 철도 기술은 나라와 상관없이 똑같지만 나라마다 철도 산업에 아주 다르게 접근했기 때문에 이는 사실상 일종의 대조 실험이라고 본다. 프랑스에서 정치 주체들은 국가만이 철도와 같은 새로운 산업을 효율적으로 견인할 수 있다고 생각했다. 반면에 미국에서는 연방정부가 이 권한을 지방정부에 이양했고 워싱턴은 "자유시장의 심판"이었다. 그리고 영국에서는 주권이 엘리트에 속한다고 전제했고, 따라서 산업 정책은 처음에 자유방임 정책이었다가 나중에는 더 적극적으로 시장과 정치로부터 개별 기업들을 보호했다(Dobbin 1994: 1장). 각 나라의 정치 역사와 전통이 산업 정책 시각의 원천이었다고 도빈은 주장한다. 이런 전통, 즉 국가의 '정치문화' 또는 달리 말해 국가의 '제도적 논리'라고 부를 수 있는 것을 각각의 역사적 여건에서 추적할 수 있다. 프랑스에서는 알렉시 드 토크빌(Alexis de Tocqueville 〔1856〕 1955)이 지적했듯, 프랑스 혁명은 프랑스 정치사에서 극적 전환점을 전혀 마련하지 못했고 부르봉 왕조에서 도입한 프랑스 정치와 경제의 가차 없는 중앙집중화가 지속되었다고 할 수 있다. 계몽적인 중앙 계획은 계몽주의 사상에서 나왔다고, 오랫동안 프랑스의 정치와 경제를 지배해온 엘리트의 '그랑제콜(grands écoles)'로 고등교육을 중앙집중화함으로써 나왔다고 할 수 있다. 영국의 정치사는 역사적으로 부침을 겪으면서도 권력을 고수한 명사들이 써내려갔다. 그리고 미국에서는 각각 특혜를 탐하는 13개 독립 식민지들을 한데 묶는 데 따른 난관으로 연방 구조가 만들어져, 중앙집중화는 큰 어려움을 겪었고 남북전쟁(1861-1865)이 끝난 후에도 오랫동안 계속된 반대에 부딪혔다.

마르크스주의 시각과는 달리 행정과 정치가 경제를 추동한다는 이런 주장은 막스 베버의 명제와 대체로 일치하지만, 정치사의 결과인 정치문화라는 매개변수는 예외다. 또 다른 변형은 마크 로가 1994년 그의 저서 《강력한 경영자, 약한 소유주》에서 제시했는데, 은행과 보험회사, 연금과 뮤추얼 펀드 같은 대규모 기관 소유주들의 이해관계가 증가함에 따라 미국 기업들이 자신들의 역량을 '주주 가치'에 봉사하기 위해 바친다는 것에 그는 회의론을 편다. 이는 몇몇 증거가 있다 해도 사실상 드문 경우이고, 아돌프 베를(Adolf A. Berle)과 G. 민스(G. Means)가 제시한 미국 기업의 이미지(Berle and Means 1932), 즉 고용된 경영자에 비해 주주들은 파편화돼 있어 기업 지배에서 발언권이 별로 없다는 시각이 대체로 정확하다고 로는 주장한다. 그리고 이는 법학자들이나 경제학자들이 종종 제안하는 것처럼 결코 경제적 효율성이 추동한 결과가 아니라, 오히려 미국 정치문화는 궁극적으로 "민간 경제의 권력 집중에 대한 미국인들의 불편함"(Roe 1994: xiv)에서 파생했고, 이는 정치 과정이 만들어낸 경제 제도에서 명백히 드러났다는 것이 그의 주장이다. 예를 들어 진보주의 운동의 핵심은 "당시 기업과 정부에서 형성되던 거대 기관들에 맞서 개인들을 보호해야 한다"(1994: 30)는 것이었고, 그래서 미국 정치는 "의도적으로 금융기관들을 분해해 기관들이 내부의 강력한 대규모 주식 거래에 투자를 집중할 수 없게 했다"(1994: 22).[5] 그리고 2016년 대통령 후보 경선에서 버나드 샌더스(Bernard Sanders)와 도널드 트럼프(Donald Trump)의 놀라운 인기와 이어 트럼프가 공화당 대통령 후보로 지명된 일은 경제 권력의 대규모 집중에 대한 반감과 불신을 보여주는 또 다른 예시라고 지적할 수 있다.

제도적 논리와 문화적 이해는 이런 경우들보다 한층 더 추상적이어서 의식에서 삭제될 수도 있다. 예를 들면 리처드 비어나키(Richard

Biernacki)는 17~19세기 유럽 여러 나라의 섬유 산업을 조사하고, 영국과 독일은 노동이 정확히 어떤 종류의 상품인지 인식하는 방식에서 아주 달랐다고 결론 내렸다. 영국인들에게 노동은 시장 판매 상품으로 물질화된 노동자의 노동을 적용해 측정한 반면, 독일인들에게 노동은 작업장에서의 실제 노동력을 시간으로 전유해 측정한 실제 노동량이었다 (Biernacki 1997: 1장 참조). 이런 표면상의 미묘한 차이는 두 나라 경제학자들과 산업 참가자들의 서류상 설명에는 잘 드러나지 않지만 명확한 것이어서, 두 나라의 작업장과 전체적인 공장 환경에서 감독과 보상이라는 관행이 조직되는 방식에 광범위한 영향을 주었다고 그는 주장한다.

비어나키의 사례 연구는 섬유/직조 산업이 대상이었지만, 노동이 인식되는 방식의 차이는 이 나라들의 경제 전체를 관통했다고 그는 주장한다. 이것이 맞다면, 노동 관념의 두 가지 다른 스키마는 규정적이거나 규범적이기보다 개념적이고 인지적이라는 점에 나는 주목한다. 그스키마들은 어떻게 해야 하는지의 인식을 형성하는 정신적 구성물이 아니라 오히려 간접적으로 작용하므로, '규범'에 대한 대부분의 문헌이 규범을 명령(injunction)으로 정형화하는 것과는 전혀 다르다. 노동을 어떤 특정한 방식으로 인식한다면, 그런 개념에 상응하는 방식으로 보상과 감독을 조직하는 것이 자연스럽기 때문에 스키마가 영향력을 행사한다. 따라서 자극이란 무엇이 도덕적으로 적절한가에 대한 감각이 아니라 오히려 무엇이 인지적으로 일치하는가에 대한 감각이고, 이 구별은 결과를 이해하는 데 전혀 다른 주장들을 필요로 하기 때문에 아주 중요하다.

그리고 비어나키의 주장은 한 산업의 관행을 예시하지만, 이것이 경제 활동에 영향을 미치는 한에서는 그 산업의 분석 단위에서 벗어나 사회 전체의 문화에도 적용될 수 있다. 그렇다면 다른 중요한 쟁점은, 그러한 문화 모델이 시간이 지남에 따라 얼마나 많이 변하는지, 그 모델들이 어디서 유래하는지, 그리고 그 모델들이 나타나고 지속하고 사라지는 과정을 사회의 독특한 인지적·문화적 역사가 변화시키는지 등이다. 유럽의 특정 국가에서 노동에 대한 독특한 개념은 사실상 근대 자본주의로의 이행 과정에서 시차를 두고 발생한 정치적·경제적 사건들의 우연한 부산물이었다고 비어나키는 말한다(1997: 5-7장 참조).

단순히 사람들에게 해야 할 것과 하지 말아야 할 것을 지시하는 분리 규범에서 벗어나 선택지를 인식하는 방식과 매일의 경험 자료를 코드화하는 방식을 형성하는 것과 같은 더욱 복합적인 문화적 구성물로 옮아가면, 우리는 인과적 고삐를 늦춰 관련된 정신적 구성물과 행동 사이에 단순하고 직접적인 관계가 있는지 문제삼을 수 있고, 인간의 작용을 고려할 여지도 열어놓을 수 있다. 문화적 유형이나 스키마가 어떻게 행동에 영향을 주는지에 대한 그 어떤 주장도 그러한 인과성이 어떻게 어느 정도로 확실하게 작동하는지에 대해 더욱 정교한 논의를 포함할 필요가 있을 것이다. 그럴 때 심리학자들이 기능적 자기공명영상 스캔을 받은 사람들에게서 얻은 '도덕적 딜레마'의 주장과는 전혀 다른 주장에 이르게 된다. 그러한 딜레마에서는 두 가지 가능한 대안을 명쾌하게 구분하고 잘 정의하는데, 도덕 철학자들과 심리학자들이 초점을 맞추는 유명한 '전차 문제(trolley problems)'에서처럼 도덕적 쟁점이 최대 관심사다(Cushman et al. 2010 참조). 사람들은 일상의 경제생활에서 그런 단순한 상황과 많이 맞닥뜨릴 수 있겠지만, 대부분의 실제 결정은 어떤 규칙이 적절한지에 대한 결과의 불확실성 속에서 훨씬 더 많은 복합성과 맥락상의 미묘함을 수반한다. 이는, 사람들은 해결할 문제가 무엇인지 그리고 사용할 수 있는 수단이 무엇인지 파악하려고 애쓰는 중이고, 의사 결정 과정은 진행형이며 당면한 상황과 공진화하는 중이라는 실용주의 심리학자들과 철학자들이 제안하는 행동의 풍경(landscape of action)을 다시 떠올리게 한다.

지역이나 국가의 제도적 논리 또는 경제 문화에 대한 주장이 가치가 있음에도, 그러한 주장이 얼마나 결정론적인지, 그리고 정보를 가진 행위자가 논리와 문화에 대해 안다고 생각하는 맥락에서는 가능해 보이지 않는 정책과 구조를 만들어낼 수 있는 적극적인 주체의 역할에 그러한 주장이 얼마나 관심을 기울이지 않는지 감안하면, 그러한 주장에 대한 열의는 누그러질 수밖에 없다. 말하자면 국가 발전에 대한 문헌들에서는 어떤 국가의 '근대화'가 그 국가의 문화와 제도로 인해 예정돼 있지만 다른 국가의 제도와 문화는 그렇지 않다고 상정하는 경향이 있다. 이런 사고는 20세기 중엽 근대화 이론의 기본이었고, 경제 발전에는 단하나의(즉 서구를 뒤따르는) 길만 있으므로 새롭게 발전하는 경제는 그 길을 따라 얼마나 멀리 달려왔는가로 평가되어야 한다고 제시했다(특히 엄청난 영향력을 행사한 Rostow 1960 참조). 그러나 이후의 더 세밀한 연구들에 따르면, 관찰자들이 특정 국가에 대해 알고 있었던 것을 감안하면, 우호적인 구조적 환경에서는(Evans 1995와 비교) 적극적이고 명민한 국가 정책을 통해 이전에 관찰자들이 어렵다고 보았던 결과도 달성할 수 있다는 것이다. 그러한 뜻밖의 일이 예외적인 것은 아니다. 예를 들면 1961년부터 자국을 중공업의 세계적 강자로 만들려는 한국의 박정희 장군의 노력에 대해 이 시기 한국 전문가들과 경제학자들은 한국의 전통 및 제도와 전혀 어울리지 않으므로 어리석은 짓에 불과하다고 생각했다. 그러나 그 후의 사건들이 보여주었듯, 신중하게 계획된 권력 사용은 과도

한 억압을 포함하고 있었지만, 특히 자본 집약에 유리한 산업에 대규모 정부 지원 대출과 기술 교육의 형태로 강력하게 제도적 발전을 추진하면서 불가능해 보였던 결과를 이루어낼 수 있었다. 서벨(Sabel 1993)과 로크(Locke 2001), 휘트포드(Whitford 2005: 특히 6장)는 더 작은 규모의 지역들을 사례로 제시한다. 그런 지역들에서는 정상적으로는 상호작용이 (있다고 해도) 잘 이루어지지 않았을 당사자들을 협력하게 하려는 정부의 잘 구상된 노력이, 만성적 불신으로 유명하고 그로 인한 경제적 무능이나 적대적 관계로 효율과 혁신에 최적인 상태를 달성하지 못하는 지역과 산업에 신뢰 관계를 조성했다. 그리고 정부는 이런 역할을 수행하는 수많은 제삼자 중 하나일 뿐이라고 휘트포드(2012: 267)는 지적한다.

21세기에 (그리고 이미 그 이전 시기라고 주장할 수도 있는데) 해당하는 또 다른 질문은, 공급망이 점점 더 세계화되는 산업에서 국가의 경제 정책이나 문화가 결과의 주요 결정 요인일 수 있느냐는 것이다. 이 점에 관해 자동차 산업은 흥미로운 사례 연구다. 그래서 다음 절에서는 '모듈(module)' 생산에의 열광이 이 산업에 얼마나 영향을 미쳤는지 살피면서, 제도와 논리의 흥망성쇠에 대해 그리고 새로운 산업 발전과 영향이 국가의 범위가 아니라 점점 더 세계적 범위로 확장되는 현상에 대해 논의할 것이다.

5.4 제도의 흥망성쇠에 대한 사례 연구: '모듈' 생산과 자동차 산업

자동차 산업은 국가의 문화나 논리에 대한 논의에서 많이 언급될 뿐만 아니라 최근에 공급망이 더욱 세계화되었기에 아주 흥미로워진 산업이다. 사정이 이렇다면 생산은 여러 나라에 걸쳐 이루어질 수 있으므로, 국가 문화가 중요하다면 최종 조립자〔'주문자 상표 부착 생산자(OEM)'〕국가의 문화만 중요한지 아니면 최종 조립자는 다양한 국가의 문화에서 이루어지는 활동들을 어떻게 통합할지도 파악해야 하는지 문제삼을 수 있다. 내가 여기서 설명하는 사례처럼, 의류와 같은 산업에서는 이 문제가 있을 수 있다 해도 보통은 큰 쟁점이 아니다. 의류 산업에서 (나이키 같은) 선도 기업은 공급망 내 복수의 국가에서 나온 부품들을 모으는데, '기업의 사회적 책임'에 대한 심각한 과제에 접근하는 방식에서, 그리고 새롭게 부상하는 세계적 기준을 충족하면서 노동이 활용되도록 보장하는 데 따르는 문제점에 접근하는 방식에서 이들 국가의 관행은 서로 다르다. (예를 들면 뛰어난 설명을 담은 Locke 2013 참조.) 이 경우, (그 중 어떤 것은 '문화적'일 수도 있고, 또 어떤 것은 현지의 불평등 체계와 정치 제도의 결과일 수도 있는) 국가의 관행과 국가의 기준을 형성하고 재형성하는 국제적으로 수용된 기준을 따르는 관행 사이에는 갈등이 있다는 것도 알 수 있다(예를 들면 Meyer et al. 1997 참조). 선도 기업이 미국·일본·독일·한국·프랑스·이탈리아 등 다양한 나라에 있고, 그 국가들의 '문화'는 서로 전혀 다르다고 보통 간주된다는 점에서 자동차 산업은 흥미롭다. 뒤에서 언급하는 것과 같은 일부 예외가 있지만, 일련의 관행이 산업 전체를 휩쓸 수는 있어도 특정 국가의 문화에서 비롯한 영향은 거의 없을 수도 있음을 '모듈' 생산의 경우가 보여준다.

나는 모듈화와 이 모듈화가 자동차 산업에 미치는 영향에 대한 이야기를 **제도**에 대한 이야기의 하나로 제시한다. 생산을 어떻게 관리**해야 하는**지에 대한 일련의 사고가 이전에는 다른 방식으로 생산을 조정했던 산업에서 광범위하게 수용되었기 때문이다. 이는 전문가와 컨설턴트 권력의 중요성을 보여준다는 점에서 흥미로운 이야기다. 그 권력으로 한 산업 내의 사람들에게 영향을 주는 규범적인 틀이 만들어지고, 이어 그 산업의 전문가와 컨설턴트는 그 산업에서 생산이 그 규범에 맞춰 재조정되어야 한다고 역설할 수 있는 권력을 가진다. 그런 조직상의 권력이 없었다면 자동차 생산은 계속해서 수직적으로 통합됐을 수 있는데, 그런 전통적 유형에서 대규모 조립자는 부품을 제공하는 회사를 소유하거나 시장 권력을 통해 그런 회사를 지배했다. 이 이야기가 하나의 사례로도 흥미로운 점은 영향을 받은 일부 당사자의, 잠재돼 있지만 잊히지 않는, 모듈화에 대한 저항에 힘입어 최적에 미치지 못하는 결과가 이른바 탈제도화 과정으로 귀결되었기 때문이다. 탈제도화 과정에서는 자동차 기업들이 수직적으로 통합된 해법이 아니라 대체로 모듈화 사고를 무시하는 해법으로 회귀했다. 따라서 제도는 인간의 산물이지 절대적인 것이 아님을 상기시킨다. 제도의 영향을 받는 행위자는 제도를 활용해 문제를 해결하고, 만약 성공하지 못하면, 그때는 해법을 제공하는 차선의 방도를 찾아나서는데, 이로써 그들이 벗어나려는 관행의 제도적 후광을 마침내 제거할 수도 있다. 이렇게 말하는 것은 헤리겔(Herrigel 2010) 같은 '구성주의자들'의 주장을 반영하는데, 구성주의자들은 산업 환경에서 문제를 해결하려는 사람들의 '행동의 창조성'을 강조하고, 일부 학자가 염두에 두는 제도 결정론을 과장된 것으로 간주하고 그에 반대한다. 그러나 구성주의자들의 일부 주장과는 반대로, 제도가 취약하고 변하기 쉽다 해도 여전히 행동에 상당한 영향을 미치고, 자체의 고유한 실재를 일정 부분 담지하고 있어 경제 구조가 어떻게 진화하는지를 연구하는 데 반드시 고려해야 한다고 나는 또한 생각한다.

자동차 산업에서 모듈화 사례가 또한 흥미로운 점은, 하나의 환경에서 작동하는 것으로 보이는 모델을 알맞게 수정한다면 잘 작동할 수 있으리라 생각되는 다른 환경에 이식함으로써 인간이 제도를 창출함을 보여주기 때문이다. 이런 유비의 일부는 아주 성공적이어서, 소수 산업에서의 대량생산을 전부는 아니지만 많은 산업에서 채택했고, 수직적 통합 기업과 그 뒤를 이은 다분할 기업은 20세기 중엽을 거치며 조직의 한 형태로 많은 산업에 확산되었다. 앨프리드 챈들러(Alfred Chandler 1962, 1977)는 이를 연대기적으로 기술했고, "신제도주의 경제학"(Williamson 1975)에서는 이를 이론화했다. 하지만 어떤 유비는 실행될 때까지 지켜보기가 어려워 적용에 곤란을 겪기도 했다.

모듈화는 컴퓨터 산업의 사례에 기초한 생산의 한 전략이다. 칼리스 볼드윈(Carliss Baldwin)과 킴 클라크(Kim Clark)가 설명하듯, 컴퓨터는 지극히 복잡해서 제품을 하부 체계 또는 '모듈'로 해체함으로써 여러 회사가 "각각의 모듈에 책임을 질 수 있고, 공동의 노력을 통해 신뢰할 수 있는 제품이 나올 것이라고 확신할 수 있다"(Baldwin and Clark 1997: 85). 최초의 모듈 컴퓨터는 IBM이 1964년에 발표한 IBM System/360의 본체였고 이 컴퓨터는 컴퓨터 산업을 지배했다. 〈하버드 비즈니스 리뷰(Harvard Business Review)〉에 실린 볼드윈과 클라크의 논문은 실제 경영자들에게 영향을 주려는 것이 목적이어서 어조가 아주 권고적이다. 논문 제목은 '모듈화 시대의 경영(Managing in an Age of Modularity)'인데, 큰 글자체로 "컴퓨터 기업의 임원들이 오랫동안 알고 있던 것을 많은 임원이 배워야 할 것이다"(1997: 84)라고 강조한다. 그리고 자동차 제조사들이 모듈 설계에서 많은 혜택을 얻을 수 있는데, OEM에서 분리된 기업이 대부분의 설계 책임을 떠맡아 모듈을 만들 때 특히 그렇다고 저자들은 밝힌다(1997: 87). 그럴 때 (전형적인 자유시장 주장에 의하면) 모듈 공급 업체들끼리의 경쟁이 가열돼 더 나은 성과와 혁신을 낳을 것이다. 금융 서비스도 모듈화로 혜택을 봤는데, 금융 서비스는 비가시적이고 육체적 난이도가 없어 모듈화에 더 용이하기 때문이라고 지적한다. 그들에 따르면 예를 들어 금융 서비스 설계자들은 "증권을 작은 단위로 쪼개 파생금융상품으로 재구성할 수 있다. 그러한 혁신은 세계 금융시장을 더욱 유동적으로 만들었다"(1997: 88). (지금은 우리가 알고 있듯이, 그 후의 사건들로 이런 특수한 모듈화의 성공에 대한 관찰자들의 확신은 심하게 흔들렸다.)

티모시 스터전(Timothy J. Sturgeon)은 2002년 논문에서 모듈 생산 연결망을 "미국의 새로운 산업 조직 모델"로 언급하면서, 토머스 쿤(Thomas Kuhn 1962)이 '과학혁명' 논의에 적용해 유명해진 '패러다임'의 의미로 모듈 생산을 표현한다. 산업 생산에 적용된 용어 '패러다임'은 어떻게 생산을 가장 잘 관리할 것인지에 대한 인지적 지침을 제공하는 틀이라는 점에서 내가 사용하는 '제도'와 밀접한 관련이 있다. 스터전에 따르면, 1980년대 중반 내내 지배적인 경제 패러다임은 챈들러가 정의한 "현대적 기업(modern corporation)"이었고, "성공적인 기업들은 시간이 지나면서 그 이미지에 더 가까워질 것으로 상정되었다". 그러나 1970~1980년대에 아시아 국가들의 경쟁으로 새로운 패러다임이 만들어졌는데, 그것은 기업 간에 진행 중인 상호작용으로 조성된 경제에 기초한 "생산 연결망 패러다임"(Sturgeon 2002: 452)이었다. 그리고 1990년대부터 새로운 미국 모델이 모듈 생산에 기초해 부상했는데, 전자 산업이 그 첫 번째 사례였다. '모듈 생산 연결망'에서는 각각의 기업이 만든 각각의 모듈이 전체 구조에 모두 잘 들어맞기 위해 어떻게 만들어져야 하는지에 대한 성문화된 정보를 이전하면서 기업들의 연결이 달성된다. 모듈화는 의류와 장난감, 가구, 식품 가공 및 자동차 부품에서 증가하고 있다고 스터전은 말한다. 자동차 산업에서 미국 자동차 제조사들은 부품 자회사들을 분할해 "자동차 하부 체계 전체의 설계와 제조를 일차 공급업체들에게 외주를 주었"(2002: 454)고, 이들은 선도 기업에 많은 지원이나 의존 없이 서비스 전 영역을 제공하는 "턴키(turnkey: 구입 즉시 구매자가 사용할 수 있도록 제품을 공급하는 방식으로, 설계−시공 일괄 방식이라고도 한다−옮긴이) 공급업체"가 된다는 것이다. 그래서 "외주화하면서 공급에 기반한 역량과 규모가 증가하는 반복적 순환 속에서 턴키 공급업체와 선도 기업은 공진화한다"(2002: 455).

모듈화에 대한 초기 논문들은 그 이점의 하나로 모듈화가 선도 기업과 공급업체의 신뢰 관계와 고밀도로 진행되는 소통을 단순화해 그 강도를 낮추는 것이라고 보았다. 그런 종류의 관계와 소통은 일본 자동차 산업의 특징으로 알려졌고 흔히 그 성공의 큰 부분을 차지한다고 여겨졌다(예를 들면 Nishiguchi and Beaudet 1998 참조). 모듈 생산의 이념형에서 볼 때 모듈이 전체에 잘 들어맞기 위해 어떻게 만들어져야 하는가에 대한 규칙을 명문화하면 기업 간 긴밀한 소통 필요성이 없어진다. 턴키 계약으로 공급업체가 모듈을 어떻게 만들어야 할지 결정하기 때문에 느슨하고 옅은 상호작용이 가능해지고, 그에 따라 상호작용의 필요성이나 사회적 또는 공간적 친밀함과 신뢰의 필요성이 낮아진다고 스터전은 지적한다. 그에 따르면, 신뢰가 필요한 곳에는 "체계에 진입하기 위해 요구되는 신뢰는 구축하는 데 오래 걸리기" 때문에 발전에 장벽이 만들어지는데, 이런 필요는 모듈 생산으로 많이 줄어든다. 이때 모듈 생산은 "광범위하게 수용된 기준에 의존하는데, 그 기준으로 사양서를 명문화해 기업 간 연결을 통한 이전이 가능하다"(Sturgeon 2002: 486). 이처럼 고도로 명문화한 연결로 체계는 "가치 사슬의 단계마다 있는 두터운 암묵적 연결의 구축을 완화할 수 있다"(2002: 486-487). 이렇게 줄어든 상호의존은 "연결망 진입과 탈퇴의 장벽을 낮추고"(2002: 488), 이것은 전용 산업 연결망이나 현지화된 산업 연결망보다 유연하다.

이런 설명은 제품의 기술적 속성이 가장 효율적인 생산 방식을 추동한다고 상정한다. 예를 들면 컴퓨터는 각각의 모듈에서 쉽게 조립될 수 있는 제품이고 각각의 모듈은 같은 회사에서 만들어질 필요가 없다. 모듈 생산자가 선도 기업이 명시하는, 그리고 산업 전체에 명문화된 '설계' 규칙을 준수하는 한, 모듈은 일종의 블랙박스가 될 수 있다. 게다가 이런 모듈 '설계'는 생산 연결망 안에서 기업을 조직하는 방식의 하나로 자연스럽게 귀결된다. 스터전이 자세히 설명하듯, 기업 연결망 조직이 생산 기술을 반영할 것이라는 견해는 '미러링 가설(mirroring hypothesis)'이라는 이름으로 등장했다.

그 후 생산 연결망 조직이 생산 과정의 기술적 속성을 반영한다는 이런 기술 결정론의 전망에 대해 더 차분한 평가가 나왔고(예를 들면 Frigant and Talbot 2005 및 Colfer and Baldwin 2016 등), 나는 자동차 산업에서 일어난 일들에 대해 뒤에서 더 설명할 것이다. 그러나 원래의 시작을 세심하게 고찰하면 그 시작인 컴퓨터 산업에서도 모듈화의 불가피한 진화에 주의를 기울여야 했던 것을 알 수 있다. 그래서 IBM 개발자들은 모듈의 통합을 실제로 확보하는 것이 얼마나 어려운 일인지 처음에 몰랐고, 특히 그들이 System/360의 잠재적 시장 가치를 저평가했다는 점을 감안할 때, 이런 어려움을 알았더라면 해당 접근법을 절대로 추구하지 않았을지도 모른다고 볼드윈과 클라크는 지적한다(Baldwin and Clark 1997: 86). 컴퓨터가 진화하는 이후 단계에서 IBM이 알아차리지 못했던 또 하나는, 모듈화가 컴퓨터 시장에서 자신의 지위에 끼칠 영향이었는데, 이로 인해 개인용 컴퓨터 제조에서 모듈화 추구를 도중에 멈추었던 것으로 보인다. 운영 체계를 마이크로소프트에, 칩 설계와 생산을 인텔에 이양함으로써 IBM은 이런 모듈 공급업체들에 비해 아주 약화된 시장 지위를 가지게 되었다. 마이클 재코비더스(Michael Jacobides)와 존 폴 맥더피(John Paul MacDuffie)는 개인용 컴퓨터에 모듈 생산 모델을 받아들인 IBM의 결정을 "외주화에서 세기의 실수"(Jacobides and MacDuffie 2013: 97)라고 표현하고, 마이크로소프트와 인텔은 "시가 총액을 빠르게 늘려 시장을 지배해온 IBM과 다른 OEM 업체들의 시가 총액을 잠식했다"고 지적한다(2013: 93).

1990년대 경영학 문헌에 등장하는 특징으로 모듈화 추구에 영향을 미친 또 다른 사고는, 기업은 다른 기업들이 더 잘 추구할 수 있는 활동에 자원을 허비하는 대신 '핵심 역량'을 추구해야 한다는 것이다. 이 주제에 관해 매우 영향력 있는 논문(Prahalad and Hamel 1990)은 모듈화에 대한 중요한 논문들이 그랬듯 〈하버드 비즈니스 리뷰〉에 실렸다. 여기에 실린 모든 논문이 사업 관행에 대단한 영향력을 행사한 것은 아니지만, 그럼에도 이 잡지가 주는 정당한 권위의 후광이 있어 이 잡지에 실린 논문은 다른 곳에 실렸을 때보다 기업에 대한 의제를 설정하고 관행에 영향력을 행사할 가능성이 훨씬 더 많다. 기업의 어떤 역량이 '핵심'인지 결정하는 데 자세한 지침을 주지는 않지만, '핵심 역량' 주장은 모듈 제품 설계와 상당히 일치하므로 대부분 어떤 경우에라도 선도 기업은 일부 기능을 덜어낼 것이다. 영향을 미친 또 다른 견해는 클레이턴 크리스텐센(Clayton Christensen)의 '파괴적 혁신'으로, 하버드 비즈니스 스쿨 출판사에서 1997년에 출판된 저서 《혁신가의 딜레마》에서 처음 밝혔는데, 부제 '당신이 사업하는 방식을 바꿀 혁명적인 책'에서 그의 목적이 잘 드러난다. 모듈화는 일부 관찰자에게 '파괴적' 기술이나 혁신의 뛰어난 사례로 비쳤다.[6]

그래서 1990년대 말에 이르면 포드와 크라이슬러, 제너럴 모터스, 현대, 피아트 등 주요 자동차 조립 기업들은 모듈 생산을 미래의 물결로 받아들인다. 이런 기업들이 새로운 경영 아이디어에서 영향받았는지를 반추할 필요는 없다. 이에 대한 증거가 있기 때문이다. MIT에서 운영한 산학협력 연구 프로젝트인 국제 자동차 프로그램(International Motor Vehicle Program, IMVP)은 1998년에서 2003년까지 '모듈화와 외주'라고 불린 프로젝트를 시행하면서 "많은 후원자를 유치했고 연구원들은 세계적 규모의 OEM과 1차 공급업체에서 현장 연구를 수행할 수 있었다"(Jocobides et al. 2016: 1952). IMVP의 연구원 대니얼 휘트니(Daniel Whitney)는 OEM 최대 기업 세 군데 중 하나를 2000년에 방문했을 때 크리스텐센의 책과 볼드윈·클라크의 책(사실상 〈하버드 비즈니스 리뷰〉에 실린 모듈화에 대한 논문의 확장판)이 제품 엔지니어들의 "책꽂이에 전부 꽂혀 있는 것을 보았다." 그리고 어떤 단어들은 "의무적이었는데, 그중 하나가 모듈화였고 …… 크리스텐센의 책과 볼드윈·클라크의 책은 필독서로 지정될 정도라고 들었다"고 그는 말했다. 그러나 이 OEM과 접촉하면서 "모듈화가 복잡한 상황을 너무 단순화하고, 사람들이 문제 자체를 헤쳐나가는 대신 최고 경영진의 결정에 동의하도록 강제한다는 느낌을 받았다"고도 언급했다(2016: 1953에서 인용). 모듈화 운동에 핵심적인 학계 인물 중 한 사람은 다음과 같이 말한 것으로 인용된다. 1990년대 말에 클라크와 크리스텐센은 "유행처럼 퍼져나갔고, [모듈화] 방식은 유행이 막 지났다. 특히 킴 클라크는 포드 최고경영자와 오랜 친분이 있었고, 그들이 우리 연구에 대해 의견을 나누었다는 것을 나는 알고 있었다"(2016: 1953에서 인용).

이런 일들은 디마지오와 파월이 '신제도주의 조직 이론'에 대한 획기적인 논문(DiMaggio and Powell 1983)에서 지적한 것과 유사성이 있고, 이런 유사성은 '모방 동형(mimetic isomorphism)'의 주요한 원천이라는 점을 나는 여기서 지적하고자 한다. 디마지오와 파월은 불확실한 환경에서는 혁신이 가장 "현대적인" 방식으로 보이기 때문에 조직이 다른 조직의 혁신을 모방하려는 경향을 모방 동형이라고 말한다. "모델은 의도치 않게 간접적으로 직원의 전근이나 이직을 통해 또는 명시적으로 컨설팅 회사나 산업협회 같은 조직에 의해 확산할 수 있고"(1983: 151), 대규모 조직은 "비교적 적은 수의 주요 컨설팅 회사에서 선택해 소수의 조직 모델을 조니 애플시드〔Johnny Appleseeds: 본명은 존 채프먼(John Chapman, 1774~1845)으로 미국에 사과를 전파한 선구적 인물—옮긴이〕처럼 곳곳에 퍼트린다"(1983: 152). 그러나 일부 유사성에도 불구하고, 일부 기업이 다른 기업을 모방하기보다는, 모든 기업이 동일한 전문가들과 컨설턴트들의 견해를 추종하고 있었던 것으로 보인다는 점에서 여기서 언급하는 우리 사례와는 다르다. 그들은 큰 OEM 업체의 고위 임원들을 (그러나 제품 엔지니어들은 그렇지 않지만) 고무해 이 새로운 모델을 따라 재조직하도록 하는 방식으로 모듈화 사례를 처음 거론한 사람들이었다. 그리고 이를 채택한 곳은 단일 기업이 아니라 다수의 국가에 걸쳐 있는 한 산업의 많은 기업이었다.

고위 임원들은 제품 엔지니어들의 심각한 우려에도 불구하고 모듈화 프레임을 밀어붙였다. 이 점에서 견해를 같이하는 경영학 문헌들은 조직 내에서 발생하는 '프레임 경쟁(framing contests)'을 논의하기 시작했다

(Kaplan 2008에서 처음 체계적으로 다루었고, 모듈 생산과 관련해 피아트 내의 프레임 경쟁에 대한 설명은 Whitford and Zirpoli 2016 참조). 기존 '프레임 경쟁' 문헌들과 비교해 내 설명에서 새로운 점은, 개별 기업의 경계를 훨씬 넘어 진행되었고 아주 주요한 산업 전체에 영향을 준 프레임 경쟁에 모듈화의 찬성 측과 반대 측 모두가 가담했다는 견해를 강조한다는 것이다.

대규모 조직에서 중앙집중화된 인사 기능을 채택하는 것과 같은 신제도주의 조직 이론에서 유행하는 사례들과 비교할 때 물리적 제품의 제조는 다른데, 어떤 방식으로 만들어진 제품이 다른 방식으로 만들어진 제품보다 더 나은지 못한지를 측정하는 비교적 간단한 방법이 있기 때문이다. 인사의 경우에는 조직 성패에 수많은 요인이 개입해, 인적 자원을 개편한 조직이 그렇게 함으로써 더 좋아졌는지 아니면 더 나빠졌는지를 측정하기는 매우 어렵다. 그러나 자동차 같은 제품은 전문가들에 의해, 규제 당국에 의해, 최종 소비자들에 의해 그리고 심지어 그 이전에 얼마나 잘 작동하는지에 대해 생산 엔지니어들에 의해 끊임없이 등급이 매겨져, 만일 특정 자동차 생산 방식이 다른 방식보다 잘 작동하지 않는 것으로 결론 난다면, 그 결과는 비교적 즉시 명백해질 것이다. 그리고 이를 기억하는 것은 아주 중요하다. 자동차 산업에서 모듈 생산이 조직과 품질 면에서 난관에 부딪혔고, 그 난관은 초기 제안자들을 비롯해 관련된 모든 사람에게 명백해졌는데, 그 이유를 자세히 설명하려 한다. 자동차 산업에 대한 나의 입장은 이 산업을 전공한 많은 경영학자가 관심을 집중시켜 제공한 날카롭고 상세한 설명들의 도움을 받았고, 나는 그런 설명들에 의존하고 있다.

대규모 OEM에서 모듈화의 등장과 쇠퇴에 대해 상세히 설명하기 전에, 나는 모듈 전략이 자동차 산업에 잘 들어맞지 않았던 이유 몇 가지를 제시하려 한다. 공정하게 말하자면, 모듈 생산에 대한 실험이 있기 전에는 이런 쟁점을 제대로 간파한 사람이 거의 없었다. 모듈화의 반대는 통합성(integrality)으로, 각각의 부분이 다른 주요 부분에 의존해 있고 서로 함께 설계해야 한다는 생산 방식이다. 맥더피와 수전 헬퍼(Susan Helper)의 관찰에 따르면, 자동차 제품 설계는 통합성에서 벗어나기를 거부했음이 드러났다. 자동차는 "개인용 컴퓨터보다 훨씬 더 복잡하기 때문이다. 자동차는 공간을 빈틈없이 사용해야 하고, 판매에서 독특한 시각적 정체성에 많이 의존한다"(MacDuffie and Helper 2006: 425-426). 그리고 자동차에서 '모듈'은 컴퓨터와는 전혀 다르다. 사실 모듈로 취급하게 되는 자동차 부품은 1980년대 피아트의 사례에서처럼 모듈의 사고가 등장하기 **이전에** 원래 특화돼 있었다(Jacobides et al. 2016: 1950). 기본적으로 이것은 "물리적으로 가까운 구성품들의 집합체로서 자동차의 나머지 것들과는 독립적으로 부분 조립될 수 있고, 부분 조립 후에는 기능 검사를 받고 나서 단계적으로 최종 조립 라인에 설치되었다"(MacDuffie and Helper 2006: 426). 이는 여러 가지 면에서 공식적인 모듈화 개념과 어긋난다. 하나는, 이 집합체가 하나 이상의 기능을 수행하지만 그 기능에 대한 표준적 정의가 없고, 따라서 모듈들을 서로 연결할 수 있게 하는 표준화된 인터페이스를 명시할 수 없다는 것이다. 그리고 이것이 의미하는 바는, 하나의 모듈은 각각의 모듈 내에서 그러나 모듈을 연결하는 표준화된 규칙 내에서만 상호의존해야 한다는 모듈화의 엄밀한 정의를 위반하면서, 그 대신에 예를 들면 계기판의 기능 대부분이 제대로 작동하려면 자동차의 다른 곳에 위치한 구성품들을 필요로 하기 때문에, 모듈 간에는 기능적 상호의존이 있었다는 것이다(MacDuffie 2013: 19). 그리고 여러 회사에 걸쳐 "설계 철학의 차이는 규정된 모듈의 수가 많이 다르다는 것과 모듈의 경계에 대한 합의가 없다는 것을 의미했다"(MacDuffie and Helper 2006: 426). 맥더피는 또한 "계기판과 전면부, 시트, 롤링 섀시 등 모듈의 정의는 처음부터 기묘했다"(MacDuffie 2013: 15)고 지적한다. 자동차의 모듈은 컴퓨터의 중앙처리장치(CPU)나 메모리처럼 하나의 기능으로 정의되지 않았고, 전면부처럼 "부피가 크거나 무거운 부품을 결합하는 논리를 따랐다"(2013: 15). 주요 모듈의 설계와 생산을 일차 공급업체에 맡기기가 어려웠던 또 다른 이유는, OEM 기업들이 자동차의 모든 부품에 대한 규제 책임과 법적 책임을 지는 것은 물론 "소비자 경험 그리고/또는 배포에 대한 소유권"(Jacobides et al. 2016: 1962)을 가졌기 때문인데, 이는 사용자 안전이 문제가 되지 않는 컴퓨터 산업에서는 생기기 힘든 요인이었다.

모듈화 실험을 수년간 시행한 후에 명백해진 이런 문제들에도 불구하고, 공급업체 특히 일차 공급업체인 OEM들은 처음에 열광적이었다. 모듈 과정으로 그들은 주요한 새로운 기능을 부여받을 수 있었고, 사업을 상당히 확장할 수 있었기 때문이다. 재코비더스 등에 따르면, 컴퓨터 산업에서 발생했던 것처럼 공급업체들이 산업의 가치 대부분을 점유할지도 모르는 "전략적 위험을 OEM들은 처음에 전혀 감지하지 못했다"(2016: 1953). 맥더피는 포드의 사례를 논의하는데, 최고경영자와 고위 경영진은 설계를 공급업체에 외주로 맡겨 컴퓨터 산업에서처럼 절약할 수 있다는 전망에 열광한 반면, 포드의 많은 엔지니어는 이것이 제품 성능과 브랜드 정체성에 위험하다고 보았다(MacDuffie 2013: 25). 공급업체들이 이전에 생산했던 수천 개의 부품 또는 '구성품들' 대신 19개 모듈의 관점에서 포드가 자동차 완성품을 어떻게 재정의했는지 전 과정을 맥더피는 기록한다.

흥미로운 사례는 1999~2000년에 일차 공급업체인 (이전에 포드에서 분사한) 비스테온(Visteon)에게 외주를 맡긴 계기판 설계다. 비스테온은 계기판을 재설계해 많은 전기 기능을 적은 수의 통합 회로기판에 하나로 묶어 부품 수를 크게 줄이고 그에 따라 무게와 크기도 크게 줄였다. 또한 백 에지(back edge)에 경첩을 달아 계기판 상부의 반을 개방함으로써 보드나 소프트웨어를 교체할 수 있었다. 따라서 이론적으로 이는 설계상으로 모듈 생산에서 기대할 수 있는 종류의 커다란 개선이었다. 그러나 계기판은 자동차의 다른 부분과는 별개로 설계되었기 때문에, 시제품 모듈에 장착하면서 생긴 중대한 진동 문제, 극단적인 온도 조건에서의 성능 저하, 개방을 막는 앞유리로 인한 새로운 보드 장착의 어려움 등 예기치 못한 문제들이 발생했다. 자동차 제조에 실제로 관여하는 한 고위 임원이 지적한 바에 따르면, 포드도 공급업체들도 "계기판 모듈의 전자장치가 자동차 다른 부분의 전기장치들과 어떻게 상호작용해야 하는지 제대로 이해하지 못했다. 게다가 공급업체들은 고객과 보증 체계, 판매상 등에 대해 훨씬 더 많이 이해할 필요가 있었다"(2013: 26). 비슷한 문제들이 다른 모듈에서도 생겼고, 위탁 생산 이전에 벌써 예견되었다 (2013: 22-23, 25). 한 책임 엔지니어는 새롭게 정의된 모듈을 언급하면서, 원래 목표는 "19개 모듈을 모두 사용하는 것이었다. ……그러나 시작부터 여러 번 실패한 후에 결국 우리는 단 하나의 모듈도 사용하지 못했다"고 설명했다.(2013: 23). 그리고 2001년에 포드의 모듈화 대응팀은 해체했다. 일부 모듈은 공급업체 공장에서 계속 생산되었지만, 자동차 전체를 모듈화하려는 야심 찬 목표는 폐기되었다.

　휘트포드와 프란체스코 치르폴리(Francesco Zirpoli)는 일차 공급업체가 피아트를 위해 성공적으로 생산한 것으로 보였던 모듈의 설계 책임이 놀랍게도 피아트 자체에 되돌아온 사례를 보고한다(Whitford and Zirpoli 2014). 이 이야기는 포드의 경우보다 더 복잡하고 미묘하지만, 자동차 모듈 생산의 구상에 따른 근본적인 문제를 설명한다는 점에서 매우 설득력 있다. 피아트가 착수한 모듈화 계획 중 하나는, 여기서는 일차 공급업체 1이라고 명명한 대규모 공급업체에게 에어백, 안전띠, 센서 등 탑승자의 안전 시스템을 개발하는 모든 책임을 위임하는 것이었다. 일차 공급업체 1은 이런 기회를 가진 것에 만족했고, 모듈화 패러다임에 부응해 피아트에 '블랙박스'를 공급했는데, 피아트는 그 시스템을 이해할 필요가 없었고 다만 자동차의 다른 부분들과 어떻게 통합되는지만 알면 되었다. 더욱이 유럽 자동차 안전성능 평가 프로그램(Euro NCAP)의 표준 충돌 검사로 모듈이 얼마나 성공적으로 설계되었는지 측정하게 되어 있었다(2014: 1826-1827).[7] 하지만 실상 이 모듈 개발은 더 복잡했다. 예를 들어 이 시스템이 별 5개의 최고 점수를 받지 못한다면, 결점이 모듈과 관계되는지, 아니면 운행 중에 모듈과 상호작용하면서 올바르게 작동하지 않거나 탑승자 안전을 확보하게끔 모듈과 상호작용하지 않는 자동차의 다른 부분과 관련되는지가 분명하지 않을 것이 확실해졌다. 충돌 검사의 성능에 영향을 줄 수 있는 부품들로는 좌석, 문 덮개, 계기판, 브레이크 등이 있으며, 이 모든 것은 에어백이 제대로 작동하는지에 영향을 줄 수 있고, 일차 공급업체 1이 아닌 다른 공급업체에서 만들어졌다(2014: 1827). 이 때문에 다른 공급업체들과의 비공식적 소통이 필수적이었다.

일차 공급업체 1이 설계한 탑승자 안전 시스템은 2005년 유럽 자동차 안전성능 평가 프로그램의 충돌 검사에서 높은 등급을 받아, 모듈 패러다임의 유효성이 인정된 것으로 생각할 수도 있었다. 하지만 일차 공급업체 1의 엔지니어들 반응은 그렇지 않았다. 그들은 검사가 **왜** 그렇게 성공적이었는지 이해할 수 없다고 우려했다. 그들은 안전에 영향을 주는 모든 하부 체계를 통제하지 않아, "차대와 엔진의 구성 그리고 탑승자 안전 시스템에 영향을 주는 구성품들과 구조들을 하나로 묶는 데 책임을 질 수" 없거나 "심지어 능력을 발휘하지" 못했기 때문이다. 그래서 그들은 피아트의 엔지니어들과 그 문제에 대해 토의했고, 차세대 탑승자 안전 시스템의 운명을 '행운'에 맡기는 것은 실수라는 결론을 내렸다. 이런 논의를 거친 뒤 안전 시스템의 전반적 책임은 다시 피아트에게 지워졌고, "일차 공급업체 1의 엔지니어들은 이전 역할로 되돌아가면서 시스템 전체가 아니라 부품과 구성품의 성능을 다시 책임지게 되었다"(2014: 1829).

성공을 앞두고 벌어진 이런 선회는 당혹스럽다. 왜냐하면 일차 공급업체 1의 엔지니어들은 그들의 제품이 왜 그렇게 잘 작동했는지 몰랐다고 인정하는 데 아주 질색일 것이라고 상상할 수도 있고, 이런 인정은 "그들이 주장하는 것만큼 전혀 유능하지 않다는 함의"(2014: 1829)를 이끌어낼 수도 있기 때문이다. 그들이 그렇게 행동한 이유를 이해하려면, 이탈리아에 자리잡은 일차 공급업체 1의 직원들이 얼마나 많이 일했고, "다양한 수준에서 피아트의 엔지니어들과 오랜 관계"를 맺고 있으며, 더욱이 피아트의 엔지니어들이 부품 공급에서 시스템 공급(예를 들면 모듈화)으로 전환하는 광범위한 전략에 불만을 키워왔다는 것과 이런 전략이 "피아트의 연결망 다른 곳에서도 문제를 야기했다"는 것을 알고 있었고, "모듈 생산 구조의 추구에 너무 깊이 빠졌다고 생각되는 회사에서 자신들이 처한 곤경을 별로 좋아하지 않았다"는 점을 이해할 필요가 있다. 따라서 피아트의 한 엔지니어는, 선도 회사의 역할은 모듈들을 어떻게 통합할 것인지에 대한 "구조적" 규칙을 창출하는 것이어야 한다는 사고를 언급하면서, 모듈화 경험이 가르쳐준 것은 "아는 것이 별로 없는 부품의 성능을 통합할 수 없다는 것이다. ……만약 부품이나 시스템을 설계하지 않는다면, 자동차의 다른 부분들과의 정교한 상호작용을 이해하기가 매우 어려울 것이다"라고 저자들에게 말했다 (2014: 1830). 모듈화 실험 기간에 기업들의 구조화된 관계는

> 상황에 따라서는 비공식적으로 '배태된' 연결에 기댈 필요성은 물론 차선책을 추구할 때 호의적인 신뢰에 의존할 필요성도 없애지는 못했다. 그리고 그것은 다행으로 판명되었다. 왜냐하면 호의적인 신뢰가 존재한다는 것은 일차 공급업체 1의 엔지니어들이, 오랫동안 일한 관계가 있고 따라서 그들이 폭로한 무지가 개인의 결함이 아니라 구조의 결함을 반영한다고 믿어줄 당사자들 앞에서 자신 있게 충돌 검사를 왜 통과했는지 전혀 모르겠다고 폭로할 …… 수 있었다는 것을 의미하기 때문이다(2014: 1830).

따라서 모듈화 패러다임에 기인하는 하나의 장점은 기업들이 공급업체들과 긴밀한 신뢰 관계를 맺을 필요가 없다는 것인 반면, 하나의 역설은 안전 시스템을 모듈 방식으로 계속 생산하면 다른 모듈들과 결합할 때 어떻게 작업해야 할지 이해하지 못해 언젠가는 중대한 실패로 귀결될 것이라는 두려움 때문에 사실상 모듈화의 실패로 이끈 것이 사실상 관계의 역사적 유형에 기초한 바로 그 신뢰의 존재였다는 점이다.

또한 휘트포드와 치르폴리는, 모듈화에서 벗어나는 이행은 기술만이 아니라 경쟁하는 인식 체계를 둘러싸고 조직된 자동차 기업들 내의 그

리고 그들 간의 연합에 의해서도 좌우되었다고 지적한다(Whitford and Zirpoli 2016). 피아트가 1990년대 말에 모듈화를 처음 받아들였을 때, 모듈화 체계는 대부분 엔지니어들로 이루어진 집단의 견제를 받았는데, 그들은 (포드의 제품 엔지니어들이 그랬듯) 그런 사고에 회의적이었고, 중요한 순간 공급업체 엔지니어들에 동참했다. 이 집단은 피아트가 제너럴모터스와 불운하게 끝날 연합을 맺은 2000년에서 2005년 사이에는 대체로 침묵하다가, 그 연합이 해체되자 '반대 운동'을 재개할 수 있었다. 이 집단은 공식적으로는 해제되었지만 자신의 전략을 여전히 추구했고, 이 전략은 "2000년에서 2002년 사이에 회사 분할에 따른 부산물로만 유지된 중요 공급업체와 프로젝트팀 사이의 *끈끈한* 사회적 관계로부터 많은 도움을 받았다"(2016: 17). 이 집단의 존재와 모듈화에 대한 그 집단의 잘 알려진 태도 그리고 일차 공급업체 1의 엔지니어들과의 연결로 전략의 전환이 가능했다.

모듈 전략이 훨씬 더 잘 작동한 사례는 의미가 깊은데, 선도 기업과 공급업체 간에 효율적이고 대등한 상호작용을 촉진하는 것이 모듈화의 장점이라는 주장을 반박하기 때문이다. 이와는 전혀 반대로, 모듈화는 공급업체와 선도 기업 간에 긴밀하고 신뢰하는 연결이 있는 맥락에서**만** 작동할 수 있다는 것을 이 사례는 알려준다. 한국의 자동차 조립 회사인 현대자동차는 "복잡성을 관리하고, 품질을 개선하고, 비용을 절감하기 위해 모듈 사용에 가장 깊이 개입한 자동차 제조사임이 분명"하다(MacDuffie 2013: 26). 여기서 아주 흥미로운 배경지식 한 토막은 현대자동차가 독점적인 모듈 공급업체인 '거대 공급업체' 모비스와 독특하고 긴밀한 관계에 있고, 모비스는 한때 현대자동차의 한 부문이었다는 것이다. 기업 분할 후에 모비스가 현대자동차의 최대 주주일 뿐만 아니라 현대자동차의 지주회사이고, 사실 현대자동차의 최고경영자와 고위 임원들이 이전에 모비스에서 일했다는 사실이 드러났다. 모비스는 현대자동차와 (그 자회사) 기아자동차의 조립 공장과 지리적으로 가까이 있고, 차대와 운전석, 전면부 모듈을 만든다. 모비스는 세계 10위의 자동차 부품 공급업체이고 현대자동차 자체보다 더 많은 이윤을 올린다(2013: 27). 처음부터 "현대자동차와 모비스의 관계는 긴밀하게 통합된 채로 있어서", 접촉이 잦은 것은 물론이고 지분을 상호출자했고 지배구조도 중첩되었다. 따라서 "기업의 경계를 넘은 개인 간, 조직 간 밀접한 관계로 거의 수직적으로 통합된 관계"가 형성되었고, 이런 협력은 시간이 지나면서 강화되었다(2013: 29).

이런 지속적인 협력은 두 기업 간의 인력 중첩과 이동으로 (모비스의 한 관리자는 30~40퍼센트의 엔지니어가 현대자동차 출신이라고 맥더피에게 설명했다— MacDuffie 2013: 28) 촉진되었고, 다른 자동차 조립 회사들과 마찬가지로 모듈은 모듈의 경계를 **넘어** 계속 상호의존하기 때문에 이런 협력이 필요하다. 특히 NVH〔소음(noise), 진동(vibration), 불쾌감(harshness)〕 문제를 고려하면 여러 모듈이 서로 어떻게 영향을 주는지 가장 잘 아는 조립업체와 협력하지 않고는 이 문제를 해결할 수 없다. 모비스의 한 관리자가 지적했듯, "우리는 차대만으로 NVH 문제에 접근할 수 없다. 그것은 제품 설계의 다른 많은 측면과 연결돼 있다. NVH 문제가 있을 때, 현대자동차와 모비스의 엔지니어들은 자주 만나서 그 문제를 해결한다". 모듈 내에 높은 상호의존이 있지 모듈 간에는 거의 없거나 전혀 없다는 모듈화의 이념형과는 반대로, "모듈이 제품 구조의 측면에서 내부적으로 더욱 통합적일수록 그리고 모듈을 넘어선 상호의존에 대한 학습의 향상으로 훨씬 더 통합된 조직적 구조가 만들어질수록 모듈 성능은 향상된다"고 맥더피는 지적한다(2013: 28).

따라서 이 점에서 드러나는 역설은 1990년대에 엔지니어들과 경영학 교수들이 설정한 이념형대로 모듈화가 작동하지 않는다는 것이다. 그 이념형에 따르면, 각각의 회사가 만든 모듈들은 서로 독립적이고 산업에서 표준화된 '구조상의' 규칙에 의해 나중에 연결된다는 것이다. 그 대신 자동차의 경우 그리고 아마도 금융상품 같은 다른 많은 상품의 경우, 모듈들 **간의** 상호작용은 중요하고 복잡하며 특이해서 선도 기업과 공급업체 간의 긴밀한 협력이 필요하고, 오랜 기간의 관계에서 도출되는 신뢰와 기업들 직원 간의 연결망으로 협력이 촉진된다. 따라서 모듈화는 이를 불필요하다고 가정하는 상황에서 가장 잘 작동한다.

이것을 가능케 하는 현대자동차와 모비스의 긴밀함은 LG와 삼성, 현대 같은 기업집단 안에서 긴밀하게 협력하는 한국 **재벌**의 전반적인 구조에서 비롯된다는 점에도 주목해야 한다. 재벌의 특징을 보면 현대자동차와 모비스의 진화를 쉽게 이해할 수 있다. 〔종종 '복합기업(conglomerate)'으로 잘못 지칭되는〕 각각의 재벌은 기업들의 집합체로, 이 기업들은 법적으로 서로 독립돼 있지만 소유와 지배구조에서 보통 고도로 얽혀 있고, 가족과 같은 단일 집단이 법적 독립체인 기업들에 대해 전반적인 리더십을 발휘한다. (전 세계 기업집단들의 개관은 Granovetter 2005 참조. 재벌 내 권력구조에 대한 자세한 내용은 이 책 4장 참조.) 따라서 현대자동차에서 모비스의 '분사'는 별도 기업의 창설이지만, 집단에서 법적으로 분리된 다른 모든 기업과 마찬가지로 모비스를 현대자동차의 영향권 안에 남겨두었는데, 이는 모비스와 모기업인 현대자동차 간 소유와 지배의 얽힘으로 더욱 분명해진다. 이는 재벌 구조 안에서는 특이하다고 하기 힘들다. 중앙의 지배 집단의 전략적 목표와 관련된 이유로 기업들을 분사하거나 회

수하고, 상장하거나 상장하지 않기 때문이다(이런 활동에 대한 뛰어난 설명
은 Sea-Jin Chang 2003 참조). 하지만 기업의 법적 분리는 일정한 이점을 제
공하는데, 독자적 실체를 가짐으로써 노동조합원 임금률 대신에 비조합
원 임금률을 적용하는 것처럼 피고용인들에 대한 독자적 정책을 개발
할 능력을 가지기 때문이다(MacDuffie 2013: 27). 따라서 그러한 방식으로
모듈화가 최적으로 잘 작동할 수 있다. 그러나 모듈화가 작동한다 해도
그것은 원래 제안된 모듈화의 이념형과는 전혀 다르다. 이념형에서 벗
어난 이런 일탈은 제기된 문제를 해결하려고 노력하는 사람들의 주요
관심사가 아니고, 그들은 생산적 '패러다임'이 묘사하는 이상을 충족하
는 데 별로 관심을 두지 않는다. 그래서 모듈화의 제도적 구조는 결국
컴퓨터 산업에서 시작한 것과는 전혀 다른 모습으로 끝나고 말았다. 문
제 해결 과정에서 실용적 행위자는 작동할 수 있는 구조를 만들어내 결
국에는 수정된 모듈화 패러다임이 확산될 수 있을 테지만, 이는 기업들
이 새 모델의 요구 조건들을 충족할 수 있을 때에만 그렇다. 요컨대 정
말 중요하고 행동을 규정하는 것은 모델이나 패러다임 또는 제도이지
만, 이런 모델을 따르는 사람들의 주체성이 결정적인 방식으로 제도를
재구성한다. 그리고 이것이 모든 수준에서 제도를 이해하는 데 가장 중
요하다.

　마지막으로 모듈화 패러다임은 다른 곳에 비해 일본 자동차 제조업
체들에는 거의 영향을 주지 않았다는 점에 주목할 필요가 있다. 내 생
각에, 도요타(예를 들면 Nishiguchi and Beaudet 1998 참조)처럼 일본식 수직
적 기업집단 내에는 조립업체와 공급업체 간에 긴밀한 상호작용이 이
미 존재하고, 이런 상호작용은 설계 혁신의 방식을 비롯한 많은 실질적
방식에서 생산적이었기 때문에, 그 상호작용의 필요성을 없애려는 모델

은 많은 회의론에 직면할 수밖에 없었다. 그런 기업들 간의 긴밀한 관계는 일본 문화에 관한 전형적인 주제이지만, 니시구치 도시히로(西口敏宏, Toshihiro Nishiguchi)와 알렉상드르 보데(Alexandre Beaudet)가 강조하듯, 기업 간 협력은 자동적이라 하기 어렵고, 작동하는 유형을 얻기까지는 오랜 시행착오를 겪어야 한다(스위들러의 생각과 일치하는데, 주어진 문화가 구성원들에게 활용 수단을 제공할 수도 있지만, 그것이 자동적으로 따라야 하는 단순한 지침은 아니라는 것이다). 재코비디스 등의 지적에 따르면, 1999년 "드물게 솔직한 순간에, 도요타의 한 임원은 …… '우리 경쟁자들은 모듈을 추구할 것이고 그 결과 품질 문제를 겪을 것이어서 그들에 대한 우리의 우위는 커져갈 뿐이다'〔라고 말했다〕. 우리의 현장 연구에 따르면, 도요타는 모듈화를 모르지 않았지만, 그것을 우선 내부적으로 특히 설계와 관련해 탐색해야 할 것으로 보았다. 도요타는 보다 신중하게 자기 경계 안에서 실험했고, 새로운 이상에 찬동하지 않았다. 그것이 옳았다는 것은 나중에 밝혀졌다"(Jacobides et al. 2016: 1952n).

개인 행동과 사회제도의 상호작용

앞서 5장에서는 사고와 규범의 유형으로서 제도에 대한 일반적 주장과 특성화를 살펴보았다. 이런 제도는 행위자가 해결하려는 문제에 어떻게 접근하는지에 영향을 주지만 그 결정은 불완전하다. 어떤 사회적 조건에서도 하나 이상의 제도 유형이 동일한 종류의 사회적 활동과 관련해 등장할 수 있고, 행위자는 지침으로 기대할 수 있는 적절한 유형이 무엇인지 묵시적으로든 명시적으로든 선별할 필요가 있다는 사실을 나는 5장에서 다루지 않았다. 이처럼 제도적 지침이 다수라는 것은 아주 일반적이어서 직면한 문제에 대한 행위자의 사고 과정과 적극적인 심사숙고를 고려하는 것이 왜 그렇게 중요한지 그 이유를 알려준다. 마지막 장에서 나는 아주 중요하지만 어려운 이 쟁점을 다루며 몇 가지 의견을 제시할 것이다. 그리고 어떤 특정한 조건에서 행위자가 자기 상황에 합당하다고 여기는 제도의 목록이 어떻게 그처럼 등장하게 되었는지를 논하며 이 장을 마칠 것이다. 그런 논의는 반드시 비교를 동반하고 역사적이어야 하며 거시 수준에서 수행해야 한다.

경제적이든 아니든 어떤 문제를 다루는 방법을 모색하는 행위자는 다양한 접근법이 있음을 깨닫게 되는데, 나는 '접근법'을 사람들이 생각하듯 제도에 대해 이야기하는 방식의 하나로 사용한다. 대략적으로 말하자면, 사람들이 문제를 해결하는 데 도움이 되는 특정한 제도적 접근법을 정할 수 있는 세 가지 대안이 있다. 첫째, 다양한 제도의 영역에서 나온 대안적 접근법들에 대해 생각하고, 그중 하나가 자신의 상황을 규정하는 데 가장 적절한 방법이라고 결정할 수 있다. 둘째, 자신의 문제와 관련된 영역과는 다른 제도적 영역에서 일반적으로 적용되는 해법을 채택해, 그것을 자신의 경우에 맞춰 이항할 수 있다. 이때는 제도적 유형뿐만 아니라 자신의 목적에 맞게 다른 영역의 자원도 전환할 수 있다. 셋째, 다양한 제도적 접근법을 조금씩 섞어 맞출 수 있는데, 이것은 실용주의 인식론에서 기대할 수 있는 것이다. 나는 이 방법들을 다음 세 절에서 순서대로 다루고, 뒤이은 절에서 정치적 격변과 전쟁, 혁명 뒤에 따라오는 제도적 대안의 부상을 다룰 것이다. 행위자가 제도를 의식적 결정으로 사용하는 이 세 가지 방법을 내가 설명을 위해 제시하지만, 모두는 아니라 해도 많은 경우 이런 틀짜기의 대부분은 의식적 사고 수준 아래에 있다고 할 수 있다. 대부분의 규범적 유형처럼 제도는 덜 자각할수록 더 영향력이 있다.

6.1 제도의 교차와 대안의 스키마

어떤 경우에 행위자는 다루고자 하는 문제를 해결할 수 있는 제도적 접근법들 중 하나를 선택한다. 복수의 접근법이 유의미해지는 한 가지 방법은 어떤 활동이 복수의 제도적 분야를 교차할 때다. 거의 진부할 정도로 흔한 어느 월스트리트 금융 애널리스트의 사례로 시작해보자. 그녀는 주당 100시간씩 인수와 합병을 분석해 뛰어나고 근면하다는 명성을 쌓았다. 그러나 의무 기준에 따라 교외에 사는 배우자와 아이들에게 활동과 헌신을 할당하려 한다면, 맨해튼에서 하는 엄청난 노력의 일부를 아마도 가족 영역으로 재배치해야 할 것이다.

이는 '역할 갈등'의 고전적인 기본 교과서 같은 이야기다. 그러나 이 애널리스트는 한쪽에는 회사와 경제 영역, 다른 한쪽에는 가족과 결혼 영역, 이 두 영역의 교차점에 있어서 우리 목적에서 보면 더 흥미롭다. 이 영역들을 벤다이어그램(Venn diagram)의 원으로 취급하면, 교차점은 각 제도의 규범과 평가 기준이 지배할 수 있어서, 개인이 어떤 것을 적용하는지 파악해야 하는 곳이다. 다양한 쟁점이 교차점 밖에 놓여 있다. 즉 고객과 고용주의 이익을 어떻게 조화시킬 것인지는 전적으로 경제적 영역에 있고, 가정에서 일을 어떻게 나눌 것인지는 가족의 문제다. 그러나 가족과 경력 간에 시간을 어떻게 할당할 것인지는 명백하게 교차점에 있다. 이 경우에는 양적 결정이 수반된다. 그러나 가끔은 질적 선택이 요구될 때도 있는데, 자기 친척에게 어떤 경제적 활동에 참여하도록 허가해줄 수 있는 위치에 있는 정부 관리가 효율성 지침을 따라야 할지 아니면 가족의 의리를 따라야 할지 고려해야 할 때가 그렇다. 이 점에서 볼탕스키와 테브노가 제안한 '정당화' 기준이 크게 부각된다(Boltanski and Thévenot 2006). 그리고 그러한 결정에서 핵심은 '부패'의 전가인데, 이에 대해서는 후속 저서에서 자세히 논의할 것이다. 판단의 프레임이 여러 가지 있음은 분명하지만 다양하고 경쟁할 가능성 있는 집단이 그 프레임을 채택한다는 점에서, 이 사례는 앞 장에서 언급한 종류의 '프레임 경쟁'으로도 귀결될 수 있고, 어떤 행동이 '부패한' 것인지에 대해 경쟁하는 집단들의 의견이 일치하지 않을 때 이 문제는 흔하게 등장한다. 이에 대해서는 나의 후속 저서와 2007년 논문에서 더욱 자세히 다룬다.

따라서 개인들이 제도 A의 규범과 기준 아니면 대안으로 제도 B의 규범과 기준을 따를 수도 있는 상황에서 행동할 때, 어떤 행동이 적절하고 타당한지는 어떤 코드, 프레임, 스키마 또는 스크립트가 관련 있다고 여기는지로 결정될 것이다. 그런 전형적인 경우가 앞서 월스트리트 애널리스트의 경우처럼 경력과 가족 사이에서 선택해야 할 때다. "아내는 가사 노동을 명시적 교환이 이루어지는 시장 논리로 바라보는 반면, 남편은 이 상황에 이타적인 가족 논리를 적용할"(DiMaggio 1997: 277) 때, 이런 선택은 역전된다. 그리고 이런 상황에는 제도적 논리들의 **충돌**이 배태돼 있고 그 충돌로 가족 간 권력 투쟁에 대한 스크립트가 제공된다는 것, 또한 이것이 아주 특수한 종류의 프레임 경쟁이라는 것을 알 수 있다. 그리고 사실상 가사 노동의 시장 가치를 보상하지 않는다는 것은 페미니즘 정치와 이론에서 반복되는 주제다.

이 상황에서 두 배우자는 모두 잘 알려지고 인정되는 규범들에 호소하지만, 이 규범들은 서로 다른 제도적 프레임이나 스키마에서 도출되는 것이어서, 두 배우자는 상황에 맞는 프레임이 무엇인지를 두고 의견이 갈린다. 이런 의견 불일치는 이해의 갈등뿐만 아니라 지적 상이함을 반영하기 때문에, 이는 스위들러(Swidler 1986) 같은 문화 이론가들이 강조하듯 문화를 전략적으로 활용하는 사람들의 경우로 생각할 수도 있다. 그러나 의견 불일치가 '진정으로' 규범에 대한 것이 아니라거나, 합리적 선택 환원론자들이나 마르크스주의자들의 주장처럼 규범이 기저에 있는 이익의 투쟁을 감추는 선악과의 잎에 불과함을 이 사례가 의미하는 것은 아니다. 반면에 이익의 갈등은 규범적 주장을 둘러싸고 벌어진다. 한 측이 어떤 방식이든 그 상황의 프레임을 규정하는 데 성공한다면, 그것은 규범적 주장이 중요하기 때문이고 또한 설득력을 얻기에 충분한 감성을 실어나르기 때문이다. 어느 측이 자신의 프레임을 우세하게 만드는 데 성공하느냐는 일정 부분 의제 설정 능력에 달려 있다. 이는 권력의 핵심 측면으로 이미 4장에서 강조했고, 미국에서 성차별 사안이 1960년대와 그 후의 입법으로 귀결된 것처럼 실질적인 정치 권력의 지위를 획득할 수 있는 의제를 다루는 사람들의 능력과 관련 있다.

유사한 제도적 논리의 갈등을 볼탕스키와 테브노는 노동자 권리에 대한 논쟁 사례에서 제시한다(Boltanski and Thévenot 1999: 374). 이 논쟁에서 한 측은 시민의 권리를 강조하는 프레임인 '시민 세계(civic world)'의 논리를 내세우고, 다른 측은 경제적 효율성에 기초한 '산업 세계(industrial world)'의 논리를 내세운다. 어떤 프레임이 행동을 좌우할지 선택해야 할 때 개인들은 보통 외따로 그런 선택을 하지 않는다. 남편과 아내 또는 노동자와 고용주의 경우처럼 그 개인들과 연결된 타인들이 일관성 없고 상충하는 여러 선택을 만들어낼 수 있다. 여러 갈등의 존재가 이를 시사한다.

이는 상충하는 제도적 논리나 원칙에 직면한 사람들이 어떻게 선택하는지의 쟁점을 제기한다. 앞의 사례들은 합리적 이익에 추동된 것으로 쉽게 범주화할 수 있지만, 이를 너무 멀리 밀어붙이는 것은 경계해야 한다. 이익이 결과의 주원인이라 해도 항상 자명하게 주어지는 것은 아니기 때문이다. 앞의 사례에서 나타난 주부의 '이익'은 20세기를 지나면서 거시적 사회 조류와 널리 알려진 사회운동으로 극적으로 재정의되었다. 주어진 상황에서 개인의 **어떤** 이익이 개입하는지는 항상 명백하지 않다. 피터 홀은 환경 규제를 바꾸려는 한 정당의 제안을 고려하는 어느 유권자 사례를 제시한다. 그 유권자는 "다양한 종류의 선호 기능"을 가지는데, 즉 소비자로서, 노동자로서, 부모로서, 시민으로서 서로 다른 이익을 가지고 있어 "쟁점에 대해 입장을 취할 때 그에 상응하는 어떤 관심이 더 중요한지 결정해야 한다." 그리고 이것은 부분적으로 "그의 어떤 정체성이 이 쟁점에 대한 논쟁에 가장 강렬하게 개입돼 있는지"에 달려 있을 것이다(Hall 2010: 211-212).

투표, 즉 **개인**이 하는 일에 주안점을 두면 이 경우에는 개인의 정체성에 주안점을 두게 되지만 또한 제도와 역할 정체성 간의 유사성을 두드러지게 만든다. 그 이유는, 한 제도적 부문에서 가장 중요한 규범은 경제에서 소비자와 노동자, 가족에서 부모와 아이 및 배우자, 정치에서 시민 등 다양한 역할 담지자에게 적절한 행동과 책임을 명시하는 규범이 전형적이기 때문이다. 더욱이 홀의 지적에 따르면, 결과물이 주로 물질적 이익과 관련 있을 때라도 정체성 쟁점은 여전히 "결과의 가장 중요한 결정 요소"가 될 수 있다. "정체성의 정치가 물질적 이익의 정치와 별로 관계가 없다는 추정은 일반적으로 잘못된 것이고, 규범적 신념이 정체성의 정치에 깊숙이 개입해" 어떤 이익 정체성이 촉발되는지를 결정한다(2010: 212).

더 추상적인 설명을 제시하는 디마지오에 따르면, "주어진 상황에서 사용할 수 있는 스키마 가운데 하나를 소환"해야 할 필요에 직면했을 때, 사람들은 "그 환경에서 활용할 수 있는 문화적 신호에 인도되고"

스키마는 대화나 매체 활용 또는 물리적 환경 같은 "외부 자극으로 준비되거나 활성화된다". 그는 사회 조사에서 프레임 효과를 언급하는데, 질문에 대한 답은 그 질문에 선행하는 질문이 무엇이냐에 따라 달라진다. 예를 들어 "소수집단 우대 정책(affirmative action)에 대해 중립적으로 언급한 다음 질문을 하면, 백인은 흑인에 대한 부정적 고정관념을 수용할 가능성이 높다"(DiMaggio 1997: 274).

6.2 제도적 경계를 가로지르는 논리와 자원의 치환

어떤 상황에서는, 해결해야 할 경제적 문제가 있는 행위자가 지침을 제공하는 어떤 명확한 제도적 유형도 찾지 못하고, 대신에 행동 유형을 문화적으로 이해한 다른 종류의 제도적 문제에서 자신의 문제를 유추해 이 유형을 자신의 경제적 목적에 맞게 치환할 수도 있다. 달리 말하자면, 해결해야 할 문제가 있는 실용주의적 행위자는 의존할 수 있는 경우의 수가 무한한 것이 아니어서, 새로운 문제에 접근할 수 있는 하나의 방법은 자신의 삶의 다른 측면인 또 다른 제도적 환경으로부터 해법을 이전하는 것이다. 나는 기업집단에 대해 논의하면서 이를 "제도간 동형(cross-institutional isomorphism)"이라고 언급한 바 있다(Granovetter 2005: 437).

예를 들면 동아시아의 경제 조직에 대해 논의하면서(2005: 437) 나는 장덕진(Chang 1999)의 주장을 따랐는데, 가족과 친족 제도는 한국·중국·일본이 상당히 달라 이런 차이가 이들 나라에서 사업과 기업집단의 조직 방식에 파급되었다고 그는 주장한다. 특히 이 세 나라에서 상속자

를 지정할 때 상속 유형과 가족 유연성에서 큰 차이를 보인다고 장덕진
은 지적한다.[1] 세 나라 중 한국은 맏아들이 기본적으로 전체 유산을 받
는('장자 상속제') 유일한 나라였다. 중국에서는 아들들의 동등 분배가 규
칙이었고, 일본에서는 반드시 장남은 아닌 아들 하나가 전체 재산을 상
속받았지만, 그 아들이 누구일지에 대해서는 대단히 유연해 입양된 아
이라도 친자식보다 더 능력이 있어 보이면 상속자로 선택되었다(Chang
1999: 26). 경영권의 상속 유형을 비롯해 한국의 기업집단인 재벌이 조
직되는 방식과 가족이 주도하는 이런 대기업에서 가장의 의심할 여지
없는 가부장적 권위, 그리고 소속 회사들 간에 지분을 교차 보유해 연
결을 조정하는 복잡한 방식은 가족 관계와 상속에서 이전에 잘 정립된
규범의 유형을 그대로 따르고 있음을 장덕진은 잘 보여준다(1999: 2장).
그에 따르면, 친족의 규범적 유형은 "행위자들이 세계를 바라보는 렌즈
를 만들어내고, 행위의 정당성을 제고하면서 당연한 지침으로 받아들
여져, 심지어 제삼자에 의한 감시도 필요 없는 구조와 행동 및 사고의
범주를 만들어내기 때문에" 가족의 역학이 기업 세계의 모습을 주조한
다(1999: 47).

　재벌의 조직 방식은 잘 알려진 가족과 친족 영역의 유형과 아주 흡
사하지만, 이런 방식이 발생하는 직접적 촉매제는 정치적 격변이었다.
한국전쟁 이후 무능하고 부패한 정부들이 이어지다가 박정희 장군은
1961년에 권력을 잡고 극적인 산업 발전 정책에 착수했고, 재벌들이 기
업 활동을 재정비해 중공업과 수출에 매진할 태세를 갖추도록 압박했
다(예를 들면 Kim 1997 참조). 뒤이은 기간에 뛰어난 업적을 보인 소수의
재벌은 그전부터 이미 활동 중이었지만(예를 들면 삼성은 1938년 설립), 대부
분은 1950년대에 존재하지도 않았다(1997: 97). 재벌의 가족 지도자들은

친족 유형에 따른 조직 유형을 즉시 이해할 수 있어서 이를 쉽게 채택했다. 게다가 이는 중앙집중화된 통일적 리더십을 수립하는 데도 유용했고 특히 아주 중앙집중화된 강력하고 단호한 정치 리더십과의 거래에도 도움이 되었다. 따라서 정치적 격변은 친족 영역에서의 관계가 기업 영역에 치환돼 한국 경제를 변환하는 즉각적이고 결정적인 자극제였다.

격변이 치환을 유도한다는 주제는 중세 피렌체의 경제적 혁신과 발명에 대한 존 패젯과 그 동료들의 연구에서 체계적으로 발전했다. 특히 패젯와 폴 맥린(Paul MacLean)은 14세기 말과 15세기 초의 피렌체에서 제휴 관계의 발명을 분석했는데(Padgett and MacLean 2006), 이는 피렌체가 세계적인 경제 리더십의 위치로 도약하는 데 중요한 역할을 했다. 제휴 관계의 발명을 정치와 관련된 것으로 보지 않았던 이 분석은 전적으로 경제적 영역 안에만 머무르고 말았는데, 이는 새로운 발명이 경제적 문제를 해결하려는 필요에 대한 순전히 경제적 반작용이고, 그러한 상황에서 행위자들은 경제적 해법을 구한다는 통설을 받아들인 탓이다. 경제적 해법을 구하지 않는 이들은 시장 밖에서 경쟁하는 셈이기 때문이다. 이러한 주장에는 몇 가지 장애가 있다. 하나는 지나친 낙관주의로(Gould and Lewontin 1979 참조), 모든 문제는 해결된다고, 그것도 효율적으로 해결된다고 가정하는 것인데, 이는 우리가 목도하는 시장과 제도의 잦은 실패를 통해 허위로 판명난다. 또한 경제가 따로 떨어진 부문이어서 정치나 사회 조직의 영향을 크게 받지 않는 경쟁 시장에서 작동한다는 가정도 문제다. 오직 그러한 상황에서만 우리는 경쟁이 최고의 결과를 촉진하리라고 상상할 수 있지만, 그런 가정하에서도 결과가 어떤지를 행위자들이 어떻게 알아차리는 것인지는 불분명하다.

대체로 제도적 영역들은 서로 얽혀 있고, 행위자들은 추상적 해법을 상상하는 데 무한대로 영리하지는 않아서, 대신에 자기 생활의 다른 영역에서 익숙해진 유형에 끌린다. 따라서 혁신과 발명이 새롭게 등장하는 경우는 드물고, 대신에 이미 존재하는 재료들로 구축된다. 이는 생물의 진화가 완전히 새로운 구성요소들을 사용해 형태를 창조하지 않는 것과 마찬가지다. 변이·선택·보존 등 생물 진화의 주문은 **기존** 변이들에서의 선택을 의미하며, 이는 새로운 형태에 실질적이지만 무제한이라고 하기는 어려운 자원 기반을 제공한다.

마찬가지로 패젯와 맥린에 따르면, 피렌체에서 제휴 관계의 발명은 일련의 정치적 격변의 결과였고, 이로 인해 실용주의적 행위자들은 새로운 경제 문제 해결을 위해 경제 밖에서 기존 유형을 도입했다(Padgett and MacLean 2006). 제휴 관계는 현대의 기업집단과 유사해(Granovetter 2005) "한 사람이나 소수의 지배적인 동업자들을 통해 연결돼 있지만 법적으로는 자율적인 회사들의 집합"이었다(Padgett and MacLean 2006: 1465). 그리고 제휴 관계는 피렌체의 경제에 큰 영향을 끼쳐 복수의 시장에서 단일 집단의 회사들이 다각화를 추진하도록 촉진했다. 이와는 대조적으로 14세기의 일원화된 회사들은 부계에 기초했고, 어떤 활동이든 필요해 보이면 수행하는 종합 회사 같았다. 반면에 제휴 관계 안에서 단일 시장에 전문화된 개별 회사들은 집단의 효율성과 시장 장악력을 개선해 이후 피렌체를 경제적으로 지배하는 기반을 닦았다.

패젯와 맥린의 주장을 요약하자면, 이런 발전은 14세기 말에 발생한 정치적 격변의 결과로 채택된 전략에 기인한다. 1378년 노동자 계급이 일으킨 치옴피의 난(Ciompi revolt: 노동자 등 하층민들이 일으킨 반란으로 자치정

부를 구성했으나 곧 무너졌다. 처음피는 양모 손질 노동자로 이 반란을 주도했다. 이 반란은 피렌체에서 메디치 가문이 부상하는 중요한 계기가 되었다—옮긴이)을 진압한 뒤, 엘리트들은 권력을 회복하고 피렌체 내의 '캄비오(cambio: 캄비오 은행은 일종의 환전 은행으로, 당시 피렌체에서는 상층민이 사용하는 화폐와 하층민이 사용하는 화폐가 달랐다. 그러나 세금 등 공공요금은 상층민이 사용하는 화폐로 지불해야 했기 때문에 하층민은 상층민의 화폐로 '환전'해야 했고, 피렌체 내 은행의 주요 업무는 이런 환전이었다—옮긴이)' 은행가들을 국가 기구에 동원해 자신들의 권력 지위를 강화했다. 이런 은행가들은 정치에서 맡은 새로운 역할로 그때까지 생소하던 국제적 시각에 눈을 떴고, 내전으로 피해를 입은 수출 복구에 착수했다. 이전에 그들은 '도제' 논리에 따라 자신들의 회사를 세웠는데, 길드에서 차용한 이 논리에서 그들은 단기(예를 들면 3년)의 연장 가능한 제휴 관계를 과거의 견습공들과 맺었고, 견습공들은 결국에는 따로 분리해 자기 회사를 만들게 되리라 기대했다. 새로운 국제적 환경에서 은행가들은 이 논리를 치환해, 다양한 산업에 종사할 수 있는 지점 관리자들과의 공식 계약 형태로 제휴 관계를 수립했다(2006: 1508). 순차적으로 맺던 이전의 계약 대신에 여러 장소와 산업에서 일련의 동시적 계약으로 진화했고, 이는 이전의 국제 상업은행 업무 형태를 대체했다. 이런 치환, 또는 패젯과 맥린이 이런 발전을 두고 언급한 '재기능성(refunctionality)'은 제휴 관계가 통혼(intermarriage)으로 배태됐을 때 진정한 변혁을 이루었다. 부계에 기초한—남자 혈통으로 직접 이어지는—이전 논리를 대체하면서 이제 중요해진 것은 누가 혼인 관계를 포함해 친척이냐는 것이었고, 그 결과 캄비오 은행가들은 엘리트층에 편입되었다. 패젯과 맥린은 이를 "연결망 촉매 작용"이라 부르는데, "사회적 합병은 결혼 논리와 그에 따른 지참금 논리를 피렌체 엘리트층의 은행 업무 세계에서 건져내, 은행의 제휴 관계가 엘리트층에 사회적으로 배태되는 것을 강화하면서 재배치했다"(2006: 1520). 그리고 지참금은 사업의 초기 자금으로 쓰이게 되었다. 치옴피의 난 이전에 결혼은 단지 친족의 문제였지 정치와 경제 문제는 아니었고, 국가 헌정 무대의 중앙은 길드와 부계가 장악했다. 그러나 치옴피의 난 이후 길드는 반란에서의 의심스러운 역할 때문에 '뽑혀나갔고', 결혼은 이전에 달성하기 어려웠던 엘리트층 결속의 중요한 수단이 되었다.

이후의 제휴 관계는 매우 성공적이었다. 지점 동업자들을 특정 영역의 전문성으로 선발했기 때문에 선도 동업자들은 기업 활동에서 금융 활동으로 전환했다. 이런 점에서 그들은 현대의 벤처 투자자처럼 보였고, 추구해야 했던 이익의 영역이 광범위해 이른바 '르네상스 인간'이 되도록 장려되었다. 제휴 관계 같은 조직상의 중요한 발명은 경제·정치·친족의 이해관계를 가진 행위자들에게 곤란한 문제를 조성하는 정치적 격변의 결과일 수도 있다고 패젯과 맥린은 결론 내린다. 그들은 관계의 논리를 한 영역에서 다른 영역으로 치환하면서 이 주제를 다루는데, 이 논리는 "새로운 영역에서 새로운 목적을 달성하고, 논리의 재생산은 새로운 영역에서 타인들의 상호작용을 변경한다는 점에서 긍정적으로 강화된다. 피렌체의 발명은 좋은 방안 이상이었다. 그것은 불연속적 체계의 전환으로, 역동적 다수의 사회 연결망들 간의 재생산 피드백에 뿌리를 두었다."(2006: 1544; '치환'의 다른 사례는 Padgett and Powell 2012 참조).

교차하는 사회제도의 또 다른 중요한 측면은, 행위자들이 하나의 제도에서 유래하는 자원을 전가해 다른 제도에서 이점을 얻을 수 있다는 점이다. 익숙한 사례는, 고용주가 기존 피고용인의 사회 연결망을 통해 인력을 충원하는 경우다. 그렇게 해서 고용주는 이익을 얻는다. 친구와 친척은 가장 알맞은 직장을 찾도록 서로 도와줄 의무감을 느끼기 마련이고, 신입 노동자는 한번 고용되면 정보를 준 사람이나 후원자를 난처하게 만들지 않도록 일을 잘해야 한다는 의무감을 사회적 연결에 의해 느끼기 때문이다. 여기서 핵심은 고용주가 충원 전략에 도움을 주는 신뢰와 의무의 창출에 비용을 지불하지 않는다는 것, 사실 원칙적으로 보면 지불**할 수 없다**는 것이다. 이런 신뢰와 의무는 친족과 친구라는 제도 영역에서 유래했고, 그 결과인 경제적 효율성의 획득은 경제 활동이 가족이나 친구 간 의무의 영역과 우연히 교차하면서 발생한 부산물이기 때문이다.

이런 교차가 중요한 일반적인 상황은, 참여자들이 제도적 부문들을 분리하려는 특별한 노력을 기울이지 않으면서도 자신들의 주요 목적이 사회적인 경우에는 경제 정보를 교환하기 때문에, 사회적 계기가 있으면 경제적 중요성이 드러날 때다. 동종업자들은 "오락이나 기분전환을 위해서조차 모이는 일이 드물지만, 그때의 대화도 사회에 반하는 음모나 가격을 올리기 위한 계략으로 끝난다"고 한 애덤 스미스의 불평은 유명하다(Smith 1776: 1권 10장 82절). 오늘날 사람들은 대체로 즐거운 시간 자체만 생각하면서 파티에 참석한다. 파티를 경제적 행위의 수단으로 상상하기는 어려울 것이다. 예상되는 경제적 이득이 시끄럽고 격렬한 사교 활동에 참석하는 주요 이유라고 하기는 어렵다. 하지만 파티 참석자들 사이에서 일자리 정보가 오갈 수 있고, 실제로 오간다(Granovetter 1995). 노동시장과 현시적 사회화의 일상은 별개의 제도여서 둘의 교차는 사회 조직의 구조적 요소들에 달려 있고, 그에 대한 설명은 개별적 유인의 설명을 훨씬 넘어선다.

따라서 참여자들이 제도적 부문들 간에 일어나는 자원의 전환을 깨닫든 아니든, 그러한 전환은 경제 활동의 비용을 아주 극적으로 바꿀 수 있다. 활동이 부패나 지대추구로 이어질 때는 경제 활동이 비경제 활동을 보조하기 때문에 비용이 증가할 수 있다. 그러나 경제적 용도로 사용된 비경제적 자원에 고용주가 사실상 무임승차하거나 더 나은 일자리가 파티 참석의 결과일 때처럼, 종종 발생하는 반대 경우는 별로 언급되지 않는다.

부문 간의 자원 전환은 더 특수한 현상에서 나타나는 일반적 사례인데, 나는 권력을 다룬 4장에서 이에 대해 논의했다. 즉 하나의 사회적 여건에서 비교적 저렴하게 자원을 확보함으로써 이점을 얻고 그 이점을 이용해 다른 사회적 여건에서 그 비용 이상을 얻는 경우다. 고전적 사례는 연결되지 않은 시장 간 중개 거래로, 오스트리아학파 경제학자들은 이를 '기업가 정신'의 전형으로 보았다.

이런 맥락에서 나는 기업가를 교환의 여러 '범위'나 '회로'에 걸쳐 중개 거래를 하는 사람으로 보는 바르트의 개념을 언급했다. 가장 단순한 경우를 보면, 연결되지 않은 영역들을 넘는 거래는 원칙적으로 상상할 수 없고, 그 영역들은 여기서 언급한 '제도'와는 전혀 달라 보일 수도 있다. 그 영역들은 단지 상품들의 집합으로, 집단은 그 상품들끼리만 교환할 수 있다고 간주하지, 다른 영역의 상품들과 교환할 수 있다고 간주하지 않는다. 이는 삼치잡이 고리와 음식을 교환한다는 사고를 이해하지 못하는 티코피아섬 사람들에 대한 퍼스의 설명과 같다(이 책 4장 참조). 그러나 실제로는 제도를 고려하면 바로 영역의 정의와 맞닥뜨린다. 즉 영역의 차이는 대체로 의례(儀禮)의 고려나 도덕적 판단과 관련 있어서, 금전의 영역이나 교환의 영역은 친밀한 관계나 의례와 관련 있는 다른 영역들보다 보통 열등하게 분류된다. 현대인들이 자신의 아이를 얼마의 돈으로 팔 수 있는지의 문제를 이해하기 어렵고,[2] 정치적 지지에 대해 가격을 매겨 파는 것을 눈감아주기 어려운 것과 마찬가지다. 이러한 현금 가치가 아무리 공정하고 정직하게 계산될 수 있다 해도 그렇다. 그러한 계산에 반대한다는 것은 활동의 종류에 따라 다른 규범을 부과한다는 의미인데, 이제 내가 이 장에서 논의하는 제도의 선택과 프레임으로 시나브로 들어선다.[3]

이는 바르트의 아랍 상인들 사례에서 분명하다. 아랍 상인들은 분리된 경제적 영역들에 다리를 놓아 푸르족이 기른 토마토의 비용과 시장 가치의 차이에서 이윤을 남겼는데, 그들은 푸르족 사람들에게 맥주로 보상했다. 이는 임금 노동을 수치스럽게 여긴 경제에서는 하나의 전통이었기 때문이다. 외부 상인의 권력은 공동체의 관행과 시장 거래의 제도적 분리에서 기인했다. 공동체의 관행에서는 집을 지을 때 상호부조하듯 의례적으로 맥주로 보상했고, 시장에서는 순전히 경제적 거래의 일종으로 음식이 현금으로 판매되었다. 이런 제도적 장애물을 행동에 대한 도덕적 지침이 아니라 이윤을 남길 수 있는 원천으로 여길 수 있었던 사람들의 이점은 다음 사항들에 좌우된다. 첫째는 제도들에 대한 명확한 정의와 경계가 자리잡혀 있는지, 둘째는 이런 경계들을 초월하는 중개 거래를 강구하는지, 그리고 마지막은 이유가 무엇이든 '외부자들'이 대체로 그렇듯, 이런 제도적 규칙을 규정하는 규범적 구조에 자신이 속박돼 있다고 여기지 않는 사람들이 있는지다.

하나의 제도적 여건에서 값싸게 자원을 확보하고 다른 제도적 여건에서 그 자원을 활용해 이윤을 남기는 활동을 일반화된 중개 거래로 생각하면 유용할 것이다. 분리된 시장을 넘어서는 고전적인 중개 거래의 경우 시장 분리에서 파생되는 기회가 널리 알려져 더 많은 상인을 끌어들임으로써 시장 격차와 그로 인한 기회가 사라지고 만다. 나는 4장에서 이런 표준적 예상과는 반대로 기업가/중개상은 이런 활동에서 권력을 갖게 되고 이 권력을 지렛대 삼아 다른 사람들이 이런 기회의 이점을 취하지 못하게 할 수도 있다고 지적했다. 사실상 그들은 권력을 사용해 영역의 분리를 유지한다.

영역이 중요한 사회적 제도와 명백히 동일시될 때는, 이윤을 얻고자 경제 외적 자원을 사용해 경제 활동과 그 밖의 사회 활동 간 격차를 좁힐 필요가 없는 또 다른 이유가 있다. 그 이유는 내가 주장했듯이,

> 분리된 제도적 부문들은 서로 다른 원천에서 에너지를 얻고 분명히 서로 다른 활동으로 구성된다. 경제 활동은 사회생활의 다른 부분에 침투해 그것을 변형시킨다고 많은 저자가 주장해왔다. 그래서 카를 마르크스는 (예를 들면《공산당 선언》 제1장에서) 가족과 친구 관계는 현대 자본주의에서는 '금전 관계(cash nexus)'에 완전히 종속될 것이라고 주장했다. 그러나 사회 연결망과 현대 경제의 밀접한 연결에도 불구하고 이 둘은 병합되거나 일치되지 않았다. 실제로는 부문들의 병합을 제한하는 규범들이 자주 나타난다. 예를 들면 경제 행위자가 정치적 영향력을 사고팔아 정치적 제도와 경제적 제도가 병합될 위험에 처할 때, 이것은 '부패'로 비난받는다. 그러한 비난은, 정치인은 최고 입찰자가 아니라 유권자들에게 책임을 져야 하고, 정치의 목적과 절차는 경제의 목적과 절차와 다르고 분리돼 있으며 또 그래야 한다는 규범에 호소한다(Granovetter 2005: 36).

제도적 부문들 간에 중개 거래가 있을 때, 초기 또는 최초의 선도자

들은 고전적인 중개 거래에서처럼 수월찮은 이윤을 챙길 수도 있다. 산업 조직에서의 극적인 성공들은 그러한 활동의 결과로 볼 수 있다. 미국의 초기 전기 산업 연구에 따르면, 20세기 초의 선도 기업가 새뮤얼 인설(Samuel Insull. Granovetter and McGuire 1998 참조)은 혁신가와 금융인, 정치인 등 몇 개의 분리되고 제도적으로 경계가 뚜렷한 연결망들과 포괄적인 사회적 접촉이 있었다는 점에서 다른 사람들보다 뛰어났다. 이런 연결망들과 그 연결망들이 공유하는 제도적 부문들 사이를 오가며 자원을 능수능란하게 동원하는 것으로 그의 경력은 점철돼 있었다. 그래서 그는 자신의 특별한 산업 모델을 위해 정치적 자원을 성공적으로 동원한 최초의 인물이다. 그 모델은 먼 거리까지 전기를 수송하는 대규모의 통합된 중앙 전력회사다. (그의 근거지가 정치와 사업의 경계가 모호한 것으로 유명한 시카고라는 사실은 흠이 되지 않았다.) 그는 미국과 그의 고향인 영국에서 금융계와 접촉해 자신의 기획에 자금을 충당했을 뿐만 아니라 감가상각처럼 이전에는 이 산업에서 사용하지 않던 혁신적인 금융 수단과 회계 기법을 도입해 자신이 선호하는 기술적 방침을 뒷받침할 수 있었다.[4]

또한 인설은 시민단체 부문에도 영향력을 행사해, 표면적으로는 비당파적인 전국시민연합(National Civic Federation)이 시립 또는 민간 소유 전력회사에 대해 진행한 연구를 주도하면서, 국가 차원에서는 에너지 규제를 촉진하고, 투자자 소유 시설에서 제공하는 전력과 관련해서는 공공 발전에 불이익을 주게 했다(Granovetter and McGuire 1998: 165-166. 더 상세한 내용은 McGuire and Granovetter 1998). 인설은 비교적 폐쇄적인 영역 안에서는 혁신을 공유했지만, 독립 발전과 탈중앙화, 시 소유권의 지지자들처럼 이 영역 밖의 사람들과는 적극적으로 투쟁했다. 말하자면 그는 다른 사람들이 자신의 발자취를 따르지 못하도록 무엇이든 하는 기업가의 전형이었다. 그리고 인설은 자신의 세대에서 경제계의 가장 힘있는 인물 중 한 사람으로 널리 인정받았으며, 그런 만큼 프랭클린 루스벨트(Franklin Roosevelt)가 1932년 샌프란시스코 커먼웰스 클럽(Commonwealth Club)에서 한 유명한 선거 연설(프랭클린 루스벨트의 민주당 대통령 후보 수락 연설. 이 연설에서 뉴딜 정책을 처음 발표했다—옮긴이)에서 비난을 받기도 했다(Roosevelt 1932).

또 다른 흥미로운 사례는 실리콘밸리에서 벤처 캐피털 금융의 부상이다. 오래된 금융 혁신 모델에서 출자자는 자신이 출자하는 산업에 거리를 두었고 기술적 내용을 거의 알지 못했으며 그 산업의 사회적·직업적 영역들과 연결되지 않았다. 금융과 산업은 특수한 대출 거래를 제외하면 대체로 분리되었다. 이것은 별로 문제가 되지 않았는데, 엄격한 심사에는 대출 상환 능력의 평가와 안정적 시장이 앞으로도 지속할 것이라는 가정만 필요했기 때문이고, 상환 능력은 대차대조표 분석으로 파악 가능했다. 그러나 이런 표준적 금융 도구는 급격한 기술 변화를 겪는 산업에서는 유용성을 잃었고, 1960년대부터 새로운 모델이 부상했다. 혁신적인 제품으로 거대한 부를 이룬 실리콘밸리 기업들의 엔지니어들과 마케팅 전문가들은 이 부를 활용해 새로운 유형의 금융인, 즉 '벤처 금융인'이 되었다. 그들은 광범위한 전문 지식과 개인적 연결망으로 새로운 아이디어를 재빨리 평가할 수 있었다. 실력을 갖춘 그들은 실질적 지분을 취득하고 이사회에 참여하며, 경영에서 적극적 역할 수행을 거부하지 않았다. 이 모든 역할은 전통적 금융인들이 대체로 피하던 것들이었다.

사실상 벤처 금융인은 자원을 축적했던 산업과 가족 범위에서 새롭게 조직된 금융 부문으로 자원을 이전해 몇 배로 증식하는 방식으로 자원을 활용할 수 있었다. 그리고 초기의 성공으로 그들은 기술적 영역과는 아무런 연결도 없었던 연금 펀드와 부유한 개인들처럼 한정된 파트너들로부터 막대한 신규 자금을 유치할 수 있었다(Kaplan 1999: 6장과 7장 참조). 이런 제도적 발전은 19세기 초 사업가 가족들의 활동과 흡사했다. 그들은 뉴잉글랜드에 은행을 설립해 가족이 아닌 원천에서 자금을 끌어모아 팽창하는 산업에 투자했다(Lamoreaux 1994). 제도적 부문을 넘어 자원을 이전하는 이런 특수한 사례에서는 많은 새로운 벤처 투자 참여자가 계속 등장했지만, 벤처 투자 부문은 복제할 수 없는 자원과 정보의 복잡한 연결망을 발전시켰기 때문에 전통적 금융은 이제 자신의 우위를 거듭 주장할 수 없었다. 따라서 초기와 비교해 새로운 참여자들이 많은데도, 이 벤처 투자 부문은 다소간 자족적이고 이 산업들에서 지배적이다(Ferry and Granovetter 2009 참조). 그리고 벤처 투자에서 최고의 인물들이 누구인지는 익히 알려져 있고, 그들은 최소한 첨단기술 기업들의 운명을 좌우하는 데는 지극히 강력한 힘이 있다고 여겨진다.

6.3 실용주의적 행위자를 위한 자원으로서 복수의 제도적 틀

반복해 말하자면, 사람들이 행동 지침으로 어떻게 하나의 제도적 틀을 선택하는지에 대해 말할 수 있다 해도, '선택'은 보기보다 더욱 의식적인 사고를 함의한다. 어떤 규범이 통제하는지는 어떤 인식 스키마가 작동하는지에 달려 있고, 그러한 스키마가 진정으로 행동 지침이라면 적극적으로 심사숙고하지 않을 것이고, 만일 그렇다면 스키마는 지각을 구조화하는 데 그리 강력하지 못할 것이다. 관점과 이익이 갈등하면서 프레임들이 충돌할 때, 이를 의식할 가능성이 더 높다. 경우에 따라서는 어떤 프레임이 해당하는지가 모호하고 양면적일 때 사람들은 혜택을 볼 수도 있다. 제도들이 순수하고 분리된 형태로는 거의 발생하지 않고 실생활에서는 서로 상호침투하기 때문에 그러한 모호함이 전형적이라고 할 수 있다.

레이퍼의 체스 선수 연구에서 유래한 '강력한 조치' 개념으로 돌아가보자(Leifer 1991). 패젯와 앤셀은 이 개념을 발전시켜 15세기 피렌체 정치를 지배한 코시모 데 메디치의 비범한 정치적 성취를 설명했고(Padgett and Ansell 1993), 이는 4장에서 논의했다. 환기해보면, 코시모는 금융·가족·정치 등 여러 제도적 맥락에서 이익, 피터 홀의 표현으로는 정체성을 가지고 있었다. 코시모는 "수수께끼 같고" "다중적"이었으며, 어떤 주어진 상황에서도 어느 이익을 추구하는지 모호하게 함으로써 다른 사람들의 유연성을 축소하는 반면에 스스로는 유연성을 확보했다고 패젯와 앤셀은 주장한다. 그리고 각 제도적 영역의 지지자들은 출신이 일치하지 않아 사회적 화합을 이루지 못했고, 서로 경멸했기 때문에 그들의 연결망은 서로 연합할 수 없었다. 그래서 코시모는 이런 다양한 프레임에서 기회를 누렸고 하나의 프레임에 온전히 얽매이지 않았다. 의식적이라기보다는 본능적으로 그렇게 한 것으로 보이는 그는 궁극의 실용주의적 행위자로, 다양한 문제를 해결하기 위해 할 수 있는 한 어떤 곳으로부터도 자원을 모았지만 그의 활동에 분명한 이름표를 달지 않았다. 만일 그랬다면 공격을 받기 쉬웠을 것이다.

데이비드 스타크는 이 주제를 전환기 경제의 맥락에서 정교하게 다듬었다(Stark 1996, 2009). 그는 전환기 이후의 헝가리에서 수행한 현장 연구와 볼탕스키·테브노의 '정당화 방식' 개념에 의거해, 환경이 불확실한 기업의 행위자들은 그들의 업적이 어떤 원칙이나 논리에 따라 평가될지 불분명한 상황에 직면할 수 있다고 지적한다. "때로는 당신의 시장 점유율로, 때로는 당신이 고용하는 노동자 수로 당신의 성공이 평가되고 당신이 처분할 수 있는 자원이 결정될 때 …… 당신의 계정을 대체할 수 있도록 포트폴리오를 다각화하는 것이 현명할 것이다. ……운신의 폭을 넓히고자 행위자들은 모호성을 갈구하고 심지어 만들어내기도 한다. 그들은 복수의 단위로 측정하고 많은 언어로 말한다"(1996: 1014-1015).

스타크는 행위자들이 정당화 원칙들이나 평가 프레임들을 전략적으로 조종할 수 있다고 강조하지만, 이런 프레임들이 혼란스럽게만 한다고 주장하지는 않는다. 반대로, 이런 방식으로 조종하는 것이 의미가 있는 유일한 이유는, 사람들이 프레임을 심각하게 받아들이기 때문에 자신이 선호하는 프레임이 적절하다고 사람들을 설득할 수 있다면 이점을 얻을 것이다. 더욱이 의제를 재정의할 수 있는 이 능력은 4장에서 언급한 권력의 이런 측면의 전형적 사례로, 권력이 규범과 어떻게 상호작용하는지 잘 보여준다. 설득하고자 하는 사람들의 선호하는 규범이 강요로 할 수 있는 것보다 훨씬 더 효율적으로 다른 사람들의 행동지침이 되는 프레임을 권력은 창출한다. 나는 후속 저서의 부패에 관한 장에서 이 주제를 다시 다룰 것이다.

스타크는 이후의 연구에서 이 주장을 일반화해 효율적인 조직은 '헤테라키(heterarchy)' 전략을 종종 채택한다고 지적하는데, 그것은 "소중한 것, 가치 있는 것, 중요한 것에 대한 대안의 개념들"(2009: 5)을 접합하고 유지한다는 의미다. 호소할 수 있는 성과 기준이 복수이면 불협화음을 임기응변으로 활용할 수 있고, 특히 조직 환경이 험난할 때 조직이 기업가적이라는 의미는, 조직이 "복수의 평가 원칙을 작동시키고 그러한 생산적 마찰에서 혜택을 누린다"는 것이다(2009: 6). 성과 기준들이 대립할 때 "습관적이고 생각 없는 활동의 속박을 깨고 나올 수 있다"(2009: 19)고 그는 말한다. 그 결과는 소란스러운 충돌로, "서로 다른 가치 개념의 지지자들이 격론을 벌인다. 이런 불협화음의 겉으로 드러나지 않는 결과물은 가치 프레임의 다양성이 낳은 기업 자원의 새로운 조합이다"(2009: 27).

제도적 복합체와 정당화의 원칙이 다양하면 사람들이 갈등을 의식하지 못할 때라도 결과적으로 상당한 충돌이 일어날 수 있다. 조지 스트라우스(George Strauss 1955)는 인형에 색칠하고 그 수량으로 보수를 받는 여성 작업자들을 연구했는데, 그들이 원하는 대로 작업을 조정할 자유를 관리자가 더 많이 주었을 때 생산성이 (따라서 보수도) 극적으로 개선되었다. 그러나 공장의 다른 부서에는 그들의 남편들과 남성 친척들 그리고 친구들이 많이 배치돼 있었기 때문에 다른 집단들은 여성들의 임금이 급상승했다는 것을 즉시 알아차렸고, 이 시설에서 집단 간 기존 지위 질서를 훼손한다는 이유로 그들은 이에 극렬히 반대했다. 정보의 흐름은 사회적 관계로 유형화되고 임금 격차에 있어 공정 개념은 사회의 근원적 구별에 뿌리를 두고 있었기 때문에, 새로운 경제 발전은 지지를 받지 못했고 혁신은 폐기되었다. 데이비드 가트렐(David Gartrell)은 매사추세츠주 케임브리지에서 청소부들이 보수의 공정성을 어떻게 평가하는지 논의하면서, 인근 도시에 거주하는 그들의 친구와 친척들과의 사회적 맥락 속에서 그들이 나누는 토론의 중요성을 지적하고, 노동과 주거지 사회화의 교차가 팽창하는 압력의 전개에 중요하다고 언급했다(Gartrell 1982: 134-136).

경제와 노동, 그리고 친족/친구/주거지의 제도적 교차가 임금의 공정성에 대한 노동자들의 인식에 영향을 주는 방식을 이 두 사례의 노동자들이 쉽게 파악할 것 같지는 않다. 그러한 많은 교차는 의식의 수준 저 아래에서 작동한다. 예를 들어 마이클 부라보이는 시카고 지역의 기계 작업장에 대한 민속지학적 연구에서 노동자 계급의 문화에서는 남성성에 대한 지역의 관념이 부지불식간에 피고용자에게 가치를 부가했다고 주장한다(Burawoy 1979). 20세기 초에 프레드릭 윈슬로 테일러 등이 창안한 '과학적 경영'은 시간-동작 연구를 활용해, 노동자들이 더 빠른 작업을 할 수 있다고 판명되면 할당량을 올리는 방식으로 노동 생산을 어떻게 가속화할지 결정했다. 1930년대의 유명한 산업 관계 연구 중에는 그러한 전략에 저항하는 노동자들을 기록한 연구가 많은데, 노동자들은 얼마나 많이 생산해야 할지 상한선을 설정해 이를 어기는 사람("요율 파괴자(rate-buster)")들을 처벌하거나 배척했다(Homans 1950). 그러나 이런 일은 부라보이의 기계 작업장에서는 일어나지 않았는데, 남성 기계공의 지위 기준은 정확히 기술이었고, 그것은 기계공의 업무를 빠르고 힘들지 않게 실행함으로써 증명되었기 때문이다. 가까이에서 관찰하기 위해 이 작업장에서 일한 부라보이는 "마치 내가 경험 많은 기사처럼 시간이 얼마든지 있고 일을 잘 해낼[경영진이 할당한 양을 생산할] 수 있는 것처럼 작업장을 활보할 때까지, 나를 특별히 대화에 끼워주려는 사람은 아주 초짜밖에 없었다"(Burawoy 1979: 64).

이런 지위 체계로 인해 노동자들이 경영진과 협력하게 되어 "더 많은 잉여 가치를 생산"(1979: 64)해내게 된다는 마르크스주의자들의 한탄을 부라보이는 잘 포착한다. 특정한 남성 노동자 계급의 지위 문화가 산업 체계의 필요와 우연히도 교차하는 방식 때문에 이런 일이 발생했다. 고용주는 이런 가치를 창출하는 데 투자하지 않았고, 문화가 수익성을 뒷받침하는 방식을 양측 모두 잘 깨닫고 있는 것 같지는 않다. 그러나 만약 지역의 문화가 자신의 목표에 도움이 됨을 고용주가 이해했다면, 사회 연결망을 통해 충원하는 또 다른 이유가 있었을 텐데, 그것은 결속력 있는 작업 집단에서 문화가 더 조화롭고 힘차게 작동하기 때문이다.

마지막으로, 행위자가 문제 해결을 시도하면서 하나 이상의 제도적 규칙이나 유형에 의존하고 그 문제들 중 일부를 그러한 노력의 결과로 정의할 때는 일정한 의도성이 있고, 우리는 그 의도성을 알 수도 있음을 언급할 필요가 있다. 경우에 따라서는 스타크가 헝가리의 공장에 대해 언급하듯, 경영자들은 자신들의 행동을 정당화할 방법의 다양한 포트폴리오를 많든 적든 의도적으로 모아 이런 정당화에 기초한 지지를 얻을 수 있는 최선의 기회를 가지려 한다. 그러나 또한 행위자들은 여러 제도적 틀에서 이것저것 조금씩 끌어모을 수도 있다. 왜냐하면 실용주의 철학자들과 사회과학자들이 주장하듯이(Dewey 1939; Joas 1996; Whitford 2002), 대부분의 행위자는 제도적 설계의 순수성보다는 자신들이 처한 상황을 해결하는 데 더 관심이 많고, 그 결과 순수주의자들에게는 프랑켄슈타인 같은 괴물로 보일 수 있는, 그러나 자신들의 맥락에서는 잘 작동하는 해법이 나올 수도 있기 때문이다.

나는 '국가 문화'에 대한 비교 관점의 역사적 주장들을 발전시켜 이 점을 더욱 명확히 할 수 있다. 5장에서 언급한 비거트와 기옌의 주장을 환기해보자. 국가들은 '논리'에 따라 OEM 방식의 자동차 조립 아니면 부품 생산을 선호할 수 있다. 그러나 문제의 논리는 자동차가 아니라 오히려 용이함에 주된 관심을 두었다는 데 주목할 필요가 있다. 즉 한 나라의 개인들이 조립 공장 같은 대규모의 위계적 공정에 자신을 끼워맞추거나, 외부 행위자의 요구가 유행이나 자동차 부품에서처럼 급속히 변하는 공급망에서 그 수요에 민첩하게 부응할 수 있게 하는 것은 용이함이었다. 따라서 비거트와 기옌이 드는 사례에 따르면, 한국 사회에서 뿌리 깊은 가산제(patrimonialism)가 만들어낸 제도적 논리는 "경쟁하는 엘리트들에 의한 중앙집권화된 통제를 정당화하고 …… 발전시킬 산업을 목표로 선정할 수 있는 정당한 권리를 국가에 부여한다"(Biggart and Guillen 1999: 733). 반대로 대만에서는 기업들이 확장 대신 분사로 성장했고, 그 결과 기업들은 연결망이 밀집한 가족 기업의 집합체가 되어 "자동차 조립처럼 자본 집약적 사업에는 적합하지 않게 되었다. 하지만 자본은 적지만 지식 집약적 제품에는 이상적"이라고 그들은 주장한다 (1999: 735).

여기서 흥미로운 점은, 비거트와 기옌이 특정 사회의 문화적 예외주의에 기대지 않고, 오히려 유사한 제도나 논리를 가진 사회라면 유사한 경제적 결과를 낳을 것이고, 따라서 일단 문제의 제도를 고려하고 나면 그러한 결과를 설명할 수 있는 독특한 한국적인 것이나 중국적인 것은 없을 것임을 암시한다는 점이다. 따라서 우리는 각 나라에는 결과를 좌우하는 특별한 문화가 있다는 사고를 넘어서 유사한 결과를 낸 어떤 국가에서도 원칙적으로 나타날 수 있는 제도적 논리를 확인할 수 있어야 한다. 사실 어떤 나라의 문화적 특이성은 특별한 제도적 논리로 이어지는 한에서만 중요하다는 것이 비거트와 기옌의 주장이라고 할 수 있다. 그러나 그러한 논리가 일단 자리잡으면 결과를 강력히 좌우한다. 이런 일반적 사고방식은 '자본주의의 다양성' 수가 한정돼 있고 확인할 수 있는 만큼만 있다고 주장하는, 보다 추상적인 이론의 사고방식과 유사하다(특히 Hall and Soskice 2001 참조. 그런 문헌들에 대한 전반적인 요약은 Streeck 2011과 〈비즈니스 히스토리 리뷰(Business History Review)〉(2010)에 실린 '자본주의의 다양성' 관련 문헌들에 대한 비판적 집담회 참조).

홀과 소스키스는 이런 문헌들의 공통 특징을 지적하는데, 다양한 명칭이 있지만 넓게 보자면 두 가지 주요한 자본주의의 '다양성'이 있다고 주장하면서, 이를 "자유시장 경제(liberal market economies, LMEs)"와 "조정시장 경제(coordinated market economies, CMEs)"로 분류한다(Hall and Soskice 2001: 23). 조정시장 경제는 기업들을 비시장적으로 조정하는 많은 형태의 조정 방식이 있고, "투자자들에게 회사 발전에 대한 내부 정보를 제공해 분기별 재무제표와 공개적으로 활용 가능한 정보에 덜 의존적인 금융을 공급할 수 있게 하는" 긴밀한 기업 연결망에 의존하는 "인내 자본(patient capital)"(2001: 29)을 포함하고, 사회적 연대와 전통적 책무와 관련된 비시장적 목표에 상당히 주목한다. 그래서 예를 들면 기업들은 '인내 자본'에 접근함으로써 경기 침체기에 노동자를 유지할 수 있고 즉시 보상받지 못해도 장기적 투자를 할 수 있다. 그런 전형적인 사례가 독일과 일본이다. 자유시장 경제에서는 시장 관계가 조정 문제를 해결하고, 기업 연결망은 전혀 긴밀하지 않으며, '주주 가치'가 가장 결정적인 고려 사항이어서 다른 이해관계자들은 그저 잔여적 청구인에 불과하다.

나는 이와 관련된 쟁점들을 후속 저서에서 기업의 지배구조를 다루는 장에서 더 자세히 언급할 것이다. 그러나 지금 당면한 문제는 실용주의적이거나 '구성주의적'인 시각을 가진 학자들이 다음과 같이 주장하며 그러한 유형론에 도전한다는 것이다. 그들은 경제 제도에 대한 그런 사고방식이 그림을 너무 단순하게 제시해 대부분의 경제 행위자가 자신의 행위가 특정한 제도적 의무에 부합하는지에 대한 우려 없이 경제적 난관을 헤쳐나갈 능력이 있음을 제대로 평가하지 못한다고 본다. 사회의 제도적 역량이나 논리와 일치하지 않는 국가 경제 정책은 성공할 수 없다는 제안이 그럴듯해 보일지라도, 이런 주장을 뒷받침하려고 인용하는 사례들이 기존의 성공과 실패에 대한 선택 편향에 해당하지는 않는지 고려해야 한다고 나는 덧붙이고 싶다. 그 반대 사례는 국가 정책이 드러난 역량에는 반하지만 어쨌든 성공한 경우일 것이다. 따라서 앞에서 언급했듯이, 1960년대에 박정희 장군이 한국을 철강이나 화학 같은 중공업 강국으로 만들려고 추진한 정책을 서구 경제학자들은 아주 오판이며 한국 사회의 알려진 역량에 부합하지 않는다고 보았다. 하지만 그 후의 성공 이야기는 이제 누구나 알며, 이는 사회들이 할 수 있는 이야기가 하나밖에 없다거나 해당하는 유형이 하나밖에 없다고 제안하기 전에 잠시 숨을 돌릴 필요가 있음을 가르쳐준다(Amsden 1989; Kim 1997 참조).

소수의 자본주의 이념형의 유용성을 주장하는 가정에 따르면, 국가 문화와 특정한 나라의 역사적 특이성이 다른 나라들과는 명백히 다른 제도들의 집합 또는 내가 제도들의 '메뉴'라고 표현하고 싶은 것을 생산했을 수도 있지만, 이는 고찰하고 있는 자본주의가 어떤 '종류'인지를 이해하고 나면 중요하지 않다. 이런 쟁점에 대한 논쟁은 일본과 독일의 경제에 대한 두 권의 편저와 함께 등장했는데, 볼프강 슈트레크(Wolfgang Streeck)와 고조 야마무라(Kozo Yamamura)가 편찬한 《비자유주의적 자본주의: 독일과 일본의 비교》(2001)와 《다양성의 종말?: 독일과 일본 자본주의의 전망》(2003)이다. 편찬자들의 주제 논평이 실린 이 책들에서 많은 논문은 일본과 독일의 자본주의를 '비자유주의적' 또는 '연대주의적' 유형으로 간주하며, 이는 홀과 소스키스가 '조정'시장 경제와 '자유'시장 경제로 구별한 것과 밀접한 관련이 있다. 특히 슈트레크와 야마무라는 "비자유주의적" 경제는 자유주의 경제보다 높은 수준의 "배태성"을 특징으로 한다고 지적하는데, 이는 "그것을 구성하는 거래가 경제적 목적 외에 다른 것에도 복무하도록 되어 있거나(즉 사회적 결속이나 국방 같은 비경제적 목적에 제약받거나) 비경제적인 사회적 연결로 뒷받침된다"는 의미다(Streeck and Yamamura 2001: 2). 2003년 저서에서 두 저자는 자유시장 모델을 따르라며 독일과 일본에 가해진 엄청난 압력에 초점을 맞추었지만 그런 일은 일어날 것 같지 않다는 데 의견을 같이한다. 즉 독일과 일본은 "가치를 계속 방어할 수 있을 것이고 그들의 제도는 그런 가치를 지지하도록 고안되었다. 그 가치에는 독일의 경우 정치적으로 합의된 사회적 결속과 높은 수준의 사회적 평등이, 일본의 경우에는 급격한 현대화와 연결된 사회적 붕괴를 피하면서 정치가 주도하는 경제 발전으로 서구와 동등한 지위를 확보함으로써 내부의 연대와 외부로부터의 독립 보호가 포함된다"(Yamamura and Streeck 2003: 39).

슈트레크와 야마무라의 저서를 비평하는 집담회에서 게리 헤리겔은 "많은 구성주의자가 …… 오랫동안 강조해온 사회적 행동과 변화의 차원에 주목한다"며 저자들을 높게 평가한다. "즉 행위자가 상당한 불확실성에 직면하고 그것은 다시 규칙의 의미를 모호하게 만들면서, 사회적 행동과 제도의 변화에서 해석과 창의성을 불가피한 차원으로 만든다는 것이다." 헤리겔의 고찰에 따르면, 실제 행위자들은 제도를 "규칙을 제한하는 정적인 체계"로 보지 않고 "일반적으로 규정된 문제에 대한 잠정적인 해법으로 다룬다"(Herrigel 2005: 560). 그러나 헤리겔은 더 나아가 '자유주의적' 경제와 '연대주의적' 경제의 구별이 문제라고 불만을 표한다. 그러한 구별로 인해 "제도적 대안을 둘러싼 다른 많은 종류의 투쟁에서 자유주의적이거나 분절주의적인 성격도 아니고 연대주의적인 성격도 아닌" 대안들에 소홀해지기 때문이다(2005: 562). 독일에서 중소기업 산업 형태, 중앙집중화와 주권과 지역적 이질성을 둘러싼 연방과 지방의 투쟁, 직업과 지역 공동체에 대한 가톨릭 관념과 사회민주주의 관념의 대립, 그리고 노동조합과 사회당의 근본적으로 지역주의적인 생디칼리즘(syndicalisme) 등이 그러한 대안의 예들이다. 그가 문제의 핵심이라 주장하는 이런 대안들이 "연대주의적이거나 분절주의적인 틀에 말끔하게 들어맞지도 않고, 자유주의적이지도 않다는 것은 명백하다. 문제는 독일의 체제에 대해 개별 저자들이 제공하는 묘사에 이 대안들이 해당하지 않는다는 사실이다"(2005: 563). 만약 "단지 자유주의의 한계나 연대주의와 분절주의의 전환점만 모색한다면, 진행 중인 차용과 재구성과 혼종화라는 대안의 과정을 간과하게 되는 것은 피할 수 없다"(2005: 564).

일본과 독일의 제도적 체계가 "지배구조상 상호연결된 보완적인 제도적 영역들로 이루어져 고도로 응집된 단일 체계라고 보는"(2005: 564) 강한 경향이 저자들에게 있다고 헤리겔은 우려한다. 이는 "행동 지침이면서 해석의 여지가 없는 명확한 규칙으로 그러한 제도적 체계가 '현장에' 존재한다"는 인상을 준다. 그러나 현실의 체계는 훨씬 덜 응집돼 있고 단일하지 않으며 잠정적이다. 그것은 "수많은 정치경제적 문제에 대한 다양한 제도적 해법의 조각들로 이루어져 있다. 다양한 해법은 단지 (또는 심지어) 서로 보충하는 방식만이 아닌 무력화하지 않는 병렬 관계 속에서도 작동한다. 사실 일본과 독일에서 (또는 이 문제에 있어서는 다른 어먼 곳에서도) 제약하는 규칙의 일관되고 안정적인 체계를 현장에서 확인하기는 어렵다"(2005: 565). 헤리겔의 결론에 따르면, 사회는 "역사적으로 축적된 방식과 규칙의 풍부한 조합으로 보충하는(그리고 제약하는) 제도들의 일관되지 않은 복합체다. 이론은 행위자들의 경험을 체계적으로 혼합해버릴 것이 아니라 그 경험에서 떠오르는 가능성에 주목해야 한다"(2005: 566).

메리 오설리번(Mary O'Sullivan)은 같은 저서들을 검토하면서 미국과 영국을 '자유주의적' 자본주의의 전형으로 인용하는 것은 오류라고 지적하고, 기술 촉진과 군사 지원의 역사, 비경제적 목표의 중요성에 있어 미국 정부의 중요성을 환기하면서, "자본주의에 대한 이런 유형론이 자본주의의 자유주의적 제도와 결부시키는, 근본적 혁신의 성공 같은 일부 결과는 사실상 뚜렷하게 비자유주의적 제도의 산물"이라고 결론 내린다(O'Sullivan 2005: 554). T. J. 펨펠(T. J. Pempel)도 일본보다 독일에서 훨씬 더 강력한 노동조합의 정치적 권력을 예로 들면서, 슈트레크와 야마무라가 제도의 결과에 대한 정치적 설명에 소홀했다고 비판한다(Pempel 2005).

슈트레크는 이런 비판에 대해 제도의 종류를 아주 느슨한 방식으로 개념화해야 하고, '자유주의적' 경제와 '비자유주의적' 경제의 구별은 사실 분명한 오류일 수 있다는 점에 동의한다. 그러나 제도는 전혀 존재하지 않고 사회적 행동은 "온전히 주의주의적(voluntaristic)으로 개념화"해야 한다는 헤리겔의 개념에는 우려를 나타낸다. 제도화된 규칙이 모든 것을 결정하지는 않겠지만, "제도화된 규칙의 방어에 효과적으로 적용될 수 있는 사회적 제재가 제도화된 규칙을 여전히 보호"(Streeck 2005: 584)한다는 것이다.

그렇다면 (실용주의 전통에서의) 문제 해결 행동을 수용하면서도 제도의 일관성을 과대평가하지 않을 필요성에 균형을 맞추지만, 슈트레크가 체계적이고 일관되게 이론적 주장을 펴면서 분명히 밝힌 관심을 충족하는 입장은 어떻게 찾을 수 있을까? 실타래를 푸는 방법은, 행위자들이 경제 활동을 조직하면서 선택할 것 같고 개념적으로 이용 가능해 보이는 대안의 틀들이나 '논리들'이 무엇인지 한 나라나 지역에 대해 분석하고, 논리들이 얼마나 서로 분리되어서 자율적인지 또는 얼마나 중첩되는지 확인하며, 선택지의 이 특별한 범위나 '메뉴'가 어떻게 등장했는지 설명하고, 활용 가능한 소재들 중에서 행위자들이 직면한 경제 문제를 풀 수 있는 해법을 조합하는 과정을 이론화하는 것, 즉 사회적이고 경제적인 환경에서 행위자들이 활용하는 틀이나 논리에 맞춰 행위자들을 조율하는 것이 무엇인지 이해하는 것이라고 나는 주장한다. 지역이나 국가의 문화적 특이성은 이 가운데 어떤 단계에서도 두드러지게 나타날 수 있을 것이다. 이 전략은 규범을 비롯한 문화가 융통성 없는 행동의 조리법이라기보다 일종의 '도구상자'에 가깝다는 이론적 주장과 일치하고, 국가의 가능성에 대한 전형적인 고정관념에서는 의외로 보이는 방식으로 국가가 드물지 않게 행동한다는 경험적 관찰과도 일치한다.

예를 들어 일본은 흔히 개인보다 집단의 우월과 조화를 지향하는 아주 독특한 문화가 있다고 여겨진다. 평생 고용과 품질 관리 같은 일본의 제도들은 이런 내재적 경향의 '자연스러운' 결과로 흔히 생각되었다. 그러나 '평생 고용'이 심각한 경기 침체기에 즉시 증발한 것을 보고 관찰자들은 당황했지만, 협력적 기업집단 형태인 게이레츠 조직 같은 다른 요소들은 외형은 변했어도 신자유주의 이데올로기가 상상했던 바를 뛰어넘어 지속력을 발휘하고 있다(자세한 내용은 Lincoln and Gerlach 2004 참조). 최근 일본식 노동제도의 '특징'이 단지 20세기 중엽에 시작된 반면, 1920년대처럼 그 이전 시기에는 잦은 노동이동과 심각한 노사 갈등이 있었다는 역사적 고찰에 의하면 그 설명은 더욱 혼란스러워진다(예를 들면 Taira 1970 참조).

6.4 어떻게 제도적 대안이 혼란과 전쟁, 혁명에서 등장하는가? 역사적 사례의 비교 연구

국가의 경제 및 정치 체제가 충격적인 역사적 조건 아래에서 극적인 재건을 경험한 사례들을 검토하면서 이 주제를 추적하고자 한다. 이런 사례들은 광범위한 역사적 힘과 전략적 행동, 제도의 상호작용에 대해 많은 것을 알려주는데, 어떤 주어진 순간에 일어났고 역사적 기록으로 남아 개인들과 제도의 기억을 통해 전해진 그 잔여물은 현재의 문제에 접근하는 적합한 모델로 활용될 수 있다. 나는 활용 가능한 모든 자료를 끌어와 이를 광범위하고 종합적으로 다루면서 그러한 논의를 수행할 수도 있다. 그러나 주제가 너무 방대해 그것만으로도 책 한 권 분량이 필요할 것이다. 대신에 나는 좀 다른 시각에서 이 쟁점을 다루면서도 많은 유용한 통찰력을 제공하는 두 권의 책과 대화를 진행한다. 그 책들은 아른트 조르게(Arndt Sorge)의 《세계적인 것과 지역적인 것: 사업 구조의 변증법 이해》(2005)와 게리 헤리겔의 《가능성 만들기: 창조적 행동과 미국·독일·일본의 산업 재구성》(2010)이다.

조르게는 온전히 독일에 초점을 맞춰 중세 시대까지 거슬러올라가 현대의 제도를 추적한다. 그러나 조르게는 (예를 들면 Putnam 1993에서처럼) 중세 제도와 현대 유형들 간의 단순하고 결정론적인 관계를 주장하는 대신, 장기간에 걸친 경제적·정치적 역사로 인해 개인들이 구축하는 제도적 유형이 복수로 나타난다고 주장한다. 그것은 자국과 외국의 정부와 군대가 행사하는 정치 권력과 군사력에 대한 대응의 일환이며, 진행 중인 문제를 해결하기 위한 것이다. 이런 복수성은 풍부하고 혼란스럽고 모순적일지라도 무작위이거나 무제한은 아니며, 분명한 개별 형태를 취하면서 긴 역사적 기간에 걸쳐 혼합되고 조응될 수 있고, 이런 혼합 형태는 조정시장 경제와 자유시장 경제 같은 대조적인 분류의 범위에서 벗어나기도 한다. 헤리겔은 훨씬 압축적인 기간인 제2차 세계대전 이후 현재까지 전쟁으로 심대한 영향을 받은 미국·독일·일본 세 나라를 고찰하면서(Herrigel 2010), 개인과 집단의 전략적 행동과 과학기술, 그리고 시장이 경제 제도에 끼치는 영향과 오랜 제도의 역사가 드리운 영향의 무게를 저울질한다.

헤리겔은 우선 세 나라의 철강 산업에 초점을 맞춰, 세계화의 압력으로 "선진 정치경제 국가들 간에 관행과 규칙 및 지배구조"(2010: 1)에서 수렴이 일어날 것인지에 대한 논쟁을 중심으로 논의의 틀을 규정한다. 그는 자신의 실용주의적 또는 '구성주의적' 입장이 한편으로는 원자화된 개인을 강조하는 신자유주의에 대한 불만을, 다른 한편으로는 "산업 변화를 조성함에 있어 규칙과 제재의 구속력"(2010: 2)을 강조하는 제도주의에 대한 불만을 반영한다고 규정한다. 헤리겔에 따르면, 제2차 세계대전 이후 미국·독일·일본 세 나라 모두 신자유주의자들이 예측한 대로 "놀랍게도 유사한 전략"을 추구했지만, 그것은 "그 국가들 간의 차이를 재구성하고 재창조하는" 서로 다른 방식으로 그렇게 했다. 그는 행동에 강력하고 저항할 수 없는 영향력을 행사한다는 "제도주의"의 해석에 반대하면서, "창조적 주체성으로 제도적 제약을 우회할 수 있다"(2010: 28)고 지적한다. 제도가 어떻게 작동하는지에 대해 이 장과 앞 장에서 개진한 나의 견해는 '자본주의의 다양성' 학파처럼 헤리겔이 비판하는 견해들보다 유연하다는 점을 여기서 밝혀둔다. 그리고 나의 주장은, 제도가 행동의 '선명한' 지침을 만들어낸다는 것이 아니라, 제도는 행위자들이 자신의 상황을 어떻게 생각하는지 구체화하고 규범적 압력을 조성해 어떤 방식으로 행동하게 한다는 것이다. 그 방식은 행위자들이 문제 해결 방법을 알아낼 때 당연시하는 배경의 일부다. 보다 유연한 이런 견해는, 행위자들이 제도적 진공상태에서 경제 문제에 직면한다는 사고, 즉 지역의 사회적 맥락은 행위자가 하는 일에 전혀 영향이 없고 상황의 기술적이고 경제적인 변수에 내재된 비용과 편익에 의해서만 영향받는다는 사고와는 전혀 다르다. 나는 다음의 경험적 사례에서 이 점을 더욱 분명히 하고자 한다.

1945년 이후 철강 산업 같은 특정 산업을 비롯해 일본과 독일의 경제가 어떻게 전개되었는지에 대한 이해를 비판하려면 이 나라들을 미국이 점령했다는 단순한 사실만 보면 된다. 이 점령은 곧 민주적 제도가 결여되거나 파괴되었던 사회에서 민주적 제도를 회복하거나 창출하려는 포괄적 목표에 맞춰 경제에 대한 정부 지배를 제한하는 미국의 관념을 강요했다는 의미다. 그 대응으로 독일과 일본은 "연합국이 원했던 국가와 경제 간 상호 제한"을 고안해냈지만, 그것은 "자신들만의 특이한 이해 방식으로 미국이 강요한 범주와 관계를 불가피하고도 교묘하게 통보받는 식이었다"(2010: 32-33). 특히 미국은 자유민주주의적 다원주의 안에서 시장 경쟁의 일환으로 사적 재산의 중요성을 강조했지만, 헤리겔이 보기에 독일 산업가들은 사적 재산이 사회에서 어떤 지위를 지녀, 다른 사회집단과 민족, 국가에 대한 일련의 상호 의무를 수반한다고 생각했고, 재산 소유권은 권위를 수반한다고 믿었다(2010: 62). 더욱이 그들은 스스로를 국가가 아니라 민족의 위대함에 공헌하는 기업집단이라 여겼고, 따라서 노동자에 대한 자신들의 권력이 의무적으로 제한되는 것처럼 국가 권력도 재산과 관련해 제한되어야 한다고 보았다. 그래서 국가 권력을 제한하는 데 있어 민간 조직의 중요한 역할처럼 산업가들은 "자신들의 전통적 관점 중에서 미국의 관점과 상통하는 요소들을 부각했다"(2010: 63). 그러나 그들은 "지위와 자격과 상호 의무에 대한 복합적 관념"을 비롯해 "깊게 뿌리 내린 기능적 집단들로 사회가 구성된다"는 독일의 전통적 관점을 유지했다. 그래서 "독일인들과 미국인들은 합의한 내용이 근본적으로 전혀 달랐을 때 고개를 끄덕이며 동의했다". 즉 독일인들에게 산업의 사적 재산은 "여전히 사회질서 유지에 결정적인 것으로 이해되었고 따라서 존경과 인정을 받을 만했다. 미국인들의 관점에서는 지위와 자격이 민간 행위자들 사이에 정치적으로 구별될 수 있다는 것을 부인하는 반면, 독일인들이 조정한 관점에서는 이를 산업의 민간 통제가 의미하는 것의 기본적 차원이라고 가정했다. 하지만 두 관점 모두에서 사적 재산은 국가의 권위를 상쇄하는 힘을 구성했고, 이것이 연합국의 승인에 결정적이었다"(2010: 64).

따라서 다른 산업에서도 그렇지만 철강 산업에서 1950년대를 관통하며 미국인들이 이해하고 원했던 것과는 반대로, 독일에서 노사는 모두 "사회 전체에서 사회적·정치적 지위가 있고, 상호 의무와 책임을 이해하는 기업집단으로 자신들을 생각했다"(2010: 69). 그리고 사실상 이로 인해 철강 산업은 노사의 공동 결정 제도를 비롯해 미국 기업들이 가지지 못했던 유연성을 확보했다. 이는 "전후의 대단한 경제 성장기 동안 철강 생산업체들에게 엄청난 이점이었고, 노동과 생산에서 철강 생산업체들에게 놀라운 유연성을 주었다"(2010: 66). 그래서 독일 생산업체들은 "미국주의와 다원주의의 언어와 관행을 포용했지만, 그 과정에서 이를 창조적으로 재구성해, 미국주의와 다원주의에 대한 자신들의 고유한 이전 이해 방식과 관행에 맞추거나, 아니면 미국에서는 뚜렷하게 나타나지도 않았고 연합국의 개혁자들도 전혀 예상하지 못한 방식으로 자신들이 수용한 원칙을 확장했다". 그래서 산업은 "시장 질서와 생산에서 미국식 원칙을 채택했거나 그럴 수밖에 없었고, 이런 마주침으로 인해 심대한 변화를 겪었지만, 이것이 철강 생산에서 독일의 뚜렷한 특징들을 제거하지는 못했다"(2010: 70).

나는 이런 이행이 다음과 같은 사실을 보여준다고 해석하고자 한다. 제도가―이 경우에는 노사와 같은 지위 집단의 역할과 책임에 대한 독일의 전통적 이해 방식―개념적 틀을 만들어냈고, 그 틀 안에서 독일인들은 미국 점령군의 요구에 맞춰 자신들의 관행을 조정했으며, 그 과정에서 산업 제도들을 변혁했지만 그럼에도 그 제도들은 여전히 확연하게 독일식으로 남았다는 것이다. 이는 내가 제도를 설명하고자 하는 방식과 일치한다. 즉 제도는 행위와 틀짜기에 심대한 영향을 미치지만 개인의 행위를 철저하게 또는 완전하게 통제하지 않고, 주어진 제도의 틀 안에서 개인은 무엇이 가능한지를 외부 힘이 강력하게 주조하는 맥락 속에서도 여전히 자신의 문제를 해결할 새로운 해법을 찾아낼 수 있다.

일본의 경우에도 독일과 마찬가지로, "패배와 개혁으로 논쟁 공간이 만들어졌는데, 이는 전시 체제가 탄압하는 바람에 버려지거나 좌절되거나 실현되지 못한 과거의 사회 및 산업 질서 개념을 재조명하려는 논쟁이었다"(2010: 70). 그래서 일본인들은 "과점적 경쟁에 대한 미국의 이해 방식을 재해석하고 재구성해" 철강 산업 행위자들 간에 협력과 경쟁을 혼합했다. 전쟁 이전 시기에 통상적으로 이루어지던, 기업들 간의 그리고 기업과 정부 관료제 간의 협력적 교류를 폐기하는 대신에 그들은 "협력 방식을 개조해 …… 독점적 국가와 광범위하게 다각화된 지주회사 간의 협력에서 벗어나 …… 상대적으로 평등하게 경쟁하는 철강 회사들 간의 협력으로 바꾸었다"(2010: 75). 이처럼 전쟁 이전 관행으로의 회귀는 미국의 경제 민주주의 관념과 잘 들어맞았다.

헤리겔의 설명은 주어진 시기에 잘 정의된 제도적 틀을 당연시한다. 그러나 그러한 틀이 어디서 유래하는지 질문할 필요가 있는데, 장기간의 역사적 발전에 대한 이런 서술은 조르게가 독일을 두고 이야기하려는 것이다. 제도에 대한 조르게의 입장은, 제도를 아주 진지하게 받아들이지만, 또한 헤리겔과 마찬가지로 "제도는 정기적으로 해체돼 새로운 형태와 배열로 재조합된다"(Sorge 2005: 28)는 것이다. 그래서

> 제도가 복수의 행위자와 상황, 부분집합에 스며들어 사회 전체를 포괄한다고 유형화하는 것은 아주 제한적인 가치를 가질 뿐이다. 제도는 영역이나 상황에 따라 크게 달라진다. 아주 근접한 상태에서도 매우 상이하고 심지어 상충하는 유형들이 〔사실상 존재할 수 있다〕. 〔그러므로 근본적 가치들이란〕 하나의 사회에서 여러 유형의 사람들이 보이는 행동 목록 전 범위에 의미를 부여하는 데 활용되는 초기 근사치일 뿐이다(2005: 38).

따라서 사람들은 "원래 혼합주의자로 태어난다. 즉 사람들은 새로운 신념·사고·관행·기술 등을 이미 가지고 있는 것에 맞춰 조정한다. 그

들은 어느 한 단계에서 또는 첫눈에 아주 달라 보이는 것들을 조화시킬 수 있는 놀라운 역량을 가지고 있다"(2005: 11). 그래서 조르게는 "권위적인 아버지상과 열병식 보행을 숭배하고, 온갖 군사적인 것을 떠받들며, 가정에서 체벌을 하는 것으로 알려진" 나라인 독일이 어떻게 "이후 …… 상사도 거의 없고 수많은 횡적 협력과 공동결정을 특징으로 하는 기업과 노동 조직을 발전시킬 수 있었는지"(2005: 23) 의문을 제기한다. 내가 앞에서 논의했듯, 그는 제도 간 동형이나 치환이라는 사고에 강한 제한을 두면서 다음과 같이 주장한다. 즉 실제로 사회는 "많은 영역과 제도, 환경 및 상황에 걸쳐 단일한 방식으로 일을 처리하지 않는다. 그 대신 사회는 상황에 따라 정반대의 것들을 서로 조합할 수 있는 신비로운 능력이 있다"(2005: 25). 행위자들에게 행동 지침을 제공할 수도 있는 가치와 규범은 "본질적으로 모호하다. 상호작용론자들이 강조하는 것처럼, 행동은 언제나 규범과 여타 지식을 선택적으로 해석하고 활성화함으로써 구축된다"(2005: 53).

나는 2장에서 규범이 종종 서로 영향을 미치는 군집으로 작동하면서 경제생활에 실질적인 인과적 영향을 미치고, 개념적 복합체를 창출해 행위자들이 대책을 강구하게 한다고 주장했다. 더 나아가 나는 제도를 논의하면서, 오랜 시간에 걸쳐 퇴적한 규범의 잔여물들이 실용주의적 행위자들을 위한 공간을 창출한다고 제시했다. 여기서 이 행위자들은 어떤 규범과 제도적 유형이 적절한지 골라 선택할 수 있다. 하지만 그들은 일관된 조치를 확립하기 어렵다는 것을 알게 될 텐데, 그런 조치는 때로 미묘하고 암시적으로 그런 정당화 유형에 의존하지 않았기 때문이다(Boltanski and Thévenot 2006과 비교).

이 때문에 어떤 주어진 순간에 사람들이 기댈 수 있는 가능한 모든 제도의 특징을 규정할 수 있다. 짜맞출 수 있는 가능한 제도적 형태들의 '메뉴'를 행위자들이 여러 제도를 조합해 만들어낸다 해도, 그 제도들 중 일부는 순수한 형태로는 서로 충돌한다. 그러나 그러한 메뉴를 이론화하는 데는 위험이 따르는데, 모든 경우가 유일하고 어떤 일도 일어날 수 있다는 역사주의에 빠질 위험이다. 이를 피하려면, 어디서 어떤 기제로 제도적 메뉴가 기원하는지 설명해야 한다. 이 점에서 조르게는 과거로 돌아가 중세의 역사적 유형을 시원으로 지적하는데, 여기서 독일인들이 오늘날 인정하는 현대의 제도적 해법들이 등장했다는 것이다. 예를 들면 중세 독일에는 중앙의 통치자와 어느 정도 독립적인 봉신들 및 여타 세력들 간에 특유의 고전적 경쟁 유형이 있었다(Sorge 2005: 84). 중세의 규칙에는 "길드를 통한 동료 통제처럼 사회를 조정하는 오래된 규칙이 있었고"(2005: 88), 그래서 게르만족의 역사적 성향은 "위로부터의 **명령**보다는 '동료들' 사이의 횡적인 그러나 구속력 있는 단체를 통해 조정하는 것"(2005: 89)이어서, 통치자는 그러한 조정을 쉽사리 관장하지 못했다. 따라서 이는 제한적인 전제군주제와 길드 통제의 혼합이었고, 독일 남부에서 사회 질서의 두드러진 특징은 "위계적 지배가 결코 멀리 떨어져 있지는 않았지만, 또한 이를 상쇄하는 더 오래된 원칙인 자치를 길드를 통해 긴밀하게 구현했다"(2005: 92)는 것이고, 이에 따라 "제도적 공간의 분할"을 만들어내 군주는 일반 정치와 대외 관계에 치중했고, 경제 제도의 특징은 길드에 의한 자치였다. 이는 "전제적 지배를 동료 간 통제와, '민주적' 또는 공화적 정당성을 '왕권신수설'과 …… 독특하게 융합한 것이었다"(2005: 94). 따라서 이로 인해 "두 가지 대립적 통제 방식인 전제적 지배와 동료 통제를 긴밀하게 엮어내는 초월적 전통(metatradition)"(2005: 97)이 남부 게르만족에게서 만들어졌다. 특정 시기에는 둘 중 하나, 즉 19세기 전반기와 19세기 말, 그리고 제2차 세계대전 이후에는 자유화가, 제3제국(나치 독일―옮긴이)을 비롯한 다양한 시기에는 조합주의가 우세했다 해도, 근대 초기부터 독일의 사회경제적 역사는 자유주의적이고 조합주의적인 경제 제도, 즉 위계적 복종과 횡적 연합의 재구성을 특징으로 해왔다.

또한 조르게는 한 사회가 "독특한 사회적 제도와 문화"를 가지게 되는 결정적 방식은 국제화, 즉 특정한 사회에 끼치는 다른 사회들의 영향이라고 주장한다. 이것이 정확하다면, 한 사회의 본질은 외부와 무관하게 특징지어진다는 '예외주의' 시각과 충돌한다는 점에 나는 주목한다. 흔히 '예외적' 국가로 간주되는 미국을 생각해보면, 예전 부모 나라였던 영국과의 지극히 격렬한 상호작용 끝에 미국의 제도들이 주조되었다는 것은 분명하다. 그리고 헤리겔은 일본과 독일의 경제적·정치적 제도들이 재구성되는 중요한 방식을 언급하는데, 이는 자신들의 고유한 제도적 의제를 도입하려 한 연합국 점령군들과의 상호작용이었다. '민족성'이 오랫동안 논란의 대상이었던 독일의 사례에서, 조르게는 독일이 "미국이나 오스트레일리아 못지않게 이민자들의 나라"(2005: 25)임을 얼마나 쉽게 망각하는지 지적한다. 국제화의 영향은 30년전쟁을 종결하는 1648년의 베스트팔렌 조약 이후 특히 명백하고, 가장 두드러진 사례는 그 한 세기 반 뒤 나폴레옹의 침략에 대한 대응이다.

특히 나폴레옹 군대가 점령한 지역은 나폴레옹법전을 엄격하게 적용했는데, 이 법전은 시민들의 법적 평등을 수립하는 형태로 자유화를 강제했고 그에 따라 조합주의 같은 길드와 신분제 권력이 잠식되었다. 나폴레옹 이전에 프로이센은 신분으로 엄격하게 분할돼 있었고, 지배 계급은 (다른 곳에서는 '젠트리(gentry)'로 알려진) 융커(Junker)였다. 하지만 조합주의 집단 **내에서는** 동료 통제가 전형적이었다. 나폴레옹의 대리자들은 봉건적 특권을 없애고, 시민권 개념을 도입하며, 농노제를 폐지했다. 프랑스에 대항해 싸우면서 군대는 "시민의 일반적 권리와 의무, 상업의 자유를 수입"(2005: 113)하는 등 프랑스의 특성들을 도입했다고 조르게는 지적한다. 그 후 자유화와 조합주의적 질서 사이를 '시소처럼' 오가는 일이 되풀이되었다. 프로이센의 경제 자유화는 처음에는 나폴레옹 시대의 프랑스와 갈등을 빚은 결과로, 그리고 그 영향으로 위로부터 시행되었기 때문에 급진적이었지만, 그 이후에는 영국 도시들처럼 점진적으로 부상했고(2005: 115), 이 때문에 정치적 자유화와 연결되지 않았다. 19세기 내내 프로이센은 자유주의와 조합주의 사이를 오갔고, "인간은 시행착오가 필요하기"(2005: 120) 때문에 이러한 시소 현상이 전형적인 것이라고 조르게는 시사한다.

1870~1871년의 프랑스-프로이센 전쟁 이후 프로이센은 위로부터 강요된 자유주의 시대로 진입했지만, 아래로부터는 특히 자유무역으로 심각한 타격을 입은 소상공인과 기업들로부터 조합주의가 분출했는데, 이는 조합주의로 되돌아가자는 "풀뿌리" 운동이었다(2005: 123). 그리고 19세기 말 독일 경제의 상징적 특징인 카르텔은 기업들이 "과거의 길드라는 도구상자에서 중요한 연장"을 취할 수 있었음을 보여주는 사례, "즉 가격 결정, 공급과 이윤의 안정이 법률적 특권에 기초한 것이 아니라 형식적 합의나 계약으로 시행"(2005: 124)될 수 있음을 보여주는 사례다. 그리고 이것은 만연해지는 자유주의에 대한 반작용이었다. 이로써 마침내 "자본주의와 조합주의 그리고 중상주의의 새로운 조합", 즉 서로 양립할 수 없어 보이는 전통들의 집합이 탄생했는데, 이는 "한 사회의 공간 안에서 횡적 동료 통제가 위계적 통제와 밀접하게 접합된"

(2005: 140) 진행형 주제이고, 이 모든 것은 충돌과 전쟁 및 그 여파와 긴밀히 연결돼 있다.

그리고 이 전통의 일부는 나치 시대에도 살아남았고, 조르게에 따르면, 1950년대 초 인디애나주와 독일의 강철 공장에 대한 F. B. 하비슨(F. B. Harbison)의 연구는 독일에서 "사회적 노동협약은 분명히 횡적이어서 직업적 자율성과 숙련 노동자들끼리의 상호조정에 뿌리를 둔다"고 밝히고 있다(2005: 154). 그러한 협약은 제3제국 시기에 탄압을 받았지만 독일식 목록이나 "초월적 전통" 속에 남았다.

하지만 잠자는 제도적 요소가 오랜 공백기 후에 재등장하는 또 하나의 놀라운 사례는 근래 중국 역사에서 찾아볼 수 있다. 1949년 공산당 정권이 들어선 후, 특히 1966년에서 1976년까지 문화혁명으로 자본주의의 그 어떤 흔적도 무자비한 공격을 당하고 난 후, 자본주의는 숨어들었다(Esherick et al. 2006 참조). 하지만 1970년대 말 덩샤오핑의 정책에 함축된 그 유명한 시장 개방 과정 이후로 자본주의적 관행은 힘차게 되돌아와, 논란은 있으나 중국을 세계에서 가장 철저히 자본주의식으로 성장한 산업국가로 만들었다. 이것이 가능했던 이유의 일부는 시장 자본주의의 중요한 요소들이 중국에서, 특히 동남 해안을 따라 오랜 역사를 지녔기 때문이다. 모리스 프리드먼(Maurice Freedman)의 논문은 이 지역에서 시장 참가자들의 금융 지식이 어떻게 지역적으로나 해외에서 엄청난 이점이 되었는지 잘 보여준다(Freedman 1959. 또한 동남아시아의 중국인들에 대한 포괄적 논의는 Lim and Gosling 1983 참조). 그리고 아마도 오랫동안 잠들었던 전통으로 역류하는 것보다 더 놀라운 사실은, 현재의 중국 기업가들이 사업하는 과정에서 자신들의 관행을 그럴듯하게 정당화하는 방식으로 유교 원칙에 호소하기를 좋아한다는 것이다. 유교 사상은 공산주의 치하에서 탄압받았을 뿐만 아니라, 유교의 세계관에서 상업과 축재는 분명히 이류의 활동이고, 학문 영역이나 심지어 이론적으로는 유교 원칙에 젖은 사색적 관직보다 아주 저급하다고 여겨졌기 때문에 이는 놀라운 일이었다. 따라서 이는 자신의 환경에서 발생하는 문제를 해결하려는 행위자들이 원칙과 자신의 사회적 위치가 양립할 수 있는지 아니면 표면상 충돌하는지에 그다지 상관하지 않고 다양한 원천에서 나온 원칙과 관행을 어떻게 조합하는지 보여주는 또 하나의 사례다.

그러므로 나의 주장은 이런 사례들에서 일부 드러났듯, 규범과 문화와 제도가 경제 행위에 중요한 영향력을 갖지만, 자주 묘사되는 것보다는 훨씬 덜 일관되고 아주 가변적이라는 것이다. 행위자들은 쉽게 예측할 수 없지만 결코 무작위적이지는 않은 방식으로 복잡한 조합을 짜맞춘다. 경제 제도는 모든 구조처럼 기존 재료들로 구축해야 하고, 어떤 명시된 목적을 이루려는 최선의 해법에 대한 이론화로 처음부터 새로 발명할 수 없다는 것은 자명한 일이다. 우리가 이론적으로 훨씬 더 주의를 기울일 필요가 있는 것은, 인지된 실행 가능한 대안들의 특정한 집합이나 '메뉴'가 한 사회에서 오랜 기간에 걸쳐 창출돼 행위자들이 경제 문제를 해결하기 위해 호소하는 과정, 즉 그 행위자들이 어떻게 자신들의 사회 연결망을 활용해 해법들을 조합하는지, 그리고 이 해법들이 어떻게 되돌아와 규범과 문화 그리고 행동에 영향을 주고 다시 미래의 활동을 만들어내는지다.

마지막으로, 어떤 이론적 주장을 위해 선택한 사례들에서 선택 편향의 위험에 대해 내가 자주 경고했음에도, 나는 고르고 고른 사례들과 독일·일본·중국에 대한 설명에 의존하는데, 누군가는 어떻게 이것이

가능한지 의문을 제기할지도 모르겠다. 행위자들이 자기 상황에 해당한다고 인식하는 제도적 요소들의 메뉴가 어떻게 제도적 진화를 제대로 결정하는지, 이런 사례들을 발판으로 삼은 나의 주장이 얼마나 전적으로 만족스러운 이론을 지향하는지에 대한 의문과도 유사할 것이다. 내 대답은 이것이 그러한 이론적 주장의 시작, 확실히 유용한 시작일 뿐이며, 훨씬 더 광범위한 사례들로 뒷받침되는 아주 더 많은 연구가 필요하다는 것이다.

그리고 유의할 점을 덧붙이자면, 이런 특수한 사례들로 그리고 아주 실용주의적이거나 구성주의적인 이론의 어조로, 행위자들은 대체로 온갖 데서 나오는 제도적 해법의 조각들을 조립하는 데 매우 창조적이며, 자신들의 문제를 항상 창조적이고 융합적인 방식으로 아주 잘 해결한다고 결론 내릴지도 모른다. 그러나 그런 순진한 낙관주의적 가정의 오류를 지적하기는 쉽다. 예를 들면 아프리카 사회가 식민 열강의 침입에 어떻게 대응했는지 생각해보자. 이 식민화의 대상들이 기존의 제도적 요소들을 창조적으로 재조합해 문제를 해결하는 새로운 제도적 해법을 구성할 수 있었다고 간주하는 설명을 상상하기는 어렵다. 그리고 그러지 못했다면, 아프리카 대륙이 그 이전 천 년 동안 상당한 정치적·경제적 발전을 이루었고 수많은 이야기와 강력한 제국들의 장소였으므로, 필요한 요소들이 그들 역사에 존재하지 않았기 때문일 수는 없다(간략한 설명은 http://en.wikipedia.org/wiki/African empires 참조). 그 대신 식민주의자들이 제기한 문제에 대해 토착 집단들이 왜 창조적인 제도적 해법을 강구하지 못했는지에 대한 확실한 대답은 아프리카를 점령한 국가들이 압도적인 군사력으로 그러한 시도를 분쇄했다는 것이다.

그리고 그들이 왜 그렇게 했는지에 대해서는, 점령한 영토에서 나폴레옹 보나파르트의 목표와 아프리카에서 식민지 점령자들의 목표의 차이를 감안할 필요가 있다. 물론 군사적 정복은 항상 나폴레옹의 첫 번째 목표였다. 그러나 그는 정복한 영토를 통치하면서 점령자로서만 행동하지 않았고, 계몽주의의 후예로서 농노제를 폐지하고 법과 관행을 자유화했는데, 이는 나폴레옹법전으로 구체화되었다. 이 법전은 시민과 국가 사이를 중재하는 길드와 기타 권력을 폐지함으로써 조합주의가 보호하는 종류의 뿌리 깊은 이해당사자들의 간섭 없이 사업과 활동을 추구할 수 있는 시민의 권리를 강조했다. 식민 지배자들은 식민지에 대해 아주 다른 태도를 취했는데, 식민지를 원칙적으로 값싼 노동력과 풍부한 원료의 원천으로 여기면서 아프리카인들은 미개하고 열등해 유럽의 발전 기준에 도달할 수 없는 인종으로 보았다. 일부 변이도 있었지만, 이런 태도들이 결합해 아래로부터의 경제 및 정치 제도의 자율적 발전을 용인하지 않는 식민 지배를 낳았다.

아프리카 식민지들은 이제 거의 예외 없이 다 독립해 식민 지배자들의 손아귀에서 벗어났지만, 이 신생국들은 현대의 산업화된 세계에서 내부적으로 생산적이거나 경쟁적인 경제 제도들을 묶어내는 데 거의 성공하지 못했다. 우리가 들 수 있는 이유 하나는, 이 신생국들 중 다수가 서로 공유하는 것이 별로 없는 부족들을 인위적으로 합친 결과이고, 게다가 기독교와 이슬람교, 현지의 토착 우주론 간의 종교적 갈등으로 사분오열됐다는 점이다. 그러나 우리가 지금 독일이라고 부르는 곳의 상황이 베스트팔렌 조약 직후인 1648년에는 오늘날의 아프리카 사회와 별반 다르지 않았다는 점에 주목하면, 앞의 이유가 그 자체로 설득력 있어 보이지는 않는다. 당시 이 지역의 역사 지도를 보면, 수십 개의 공국과 여타 정치 단위들이 있었고, 그중 어떤 것도 특별히 경제적 자원을 조합할 능력이 있어 보이지 않았으며, 30년전쟁이 길을 텄지만 그들은 제거하지 못한 지속적인 종교 갈등으로 분열해 있었다. 이율배반적으로 이런 정치 단위들을 하나로 묶은 주요한 힘들 중 하나는 나폴레옹전쟁과 뒤이어 프랑스 및 영국과 계속해서 벌인 경쟁이었고, 결국 두 차례 세계대전으로 번졌다. 이런 논의를 하기에는 지면이 부족하고 나의 역량도 넘어서지만, 많은 이유로 아프리카에서 비슷한 전개가 일어날 것 같지는 않다.

나폴레옹 보나파르트의 사례에서 또한 알 수 있는 것은, 많은 개인이 제도적 요소들의 메뉴에서 활용할 수 있는 문제의 해법들을 하나씩 창조적으로 조합한다는 실용주의적/구성주의적 이미지에 한계가 있다는 것이다. 행위자들이 다양한 여건에서 그렇게 한다는 것은 명백하지만, 결정적인 시기에는, 조지 오웰(George Orwell 1945: 10장)의 표현을 빌리자면, 어떤 행위자들이 다른 행위자들보다 더 평등하다는 것도 명백하다. 그래서 나폴레옹과 그의 목표는 그 대리자들이 통치한 지역에서 법적·정치적·경제적 제도에 지속적이고 복합적인 영향을 미쳤다. 그들의 법령과 개입 조치는 기존의 제도적 요소들을 혼합해 활용했지만, 그 요소들만으로는 충분히 예측하거나 좌우할 수 없는 방식으로 그렇게 했다. 1961년에서 1979년 암살당할 때까지 박정희 장군의 경우를 보면, 그가 한국의 전통적 유형을 활용해 전문가들이 불가능하게 여긴 경제적 성과를 이루어낸 것처럼, 활용할 수 있는 제도적 원료도 중요하지만 그 자체로는 특정 결과를 예측하거나 배제하지 않음을 또 한 번 명백히 알 수 있다.

6.5 경제적 행동과 연결망과 제도에서 신뢰·규범·권력의 역동성

책 한 권에서 이 지점은 마지막 장으로, 주요 주장들을 요약하고 그것들이 얼마나 일관성 있고 조리 있는지 보여주며 결론 맺는 것이 관례다. 나는 그렇게 하지 않을 텐데, 존재하지도 않는 일관성이 있는 척하고 싶지 않기도 하고, 부패와 조직 형태, 기업 지배구조 같은 특별한 사례들을 적용할 후속 저서를 약속하며 독자들에게 양해를 구할 수 있기 때문이기도 하다. 후속 저서에서 나는 여기서 개진한 틀이 보다 표준적인 이론들이 하지 않는 방식으로 쟁점들을 얼마나 잘 부각하는지 밝힐 것이다. 일관성 문제에 대해 나는 신뢰·권력·규범·제도는 사실상 모든 경제 활동과 관련 있고, 이런 점을 고려하지 않고는 만족스럽게 충분히 분석할 만한 주제가 별로 없다고 주장해왔다.

그러나 경제생활과 사실상 모든 사회생활에서 이런 요소들이 주어진 경우 정확히 어떻게 서로 상호작용하는지에 대해 나는 완벽하게 활용할 만한 일반적인 길잡이를 제시하지는 않았다. 후속 저서에서는 관련된 여러 주제에 대한 이런 광범위한 일반화가 어떤 모습일지 특정 주제를 다루는 장들에서 탐구하고자 한다. 나는 충분히 실증주의자여서, 궁극적으로 좋은 이론의 목표는, 정확히 말하자면 경제생활에 대한 주요 영향들이 상호작용하면서 결과에 이르는 식으로 규칙성이라는 형태로 일반적인 길잡이를 개발하는 것이라 생각한다. 따라서 이런 방향으로 나아가는 것이 후속 저서의 목표 중 하나가 될 것이다. 그러나 완전히 일반론으로 그렇게 하는 것은 너무 큰 목표여서, 반대 주장도 종종 있지만, 현대 경제학과 사회학 이론이 거쳐온 여정을 훨씬 넘어서는 일이다. 그리고 내가 이 책에서 하고자 했던 것은 핵심 개념들을 모아 정통한 연구자들에게 제시하는 것이었는데, 미래의 이론에 도움이 될 일반화를 창출한다는 광범위한 목표와 함께 특수한 사례들이 드러나는 방식으로 이 개념들을 조합해야 한다. 이것이 수반하는 구체적인 역사적·문화적 연구와 때로 민속지학적 연구는 여전히 결정적인 중요성을 지니는 전형적인 통계 자료 분석과 더불어, 추상적 원칙에서 추상적 모델을 직조한 다음 하나의 사례에서 얻은 해당 자료가 적절한 수학적 기술을 갖춘 모델에 적합할 수 있다고 주장하는 것보다 더 힘든 작업이다. 경제생활을 조명하는 데 유용하며 창의적으로 정교하게 만들어진 모델들의 가치를 나는 과소평가하지 않는다. 그 가치는 아주 분명하고 충분히 입증된 것으로 보인다. 그러나 경제를 이해하려면 결국 이런 유형의 연구들을 모두 조합할 필요가 있고, 그 연구들이 어떻게 서로 정보를 주고받을 수 있는지 알 필요가 있다. 이 책과 후속 저서가 이런 종류의 창조적이고 종합적인 활동을 고무한다면, 나로서는 더 바랄 나위가 없다.

주

1 서론: 경제사회학에서 설명의 문제

1. 19세기와 20세기에 걸쳐 사회학과 경제학의 관계가 어떻게 진화해왔는가에 대한 역사적 설명은 Granovetter and Swedberg 2011 서론과 Granovetter 1990 참조.

2. 현대 경제학은 로빈스를 따라 이를 추상화하면서, 계산이 어려워 분명 행위자의 능력을 벗어나거나 행위자의 의식적 의사결정에 아무런 역할을 하지 못하는 것이 경험적으로 드러날 때처럼, 그러한 주관적 상태를 행위자 탓으로 돌릴 수 없을 때조차도 경제적 동기가 있는 행위자는 '마치' 합리적 계산을 하는 것처럼 행동한다고 종종 주장한다. 나는 이런 쟁점을 여러 차례 다룰 것이고 특히 이런 '마치' 입장의 정당화에 관심을 기울일 것이다. 지금으로서는 경제적 상황에 대한 행위자의 주관적 이해나 행위자의 계산 수준에 대해서는 어떠한 입장도 취하지 않고, '개인의 경제적 행동'을 '필요' 충족을 지향하는 행동으로, 필요는 희소한 상황에서 개별 행위자가 정의하는 것으로 단순하게 취급한다. 베버와 로빈스를 혼합한 이런 입장은 휴리스틱(heuristic) 목적에 적합할 것이다. 뒤에서는 존 듀이(John Dewey 1939) 같은 실용주의자들과 오늘날 그 추종자들이 주장하는 것처럼, 수단-목적 분석틀로 행동을 연구해야 한다는 이런 입장의 함의 중 하나는 중요한 한계가 없을 수도 있는지 여부라는 중요한 쟁점에 대해 더 언급할 것이다.

3. 이러한 주장과 이원론이나 신비주의로 향하는 그 경향에 대한 간략한 설명은 다음 문헌에 나와 있다. Kontopoulos 1993: 23-24.

4. 사회 연결망에 주목해 경제생활을 연구하고 완전히 설명할 수 있다는 생각은 분명 무시되어야 하고, 사실 그런 극단적인 견해를 주장한 이가 있었는지조차 의심스럽다. 그러나 '신경제사회학' 지지자들이 사회 연결망에 자주 초점을 맞춤으로써 이러한 결론에 대한 비판을 때때로 이끌어내기도 했다. Kripper et al. 2004 참조.

5. 특수한 여건과 실질적으로 유한책임의 관행을 낳은 편협한 이해관계, 그리고 유한책임이 역효과를 낳는 상황은 다음에 자세히 나와 있다. Marchetti and Ventoruzzo 2001: 2804-2805.

6. 이런 수사는 손쉽게 다음과 같은 농담으로 바뀐다. 경제학자는 길거리에 놓인 20달러 지폐를 보고도 무시하는 사람인데, 그 이유인즉슨 **진짜** 20달러 지폐라면 누군가 이미 집어갔으리라는 것이다. 이는 경제학자를 정의하는 특수한 경우인데, 이때 경제학자는 무엇이 진짜인지 실천에서는 알지만 이론으로는 어떻게 진짜일 수 있는지 알 수 없기 때문에 회의적인 사람으로 남는다.

7. 최근 제도학파 경제학의 지성사가 약 1890년부터 1940년까지의 사회인류학 역사를 재연하고 있어 흥미롭다. 1930년대와 1940년대의 구조기능주의 인류학자들은 (가끔 사변적이기도 한) 역사에 근거한 이전의 인류학을 공격하고, 사회 체계가 어떻게 서로 어울리는지에 대한 완전하고 정교한 이해를 전개하기 위해 사회 유형을 일관된 사회 전체의 일부로 설명할 필요가 있다는 근거로 정태적 기능 분석을 옹호했다. 따라서 브로니슬라브 말리노프스키(Bronisław Malinowski)는 어떤 사회 유형들은 이전 시대에서 "살아남은" 흔적이라는 관념을 공격했다. 그는 도전적으로 말했다. "살아남은 어떤 경우라도 채택해 그 경우에서 그럴듯한 문화적 '유물'의 살아남은 본질이 있다면, 그것은 기본적으로 사실의 불완전한 분석 탓임을 무엇보다 먼저 발견할 것이다. ……이런 개념이 저지른 진정한 해악은 효과적인 현장 연구를 방해하는 것이었다. 관찰자는 어떤 문화적 사실이 갖는 오늘날의 기능을 탐구하는 대신 경직되고 자기충족적인 존재를 획득하는 데 만족할 뿐이었다"(Malinowski 1944: 30-31).

8. 오히려 진화론 주장을 그럴듯하게 만드는 엄격한 경쟁 조건은 리처드 넬슨(Richard Nelson)과 시드니 윈터(Sidney Winter)가 용의주도하게 제시한다(Nelson and Winter 1982). 또한 "영속적으로 실패하는 조직"을 경고 삼아 언급하는 Mayer and

Zucker 1989도 참조.

9. '설명되어야 하는 것'의 라틴어. 전형적인 과학철학 문헌의 용법.

10. 3장에서 '신뢰'의 예를 자세히 다룬다.

11. 파슨스는 철저히 경제학자로 훈련받았고 따라서 고전학파와 신고전학파 문헌에는 정통했지만 공리주의 전통에는 덜 숙련됐기 때문에, 그는 경제학에서 발견한 철학적 입장이 필연적으로 공리주의 전통의 뿌리에서 유래했다고 보고, 그러한 입장을 과거로 투사했다고 나는 짐작한다.

12. 따라서 리카도의 《원리》는 20세기의 많은 신고전학파 저술들처럼 끊임없이 정형화되었다. 그가 사회적 관계의 영향에 여지를 열어둔 단 하나의 영역은 국제무역이다. 동일 상품의 생산에서 효율성이 나라마다 어떻게 다를 수 있는지―그가 다르게 가정하듯이, 자본과 노동이 완벽하게 이동한다면 불가능하다―설명해야 할 필요성에 직면해, 그는 다음과 같이 언급한다. "자본이 그 소유자의 즉각적인 통제하에 있지 않을 때 상상으로 또는 실제로 자본의 불안정성은, 자신이 태어나 연고가 있는 나라를 떠나 온갖 습관으로 굳어진 자신을 낯선 정부와 새로운 법률에 의탁하는 것에 대해 모두가 느끼는 자연스러운 거부감과 더불어, 자본의 유출을 억제한다. 이러한 감정이 약화되는 것은 유감이지만, 그것은 대부분의 재산가들이 외국에서 부의 더욱 유리한 사용처를 찾기보다는 고국에서 낮은 이윤율에 만족하도록 이끈다"(Ricardo 1821: 143). 리카도가 자신의 이론 체계에서 이런 예외를 허용한 것은 그 결과를 인정하기 때문임이 명백해 보인다. 즉 국제무역에서 완벽하게 경쟁적인 시장이란 고전적인 자유주의의 궤도에서 많이 벗어나는 욕구인 애국심이나 가정·가족·국가에 대한 애착심의 부재를 의미하기 때문이다.

13. 이는, 파슨스(Parsons 1937)가 공리주의 사상 탓으로 돌린 실패에 대해 제시한 해법이 예상했던 것만큼 그가 공격한 입장과 철저히 단절하진 않는다는 의미다.

14. 표준 참고서적은 세부 내용에서 백과사전식인 Wasserman and Faust(1994)이다. 초보자를 위한 훌륭한 안내서는 Scott(2010)이고, 더 세부적인 내용이 담긴 안내서는 Scott(2013)이다. 사회 연결망 원칙들의 유용한 온라인 설명은 Hanneman and Riddle(2015)이다. 연결망 사고와 함께 연결망 분석과 시각화를 제공하는 소프트웨어에 대한 포괄적인 안내서를 원하는 독자는 Nooy, Mrvar and Batagelj(2011)

을 봐야 한다. 사회 연결망 분석을 사용하는 경제학 모델에 관심 있는 이들에게는 Jackson(2010) 및 Easley and Kleinberg(2010)이 유용하다. 사회 연결망의 많은 주제를 다루는 포괄적인 논문집은 Scott and Carrington(2011)이다.

15. 가장 간단하고 아마도 가장 중요한 정량적 지표로 사용될 수 있는 사회 연결망의 '밀도'는, 연결망에서 n 수의 노드를 연결하는 가능한 n(n-1)/2 연결의 비율이다. 연결망에서 노드는 개인적 실체일 수도 있고 조직처럼 집합적 실체일 수도 있으며, 연결은 우정이나 적대감, 지배 또는 법인 이사의 겸임처럼 분석자가 정의하는 어떠한 관계라도 대표할 수 있다. 사회 연결망의 기술적 측면에 대한 자세한 내용은 Wasserman and Faust(1994) 참조.

16. 이러한 분리가 지식인, 정부 관료, 그리고 일부 대중이 경제 활동을 단지 경제적 동기에만 관련된 것으로 여기는 더 포괄적인 과정의 일부분에 불과함을 경제학자들은 알게 되었다. 이것이 바로 루이 뒤몽(Louis Dumont 1977)이 "경제 이데올로기의 승리"로, 윌리엄 레디(William Reddy 1984)가 "시장 문화의 등장"으로 부르는 과정이다. 18세기와 19세기의 프랑스 섬유 시장에서 노동자들과 소유주들이 아직 전통적인 비경제적 동기에 크게 영향받고 있다는 풍부한 증거에도 불구하고, 섬유 산업이 시장 원칙을 따라야 한다는 자신들의 가정에 맞게 관리들이 자료 수집 과정을 어떻게 수정했는지 보여주는 레디의 설명은 특히 명쾌하다. 이러한 동기들은 새로운 형태의 경제 자료에 의해 많이 가려졌다.

17. 새뮤얼슨은 리처드 스웨드버그와의 개인적 서신에서 이러한 언급이 파레토의 영향을 반영한 것이라고 인정했다.

2 경제 행동에 영향을 주는 정신적 구성물: 규범·가치·도덕경제

1. 규범 준수 여부를 결정할 때 감정은 계산해야 할 추가 비용일 뿐이고, 일반적으로 규범은 은폐돼 있지만 사실은 최적화하는 기제라는 주장에 대한 고찰과 거부는 Elster(1989a: 130 이하) 참조.
2. 이렇게 보이는 것은 부분적으로 혼동을 불러일으키는데, '근친상간'의 정의가 사회

마다 아주 다르기 때문이다. 그러나 보편적이고 기본적인 핵심은 있어 보이는데, 남매 간 그리고 부모와 자식 간 성관계의 금지다.

3. 좀 거창한 제목을 붙인 《인간 사회성의 기초(Foundations of Human Sociability)》(Henrich et al. 2004)는 이 실험 결과를 아주 자세히 제시하고 분석하며, Henrich et al. 2005는 이를 간추려 정리했다.

4. 최후통첩 게임 문헌에서 특별히 흥미로운 결론 중 하나는 다음과 같다. "자폐증인 아동과 성인의 약 3분의 1은 최후통첩 게임에서 0원을 제안한다. ……짐작컨대 그들은 상대방의 반응을 상상할 수 없기 때문에 이율배반적으로 표준 모델과 일치하는 행동을 한다"(Henrich et al. 2005: 799). 이어서 저자들은 자폐증인 사람들만 합리적 행위자 모델을 따른다고 결론 내리지는 않지만, 일부 신고전학파 경제학 비판자들은 이러한 견해를 견지했고, 이단적 조직인 '탈자폐 경제학' 네트워크는 〈탈자폐 경제학 리뷰(Post-Autistic Economics Review)〉라는 온라인 학술지를 발간했다(www.paecon.net 참조). 이 학술지는 이후 덜 조소적으로 '실제 세계 경제학 리뷰(Real-World Economics Review)'라고 제목을 붙였지만 그 후원 조직은 원래 이름을 그대로 유지하고 있다.

5. 이 정의는 명백히 모호성을 안고 있다. 그러나 더 신중하게 보자면, 이는 연결망 구조의 관점에서 친밀함이 실제로 의미하는 것보다는 친밀함의 **결과**의 관점에서 순환적으로 정의된 것이고 이 개념이 요청하는 바에 따른 것이다. 게다가 권력 배분의 평등은 구조와는 이질적이고 여기서는 단지 친밀함에 접목되었을 뿐이다.

6. 그러나 맥애덤스(Mcadams 1997: 357n85)의 반론 참조. 타인에게 존중을 부여할 때 사용할 수 있는, 이른바 사회성의 '덩어리' 또는 '자금'인 시간과 정동의 한계에 대한 20세기 중엽의 사회학 문헌을 참조해 비용이 들지 않는 존중의 부여도 문제 삼을 수 있다. 예를 들면 Nelson 1966 참조.

3 경제에서의 신뢰

1. '의사결정 딜레마'는 개인들이 동시에 행동하든 순차적으로 행동하든 다양한 수준에

서 이기적이거나 협력적인 행동 가운데 하나를 선택해야 하는 쌍방향의 상황이다. 각 개인이 합리적으로, 즉 이기적으로 결정한다면 각자가 덜 합리적이어서 대신 협력적인 행동을 선택할 때보다 전체에게는 더 나쁜 결과를 낳지만, 협력적 행동은 다른 사람 역시 협력할 것이라고 '신뢰'할 때에만 보상하는 방식으로 딜레마가 설계된다.

2. 파레토 최적의 결과는, 다른 어떤 사람이 더 나빠지지 않으면서 누구도 더 나아질 수 없는 상태다.

3. 신뢰가 서로 아는 사람들과 관련될 때는, 명시적으로 거의 언급되지는 않지만 중요하게 여겨지는 또 다른 측면이 있다고 덧붙이고 싶다. 타인을 신뢰한다는 것은 타인이 속이거나 배신하지 않으리라고 기대하는 것이다. 복수하는 행동은 대개 명확한 비용과 편익 계산이 어렵고 그 대신 감정에서 도출되므로, 감정적 분노가 생겨 도구적 설명이 어려울지도 모르는 반응을 낳을 때, 기만과 배신은 예외적으로 중요한 감정적 분노를 불러일으킨다고 나는 생각한다(Elster 1999와 비교).

4. http://en.wikipedia.org/wiki/You_Always_Hurt_the_One_You_Love.

5. 교환 관계에서의 '책무(commitment)'에 대한 사회심리학 연구는 Lawler and Yoon 1996에서 제시한 모범을 따른다. 마셜 살린스(Marshall Sahlins 1972: 5장)는 "공짜로 주는 선물에서 속임수까지" "초보적" 교환에서 생기는 책무의 범위에 대해 논의하는데(Sahlins 1972: 196), 이는 전형적으로 친족의 거리에 기초한 것이다.

6. 다이아몬드 거래는 잘 알려진 수많은 '내부자' 절도의 무대이자 1982년 뉴욕에서 발생한 유명한 'CBS 살인사건'의 무대이기도 했다. CBS 살인사건에서 한 다이아몬드 회사 소유주는 허위 판매 송장을 제출해 회사 자금을 횡령하고 있었다. 이 음모에는 회계 담당자들의 협력이 필요했고, 그중 한 명은 수사망이 좁혀오자 소유주에게 불리한 증언을 했다. 그러자 소유주는 배신한 직원과 그 비서의 살해 계약을 맺었다. 살인이 일어난 주차장에서 희생자들을 도우려고 온 CBS 기술자 세 명도 총에 맞아 죽었다(Shenon 1984).

7. 신뢰에 대한 구조적 배태성의 중요성은 하딘이 "두터운(thick)" 집단 또는 사회성 있는 관계로 지칭하는 것에 상응하지만(Hardin 2002: 14, 22), 이 '두터움'이 작동하는 기제는 밝혀질 필요가 있다.

8. 그러나 가족 운영 기업의 비용과 편익에 대해서는 경제학에서 계속 논란이 있었고,

이는 흔히 분석에 어떤 결과 측도를 선택하느냐, 그리고 어떤 제도적 제약을 고려하느냐에 달려 있다. 예를 들면 Bennedsen et al. 2007 참조. 그리고 중국의 특수한 환경에 대해서는 Bennedsen et al. 2015 참조.

9. 이 개념들을 함께 다루려는 체계적인 시도는 '강제할 수 있는 신뢰(enforceable trust)'에 대한 알레한드로 포르테스(Alejandro Portes)와 그 동료들의 연구다(예를 들면 Portes and Sensenbrenner 1993).

4 경제에서의 권력

1. 번역 문제에 대한 완벽한 논의는 Weber([1921] 1968): 61-62에 나와 있는 로트의 주 31 참조.

2. 조직 이론에서 체스터 바너드는 비슷한 입장을 취한다(Barnard 1938). 그는 임원의 권위는 전적으로 명령을 받는 사람의 협력적 태도에 달려 있다고 주장한다. 이론가 찰스 페로(Charles Perrow)는 이 주장을 일축한다. 그는 조직에서 권력의 중요성을 강조하면서, "어떤 사람이 명령 불복종으로 해고될 수 있거나 [전쟁터에서] 명령에 따라 돌격하지 않는다고 총살당할 수 있다면" 상급자의 권위는 "소설이라 할 수 없다"는 의견을 밝힌다(Perrow 1986: 71).

3. 내 생각에, 베버가 "이익의 배열"에 기초한 권력을 상대적으로 흥미롭지 않게 여긴 이유는 그러한 배열을 중요하게 만드는 자원의 필요성이 거의 객관적으로 주어진다고 추측했기 때문으로 보인다.

4. 더 일관성이 있으려면 베버는 이 논의에서 지배보다는 완전히 대비되는 두 종류의 권력을 거론했어야 했다. 이익의 배열에 따른 권력에 대한 그의 주장은, 앞에서 권력의 특수한 사례로 인용한 '지배'의 정의처럼 실제로 '명령'을 공표해야 한다고 요구하지 않는다. 사실 이 논의에서 베버는 '지배'라는 용어가 "권력의 아주 일반적인 의미로, 예를 들면 한 사람의 의지를 다른 사람의 행동에 강요할 수 있는 가능성으로" 쓰인다고 언급한다(Weber [1921] 1968: 942). 실제로는 뒤의 논의를 먼저 작성했고, 정의에 관한 장들은 개념들을 수집하고 체계화하기 위해서 나중에 작성했는

데, 편집자들이 이를 《경제와 사회》의 서두에 배치했다. 그들은 베버가 죽은 뒤 원고
를 완성본으로 만들거나 가능한 불일치를 걸러낼 수 있을 때까지 조각조각 모았다.

5. 이것은 스티븐 룩스(Steven Lukes)의 세 번째 "권력의 모습"과 대략 비슷하다(Lukes
1974).

6. 필립 보나시치(Philip Bonacich 1987)는 권력의 측도에 매개변수 β를 도입해 이 주
장을 요약하면서 공식화했다. 매개변수 β가 양의 값이면 권력이 있는 다른 사람과
연결됨으로써 더 권력적이게 됨을 의미하고, 음의 값이면 덜 권력적이게 됨을 의미
한다. 후자는 '부적으로 연결된 연결망'에 상응한다.

7. 협상된 교환과 호혜적 교환을 구별하고 그 구별이 교환 이론 초기의 고전적 정형화
의 관계에서 중요하다는 점은 린다 몸이 처음으로 명확하게 지적했다(Molm 2003
의 요약 참조). 그의 연구 프로그램은 두 종류의 교환을 구별하는 데 강조점을 둔다.

8. '알트노이스타트(Altneustadt)'라는 가명을 가진 이 독일 도시에는 기독교민주당
(CDU) 소속과 사회민주당(SPD) 소속으로 나뉘는 분파가 있었다.

9. 예를 들면 앨런 네빈스(Allan Nevins)의 뛰어난 존 록펠러 전기(1953년) 참조. 메디
치 가문이 활용했던 분리된 연결망들은 사회적으로 매우 차별화된 중세 피렌체 상
황에서 자연히 서로에게 적대적이었기 때문에, 메디치 가문이 "수수께끼 같은" 수
있었다고 할 수 있다. 사회적으로 더 동질적인 19세기 미국의 여건에서 수수께끼 같
은 행동은 일종의 사치일 수 있다. '악덕 자본가'들은 다른 사람들이 자신들을 집단
으로 공격하지 못하게 하려면 그런 행동을 할 수 없었다.

10. 이것이 1914년 클레이턴법(Clayton Act)으로 서로 직접적인 경쟁 상태에 있는 기
업들 간 겸임을 금지한 이유다.

11. 장기적 역사 관점에서 사회 권력의 다양한 원천을 연대기적으로 서술하려는 야심 찬
시도에 대해서는 Mann 1986, 1993 참조, 노예제에 대한 정확한 설명은 Patterson
1982 참조.

5 경제와 사회제도

1. 내가 2절 제목에서 '중범위'라는 표현을 사용한 것은 로버트 머튼의 "중범위 이론"(Merton 1957)이란 용어에 그리 교활하지는 않게 동의를 표하는 것이다. 머튼의 중범위 이론은 거대 이론과 사소한 근접 범위 고찰에서 벗어나 사회학에 더 유익하고 실행 가능한 입지를 마련하려고 은근히 자극하는 그의 방식이다.

2. 또한 사회운동 문헌들은 조직 '분야(fields)'의 개념을 당시 '전략적 행동 분야'에 특별히 강조점을 두면서 사용했다. Fligstein and McAdam 2012가 그런 예다.

3. 브리콜라주에 대해 옥스퍼드 영어사전 웹사이트(www.oed.com)는 다음과 같이 기술한다, "다양한 범주의 재료나 원천에서 이루어내는 구성 또는 (특히 문학적이거나 예술적인) 창조. 따라서 그렇게 창조된 사물이나 개념 또는 잡다한 수집."

4. 그러나 헤리겔(Herrigel 1996)은 예외다.

5. 그러나 미국에서 대량 주식 보유의 부재에 대한 더 복합적인 주장은 Becht and deLong (2007) 참조. 두 저자는 이것이 20세기가 되어서야 시작됐다고 본다. 그들은 미국의 정치문화가 중요하다는 점에서는 마크 로와 의견을 같이하지만, 또한 이런 결과의 불가피성에 대해서는 일련의 다른 인과적 요인을 끌어들여 의문을 제기한다.

6. 그러나 '파괴적' 혁신 개념에 대한 회의론은 Lepore 2014 참조.

7. 이 검사의 상세한 내용은 http://www.euroncap.com/en 참조.

6 개인 행동과 사회제도의 상호작용

1. 매리언 레비(Marion Levy)는 일본과 중국에 대한 논문(1954)에서 이런 차이를 오래 전에 지적했다. 이정표 같은 논문이지만 이제 자주 거론되지는 않는다.

2. 그러나 가난한 사람이 부잣집에 자식들을 종으로 살게 보내고, 판매에 가까운 거래를 통해 그 대가를 받았던 역사적 시기는 많았다. 비비아나 젤라이저(Viviana Zelizer 2005)가 아주 상세히 지적하듯이, 거래에는 친밀성이 포함돼 있고 금융 이

전 또한 관련 있다. 그리고 이런 현상이 존재한다고 해서 친밀성을 그만큼 약하게 느끼도록 만드는 것처럼 보이지는 않는다.

3. 예를 들면 말리노프스키가 연구한 트로브리안드 군도 사람들은 '쿨라(kula)'라는 교환에서 팔찌와 목걸이의 의례적 교환에 많은 에너지를 쏟았고, 적절한 예의와 의례적 섬세함을 갖추지 않고 이런 교환을 하는 사람들에겐 심한 경멸의 표현으로 "그것을 김와리(gimwali, 물물교환)처럼 했소"라고 말했다(Malinowski〔1922〕2014: 103).

4. 하지만 이러한 도입에 위험이 없지는 않았다. 예를 들면 인설이 활용한 감가상각은 1930년대 내내 진행된 일련의 재판에서 그를 대규모 분식회계로 고발하는 논거의 일부로 활용되었다.

참고문헌

Abbott, Andrew. 1983. "Professional Ethics." *American Journal of Sociology* 88: 855-885.

Abend, Gabriel. 2014. *The Moral Background: An Inquiry into the History of Business Ethics.* Princeton: Princeton University Press.

Aberle, D. F., A. K. Cohen, A. K. Davis, M. J. Levy Jr., and F. X. Sutton. 1950. "The Functional Prerequisites of a Society." *Ethics* 60(2): 100-111.

Aghion Philippe, Yann Algan, Pierre Cahuc, and Andrei Shleifer. 2010. "Regulation and Distrust." *Quarterly Journal of Economics* 125: 1015-1049.

Amsden, Alice. 1989. *Asia's Next Giant: South Korea and Late Industrialization.* Oxford: Oxford University Press.

Anderson, Ronald C., and David M. Reeb. 2003. "Founding-Family Ownership and Firm Performance: Evidence from the S&P 500." *The Journal of Finance* 58: 1301-1328.

Ardener, Shirley. 1964. "The Comparative Study of Rotating Credit Associations." *Journal of the Royal Anthropological Institute* 94: 202-229.

Arrow, Kenneth. 1974. *The Limits of Organization.* New Oxford: W. W. Norton (이하영 옮김, 《조직의 한계》, 북코리아, 2014).

Arthur, W. Brian. 1989. "Competing Technologies and Lock-In by Historical Events." *Economic Journal* 99: 116-131.

Atran, Scott, and Robert Axelrod. 2008. "Reframing Sacred Values." *Negotiation Journal* 24(3 July): 221-246.

Avent-Holt, Dustin. 2012. "The Political Dynamics of Market Organization: Cultural Framing, Neoliberalism, and the Case of Airline Deregulation." *Sociological Theory* 30: 283-302.

Bachrach, Peter, and Morton Baratz. 1962. "The Two Faces of Power." *American Political Science Review* 56: 947-952.

Baldwin, Carliss, and Kim Clark. 2000. *Design Rules, Volume 1, The Power of Modularity.* Cambridge, MA: MIT Press.

Banfield, Edward. 1958. *The Moral Basis of a Backward Society.* New York: The Free Press.

Barabasi, Albert-Laszlo. 2002. *Linked: How Everything Is Connected to Everything Else.* New York: Perseus.

Barnard, Chester. 1938. *The Functions of the Executive.* Cambridge, MA: Harvard University Press.

Baron, James, Frank Dobbin, and P. Deveraux Jennings. 1986. "War and Peace: The Evolution of Modern Personnel Administration in U.S. Industry." *American Journal of Sociology* 92: 350-383.

Barth, Fredrik. 1967. "Economic Spheres in Darfur." In *Themes in Economic Anthropology*, edited by Raymond Firth. London: Tavistock.

Baum, Joel, Andrew Shipilov, and Tim Rowley. 2003. "Where Do Small Worlds Come From?" *Industrial and Corporate Change* 12: 697-725.

Bebchuk, Lucian, and Mark Roe. 2004. "A Theory of Path Dependence in Corporate Ownership and Governance." pp. 69-113 in *Convergence and Persistence in Corporate Governance*, edited by Jeffrey Gordon and Mark Roe. New York: Cambridge University Press.

Becht, Marco, and J. Bradford deLong. 2007. "Why Has There Been So Little Blockholding in America?" pp. 613-666 in *A History of Corporate Governance*

around the World: Family Business Groups to Professional Managers, edited
by Randall Morck. Chicago: University of Chicago Press.

Becker, Gary. 1976. *The Economic Approach to Human Behavior*. Cambridge,
MA: Harvard University Press.

Ben-Porath, Yoram. 1980. "The F-Connection: Families, Friends, and Firms in
the Organization of Exchange." *Population and Development Review* 6:
1-30.

Bendix, Reinhard. 1956. *Work and Authority in Industry*. New York: Wiley.

Bendor, Jonathan, and Piotr Swistak. 2001. "The Evolution of Norms." *American
Journal of Sociology* 106: 1493-1545.

Benedict, Ruth. 1946. *The Chrysanthemum and the Sword: Patterns of Japanese
Culture*. Boston: Houghton-Mifflin.

Bennedsen, Morten, Casper Nielsen, Francisco Perez-Gonzalez, and Daniel
Wolfenzon. 2007. "Inside the Family Firm: The Role of Families in Succession
Decisions and Performance." *Quarterly Journal of Economics* 122: 647-691.

Bennedsen, Morten, Joseph P. H. Fan, Ming Jian, and Yin-Hua Yeh. 2015.
"The Family Business Map: Framework, Selective Survey, and Evidence from
Chinese Family Firm Succession." *Journal of Corporate Finance* 33: 212-226.

Berger, Peter and Thomas Luckmann. 1966. *The Social Construction of Reality:
A Treatise in the Sociology of Knowledge*. Garden City, NY: Doubleday.

Berle, A. A., and G. Means. 1932. *The Modern Corporation and Private Prop-
erty*. New York: Macmillan.

Bewley, Truman. 1999. *Why Wages Don't Fall during a Recession*. Cambridge,
MA: Harvard University Press.

Biernacki, Richard. 1997. *The Fabrication of Labor: Germany and Britain 1640-
1914*. Berkeley, CA: University of California Press.

Biggart, Nicole, and Mauro Guillen. 1999. "Developing Difference: Social
Organization and the Rise of the Auto Industries of South Korea, Taiwan,

Spain, and Argentina." *American Sociological Review* 64: 722-747.

Blau, Peter. 1964. *Exchange and Power in Social Life*. New York: Wiley.

Bloch, Marc. [1939] 1961. *Feudal Society*. Chicago: University of Chicago Press (한정숙 옮김, 《봉건사회 1, 2》, 한길사, 2001).

Blumer, Herbert. 1969. *Symbolic Interactionism: Perspective and Method*. Berkeley, CA: University of California Press.

Bohannan, Paul, and George Dalton, editors. 1962. *Markets in Africa*. Evanston, IL: Northwestern University Press.

Boltanski, Luc, and Laurent Thévenot. 1999. "The Sociology of Critical Capacity." *European Journal of Social Theory* 2: 359-377.

____. 2006. *On Justification: Economies of Worth*, translated by C. Porter. Princeton, NJ: Princeton University Press.

Bonacich, Philip. 1987. "Power and Centrality: A Family of Measures." *American Journal of Sociology* 92(5): 1170-1182.

Boorman, Scott A. 1975. "A Combinatorial Optimization Model for Transmission of Job Information through Social Networks." *Bell Journal of Economics* 6: 216-249.

Burawoy, Michael. 1979. *Manufacturing Consent: Changes in the Labor Process under Monopoly Capitalism*. Chicago: University of Chicago Press.

Burt, Ronald S. 1992. *Structural Holes: The Social Structure of Competition*. Cambridge, MA: Harvard University Press.

____. 2002. "Bridge Decay." *Social Networks* 24: 333-363.

____. 2005. *Brokerage and Closure: An Introduction to Social Capital*. New York: Oxford University Press.

Business History Review. 2010. "'Varieties of Capitalism' Roundtable." 84: 637-674.

Camic, Charles. 1979. "The Utilitarians Revisited." *American Journal of Sociology* 85: 515-550.

Carruthers, Bruce. 1996. *City of Capital: Politics and Markets in the English Financial Revolution*. Princeton, NJ: Princeton University Press.

____. 2013. "From Uncertainty Toward Risk: The Case of Credit Ratings." *Socio-Economic Review* 11(3): 525-551.

Castilla, Emilio, Hokyu Hwang, Mark Granovetter, and Ellen Granovetter. 2000. "Social Networks in Silicon Valley." pp. 218-247 in *The Silicon Valley Edge*, edited by C.-M. Lee, W. Miller, M. Hancock, and H. Rowen. Stanford, CA: Stanford University Press.

Chandler, Alfred. 1962. *Strategy and Structure*. Cambridge, MA: MIT Press.

____. 1977. *The Visible Hand: The Managerial Revolution in American Business*. Cambridge, MA: Harvard University Press.

Chang, Dukjin. 1999. "Privately Owned Social Structures: Institutionalization-Network Contingency in the Korean Chaebol." Ph.D. dissertation, Department of Sociology, University of Chicago.

____. 2000. "Financial Crisis and Network Response: Changes in the Ownership Structure of the Korean Chaebol since 1997." Working Paper: Ewha Women's University, Seoul, Korea.

Chang, Sea-jin. 2003. *Financial Crisis and Transformation of Korean Business Groups: The Rise and Fall of Chaebols*. New York: Cambridge University Press.

Chase, Ivan. 1974. "Models of Hierarchy Formation in Animal Societies." *Behavioral Science* 19(6): 374-382.

____. 1980. "Social Process and Hierarchy Formation in Small Groups: A Comparative Perspective." *American Sociological Review* 40(4: August): 905-924.

Christensen, Clayton. 1997. *The Innovator's Dilemma: The Revolutionary Book That Will Change the Way You Do Business*. Cambridge, MA: Harvard Business School Press.

Christensen, Johan. 2013. "Bureaucracies, Tax Reform, and Neoliberal Ideas in

New Zealand and Ireland." *Governance* 26(4): 563-584.

_____. 2017. *The Power of Economists within the State.* Stanford, CA: Stanford University Press.

Chu, Johan, and Gerald Davis. 2015. "Who Killed the Inner Circle: The Decline of the American Corporate Interlock Network." SSRN paper uploaded October 23, 2015: http://papers.ssrn.com/sol3/papers.cfm?abstract_id=2061113. Forthcoming, *American Journal of Sociology.*

Chung, Chi-Nien. 2000. "Markets, Culture and Institutions: The Formation and Transformation of Business Groups in Taiwan, 1960s-1990s." Doctoral dissertation, Department of Sociology, Stanford University, Stanford, CA.

Coase, Ronald. 1960. "The Problem of Social Cost." *Journal of Law and Economics* 3: 1-44.

Cole, Robert. 1979. *Work, Mobility and Participation: A Comparative Study of American and Japanese Industry.* Berkeley, CA: University of California Press.

Coleman, James. 1990. *The Foundations of Social Theory.* Cambridge, MA: Harvard University Press.

Colfer, Lyra, and Carliss Baldwin. 2016. "The Mirroring Hypothesis: Theory, Evidence, and Exceptions." Working paper 16-124, Harvard Business School.

Collins, Randall. 1980. *The Credential Society: A Historical Sociology of Education and Stratification.* New York: Academic Press.

Cook, Karen, and Richard Emerson. 1978. "Power, Equity, and Commitment in Exchange Networks." *American Sociological Review* 43: 721-739.

Cook, Karen, Richard Emerson, and Mary Gillmore. 1983. "The Distribution of Power in Exchange Networks: Theory and Experimental Results." *American Journal of Sociology* 89(2): 275-305.

Cook, Karen, and Russell Hardin. 2001. "Norms of Cooperativeness and Networks of Trust." pp. 327-347 in *Social Norms*, edited by M. Hechter and K.-D. Opp. New York: Russell Sage Foundation.

Cook, Karen, and Eric R. W. Rice. 2001. "Exchange and Power: Issues of Structure and Agency." pp. 699-719 in *Handbook of Sociological Theory*, edited by Jonathan Turner. New York: Kluwer Academic/Plenum Publishers.

____. 2003. "Social Exchange Theory." Chapter 3 in *Handbook of Social Psychology*, edited by J. Delamater. New York: Kluwer/Plenum.

Cook, Karen S., Russell Hardin, and Margaret Levi. 2005. New York: The Russell Sage Foundation.

Cook, Karen S., Margaret Levi, and Russell Hardin, editors. 2009. *Whom Can We Trust?: How Groups, Networks, and Institutions Make Trust Possible*. New York: The Russell Sage Foundation.

Cooter, Robert. 2000. "Economic Analysis of Internalized Norms." "Economic Analysis of Internalized Norms." *Virginia Law Review* 86: 1577-1601.

Crenson, Matthew. 1971. *The Un-Politics of Air Pollution: A Study of Non-Decision-making in the Cities*. Baltimore: The Johns Hopkins Press.

Cushman, Fiery, Liane Young, and Joshua Greene. 2010. "Multi-System Moral Psychology." pp. 47-71 in *The Moral Psychology Handbook*, edited by John Doris. Oxford: Oxford University Press.

David, Paul. 1986. "Understanding the Necessity of QWERTy: The Necessity of History." pp. 30-49 in *Economic History and the Modern Economist*, edited by W. N. Parker. London: Blackwell.

Davis, Gerald. 2009a. "The Rise and Fall of Finance and the End of the Society of Organizations." *Academy of Management Perspectives* August: 27-44.

____. 2009b. *Managed by the Markets: How Finance Re-shaped America*. New York: Oxford University Press.

Davis, Gerald, Mina Yoo, and Wayne Baker. 2003. "The Small World of the American Corporate Elite, 1982-2001." *Strategic Organization* 3: 301-326.

Deane, Phyllis. 1978. *The Evolution of Economic Ideas*. Cambridge, UK: Cambridge University Press.

de Nooy, Wouter, Andrej Mrvar, and Vladimir Batagelj. 2011. *Exploratory Social Network Analysis with Pajek*. 2nd ed. New York: Cambridge University Press.

Dewey, John. 1939. *Theory of Valuation*. Chicago: University of Chicago Press.

DiMaggio, Paul. 1997. "Culture and Cognition." *Annual Review of Sociology* 23: 263-287.

DiMaggio, Paul, and Walter Powell. 1983. "The Iron Cage Revisited: Institutional Isomorphism and Collective Rationality in Organizational Fields." *American Sociological Review* 48: 147-160.

Dobbin, Frank. 1994. *Forging Industrial Policy: The United States, Britain and France in the Railway Age*. New York: Cambridge University Press.

Dodds, Peter S., R. Muhamad, and D. S. Watts. 2003. "An Experimental Study of Search in Global Social Networks." *Science* 301(5634): 827-829.

Domhoff. G. William. 2013. *Who Rules America? The Triumph of the Corporate Rich*. 7th ed. New York: McGraw Hill.

Dumont, Louis. 1977. *From Mandeville to Marx: The Genesis and Triumph of Economic Ideology*. Chicago: University of Chicago Press.

Durkheim, Emile. [1893] 1984. *The Division of Labor in Society*, translated by W. D. Halls. New York: The Free Press.

Easley, David, and Jon Kleinberg. 2010. *Networks, Crowds, and Markets: Reasoning about a Highly Connected World*. New York: Cambridge University Press.

Eggertsson, Thrain. 2001. "Norms in Economics, with Special Reference to Economic Development." pp. 76-104 in *Norms*, edited by M. Hechter and K.-D. Opp. New York: Russell Sage Foundation.

Eisenstadt, Shmuel. 1963. *The Political Systems of Empires: The Rise and Fall of the Historical Bureaucratic Societies*. New York: The Free Press.

Eisenstadt, Shmuel N., and Luis Roniger. 1984. *Patrons, Clients, and Friends:*

Interpersonal Relations and the Structure of Trust in Society. New York: Cambridge University Press.

Ellickson, Robert. 1991. *Order without Law: How Neighbors Settle Disputes.* Cambridge, MA: Harvard University Press.

____. 1998. "Law and Economics Discovers Social Norms." *Journal of Legal Studies* 27: 537-552.

____. 2001. "The Evolution of Social Norms: A Perspective from the Legal Academy." pp. 35-75 in *Social Norms*, edited by M. Hechter and K.-D. Opp. New York: Russell Sage Foundation.

Elster, Jon. 1983. *Explaining Technical Change.* New York: Cambridge University Press.

____. 1989a. *The Cement of Society: A Study of Social Order.* New York: Cambridge University Press.

____. 1989b. "Social Norms and Economic Theory." *Journal of Economic Perspectives* 3: 99-117.

____. 1990. "Norms of Revenge." *Ethics* 100: 862-885.

____. 1999. *Alchemies of the Mind: Rationality and the Emotions.* Cambridge, UK: Cambridge University Press.

____. 2000. "Rational Choice History: A Case of Excessive Ambition." *American Political Science Review* 94(3: September): 685-695.

Emerson, Richard. 1962. "Power-Dependence Relations." *American Sociological Review* 27: 31-41.

Esherick, Joseph, Paul Pickowicz, and Andrew Walder, editors. 2006. *The Chinese Cultural Revolution as History.* Stanford, CA: Stanford University Press.

Espeland, Wendy, and Mitchell Stevens. 1998. "Commensuration as a Social Process." *Annual Review of Sociology* 24: 313-343.

Evans, Peter. 1995. *Embedded Autonomy: States and Industrial Transformation.* Princeton, NJ: Princeton University Press.

Farrell, Henry. 2009. *The Political Economy of Trust: Institutions, Interests, and Inter-Firm Cooperation in Italy and Germany*. New York: Cambridge University Press.

Fehr, Ernst, and Simon Gaechter. 2000. "Fairness and Retaliation: The Economics of Reciprocity." *Journal of Economic Perspectives* 14: 159-181.

Fernandez, Roberto, and Roger Gould. 1994. "A Dilemma of State Power: Broker-age and Influence in the National Health-Policy Domain." *American Journal of Sociology* 99: 1455-1491.

Ferrary, Michel, and Mark Granovetter. 2009. "The Role of Venture Capital Firms in Silicon Valley's Complex Innovation Network." *Economy and Society* 38: 326-359.

Festinger, Leon, Stanley Schachter, and Kurt Back. 1948. *Social Pressures in Informal Groups*. Cambridge, MA: MIT Press.

Fine, Gary A., and Sheryl Kleinman. 1979. "Rethinking Subculture: An Interactionist Analysis." *American Journal of Sociology* 85: 1-20.

Firth, Raymond. [1939] 1975. *Primitive Polynesian Economy*. London: Routledge.

Fligstein, Neil. 1990. *The Transformation of Corporate Control*. Cambridge, MA: Harvard University Press.

Fligstein, Neil, and Doug McAdam. 2012. *A Theory of Fields*. New York: Oxford University Press.

Foddy, Margaret, and Toshio Yamagishi. 2009. "Group-Based Trust." pp. 17-41 in *Whom Can We Trust?*, edited by Karen Cook, Margaret Levi, and Russell Hardin. New York: The Russell Sage Foundation.

Fourcade, Marion, and Kieran Healy. 2007. "Moral Views of Market Society." *Annual Review of Sociology* 33: 285-311.

France, Anatole. 1894. *The Red Lily*. London: John Lane.

Frank, Robert. 1985. *Choosing the Right Pond*. New York: Oxford University Press.

Freedman, Maurice. 1959. "The Handling of Money: A Note on the Background to the Economic Sophistication of Overseas Chinese." *Man* 59: 65.

Friedland, Roger, and Robert Alford. 1991. "Bringing Society Back In: Symbols, Practices, and Institutional Contradictions." pp. 232-263 in *The New Institutionalism in Organizational Analysis*, edited by W. W. Powell and P. J. DiMaggio. Chicago: University of Chicago Press.

Friedman, Milton. 1953. *Essays in Positive Economics*. Chicago: University of Chicago Press.

Frigant, Vincent, and Damien Talbot. 2005. "Technological Determinism and Modularity: Lessons from a Comparison between Aircraft and Auto Industries in Europe." *Industry and Innovation* 12: 337-355.

Fukuyama, Francis. 1995. *Trust*. New York: Free Press.

Gambetta, Diego. 1988. "Can We Trust Trust?" pp. 213-237 in *Trust: Making and Breaking Cooperative Relations*, edited by D. Gambetta. New York: Basil Blackwell.

Gambetta, Diego, and Heather Hamill. 2005. *Streetwise: How Taxi Drivers Establish Their Customers' Trustworthiness*. New York: The Russell Sage Foundation.

Gartrell, David. 1982. "On the Visibility of Wage Referents." *Canadian Journal of Sociology* 7: 117-143.

Geertz, Clifford. 1978. "The Bazaar Economy: Information and Search in Peasant Marketing." *American Economic Review* 68: 28-32.

Gerlach, Michael. 1992. *Alliance Capitalism: The Social Organization of Japanese Business*. Berkeley, CA: University of California Press.

Gladwell, Malcolm. 2014. "Sacred and Profane: How Not to Negotiate with Believers." *The New Yorker* (March 31). Accessed at http://www.newyorker.com/magazine/2014/03/31/sacred-and-profane-4

Glaeser, Edward, David Laibson, Jose Scheinkman, and Christine Soutter. 2000.

"Measuring Trust." *Quarterly Journal of Economics* 115(August): 811-846.

Goffman, Erving. 1974. *Frame Analysis: An Essay on the Organization of Experience.* Cambridge, MA: Harvard University Press.

Gould, Roger V. 1989. "Power and Social Structure in Community Elites." *Social Forces* 68: 531-552.

Gould, Roger, and Roberto Fernandez. 1989. "Structures of Mediation: A Formal Approach to Brokerage in Transaction Networks." *Sociological Methodology* 19: 89-126.

Gould, Steven Jay, and Richard Lewontin. 1979. "The Spandrels of San Marco and the Panglossian Paradigm: A Critique of the Adaptationist Programme." *Proceedings of the Royal Society of London* B205: 581-598.

Grace, Randolph C., and Simon Kemp. 2005. "What Does the Ultimatum Game Mean in the Real World?" *Behavioral and Brain Sciences* 28: 824-825.

Graeber, David. 2001. *Toward an Anthropological Theory of Value.* New York: Palgrave.

Granovetter, Mark. 1973. "The Strength of Weak Ties." *American Journal of Sociology* 78: 1360-1380.

_____. 1983. "The Strength of Weak Ties: A Network Theory Revisited." *Sociological Theory* 1: 201-233.

_____. 1985. "Economic Action and Social Structure: The Problem of Embeddedness." *American Journal of Sociology* 91: 481-510.

_____. 1990. "The Old and the New Economic Sociology: A History and an Agenda." pp. 89-112 in Beyond the Marketplace: Rethinking Economy and Society, edited by R. Friedland and A. F. Robertson. New York: Aldine.

_____. 1992. "The Nature of Economic Relations." pp. 21-37 in *Understanding Economic Process: Monographs in Economic Anthropology, No. 10*, edited by Sutti Ortiz and Susan Lees. Lanham, MD: University Press of America.

_____. 1995. *Getting a Job: A Study of Contacts and Careers.* Chicago: University of Chicago Press.

____. 2002. "A Theoretical Agenda for Economic Sociology." pp. 35-59 in *The New Economic Sociology: Developments in an Emerging Field*, edited by M. F. Guillen, R. Collins, P. England, and M. Meyer. New York: Russell Sage Foundation.

____. 2003. "Ignorance, Knowledge, and Outcomes in a Small World." *Science* 301(5634): 773-774.

____. 2005. "The Impact of Social Structure on Economic Outcomes." *Journal of Economic Perspectives* 19: 33-50.

____. 2007. "The Social Construction of Corruption." pp. 152-172 in *On Capitalism*, edited by Victor Nee and Richard Swedberg. Stanford, CA: Stanford University Press.

____. 2009. "Comment on 'Capitalist Entrepreneurship' by T. Knudsen and R. Swedberg." *Capitalism and Society* 4(2): 1-11.

Granovetter, Mark, and Charles Tilly. 1988. "Inequality and Labor Processes." pp. 175-221 in *Handbook of Sociology*, edited by N. Smelser. Newbury Park, CA: Sage Publications.

Granovetter, Mark, and Patrick McGuire. 1998. "The Making of an Industry: Electricity in the United States." pp. 147-173 in *The Laws of the Markets*, edited by Michel Callon. Oxford: Blackwell.

Granovetter, Mark, and Richard Swedberg. 2011. *The Sociology of Economic Life*, 3rd ed. Boulder, Co: Westview Press.

Grusky, David, and Jesper Sorensen. 1998. "Can Class Analysis Be Salvaged"? *American Journal of Sociology* 103(5): 1187-1234.

Guiso, Luigi, Paolo Sapienza, and Luigi Zingales. 2006. "Does Culture Affect Economic Outcomes?" *Journal of Economic Perspectives* 2: 23-48.

____. 2008. "Trusting the Stock Market." *Journal of Finance* 63: 2557-2600.

____. 2011. "Civic Capital as the Missing Link." pp. 418-480 in *Handbook of*

Social Economics, edited by Jess Benhabib, Alberto Bisin, and Matthew Jackson. North-Holland: Amsterdam.

Gulati, Ranjay, and Maxim Sytch. 2007. "Dependence Asymmetry and Joint Dependence in Interorganizational Relationships: Effects of Embeddedness on a Manufacturer's Performance in Procurement Relationships." *Administrative Science Quarterly* 52: 32-69.

Gulati, Ranjay, Maxim Sytch, and Adam Tatarynowicz. 2012. "The Rise and Fall of Small Worlds: Exploring the Dynamics of Social Structure." *Organization Science* 23(2): 449-471.

Haidt, Jonathan, and Selin Kesebir. 2010. "Morality." pp. 797-832 in *Handbook of Social Psychology*, 5th ed., edited by S. Fiske, D. Gilbert, and G. Lindzey. Hoboken, NJ: Wiley.

Hall, Peter. 2010. "Historical Institutionalism in Rationalist and Sociological Perspective." pp. 204-224 in *Explaining Institutional Change*, edited by James Mahoney and Kathleen Thelen, New York: Cambridge University Press.

Hall, Peter, and David Soskice. 2001. *Varieties of Capitalism: The Institutional Foundations of Comparative Advantage.* Oxford: Oxford University Press.

Hamilton, Gary. 2000. "Reciprocity and Control: The Organization of Chinese Family-Owned Conglomerates" pp. 55-74 in *Globalization of Chinese Business Firms*, edited by H. W.-C. Yeung and K. Olds. New York: St. Martin's.

Han, Shin-Kap. 2008. "Breadth and Depth of Unity among Chaebol Families in Korea." *Korean Journal of Sociology* 42: 1-25.

Hanneman, Robert A., and Mark Riddle. 2005. *Introduction to Social Network Methods*. Riverside, CA: University of California, Riverside. (published in digital form at http://faculty.ucr.edu/~hanneman/)

Hansmann, Henry, and Reinier Kraakman. 2004. "The End of History for Corporate Law." pp. 33-68 in *Convergence and Persistence in Corporate Governance*, edited by Jeffrey Gordon and Mark Roe. New York: Cambridge

University Press.

Hardin, Russell. 2001. "Conceptions and Explanation of Trust." pp. 3-39 in *Trust in Society*, edited by K. Cook. New York: Russell Sage Foundation.

_____. 2002. *Trust and Trustworthiness*. New York: Russell Sage Foundation.

Haveman, Heather, and Hayagreeva Rao. 1997. "Structuring a Theory of Moral Sentiments: Institutional and Organizational Coevolution in the Early Thrift Industry." *American Journal of Sociology* 102: 1606-1651.

Hedstrom, Peter. 2005. *Dissecting the Social: On the Principles of Analytical Sociology*. New York: Cambridge University Press.

Hedstrom, Peter, and Richard Swedberg, editors. 1998. *Social Mechanisms: An Analytical Approach to Social Theory*. New York: Cambridge University Press.

Hempel, Carl. 1965. *Aspects of Scientific Explanation*. New York: Free Press.

Hendry, Joy. 1996. "The Chrysanthemum Continues to Flower: Ruth Benedict and Some Perils of Popular Anthropology." pp. 106-121 in *Popularizing Anthropology*, edited by J. MacClancy and C. McDonaugh. London: Routledge.

Henrich, Joseph, Robert Boyd, Samuel Bowles, Colin Camerer, Ernst Fehr, and Herbert Gintis. 2004. *Foundations of Human Sociality: Economic Experiments and Ethnographic Evidence from Fifteen Small-Scale Societies*. Oxford: Oxford University Press.

Henrich, Joseph, Robert Boyd, Samuel Bowles, Colin Camerer, Ernst Fehr, Herbert Gintis, Richard McElreath, Michael Alvard, Abigail Barr, Jean Ensminger, Natalie Smith Henrich, Kim Hill, Francisco Gil-White, Michael Gurven, Frank W. Marlowe, John Q. Patton, and David Tracer. 2005. "'Economic Man' in Cross-Cultural Perspective: Behavioral Experiments in 15 Small-Scale Societies." *Behavioral and Brain Sciences* 28: 795-855.

Herrigel, Gary. 1996. *Industrial Constructions: The Sources of German Industrial Power*. New York: Cambridge University Press.

_____. 2005. "Institutionalists at the Limits of Institutionalism: A Constructivist Critique of Two Edited Volumes from Wolfgang Streeck and Kozo Yamamura." _Socio-Economic Review_ 3: 559-567.

_____. 2010. _Manufacturing Possibilities: Creative Action and Industrial Recomposition in the United States, Germany, and Japan._ New York: Oxford University Press.

Hirschman, Albert. 1977. _The Passions and the Interests._ Princeton: Princeton University Press (노정태 옮김, 《정념과 이해관계》, 후마니타스, 2020).

_____. 1982. "Rival Interpretations of Market Society: Civilizing, Destructive, or Feeble." _Journal of Economic Literature_ 20: 1463-1484.

Hirshleifer, Jack. 1985. "The Expanding Domain of Economics." _The American Economic Review_ 75(6): 53-68.

Homans, George C. 1950. _The Human Group._ New York: Harcourt, Brace and Company.

_____. 1971. _Social Behavior: The Elementary Forms._ New York: Harcourt, Brace Jovanovich.

Hucker, Charles. 1975. _China's Imperial Past: An Introduction to Chinese History and Culture._ Stanford, CA: Stanford University Press.

Jackson, Matthew. 2010. _Social and Economic Networks._ Princeton, NJ: Princeton University Press.

Jacobides, Michael, and John Paul MacDuffie. 2013. "How to Drive Value Your Way." _Harvard Business Review_ 91: 92-100.

Jacobides, Michael, John Paul MacDuffie, and C. Jennifer Tae. 2016. "Agency. Structure, and the Dominance of OEMs: Change and Stability in the Automotive Sector. _Strategic Management Journal_ 37: 1942-1967.

James, Harold. 2006. _Family Capitalism._ Cambridge, MA: Harvard University Press.

Joas, Hans. 1996. _The Creativity of Action._ Chicago: University of Chicago Press.

Johnson, Simon, and James Kwak. 2010. *13 Bankers: The Wall Street Takeover and the Next Financial Meltdown.* New York: Pantheon.

Kahneman, Daniel. 2011. *Thinking, Fast and Slow.* New York: Farrar, Straus and Giroux.

Kahneman, Daniel, Jack Knetsch, and Richard Thaler. 1986a. "Fairness as a Constraint on Profit-Seeking: Entitlements in the Market." *American Economic Review* 76: 728-741.

____. 1986b. "Fairness and the Assumptions of Economics." *Journal of Business* 59: S285-S300.

Kaplan, David A. 1999. *The Silicon Boys and Their Valley of Dreams.* New York: William Morrow.

Kaplan, Sarah. 2008. "Framing Contests: Strategy Making under Uncertainty." *Organization Science* September-october: 729-752.

Katz, Elihu, and Paul Lazarsfeld. 1955. *Personal Influence: The Part Played by People in the Flow of Mass Communications.* New York: Free Press.

Keister, Lisa. 2000. *Chinese Business Groups: The Structure and Impact of Inter-firm Relations during Economic Development.* New York: Oxford University Press.

Kennedy, David M. 1975. "overview: The Progressive Era." *The Historian* 37(3): 453-468.

Kim, Eun Mee. 1997. *Big Business, Strong State: Collusion and Conflict in South Korean Development 1960-1990.* Albany, Ny: SUNy Press.

Kiong, Tong Chee. 1991. "Centripetal Authority, Differentiated Networks: The Social Organization of Chinese Firms in Singapore." In *Business Networks and Economic Development in East and Southeast Asia*, edited by G. Hamilton. Hong Kong: Centre of Asian Studies, University of Hong Kong.

Kirzner, Israel. 1973. *Competition and Entrepreneurship.* Chicago: University of Chicago Press.

Kontopoulos, Kyriakos. 1993. *The Logics of Social Structure* New York: Cambridge University Press.

Krippner, Greta, Mark Granovetter, Fred Block, Nicole Biggart, Tom Beamish, Youtien Tsing, Gillian Hart, Giovanni Arrighi, Margie Mendell, John Hall, Michael Burawoy, Steve Vogel, and Sean O'Riain. 2004. "Polanyi Symposium: A Conversation on Embeddedness." *Socio-Economic Review* 2: 109-135.

Krueger, Anne. 1974. "The Political Economy of the Rent-Seeking Society." *American Economic Review* 64(3): 291-303.

Kuhn, Thomas. 1962. *The Structure of Scientific Revolution*. Chicago: University of Chicago Press (김명자·홍성욱 옮김, 《과학혁명의 구조》, 까치, 2013).

Kurlansky, Mark. 2002. *Salt: A World History*. New York: Walker.

Lamoreaux, Naomi. 1994. *Insider Lending: Banks, Personal Connections, and Economic Development in Industrial New England*. New York: Cambridge University Press.

LaPorta, Rafael, Florencio Lopez-de-Silanes, Andrei Shleifer, and Robert Vishny. 1997. "Trust in Large Organizations." *American Economic Review* 87(2): 333-338.

LaPorta, Rafael, Florencio Lopez-de-Silanes, and Andrei Shleifer. 1999. "Corporate Ownership around the World." *Journal of Finance* 54(2): 471-517.

Lawler, Edward, and Jeongkoo Yoon. 1996. "Commitment in Exchange Relations: A Test of a Theory of Relational Cohesion." *American Sociological Review* 61(1): 89-108.

Lazerson, Mark, and Gianni Lorenzoni. 1999. "The Firms That Feed Industrial Districts: A Return to the Italian Source." *Industrial and Corporate Change* 8: 235-266.

Leibenstein, Harvey. 1976. *Beyond Economic Man: A New Foundation for Microeconomics*. Cambridge, MA: Harvard University Press.

Leifer, Eric. 1991. *Actors as Observers: A Theory of Skill in Social Relationships*.

London: Routledge.

Lepore, Jill. 2014. "The Disruption Machine: What the Gospel of Innovation Gets Wrong." June 23 (http://www.newyorker.com/magazine/2014/06/23/the-disruption-machine).

Levy, Marion J., Jr. 1954. "Contrasting Factors in the Modernization of China and Japan." *Economic Development and Cultural Change* 2: 161-197.

Lewis, Michael. 2010. *The Big Short: Inside the Doomsday Machine*. New York: W. W. Norton.

Lie, John. 2001. *Multiethnic Japan*. Cambridge, MA: Harvard University Press.

Light, Ivan. 1972. *Ethnic Enterprise in America*. Berkeley, CA: University of California Press.

Lim, Linda Y. C., and L. A. Peter Gosling. 1983. *The Chinese in Southeast Asia. Volume 1: Ethnicity and Economic Activity*. Singapore: Maruzen.

Lincoln, James, and Michael Gerlach. 2004. *Japan's Network Economy: Structure, Persistence, and Change*. New York: Cambridge University Press.

Lindquist, W. B., and I. D. Chase. 2009. "Data-Based Analysis of Winner-Loser Models of Hierarchy Formation in Animals. *Bulletin of Mathematical Biology* 71: 556-584.

Locke, Richard. 1995. *Remaking the Italian Economy*. Ithaca, Ny: Cornell University Press.

_____. 2001. "Building Trust." Paper presented at annual meeting of the *American Political Science Association*.

_____. 2013. *The Promise and Limits of Private Power: Promoting Labor Standards in a Global Economy*. New York: Cambridge University Press.

Lounsbury, Michael. 2007. "A Tale of Two Cities: Competing Logics and Practice Variation in the Professionalization of Mutual Funds." *Academy of Management Journal* 50: 289-307.

Lukes, Steven. 1974. *Power: A Radical View*. London: Macmillan.

Luo, Jar-Der. 2011. "*Guanxi* Revisited: An Exploratory Study of Familiar Ties in a Chinese Workplace." *Management and Organization Review* 7(2): 329-351.

Lynch, Gerard. 1997. "The Role of Criminal Law in Policing Corporate Misconduct." *Law and Contemporary Problems* 60: 23-65.

Macaulay, Stewart. 1963. "Non-Contractual Relations in Business: A Preliminary Study." *American Sociological Review* 28: 55-69.

MacDuffie, John Paul. 2013. "Modularity-as-Property, Modularization-as-Process, and 'Modularity'-as-Frame: Lessons from Product Architecture Initiatives in the Global Automotive Industry." *Global Strategy Journal* 3: 8-40.

MacDuffie, John Paul, and Susan Helper. 2006. "Collaboration in Supply Chains: With and Without Trust." pp. 417-466 in *The Firm as a Collaborative Community: Reconstructing Trust in the Knowledge Economy*, edited by Charles Heckscher and Paul Adler. New York: Oxford University Press.

Mahoney, James, and Katherine Thelen, editors. 2009. *Explaining Institutional Change: Ambiguity, Agency, and Power*. New York: Cambridge University Press.

Malinowski, Bronislaw. 2014 [1922]. *Argonauts of the Western Pacific*. New York: Routledge (최협 옮김, 《서태평양의 항해자들》, 전남대학교출판부, 2013).

_____. 1944. *A Scientific Theory of Culture and Other Essays*. Chapel Hill, NC: University of North Carolina Press.

Mann, Michael. 1986. *The Sources of Social Power: A History of Power from the Beginning to a.d. 1760*. Cambridge, UK: Cambridge University Press.

_____. 1993. *The Sources of Social Power: The Rise of Classes and Nation-States, 1760-1914*. Cambridge, UK: Cambridge University Press.

March, James G., and Herbert Simon. 1993. *Organizations*. 2nd ed. New York: Wiley.

Marchetti, P., and M. Ventoruzzo. 2001. "Corporate Law." pp. 2803-2810 in *International Encyclopedia of the Social and Behavioral Sciences*, edited by N.

Smelser and P. Baltes. London: Elsevier.

McAdams, Richard. 1997. "The Origin, Development, and Regulation of Norms." *Michigan Law Review* 96: 338-433.

McCloskey, Donald. 1983. "The Rhetoric of Economics." *Journal of Economic Literature* 21: 481-517.

McDonald, Forrest. 1962. *Insull.* Chicago: University of Chicago Press.

McEvily, William, and Marco Tortoriello. 2011. "Measuring Trust in Organizational Research: Review and Recommendations." *Journal of Trust Research* 1: 23-63.

McGuire, Patrick, and Mark Granovetter. 1998. "Business and Bias in Public Policy Formation: The National Civic Federation and Social Construction of Electric Utility Regulation, 1905-1907." Paper presented at the 1998 meeting of the American Sociological Association.

Merton, Robert K. 1947. *Social Theory and Social Structure.* Glencoe, IL: Free Press of Glencoe.

_____. 1957. *Social Theory and Social Structure.* Rev. ed. Glencoe, IL: Free Press of Glencoe.

Meyer, John, and Brian Rowan. 1977. "Institutionalized Organizations: Formal Structure as Myth and Ceremony." *American Journal of Sociology* 83: 340-363.

Meyer, John, John Boli, George Thomas, and Francisco Ramirez. 1997. "World Society and the Nation-State." *American Journal of Sociology* 103: 144-181.

Meyer, Marshall, and Lynne Zucker. 1989. *Permanently Failing Organizations.* Newbury Park, CA: Sage Publications.

Mills, C. Wright. [1956] 2000. *The Power Elite.* New York: Oxford University Press (진덕규 옮김, 《파워 엘리트》, 한길사, 1976).

Mintz, Beth, and Michael Schwartz. 1985. *The Power Structure of American Business.* Chicago, IL: University of Chicago Press.

Mizruchi, Mark. 2010. "The American Corporate Elite and the Historical Roots of the Financial Crisis of 2008," in *Markets on Trial: The Economic Sociology of the U.S. Financial Crisis*, edited by Michael Lounsbury and Paul Hirsch. *Research in the Sociology of Organizations* 30: 103-139.

_____. 2013. *The Fracturing of the American Corporate Elite*. Cambridge, MA: Harvard University Press.

Mizruchi, Mark, and Blyden Potts. 1998. "Centrality and Power Revisited: Actor Success in Group Decision Making." *Social Networks* 20: 353-387.

Mokyr, Joel. 2005. "Long-Term Economic Growth and the History of Technology." pp. 1113-1180 in *Handbook of Economic Growth*, Vol. 1, Part B, edited by Philippe Aghion and Steven Durlauf. Amsterdam: Elsevier.

Molm, Linda. 2001. "Theories of Social Exchange and Exchange Networks." pp. 260-272 in *Handbook of Social Theory*, edited by George Ritzer and Barry Smart. London: Sage Publications.

_____. 2003. "Theoretical Comparisons of Forms of Exchange." *Sociological Theory* 21(1: January): 1-17.

Mnookin, Robert, and Lewis Kornhauser. 1979. "Bargaining in the Shadow of the Law: The Case of Divorce." *Yale Law Journal* 88(5): 950-997.

Nagel, Ernest. 1961. *The Structure of Science*. New York: McGraw Hill.

Nelson, Joel. 1966. "Clique Contacts and Family Orientations." *American Sociological Review* 31: 663-672.

Nelson, Richard, and Sidney Winter. 1982. *An Evolutionary Theory of Economic Change*. Cambridge, MA: Harvard University Press.

Nishiguchi, Toshihiro, and Alexandre Beaudet. 1998. "The Toyota Group and the Aisin Fire." *Sloan Management Review* 40: 49-59.

Obstfeld, David. 2005. "Social Networks, the *Tertius Iungens* Orientation, and Involvement in Innovation." *Administrative Science Quarterly* 50: 100-130.

Obstfeld, David, Stephen Borgatti, and Jason Davis. 2014. "Brokerage as a Process: Decoupling Third-Party Action from Social Network Structure."

Research in the Sociology of Organizations 40: 135-159.

Okun, Arthur. 1980. *Prices and Quantities*. Washington D.C: Brookings Institution.

Orwell, George. 1945. *Animal Farm*. London: Secker and Warburg (도정일 옮김, 《동물농장》, 민음사, 2003).

Ostrom, Elinor. 2003. "Toward a Behavioral Theory Linking Trust, Reciprocity, and Reputation." pp. 19-79 in *Trust and Reciprocity: Interdisciplinary Lessons from Experimental Research*, edited by E. Ostrom and J. Walker. New York: Russell Sage Foundation.

O'Sullivan, Mary. 2005. "Typologies, Ideologies, and Realities of Capitalism." *Socio-Economic Review* 3: 547-558.

Ouchi, William. 1981. *Theory Z*. Reading, MA: Addison-Wesley.

Padgett, John, and Christopher Ansell. 1993. "Robust Action and the Rise of the Medici." *American Journal of Sociology* 98: 1259-1319.

Padgett John, and Paul MacLean. 2006. "Organizational Invention and Elite Transformation: The Birth of Partnership Systems in Renaissance Florence." *American Journal of Sociology* 111: 1463-1568

Padgett, John, and Walter Powell. 2012. *The Emergence of Organizations and Markets*. Princeton, NJ: Princeton University Press.

Parsons, Talcott. 1937. *The Structure of Social Action: A Study in Social Theory with Special Reference to a Group of Recent European Writers*. Glencoe, IL: Free Press of Glencoe.

_____. 1959. "General Theory in Sociology." In *Sociology Today: Problems and Prospects*, edited by R. K. Merton, L. Broom, and L. S. Cottrell Jr. New York: Basic Books.

_____. 1961. "An Outline of the Social System." pp. 30-79 in *Theories of Society*, edited by Talcott Parsons, Edward Shils, Kaspar Naegele, and Jesse Pitts. Glencoe, IL: Free Press of Glencoe.

_____. 1963. "On the Concept of Political Power 107(3: June 19): 232-262."

Proceedings of the American Philosophical Society 107: 232-262.

Parsons, Talcott, and Neil J. Smelser. 1956. *Economy and Society: A Study in the Integration of Social and Economic Theory.* Glencoe, IL: Free Press of Glencoe.

Patterson, Orlando. 1982. *Slavery and Social Death: A Comparative Study.* Cambridge, MA: Harvard University Press.

Pempel, T. J. 2005. "Alternative Capitalisms Confront New Pressures to Conform." *Socio-Economic Review* 3: 569-575.

Penrose, Edith. [1959] 1995. *The Theory of the Growth of the Firm.* Oxford: Oxford University Press.

Perrow, Charles. 1986. *Complex Organizations: A Critical Essay.* 3rd edition. New York: Random House.

Pettit, P. 2001. "Consequentialism Including Utilitarianism." pp. 2613-2618 in *International Encyclopedia of the Social and Behavioral Sciences*, edited by N. Smelser and P. Baltes. New York: Elsevier.

Pfeffer, Jeffrey. 1981. *Power in Organizations.* Boston: Pitman.

Pfeffer, Jeffrey, and Gerald Salancik. 1978. *The External Control of Organizations: A Resource Dependence Perspective.* New York: Harper and Row.

Piore, Michael, and Charles Sabel. 1984. *The Second Industrial Divide: Possibilities for Prosperity.* New York: Basic Books.

Popkin, Samuel. 1979. *The Rational Peasant: The Political Economy of Rural Society in Vietnam.* Berkeley, CA: University of California Press.

Portes, Alejandro, and Julia Sensenbrenner. 1993. "Embeddedness and Immigration: Notes on the Social Determinants of Economic Action." *American Journal of Sociology* 98: 1320-1350.

Posner, Eric. 1996. "Law, Economics, and Inefficient Norms" *University of Pennsylvania Law Review* 144: 1697-1744.

_____. 2000. *Law and Social Norms.* Cambridge, MA: Harvard University Press.

Posner, Richard. 1998. "Social Norms, Social Meaning, and Economic Analysis of Law: A Comment." *Journal of Legal Studies* 37(2: Pt. 2): 553-565.

Prahalad, C. K., and Gary Hamel. 1990. "The Core Competence of a Corporation." *Harvard Business Review* 68: 79-91.

Putnam, Robert. 1993. *Making Democracy Work: Civic Traditions in Modern Italy.* Princeton, NJ: Princeton University Press.

Rao, Hayagreeva, Philippe Monin, and Rodolphe Durand. 2003. "Institutional Change in Toque Ville: Nouvelle Cuisine as an Identity Movement in French Gastronomy." *American Journal of Sociology* 108: 795-843.

Reagans, Ray, and Ezra Zuckerman. 2008. "Why Knowledge Does Not Equal Power: The Network Redundancy Tradeoff." *Industrial and Corporate Change* 17: 903-944.

Reddy, William. 1984. *The Rise of Market Culture: The Textile Trade and French Society, 1750-1900.* Cambridge, UK: Cambridge University Press.

Ricardo, David. 1821. *On the Principles of Political Economy and Taxation.* 3rd ed. London: John Murray, Albemarle-Street (권기철 옮김, 《정치경제학과 과세의 원리에 대하여》, 책세상, 2019).

Robbins, Lionel. 1932. *An Essay on the Nature and Significance of Economic Science.* London: Macmillan (이규상 옮김, 《과학으로서의 경제학이 지닌 속성과 중요성》, 지식을만드는지식, 2019).

Roe, Mark. 1994. *Strong Managers, Weak Owners: The Political Roots of American Corporate Finance.* Princeton, NJ: Princeton University Press.

Roosevelt, Franklin D. 1932. "Campaign Address on Progressive Government at the Commonwealth Club in San Francisco, California." Text at http://www.heritage.org/initiatives/first-principles/primary-sources/fdrs-commonwealth-club-address

Rosenberg, Nathan. 2000. *Schumpeter and the Endogeneity of Technology: Some American Perspectives.* London: Routledge.

Rostow, W. W. 1960. *The Stages of Economic Growth: A Non-Communist Manifesto.* Cambridge, UK: Cambridge University Press.

Rousseau, Denise, Sim Sitkin, Ronald Burt, and Colin Camerer. 1998. "Not So Different after All: A Cross-Discipline View of Trust." *Academy of Management Review* 23: 393-404.

Sabel, Charles. 1982. *Work and Politics: The Division of Labor in Industry.* New York: Cambridge University Press.

_____. 1993. "Studied Trust: Building New Forms of Cooperation in a Volatile Economy." *Human Relations* 46: 1133-1171.

Sahlins, Marshall. 1972. *Stone Age Economics.* Hawthorne, Ny: Aldine.

Samuelson, Paul. 1947. *Foundations of Economic Analysis.* Cambridge, MA: Harvard University Press.

Saxenian, Annalee. 1994. *Regional Advantage: Culture and Competition in Silicon Valley and Route 128.* Cambridge, MA: Harvard University Press.

Schotter, Andrew. 1981. *The Economic Theory of Social Institutions.* New York: Cambridge University Press.

Schumpeter, Joseph. 1911. *The Theory of Economic Development.* Leipzig: Duncker and Humblot.

Scott, James C. 1976. *The Moral Economy of the Peasant: Rebellion and Subsistence in Southeast Asia.* New Haven, CT: Yale University Press (김춘동 옮김, 《농민의 도덕경제: 동남아시아의 반란과 생계》, 아카넷, 2004).

Scott, John. 2010. *What Is Social Network Analysis?* London: Bloomsbury.

_____. 2013. *Social Network Analysis.* 3rd ed. Newbury Park, CA: Sage Publications.

Scott, John, and Peter Carrington. 2011. *Sage Handbook of Social Network Analysis.* Newbury Park, CA: Sage Publications.

Scott, W. Richard. 2014. *Institutions and Organizations: Ideas, Interests, and Identities.* 4th ed. Los Angeles, CA: Sage Publications.

Sen, Amartya. 1977. "Rational Fools: A Critique of the Behavioral Foundations of

Economic Theory." *Philosophy and Public Affairs* 6: 317-344.

Shapiro, Susan. 1984. *Wayward Capitalists: Target of the Securities and Exchange Commission.* New Haven, CT: Yale University Press.

Sheingate, Adam. 2010. "Rethinking Rules: Creativity and Constraint in the U.S. House of Representatives." pp. 168-203 in *Explaining Institutional Change: Ambiguity, Agency, and Power*, edited by James Mahoney and Kathleen Thelen. New York: Cambridge University Press.

Shenon, Philip. 1984. "Margolies Is Found Guilty of Murdering Two Women." *New York Times* (June 1).

Silver, Allan. 1989. "Friendship and Trust as Moral Ideals: An Historical Approach." *European Journal of Sociology* 30: 274-297.

_____. 1990. "Friendship in Commercial Society: Eighteenth-Century Social Theory and Modern Sociology." *American Journal of Sociology* 95: 1474-1504.

Simmel, Georg. [1908] 1950. *The Sociology of Georg Simmel*, translated by K. Wolff. New York: The Free Press.

Simon, Herbert A. 1997. *Administrative Behavior.* 4th ed. New York: The Free Press.

Smith, Adam. [1776] 1976. *An Inquiry into the Nature and Causes of the Wealth of Nations.* Oxford: Oxford University Press (유인호 옮김, 《국부론》, 동서문화사, 2008).

Snow, David, D. Rochford Jr., S. Worden, and R. Benford. 1986. "Frame Alignment Processes, Micromobilization and Social Movement Participation." *American Sociological Review* 51(August): 464-481.

Solomon, Richard L. 1964. "Punishment." *American Psychologist* 19: 237-253.

Sorge, Arndt. 2005. *The lobal and the Local: Understanding the Dialectics of Business Systems.* New York: Oxford University Press.

Spence, A. Michael. 1974. *Market Signaling: Informational Transfer in Hiring and Related Screening Processes.* Cambridge, MA: Harvard University Press.

Stark, David. 1986. "Rethinking Internal Labor Markets: New Insights from a Comparative Perspective." *American Sociological Review* 51: 492-504.

____. 2009. *The Sense of Dissonance: Accounts of Worth in Economic Life*. Princeton, NJ: Princeton University Press.

Sternberg, Robert J., and Karin Sternberg. 2017. *Cognitive Psychology*. 7th ed. Boston: Cengage Learning.

Stigler, George. 1946. *The Theory of Price*. New York: Macmillan.

Stinchcombe, Arthur. 1968. *Constructing Social Theories*. New York: Harcourt, Brace and World.

Stovel, Katherine, Benjamin Golub, and Eva Meyersson Milgrom. 2011. "Stabilizing Brokerage." *PNAS* 108: 21326-21332.

Stovel, Katherine, and Lynette Shaw. 2012. "Brokerage." *Annual Review of Sociology* 38: 139-158.

Strauss, George. 1955. "Group Dynamics and Intergroup Relations." pp. 90-96 in *Money and Motivation: An Analysis of Incentives in Industry*, edited by William F. Whyte. New York: Harper and Row.

Streeck, W. 2005. "Rejoinder: On Terminology, Functionalism, (Historical) Institutionalism, and Liberalization." *Socio-Economic Review* 3: 577-587.

____. 2011. "E Pluribus Unum? Varieties and Commonalities of Capitalism." pp. 419-455 in *The Sociology of Economic Life*, 3rd ed., edited by M. Granovetter and R. Swedberg. Boulder, Co: Westview Press.

Streeck, W., and K. Yamamura. 2001. *The Origins of Non-Liberal Capitalism: Germany and Japan in Comparison*. Ithaca, NY: Cornell University Press.

Sturgeon, Timothy J. 2002. "Modular Production Networks: A New American Model of Industrial Organization." *Industrial and Corporate Change* 11: 451-496.

Sunstein, Cass. 1996. "Social Norms and Social Roles" *Columbia Law Review* 96: 903-968.

Swedberg, Richard. 2003. *Principles of Economic Sociology*. Princeton, NJ: Princeton University Press.

Swidler, Ann. 1986. "Culture in Action: Symbols and Strategies." *American Sociological Review* 51: 273-286.

Taira, Koji. 1970. *Economic Development and the Labor Market in Japan*. New York: Columbia University Press.

Tarbell, Ida M. 1904. *The History of the Standard Oil Company*. New York: McClure, Phillips and Company.

Thompson, E. P. 1971. "The Moral Economy of the English Crowd in the Eighteenth Century." *Past and Present* 50: 76-136.

Thornton, Patricia, and William Ocasio. 1999. "Institutional Logics and the Historical Contingency of Power in Organizations: Executive Succession in the Higher Educational Publishing Industry, 1958-1990." *American Journal of Sociology* 105: 801-843.

Thornton Patricia, William Ocasio, and Michael Lounsbury. 2012. *The Institutional Logics Perspective: A New Approach to Culture, Structure, and Process*. Oxford: Oxford University Press.

Tocqueville, Alexis de. [1856] 1955. *The Old Regime and the French Revolution*. New York: Doubleday (이용재 옮김, 《앙시앵 레짐과 프랑스혁명》, 지식을만드는지식, 2013).

Tolbert, Pamela, and Lynne Zucker. 1983. "Institutional Sources of Change in the Formal Structure of Organizations: The Diffusion of Civil Service Reform, 1880-1935." *Administrative Science Quarterly* 28: 22-39.

Tversky, Amos, and Daniel Kahneman. 1981. "The Framing of Decisions and the Psychology of Choice." *Science* 211(January 30): 453-458.

Tyler, Tom. 2001. "Why Do People Rely on Others? Social Identity and the Social Aspects of Trust." pp. 285-306 in *Trust in Society*, edited by K. Cook. New York: Russell Sage Foundation.

_____. 2006. *Why People Obey the Law*. Princeton, NJ: Princeton University Press.

Useem, Michael. 1984. *The Inner Circle: Large Corporations and the Rise of Business Political Activity in the U.S. and the U.K.* New York: Oxford University Press.

Vaisey, Steven. 2009. "Motivation and Justification: A Dual-Process Model of Culture in Action." *American Journal of Sociology* 114(6 May): 1675-1715.

Veblen, Thorstein. 1899. *The Theory of the Leisure Class*. New York: Macmillan (이종인 옮김, 《유한계급론》, 현대지성, 2018).

Walker, James, and Elinor Ostrom. 2003. "Conclusion." pp. 381-387 in *Trust and Reciprocity*, edited by Elinor Ostrom and James Walker. New York: The Russell Sage Foundation.

Wasserman, Stanley, and Katherine Faust. 1994. *Social Network Analysis: Methods and Applications*. New York: Cambridge University Press.

Watts, Duncan, and Steven Strogatz. 1998. "Collective Dynamics of 'Small-World' Networks." *Nature* 393: 440-442.

Weber, Max. [1921] 1968. *Economy and Society*, translated by Guenther Roth and Claus Wittich. New York: Bedminster Press (박성환 옮김, 《경제와 사회 1》, 문학과지성사, 1997; 박성환 옮김, 《경제와 사회-공동체들》, 나남, 2009).

Wellman, Barry. 1979. "The Community Question: The Intimate Networks of East Yorkers." *American Journal of Sociology* 84: 1201-1231.

Whitford, Joshua. 2002. "Pragmatism and the Untenable Duality of Means and Ends." *Theory and Society* 31: 325-363.

_____. 2005. *The New Old Economy: Networks, Institutions, and the Organizational Transformation of American Manufacturing*. New York: Oxford University Press.

_____. 2012. "Waltzing, Relational Work, and the Construction (or Not) of Collaboration in Manufacturing Industries." *Politics and Society* 40: 249-272.

Whitford, Joshua, and Francesco Zirpoli. 2014. "Pragmatism, Practice, and the

Boundaries of Organization." *Organization Science* 25(6): 1823-1839.

____. 2016. "The Network Firm as a Political Coalition." *Organization Studies* 37: 1227-1248

Wiebe, Robert. 1967. *The Search for Order: 1877-1920*. New York: Hill and Wang.

Williamson, Oliver. 1975. *Markets and Hierarchies*. New York: Free Press.

____. 1991. "Comparative Economic Organization: The Analysis of Discrete Structural Alternatives." *Administrative Science Quarterly* 36: 269-296.

____. 1993. "Calculativeness, Trust, and Economic Organization." *Journal of Law and Economics* 36: 453-486.

Wilson, Edward O. 1975. *Sociobiology*. Cambridge, MA: Harvard University Press.

Woodward, Joan. 1965. *Industrial Organization: Theory and Practice*. New York: Oxford University Press.

Wright, Gavin. 1999. "Can a Nation Learn? American Technology as a Network Phenomenon." pp. 295-326 in *Learning by Doing in Markets, Firms, and Countries*. edited by N. Lamoreaux, D. Raff, and P. Temin. Chicago: University of Chicago Press.

Wrong, Dennis. 1961. "The Oversocialized Conception of Man in Modern Sociology." *American Sociological Review* 26: 183-196.

____. 1995. *Power: Its Forms, Bases and Uses*. New Brunswick, NJ: Transaction Publishers.

Yamamura, K., and W. Streeck. 2003. *The End of Diversity?: Prospects for German and Japanese Capitalism*. Ithaca, NY: Cornell University Press.

Zeitlin, Maurice, and Richard Ratcliff. 1988. *Landlords and Capitalists: The Dominant Class of Chile*. Princeton, NJ: Princeton University Press.

Zelizer, Viviana. 2005. *The Purchase of Intimacy*. Princeton, NJ: Princeton University Press.

Zucker, Lynne. 1986. "Production of Trust: Institutional Sources of Economic Structure, 1840-1920." *Research in Organizational Behavior* 8: 53-111.

옮긴이의 글

정치학자로서 '경제 문제에 정치 논리가 개입해서는 안 된다'는 주장을 들을 때마다 당혹스럽다. 경제계야 그렇다 치더라도 정치인들이나 심지어 학자들까지도 이런 주장을 하는 것을 보면 이 주장이 우리 사회에서 상당히 공감을 얻고 있음을 느끼게 된다. 이런 주장을 이해할 수 없는 바는 아니다. 우리 현대사에서 독재 시절에 경험한 정경유착, 즉 정치(인)에 의한 경제(인) 개입과 통제는 부패의 온상이었기 때문이다. 또한 현재도 정치인들이 신념에 의해서든 아니면 선거를 위해서든 자신들의 정치적인 목적에 따라서 제한된 경제 자원을 경제성을 무시하고 동원하는 것을 종종 목도해왔기 때문이다. 과거나 현재나 경제 문제에 정치 논리가 개입하면 부패로 귀결되거나 그렇지 않더라도 경제가 올바르게, 즉 자본주의식으로, 다시 말하자면 시장 논리대로 작동하지 않는다는 것이 그 주장의 요체일 것이다. 그것은 경제 문제에 정치 논리가 개입하면 경제적 효율성이 훼손된다는 논리와 신념을 담보하고 있다. 이 책은 물론 학술서이지만, 옮긴이로서는 무엇보다 이 책이 그러한 논리나 신념에 대한 통렬한 반박으로 읽힌다.

경제 문제에 정치 논리가 개입해서는 안 된다는 주장은 논리적으로도 현실적으로도 맞지 않을뿐더러 전혀 이상적이지도 않다. 학술적으로는 저자인 마크 그래노베터가 이 책에서 우려하며 언급하듯이, 경제학이 학문의 모든 영역을 잠식하는 경제학 제국주의를 정당화할 수 있고, 현실에서는 마이클 샌델 교수가 한탄하듯이, 사회의 한 영역인 경제가 다른 모든 영역을 잠식해 경제가 사회의 한 영역이 아니라 사회 자체가 되는 경제 사회의 도래를 정당화한다. 우리는 이미 그런 사회를 현재 경험하고 있다〔마이클 샌델, 《돈으로 살 수 없는 것들》(안기순 옮김), 와이즈베리, 2012〕. 그런데 현실은 경제학자인 장하준 교수가 지적하듯이〔장하준, 《장하준의 경제학 강의》(김희정 옮김), 부키, 2023〕, 경제는 정치적 문제여서 경제에는 반드시 도덕적·정치적 가치가 개입되기 마련이다.

그래노베터는 이 책에서 경제가 정치와 문화 등 사회의 다른 영역과 어떻게 상호작용하는지를 역사적·이론적으로 세밀하게 고찰한다. 그것이 역사이면서 현실이고, 경제학 용어를 빌리자면 그러한 현실은 비용이면서 또한 편익이기도 하다. 그러한 현실이 비용이 되는지 아니면 편익이 되는지 여부는 경제에 경제 외적 요소가 개입해서가 아니라 행위자의 전략과 그런 현실을 만든 역사와 당시의 맥락에 달려 있다는 것이 저자의 생각이다. 그래서 저자는 "신뢰·권력·규범·제도는 사실상 모든 경제 활동과 관련 있고, 이런 점을 고려하지 않고는 만족스럽게 충분히 분석할 만한 주제가 별로 없다"고 주장한다.

경제 활동이 이러한 복수의 연결망에 배태돼 있으므로 경제 활동의 목표 또한 "경제적 목표와 함께 사회성과 승인, 지위 그리고 권력을 동시에 추구"하는 것이 보통이다. 이런 대표적인 사례로 그래노베터는 '최후통첩 게임'을 든다. 만일 합리적 경제 인간이라면 제안을 받은 사람은 그 제안이 0이 아닌 한 어떤 제안이라도 수락해야 하지만, 이 실험의 결과는 그렇지 않다. 공정이라는 동기가 개입하기 때문이다. 개인의 차원이 그렇다면, 국가 등 사회의 차원에서 그것이 경제 활동이든 정책이든 추구하고 또 추구해야 할 목표가 경제적 목표뿐일 수는 없다.

스탠퍼드 대학교의 사회학 교수인 그래노베터는 경제사회학, 특히 연결망 연구의 세계적인 권위자다. 그는 이 책에서도 소개하는 1973년 논문 〈약한 연결의 힘(The Strength of Weak Ties)〉으로 세계적인 명성을 얻었다. 그에 따르면, 가족이나 친구와 같은 긴밀한 관계에서보다 그냥 알고 있는 지인으로부터 새로운 정보와 기회를 더 많이 얻는다. 긴밀한 관계에 있는 사람들은 나와 비슷한 경험과 정보를 갖고 있지만, 약하게 연결된 사람들은 내가 모르는 경험과 정보를 가지고 있어서 나에게 더욱 유용할 수 있다는 것이다. 그는 일자리를 구하는 사례에서 이 점을 경험적으로 증명한다. 나와 긴밀한 사람들이 가지고 있는 정보는 나도 이미 알고 있지만, 약한 연결 관계에 있는 사람들은 새로운 일자리에 대해 새로운 정보를 줄 수 있어서 새로운 일자리를 구하는 데 더 많은 도움이 된다는 것이다.

이 책은 어찌 보면 이런 주장의 확장판이라 할 수 있다. 그는 사회학자답게, 경제라는 추상적인 현상이 아니라 경제 주체들의 경제 활동에 초점을 맞춰 경제 활동을 영위하는 미시적 수준, 즉 개인의 경제 행동과 그러한 미시적 수준에 영향을 주는 거시적 수준, 즉 사회제도(여기서 중요한 점은 그가 자본주의와 같은 경제 제도만이 아니라 정치 제도와 같은 포괄적인 의미의 사회제도를 고찰한다는 점이다)를 분석하는데, 그가 가장 공을 들이는 수준은 미시와 거시를 연결하는 중간 수준이다. 이런 분석에서 그가 강조하는 개념은 배태성(embeddedness)이고, 그는 이 배태성 개념을 사회과학에 뿌리 내리게 한 인물이다. 그에 따르면, 개인의 경제 행위는 주류

경제학인 신고전학파가 주장하듯이 합리적이고 고립된 개인에 의한 이익 추구 과정이 아니라 개인이 자리잡고 있는 사회 연결망, 즉 사회관계에 관계적으로든 구조적으로든 배태돼 있다. 이는 분명히 주의주의 또는 과소사회화에 대한 거부다. 그래서 그는 그런 배태성이 행위자를 제약하거나 행위자에게 영향을 주지만, 또한 결정하지는 못한다고 주장하면서 결정론 또는 과잉사회화도 거부한다. 행위자는 항상 주어진 상황 속에서 하나만이 아니라 다수의(물론 무한히는 아니다) 선택지가 있고, 따라서 다양한 전략을 추구할 수 있다고 본다.

흥미롭게도 저자는 이 책의 여러 곳에서 한국의 사례를 든다. 흔히 같은 문화권으로 인식되는 한국과 중국·대만, 그리고 일본의 기업, 특히 기업집단의 지배구조를 비교하면서 한국의 재벌을 고찰한다. 다른 나라들과는 달리 한국의 가족 관계와 전통적인 상속 제도(여기서 제도는 좁은 의미의 법적 제도가 아니라, 전통과 관행 등을 포함하는 포괄적인 의미다)가 한국 특유의 재벌과 그 지배구조를 만들었다고 설명한다. 그리고 당시의 서구 경제전문가들이 입을 모아 실패를 예견했지만 결국 성공한 한국의 중공업 발전이, 한편으로는 앞에서 언급한 것처럼 행위자의 전략과 그 결과는 어떤 경우에도 미리 결정돼 있지 않다는 예로, 다른 한편으로는 정치적 변화가 경제에 미치는 예로 들고 있다. 즉 한국의 예는 모두 경제 외적 요소가 경제와 경제 행위 그리고 그 결과에 미치는 영향을 설명한다. 다시 한번 말하지만, 경제는 사회의 다른 영역과 분리되어 진공상태로 존재하지 않고, 그것이 이상적인 조건도 아니다.

한국의 경제 발전을 설명하자면 많은 요소를 거론해야 하지만, 정치학자로서 그래노베터의 설명에 첨언하자면, 오랜 국가의 전통을 들고 싶다. 그래노베터가 주장하듯이, 설명에는 비교 관점과 역사적 차원이 필요하다. 그런 차원에서 한국의 경제 발전을 설명하자면, 역시 경제 발전에 성공한 대만·중국·일본과의 공통점을 찾아야 할 것이다. 여기에는 유교라는 문화, 국가 주도라는 신중상주의 정책 등을 들 수 있지만, 이런 요소들은 여기서는 다 거론하기 힘들고 모두 약점을 가지고 있다. 하지만 한국과 일본, 중국과 대만은 세계적으로 유례없을 정도로 역사가 오래된 국가 전통을 가지고 있다. 이런 전통은 국가에 정당성을 부여해 국민의 정체성을 강고하게 만들 뿐만 아니라 국가의 행위인 법과 정책에 대한 거부감을 줄여 효율성을 높인다(자세한 내용은 다음 참조. Dae-Hee LEE, "Le modèle est-asiatique de développement et l'État face à la mondialisation : le cas du sud-coréen", *Géoéconomie*, No 42, Été 2007).

이 책은 원래 두 권으로 기획된 저술의 첫 번째 책이다. 이 책에서는 이론적 분석틀을 구축하고, 두 번째 책에서는 이 이론적 분석틀을 구체적인 경험적 사실들에 적용해 분석하는 것이 저자의 계획이다. 물론 첫 권인 이 책에서도 한국을 예로 드는 것처럼 역사적 사례와 현대의 다양한 사례가 이론을 구축하고 그 유효성을 증명하기 위해 소환된다. 그런데 이 책이 2017년에 출판된 후로 아직 두 번째 책은 출간되지 않았다. 두 번째 책이 하루빨리 출간되기를 기대해본다.

2024년 12월
이대희

찾아보기